王这么 著

在哪里跌倒
就在哪里吃饱

苏东坡传

江苏凤凰文艺出版社
JIANGSU PHOENIX LITERATURE AND
ART PUBLISHING

图书在版编目（CIP）数据

在哪里跌倒就在哪里吃饱：苏东坡传 / 王这么著.
南京：江苏凤凰文艺出版社，2024. 10. -- ISBN 978-7
-5594-8882-4

Ⅰ. K825.6

中国国家版本馆 CIP 数据核字第 2024YF3488 号

在哪里跌倒就在哪里吃饱：苏东坡传

王这么 著

责任编辑	丁小卉
特约编辑	孙雪纯　　何德泉　　尹开心　　乔佳晨
封面设计	温海英　　王 晓
插画设计	王 晓
责任印制	杨 丹
出版发行	江苏凤凰文艺出版社
	南京市中央路 165 号，邮编：210009
网　　址	http://www.jswenyi.com
印　　刷	三河市龙大印装有限公司
开　　本	880 毫米 × 1230 毫米 1/32
印　　张	14.5
字　　数	338 千字
版　　次	2024 年 10 月第 1 版
印　　次	2024 年 10 月第 1 次印刷
标准书号	ISBN 978-7-5594-8882-4
定　　价	59.90 元

江苏凤凰文艺版图书凡印刷、装订错误，可向出版社调换，联系电话：010-87681002。

目　录

家族篇

他出生后，他家乡的山就秃了

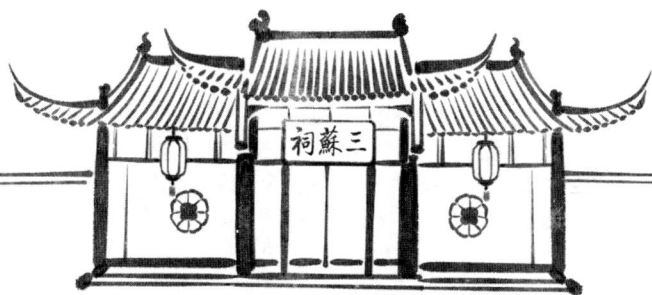

祠蘇三

"一路放飞"的老苏家

"眉山生三苏，草木尽皆枯。"故老相传，苏轼老家附近的山，就在苏轼出世的那一日，草木尽皆枯萎，翁翁郁郁的一座青山，瞬间变成了濯濯童山，它秃了！但见叶落枝枯，百花凋零，泉水涸，乱石出，飞鸟尽，走兽绝，小动物们"扶老携幼"连夜逃亡……

中国人讲究"天人感应"，所谓天地有钟灵毓秀之德，地灵自然人杰，然而老苏家也太优秀了，将这一地的灵气吸干了。一直到苏轼仙逝的那天，那座秃了几十年的荒山，才重新长出了草木。

传说荒诞，但具有现实的象征意义："三苏"之横空问世，与他们脚下的这片土地，有着难解的因缘。

眉山，古称眉州，因峨眉山而得名。它位于四川盆地西南，自"花重锦官城"的成都出发向南，沿岷江而下百里，古称"岷峨之地"。苏轼有诗云："归去来兮，吾归何处，万里家在岷峨。"[1]景

---

[1] 苏轼:《东坡词·满庭芳》，收入《景印文渊阁四库全书》第1487册，台湾商务印书馆，1986，第141页上栏。

色之深幽秀丽，自不必说；而土地肥沃，气候宜人，物产丰饶，放在号为"天府之国"的成都平原上，也是出类拔萃的。

宋代的蜀中，已经很富庶了。自秦汉以来，神州离合，几度兴亡。魏晋南北朝、安史之乱时期、唐末五代，皆天下大乱，生灵涂炭。"白骨露于野，千里无鸡鸣"，原为华夏文明发祥地的中原一带，生产力遭到严重破坏。而蜀中因地理环境的隔绝，多次幸免于兵革之祸，得以民生安稳，经济发展。一批又一批为了躲避战乱而西逃入蜀的中原衣冠，带来了先进的文化与技术，与本土文化交融，生成了别具风貌的西蜀文明。

"蜀川土沃民殷，货贝充溢，自秦、汉以来，迄于南宋赋税皆为天下最。"[1]蜀地自然条件优越，农业发达，经济繁荣。蜀人心灵手巧，长于治生。蜀茶岁收约三千万斤，蜀锦穷工巧于天下。蜀中广种花木、药材等经济作物，盛产甘蔗，是全国最大的糖霜生产中心。蜀中的盐业、冶铸、酿酒、陶瓷、造船、造纸、印刷、雕版等手工业技术水平也领先全国。

北宋征服了孟氏的"后蜀"政权之后，为安抚人心，在蜀中实行宽松的经济政策。当时，凡茶、盐、酒、铁、矾、香药等大宗商品，皆由国家专营，禁止私人买卖，即所谓"禁榷"，而蜀中则往往不禁。

物质的富庶，带来了文化产业的繁荣。蜀人向来有藏书、读书的风尚，当地的图书出版行业非常发达，雕版印刷术就起源于唐末的益州。"蜀刻"甲于天下，在"后蜀"孟昶当政时期，已经大规模地刊刻儒学经典。眉山（时为县，与彭山、丹棱、青神

[1] 顾祖禹：《读史方舆纪要》卷六六，施和金、贺次君点校，中华书局，2005，第3129页。

同属眉州）在当时就是全国三大刻书中心之一。

蜀中多惊才绝艳之士，如汉之司马相如、扬雄，三国之陈寿，唐之陈子昂、李白、薛涛……入宋以后，随着官办教育、私人教育的普及，蜀地的才子们又迅速取得了"科举学霸"的新成就。两宋时期，眉山共考中进士九百零九名，数额超过成都府。仅苏轼兄弟中进士的这一年，眉山一县，到礼部参加会试的举子就有四五十人之多。

"孕奇蓄秀当此地，郁然千载诗书城。"[1]眉山，是个很有文化底蕴的地方。然而，苏轼他们家，并非一个富于文化传承的家庭。

据苏家人自述，他们是初唐诗人苏味道的后代。苏味道是河北赵郡人，女皇武则天时，他官至宰相。此人虽有文才，却品德不高，自言其升官诀窍是："处事不欲决断明白，若有错误必贻咎谴，但模棱以持两端可矣。"[2]模棱两可，不问是非，一心保自家的富贵，正是一个滑溜溜的"葫芦官"也。女皇宠爱张易之、张昌宗兄弟，他便热情地去抱人家大腿。女皇驾崩，李家人发动政变，美貌的张氏兄弟被杀，苏味道也跟着倒了霉，被贬眉州刺史，并病逝于此地。苏家人扶柩回乡，却落下了一个儿子，不知何故，留在眉州没走。

三百年过去了。苏味道先生落在川中的这一支后代，家风在不知不觉中发生了质的扭转：他们，竟然没兴趣当官了……

苏辙说："苏氏自唐始家于眉，阅五季皆不出仕。盖非独苏

---

[1] 陆游：《剑南诗稿》卷九《眉州披风榭拜东坡先生遗像》，收入《景印文渊阁四库全书》第1162册，台湾商务印书馆，1986，第162页上栏。

[2] 刘昫等：《旧唐书》卷九四《苏味道传》，中华书局，1975，第2991页。

氏也，凡眉之士大夫，修身于家，为政于乡，皆莫肯仕者。"[1]

他说不止他们家，眉山的士人家族，都无意于仕途。这里面的缘故，说起来也容易理解：自唐朝中后期到五代十国结束，中原那是"皇帝轮流做，明年到我家"，那叫一个乱纷纷。皇帝老子都难得个善终，何况底下卖命的人？川中安宁富庶，哪个瓜脑壳跑出去蹚浑水！

据2020年居民家庭收支调查，我国各省会城市，唯有成都，经济支出占第一位的不是房贷，而是吃喝玩乐。网民皆惊：不愧是安逸的川娃儿。其实，他们在宋朝的时候就已经是这种风俗了。《宋史·地理志》如此描述蜀中人民："地狭而腴，民勤耕作，无寸土之旷，岁三四收。其所获多为遨游之费，踏青、药市之集尤盛焉，动至连月。好音乐，少愁苦，尚奢靡，性轻扬，喜虚称。庠塾聚学者众，然怀土罕趋仕进。"

自然条件好，人勤快，会做活儿，能挣钱。挣到的钱都干吗呢？"遨游"——呼朋唤友出去玩！上哪儿玩？踏青。蜀中山川秀丽，带足酒食，去搞户外休闲，不要太惬意！赶集。以商品交换为主，玩耍、社交功能为辅的各种"集市"，多得数不清！依地理环境，有草市、镇市、井市、山市、鱼市；依商品类目，有正月灯市、二月花市、三月蚕市、四月锦市、五月扇市、六月香市、七月七宝市、八月桂市、九月药市、十月酒市、十一月梅市、十二月桃符市；此外还有宗教性质的各种庙会、道会……一年到头没个完。其中蚕市、药市，更是一办就接连数月，万众云集。苏轼回忆儿时与弟弟逃学去逛蚕市的情形：

---

[1] 苏辙：《栾城集》卷二五《伯父墓表》，收入《景印文渊阁四库全书》第1112册，台湾商务印书馆，1986，第260页下栏。

蜀人衣食常苦艰，蜀人游乐不知还。

千人耕种万人食，一年辛苦一春闲。

闲时尚以蚕为市，共忘辛苦逐欣欢。

去年霜降斫秋获，今年箔积如连山。

破瓢为轮土为釜，争买不翅金与纨。

忆昔与子皆童丱，年年废书走市观。

市人争夸斗巧智，野人喑哑遭欺谩。

诗来使我感旧事，不悲去国悲流年。[1]

吃苦耐劳，精明能干，却又爱玩、爱凑热闹，花钱不吝惜。苏轼笔下的蜀人气质，正契合《宋史·地理志》中的描述。至于"好音乐，少愁苦，尚奢靡，性轻扬，喜虚称"——搞搞音乐，开开玩笑，乐天派，爱享受，说话有股浮夸劲儿……跟咱现在的四川娃是不是也蛮像的？其实吧，宋代之后，蜀中连遭兵祸，十室九空。现在的四川人，大多是从外省移民过来的。不过，一方水土养一方人，此言诚不虚也，无论从哪里移民过来，大家伙儿还是会被这方安逸的水土同化。

他们老苏家，就被同化得有点儿厉害了。别人家嘛，是"庠塾聚学者众，然怀土罕趋仕进"，不想做官，书还是要读的，教育还是要抓的。而苏家呢，则是一路放飞。

苏洵成名后，着手编纂《苏氏族谱》，但他很无奈地承认，从他本人往上只能追溯五代，再往上就湮没不可考了。可见在此之前，苏家并未留有族谱。以中国人对族谱的重视程度来讲，

[1] 苏轼：《东坡全集》卷一《和子由蚕市》，收入《景印文渊阁四库全书》第1107册，台湾商务印书馆，1986，第57页。

在未发生大的天灾人祸的前提下，出现这种情况，说明了阶层下滑，家族里很久没有人"发达"，也很久没有出现正经的读书人了。

《苏氏族谱》记：苏轼的六世祖苏泾，除姓名外其余皆不详。苏轼的五世祖苏釿，以侠气闻于乡里。高祖苏祜，以才干精敏见称。苏祜生五子，三子"循循无所毁誉"——平庸得没啥可说的。最小的儿子，则"轻侠难制"——任性、侠气，是正事不干，闹事很行的那种人。唯有曾祖父苏杲品性优异，"事父母极于孝，与兄弟笃于爱，与朋友笃于信，乡间之人，无亲疏皆敬爱之"。

苏杲擅长治生，到他手上，苏家已薄有余财，但他对钱财并无执念。后蜀灭亡之际，官员们急于入朝投效，纷纷贱价抛售田产宅地。人们都去捡便宜，唯独苏杲不去。他乐善好施，行善却总是背着人。他说："有钱而吝啬，我怕招来他人的谋算；施舍钱财而宣扬，又会让人以为我贪图虚名。"族兄犯事被关进大牢，全赖他看护。事后，族兄感慨："我不是没有兄弟，但只有你才能托付生死。"

苏杲生九子，只有苏序存活。苏序年方弱冠，苏杲便病重不起。苏杲之妻忧心孤儿难自立，问他："何不把儿子托付给族中叔伯？"他笑一笑说："孩子若能有出息，即便不是我的兄弟，也会来亲近他；若他有不了出息，就算是我的亲兄弟，也会扔下他不管。"这个回答是深谙人性的。

至于苏轼的祖父——苏序，在"三苏"的回忆里，他是一位可敬又可爱的老人，有着高尚的品德和活泼的心灵。

苏洵说："父亲正如祖父一样乐善好施，待人谦和。平时出门，无论遇到士绅，还是农民，他都一样地有礼数。他不喜欢料理家中杂务，都交给儿子们处理。但若族人有事相求，他必定尽心尽力。荒年的时候，他卖掉自家田地，周济乡邻。到了丰年，人家想回报他，他又坚决不要。年纪大了，儿子们出息了，家境宽松了，他仍然粗衣陋食，出门坚决不肯骑马。他说如果骑了马，碰到比他还老却在走路的乡亲，可怎么好意思呢？"

苏轼十二岁时，失去了疼爱他的祖父。时间带来更深切的思忆，在未来的日子里，苏轼搜罗亲友乡邻的讲述，完成了祖父更加立体而鲜活的形象：

这位身材高大、总是笑容满面的老人，不仅有"千金散尽还复来"的洒脱，还有宠辱不动于心的器量，更有着超越常人的智慧。他曾未雨绸缪，广种便于贮存的粟米，以待荒年。眉州大饥时，这些储备粮救活了很多人。他还在屋宅旁边种了很多芋头，收获后，用干草覆盖保鲜；到了荒年，以大锅蒸煮，任灾民取食。

他还曾在酒醉之后，带人拆毁神庙，暴打神像，让那个被祭祀的邪神十分害怕，给他老人家托梦道："您老高抬贵手，且让小神混一口饭吃……"这个故事，虽然不太科学，但显然，很合他那小孙儿"一生好听鬼故事"的口味。

苏序喜欢喝酒，三天两头，便聚众轰饮于小酒馆。碰到陌生人，不问贫富贵贱，他都要拉人家喝上一杯。

他儿子苏涣当上了朝廷命官。做父亲的，也受赠官爵，得个老封翁做做。这一日，他照常钻在小店里喝酒摆龙门阵，头上只顶了一只拇指大小的冠子——古代男子成年后，就要束发戴冠，披头散发的那是野人。然而拇指大的小冠子，能束住几根头发？不过是糊弄罢了。忽然"封诰"（封赠授官的文书与全套官服仪仗）从京城送至，计有公服、朝笏、交椅、水罐子、衣版、外缨等，众人都以为他会穿戴起来，好生地抖一抖那官人威仪。谁料苏序卷着裤腿蹲在地上，瞅了一会儿，拿出一只麻布口袋，把这一摊子收了进去，又将桌上吃剩的牛肉用另一只麻袋装起，叫了一个村童，就这么用扁担两头儿一挑，回家去了。他自己跟在后头，摇摇摆摆，让一县城赶来看热闹的人都笑得不行。

很多人都说，老头子没个体统，给儿孙丢脸了，苏轼却很以他为荣。苏轼有诗道："人老簪花不自羞，花应羞上老人头。醉归扶路人应笑，十里珠帘半上钩。"这"全无体统"的风采，与其祖父实乃一脉相承。

但是！话扯回来，所有相关记述中，"三苏"一再强调的，都只是先人的品德。要知道，书写族谱、墓志，隐恶扬善乃基本之义，为祖宗脸上贴点儿金，理所当然。苏家以文学名世，祖上却毫无文化素质方面的记载，不必怀疑，那就是真的没有。

苏家到了苏杲手上，经济状况略有起色，大概这才开始考虑子女的教育问题。而苏序呢，偏偏是个不爱读书的。

苏洵说："先子少孤，喜为善而不好读书。"[1]苏轼说："公幼疏达不羁，读书，略知其大义，即弃去。"[2]中年之后，苏序才受儿孙们影响，对作诗起了兴趣。从此一发而不可收，一写几千首。据儿孙们的委婉评价，他写得快，写得诚恳，啥题材都敢写，唯"不工"而已 —— 大概也就是"打油诗"的水准。

至少到苏序这一代，苏家都没有读书进学的传统，只能算农户，不能称作"士大夫之家"。那么，眉山的其他世家也都如此

---

[1] 苏洵：《嘉祐集》卷一四《族谱后录下篇》，收入《景印文渊阁四库全书》第1104册，台湾商务印书馆，1986，第953页下栏。

[2] 苏轼：《东坡全集》卷九○《苏廷评行状》，收入《景印文渊阁四库全书》第1108册，台湾商务印书馆，1986，第456页上栏。

吗？不是啊！

眉山的文化世家是很多的，如唐末入蜀的史氏、家氏。史氏长于经史，学者史清卿是苏轼、苏辙的老师。家氏雅尚文学，勤国、安国、定国兄弟，与苏轼兄弟是同窗好友。隔壁同属眉州的洪雅县，定居着来自西安的田氏家族，田家早早地走出了一代名臣田锡，他是宋太宗时的进士榜眼。同为士族后裔，为啥有些家族的文化传统就保存得很好呢？这就要讲到土著世家与外来世家的区别了。

眉山在蜀中，是历代接纳中原移民最多的地方。为什么呢？很简单，但凡有点儿"跑反"经验的人都知道：战争时期，越是大城市越不安全，尤其首府、省会，实乃"全家一锅端"的险恶之地。所以，大伙儿千里逃亡，一路逃到了成都，想想还是不放心，又顺着岷江继续往下跑，跑到了眉山，立足一看，这地方可以！背山面水，土地肥沃，原住民不多。静，可以安居；动，可以上山，可以入林，再逃难也是方便的。

像苏家这种，在眉山一待就是几百年甚至更久的，叫土著世家，本土化特别严重，生计以务农、经商为主，文化素养大多不高。而来得晚一些的，自唐末、五代逃难入川的这帮"中原衣冠"呢，他们政治地位已然丧失，田地产业丢个精光。与土著相比，有什么可自豪、可倚仗的呢？自然是"文化传承"了。他们很希望子孙后代能够通过读书—科举—入仕这条路，重新找回家族的荣光。

但这并不容易。因为，蜀中并不能给有从政野心的人提供开阔的发展空间。

汉代以来，经过频繁的改朝换代与民族融合之后，到北宋立国时，门阀世家政治已经衰落了。蜀中因自成一体，所以还保留了较强的传统。民间多大姓、豪族，士民通婚交游都讲究门第，大有"九品中正"的遗风，如此勾连成网，掌握着地方上的经济与政治命脉。虽然先后有王氏、孟氏的地方王朝，但对这些世家大族来说，并没有产生很强的统辖力量。地方王朝的禄位，对蜀中的文化精英来说，并没有那么强的吸引力。

苏洵曾说："是时王氏、孟氏相继据蜀，蜀之高才大人皆不肯出仕，曰：不足辅。仕于蜀者皆其年少轻锐之士，故蜀以再亡。"[1]苏轼则说："自五代崩乱，蜀之学者衰少，又皆怀慕亲戚乡党，不肯出仕。"[2]表达的也是这个意思。

通俗地说：中原乱，去不得。蜀中就这么大地方，顶天了，还能混成啥样？但重视教育，任何时候都不吃亏。

时代并没有让大家等很久。赵宋王朝坐稳了天下，加速了门阀世家的消亡。科举入仕，是动真格的，要让无数寒门英秀，没有障碍地进入国家管理阶层，任你是名门望族，也不得不屈尊与人同场竞技。学，庶人之子为公卿；不学，则公卿之子为庶人。

自蜀地归服，转眼已近百年。在胡萝卜与大棒的轮番治理下，中央政府对蜀中的掌控程度越来越高了，出仕从政的含金量自然也不一样了。朝中有人，在乡里就有权：政务权、经济权、话语权……抢个水源，都比别人家更有力气好吧！

对抱有"承家从仕"观念的外来世家来说，这可不就是瞌睡碰上了枕头？大家都要下赛场，咱家孩子起跑线高啊！不过，很快地，像老苏家这样的土著世家也都反应过来了。对他们来说，

[1] 苏洵：《嘉祐集》卷一四《苏氏族谱后录》，收入《景印文渊阁四库全书》第1104册，台湾商务印书馆，1986，第952页下栏。
[2] 苏轼：《东坡全集》卷九〇《苏廷评行状》，收入《景印文渊阁四库全书》第1108册，台湾商务印书馆，1986，第456页下栏。

这也是前所未有的机遇。蜀中虽好，可外面的世界更诱人，属于书生的时代来了，谁还学那"五陵轻薄儿"，斗鸡走狗过一生？走出去！一位位年轻的读书种子，带着家族期许，胸怀理想，走上千年栈道，登上万里江船，奔赴远大前程，从此开启了一代又一代文化精英的出蜀记。

三苏父子，便是其中最闪亮的三道身影。

"不合时宜"从苏爸爸开始

苏洵不想做嬉游的一尾小鱼儿了

"终日嬉游，不知有死生之悲。"很多年以后，苏洵这样总结自己的少年时代。

苏家到了苏序这一代，家中已经颇有良田、屋宅。苏洵是家里最小的儿子。上头两个哥哥，不用人催说，就十分好学。二哥苏涣，发起狠来，曾一口气将《史记》《汉书》抄了数遍。苏涣二十四岁中了进士，成为轰动一州的大事件。

苏洵呢？上树掏鸟，下河摸鱼，玩泥巴，和小伙伴互抢王八拳，抢野果子。到了年纪，被送进学堂开蒙，识了字，然后学句读、声律、对对子……然后呢，就厌烦了，日日坐冷板凳有啥意思？不如要子去！书本一丢，两腿生风，斗鸡走狗。

他爸也不管他。有人问起来，说你家这小儿子可有点儿荒废呀？苏序淡然答道："非忧其不学者也。"听得人家半信半疑。

苏序是一位很开明的父亲。苏洵回忆说："吾父虽不曾读过老子的文章，一生言行，却与老子讲述的'道'暗合。"《道德经》有言："圣人处无为之事，行不言之教，万物作焉而不辞。"在教育孩子的问题上，苏序就是这样一种"不教之教"、顺其自然的态度。爱读书的，他尽己所能地支持；不爱读书的，他也不勉强。

有人说，苏序是以其一贯的先见之明，知道此子将来必非池中之物。又或者，我们从世俗的角度揣测，小儿子这浪荡的个性，落在同样从小"不好读书"的老爸眼里，其实蛮亲切的吧？毕竟"最肖我"。家中两个大的已经跳龙门去了，这个小的，就让他待在父母身边，做一尾欢快的锦鲤，不也挺好吗？

十八岁，苏洵成亲，娶的是隔壁程家的女儿。程家富裕，程家的儿子也早已登科入仕。程家女儿贤惠能干，苏洵心满意足。

转变是从什么时候开始的呢？又是什么原因呢？

也许，是社会上越来越浓的好学风气和科举热情的影响；也许，是二哥事业蒸蒸日上的激励，是友人陆续中举后随之而来的身份地位的对比；也许，是某一次酒醒人散后，忽然袭上心头的空虚；更或许，是死神的突然袭击。

苏洵十九岁这年，妻子生下了他们的第一个孩子，是女儿，可惜不到一年就夭折了。夫妻俩伤心一场，重起炉灶，第二年生了个男娃。父母妻子俱全，且上有兄姐，年轻的苏洵感到人生完满了。如此三年过后，苏母忽然过世。在为母亲守孝一年后，苏洵决定，他要重新开始读书。

"人生忽如寄，寿无金石固。"于古人而言，生死，本非太惊诧的事情。古代医疗卫生条件差，就算是富贵人家，平均寿命也不长。幼儿尤其难以长成，像苏祜生九子，只有一子存活。而对女性来说，没有有效的避孕措施，为了传宗接代又不得不连续生育，这让她们的身体早早地垮掉。苏家的女性似乎又特别不幸，总是比她们的男人更早地离开人世。

若无智无识，或天生钝感之心，无常再苦，也不过茫然去扛，演出古今一部又一部《活着》[1]而已。但苏洵显然不是这样的人。

> 自长女之夭，不四五年而丁母夫人之忧，盖年二十有四矣。其后五年而丧兄希白，又一年而长子死，又四年而幼姊亡，又五年而次女卒。至于丁亥之岁，先君去世，又六年而失其幼女，服未既，而有长姊之丧。悲忧惨怆之气，郁积而未散，盖年四十有九而丧妻焉。嗟夫，三十年之间，而骨肉之亲零落无几。[2]

这是苏洵在妻子去世后写下的文字。过往日子里，每一位离去的亲人，都在他记忆中铭刻如新，凝聚悲忧之气，像打在生命线上的一个又一个死结。这个文风豪劲有力的男人，其实，有着细腻敏感的内心。

长女夭折、母亲去世，不能说是他改弦易辙的直接原因，但至少是一剂强有力的催化剂，让懵懂的男孩长成了男人。他张眼四顾，重新打量这熟悉又陌生的世界，看见了时代的风起云涌。他怅然而起，感受到了肩背上的负荷，也激荡起了内心的抱负。大丈夫立于世间，当真要如那泥人土偶一般，浑浑噩噩过一生吗？

人需要社会价值的认同。人生最大的奋斗动力，来源于自我

---

[1] 当代作家余华创作的长篇小说。
[2] 苏洵：《嘉祐集》卷一五《极乐院造六菩萨记》，收入《景印文渊阁四库全书》第1104册，台湾商务印书馆，1986，第959页下栏。

实现的需求。苏洵重拾书本，去参加科举的初级考——发解试。然而，主角光环并没有显现，他失败了。

苏洵羞愧难当，喟叹曰："吾今之学，犹未知学也已！"[1]坐在曾经最厌恶的书房里，他手不释卷，真的发愤起来。这一年，他二十七岁了。二十七岁的苏洵，不去想是否为时已晚，他将家事托付给妻子程氏，发誓要从头再来。

扔了科举这块砖，准备翻窗户

苏家的男人，血脉里似乎有两种截然相反的气质。一种气质是：浪漫、热烈，重视情感，厌恶拘束。每一代，家族中都会出现一两个"任侠"之人，无视礼法与社会规则。"侠以武犯禁"，在崇文的年代，这股"任侠"之气日渐潜隐，而另抒之以一种豪放天真。另一种气质则是：务实、沉稳，明晓世理，为人机警。

这两种气质，我们或许可以称之为苏家男人的"情感与理智"。在祖父苏序身上，两种气质得到了对立的统一，而到了孩子们……

老大苏澹早逝。老二苏涣为人谦逊、温和，做事很有策略性。举个例子：他初入职场，虽不齿顶头上司的为人，却并不表现出来。上司对他很欣赏，亲自给朝中大员写信，举荐他。他知晓后，悄悄撤回了举荐的公文和信件。不久，上司果然犯事落马，而他并没有受到牵连。他在复杂的法律事务上展现出过人

---

[1] 张方平：《墓表》，载沈斐辑《嘉祐集附录》卷下，收入《景印文渊阁四库全书》第1104册，台湾商务印书馆，1986，第985页下栏。

才干，以进士乙科的出身，到四十多岁时，做到了利州路提点刑狱[1]，事业算是比较成功了。

如果说，苏涣身上更多地体现了理智的力量，在苏洵身上，我们则看到了情感的作用。决定其人生走向的，是个人的兴趣，是蓬勃的意气，是热情的向往……

苦读一年多以后，苏洵过了发解试，去京城参加礼部会试，落第。次年再来，又落第。

进士本来就难考，俗话说"三十老明经，五十少进士"，五十岁考上进士都不算晚，头发染一染，金榜题名日，便是返老还童时。替苏洵算算，二十五岁重拾书本，二十七岁知发愤，发愤个一两年，就能杀退万千学子，一举登科？似乎也不太现实。就算天纵奇才，这不还有个时运在吗？

但苏洵从此对科举有了抵触心理。他认为，以现在的科举制度，尽考校些"声律记问"，并不能选拔出真正的人才，也不适合他。

宋初的进士考，主考文学，首先临场作诗、赋、论各一篇；其次为策问，考策论五道；最后是"帖《论语》十帖，对《春秋》或《礼记》墨义十条"[2]，即原文填空和经义解释。其中，诗、赋、论的成绩占比重最大。但是呢，一来，当时流行的是"太学体"，所谓"险怪奇涩之文"[3]，苏洵瞧不上。二来，讲究"声律"的诗、赋都不是苏洵的强项（后来他成就大名，时人仍

---

[1] 两宋地方区划实行路制，自太宗皇帝始，全国分为十五路，归中央直辖监察，为后世"行省"之雏形。一路之管理，设安抚使（帅）、转运使（漕）、提点刑狱（宪）、提举常平（仓）四司，其中提点刑狱主管司法刑狱，长官又称"宪司"。

[2] 脱脱等：《宋史》卷一五五《选举一》，中华书局，1977，第3604页。

[3] 脱脱等：《宋史》卷三一九《欧阳修传》，中华书局，1977，第10378页。

多认为他"不擅诗"），他最拿手的是自由挥洒的"古文"。"声律"既已不谐，经帖墨义的死记硬背，更不对老苏的胃口。

他还觉得，科举的流程，太伤士人的尊严："自思少年尝举茂才，中夜起坐，裹饭携饼，待晓东华门外，逐队而入，屈膝就席，俯首据案。其后每思至此，即为寒心。"[1]考上了吧，也算没白挨这份罪；考不上，屈辱翻倍。

可喜的是，苏轼、苏辙这对儿天才兄弟已降生人间。健壮活泼的两个男娃子（长子景先夭折），让家里充满了生气。苏洵苦读之余，也教教这两小儿。小朋友聪明，一问能十答，敲敲脑壳，脚底板都会响。教之不仅不会突发心梗，反而有无穷的乐趣。同时，苏洵秉持"读万卷书，行万里路"的古训，探访名山大川，与各地文人交游……

三十八岁，苏洵参加了制科考试。制科，是由皇帝亲自主持的针对特殊人才的选拔，难度比"常科"更大。两宋时期，成功通过制科的，加起来也才四十多个人，但其中并不包括苏洵。这是苏洵最后一次入考场，从此一别两宽，结束了与科举相看两厌的孽缘。

带着对父亲去世的悲伤，苏洵一把火烧毁了数百篇旧作。然后，"取《论语》《孟子》《韩子》及其他圣人、贤人之文，而兀然端坐，终日以读之者，七八年矣"[2]。七八年间，他什么都不写，身心沉浸于书本之中，对着那些光耀古今的文字，从不明所以的惶惶然，到渐有所悟的豁然，再到辗转反侧，溯洄从之，

[1] 苏洵：《嘉祐集》卷一三《与梅圣俞书》，收入《景印文渊阁四库全书》第1104册，台湾商务印书馆，1986，第944页下栏。
[2] 苏洵：《嘉祐集》卷一二《上欧阳内翰第一书》，收入《景印文渊阁四库全书》第1104册，台湾商务印书馆，1986，第935页上栏。

像渔人走过落英缤纷的花林，穿越幽暗的山谷，到达桃花源。于是，心里真正想说的话涌现了，而且越来越多，不可抑制，他试着拿起笔来，文章轻松地就写成了。

神功既成，苏洵试图走另一条路：布衣干谒，以才华名动公卿，突围而出。当年，春秋战国的游士们就是这么干的。伟大如李白、杜甫，也曾汲汲于此。宋朝立国以来，也开了这方面的口子：对于一些在野的遗逸之士，比如极有文学才华的书生、富于行政经验或司法才干的吏人、建言献策十分靠谱的布衣，朝廷会破格地赐以功名。比如宋太宗时期，有个叫赵昌国的人，自告奋勇说一日可作诗百篇，被赐"进士及第"；宋真宗时期，终南山隐士种放，更几度被朝廷礼聘出山。

如果说，科举是通往庙堂的敲门砖，那么，苏洵现在就是扔了砖，想要去翻窗户。

这样微末的官职打发谁呢？

在蜀中，苏洵的名气，忽然响亮起来。

名臣张方平出守益州，见到苏洵，觉得这人甚是沉静。听他一席话，惊讶于他的博学广识。读完他的著作，不禁礼赞："先生的文学之才，可比左丘明、司马迁；治国之能，则有似汉之贾谊。"

雅州太守雷简夫，因为他本人也是通过荐举进入仕途的，对此事就更加热心了。他说："苏洵可以说是王佐之才，能够做帝王的老师！他身为布衣，心忧天下，为人谦逊又淳朴。我见了他，简直想要磨珍珠为粉，烩灵芝为羹，亲手拿着勺子喂他吃饭，还担心伤了他的脾胃，就要这么爱护着。这样的人，如果不能得到朝廷的重用，就是官员的失职，是国家的损失！"

张方平向朝廷举荐苏洵为郡中学官，数月未得答复。雷简夫说："太慢了。区区一个学官，也配不上苏君，我们应该向朝中有力之人推荐他，让他速去京师，将才学展现于天下。"

朝中有力者谁人？韩琦、欧阳修也。韩琦十载为相，三朝辅佐，品性浑厚端正，是大宋的"社稷之臣"。欧阳修，"以文章忠义为天下师"[1]，时为翰林学士，对朝廷决策有重大影响力。最关键的是，他们都爱才、惜才，急于寻求人才。尤其是欧阳修，他不遗余力地提携后进，甚至会为了早逝的女诗人谢希孟摇笔呐喊，希望世人能知晓她的才华。正因为如此，因政见不同跟欧阳修早已绝交了的张方平，现在也放下了面子，恳请欧阳修帮衬苏洵一把。

嘉祐元年（1056年）春三月，苏洵携苏轼、苏辙离开眉山。父子三人过成都，走金牛道，出剑门，经褒斜谷，越秦岭，烟壑晦深，云山重复，秦川在望，驻马长安，春衫征尘满，最终于仲夏时节，到达了汴京。

后来的事，大家都知道了。苏氏兄弟双双考中进士，又双双闯过"制科"，成为百年难遇的科举传奇，轰动朝野。仁宗皇帝回宫后喜气盈盈，跟皇后说道："朕今日为子孙得两宰相矣！"小苏们的前途眼看不可限量，身为父亲的老苏，却出人意料地陷入了怀才不遇的困境。

苏洵在京城，遍谒名流和权贵，成为豪门座上宾。韩琦与苏

---

[1] 邵博：《邵氏闻见后录》卷一五，李剑雄、刘德权校注，中华书局，1983，第121页。

洵交谈之后，觉得即使贾谊再生也未必比得过他。欧阳修更是逢人说苏，推崇备至。论声望的提升，不能说不成功。论功名嘛……哎，真是"佳节每从愁里过，壮心时向醉中来"[1]。直耗到第三个年头，因妻子去世而回了老家的苏洵才等到了皇帝的诏书，不是授官，而是叫他来考试——开什么玩笑？早知还是要考，何必当初！

苏洵称病不去，然后写了封《上仁宗皇帝书》，谈了谈自己对治国的理解，一去也无回响。两年多以后，朝廷才给他安排了职务。是啥呢？除试秘书省校书郎，以为霸州文安县主簿，与陈州项城县令姚辟同修礼书，太令人失望了。

解释一下：宋代官制，一个人的官职，分为"寄禄""职事""差遣"。寄禄官确定基本工资待遇，共有九品十八阶。苏洵的工资待遇，就是"秘书省校书郎"，从八品，系十六阶。这一官阶本来就很低了，更悲催的是，在宋代，"秘书省"这个部门里的员工，待遇是比其他部门都低的，而且在历朝历代的秘书省中，待遇也是最低的——为什么呢？

"秘书省"这个部门，作为"国家图书馆"，曾经也是风光过的。但到了宋朝，它的职能逐渐被"馆阁"（昭文馆、集贤院、史馆，以及秘阁、龙图阁、天章阁等）取代。而随着"馆阁"地位的日益提高（备天子咨询，参与中央决策，国家高级人才储备库），秘书省就更加有名无实，甚至，被默认为昏庸无能官员的"收容所"。连里面的藏书，都被搬到秘阁去了。员工从上到下，基本上都只有寄禄，没有职事和差遣。这意味着大家只能拿基本工资，至于岗位补贴、绩效奖金、外派补助等，那是都没有

---

[1] 丁传靖辑《宋人轶事汇编》卷一二，中华书局，1981，第586页。

的。就一个字：穷。

苏洵便哭起穷来，给韩琦写信说："我都老了，还能耗上几年？朝廷天天说'冗官'，难道普天下的'冗官'，就是多了我一个吗？"

朝廷也觉得不好意思，就让他到太常礼院去编书。但编书是临时岗，工资不好开，就又给他安了个"霸州文安县主簿"的差遣，让他照这个岗位拿钱，苏洵也就终老于这个岗位了。

晚年苏洵在书信中，自称"将仕郎"，这是"文散官阶"的从九品。对比一下当年二十四岁的欧阳修，进士及第，初入仕途，他身上的官职品阶就是"西京留守推官、将仕郎、试秘书省校书郎"。欧阳修也只是二甲的进士，他的起点已经是苏洵的终点了。

真是没有对比就没有伤害呀！

贤才？歪才？宰执们左右为难

苏洵去世后，据说韩琦后悔莫及，哭着写诗曰："名儒升用晚，厚愧不先予。"人都死了，才说这种话，早干吗去了？

北宋末年，学者叶梦得的《避暑录话》里，说了这么一条秘闻：

当时，韩琦在枢密使任上，头痛于军队的武备松弛、军纪松散、贪污腐化，想要整治。但宋朝军队有个特点，在崇文抑武的风气之下，军中无悍将，却尽有"骄兵"——宋代实行雇佣制征兵，由流民与罪徒组成主力兵源。他们素质低下，主要靠薪水维系对朝廷的忠诚。长期受歧视的阶级地位和军队上层的腐败，让他们总是心怀怨恨，遇到一点儿外界的刺激，就可能会发作起来：大则杀官吏，劫官库；小则抢劫良民，啸聚山林。

韩琦不敢轻举妄动。苏洵探得此事，便来建言献策，叫韩琦不如先发制人，杀一儆百，先诛而后教之。韩琦吓了一大跳，觉得这也太冒进了！又怕苏洵在外头泄露风声，心中懊恼，便去埋怨欧阳修。欧阳修觉得很不好意思，而宰相富弼也对苏洵不满，因此起用他的事，就这么搁置下来了。

如果真有此事，那苏洵的这一次支招确实不太妥当。但仅此一事，还不至于就断了他的青云路。这件事更可能是一个引子，引发了高层对苏洵的争议：这个人才，当真是我们需要的人才吗？

此时的大宋，确实需要人才。在思想上，为挽救五代以来普遍存在的道德与伦理危机，为维持政权的长治久安，它需要发展出更适应时代的主流政治学说。而立国百年，积累下的大量社会问题，如老大难的"三冗两积"（冗兵、冗官、冗费，积贫、积弱），也正需要破局。谁能在这两方面有所建树，谁就是当世伟人。

不过，这都是有前提条件的，即儒家的"礼法治国"。无论你是什么开宗立派的学术宗师，什么关中张子、理学二程、朱子道学、陆氏心学等，都万变不离其宗。无论你想出多少点子，要改革，要去弊图新，也只能在这个框架里折腾。

苏洵呢，把他放到这个框架中仔细一打量，就有点儿不对味儿了。

我们知道，苏洵是一个擅长自我教育，且只肯接受自我教育的人。学校的填鸭式教育，曾造成他早年的弃学。自学才让他体会到了学习的乐趣：

> 闭户读书，绝笔不为文辞者五六年，乃大究六经、百家之说，以考质古今治乱成败、圣贤穷达出处之际，得其粹精，涵畜充溢，抑而不发。久之，慨然曰："可矣。"由是下笔，顷刻数千言，其纵横上下，出入驰骤，必造于深微而后止。盖其禀也厚，故发之迟；志也悫，故得之精。[1]

与其说苏洵是依靠意志与毅力"苦读"，倒不如说，他是凭着热爱，以天赋般的文学敏感与创造力，自发地开拓智识世界，向智者问道，与大师交谈，故如探宝山，如蜂吮蜜，其乐无穷。

但问题也正出在这"自学成才"上。苏洵学问驳杂，于儒家经义之外，他更偏爱诸子百家杂说，尤其好兵家、纵横家。像《权书》《衡论》《几策》《六经论》等他的代表性作品中的思想，在同时代及后世的儒者看来，都不是正统的儒学，甚至可以说是"异端"。

他探讨儒学的《六经论》，被欧阳修认为神似荀子。同为先秦儒家，荀子和孔、孟不同，他认为人性本恶，主张义利并重，王霸兼施。所以自韩愈以来，往往认为荀子的儒学"不纯"。欧阳修这么评价，其实是一种委婉的批评了。到了南宋，朱熹干脆说："看老苏《六经论》，则是圣人全是以术欺天下也。"[2]

正统儒家，是尊崇"王道"和"仁义"的。苏洵却强调权术，说：

---

[1] 欧阳修：《欧阳修全集》卷三五《故霸州文安县主簿苏君墓志铭》，李逸安点校，中华书局，2001，第513页。

[2] 黎靖德编《朱子语类》卷一三〇，王星贤点校，中华书局，1986，第3118页。

> 圣人之道，有经，有权，有机。是以有民，有群
> 臣，而又有腹心之臣。日经者，天下之民举知之可也；
> 日权者，民不可得而知矣，群臣知之可也；日机者，虽
> 群臣亦不得而知矣，腹心之臣知之可也。夫使圣人而无
> 权，则无以成天下之务；无机，则无以济万世之功，然
> 皆非天下之民所宜知……[1]

统治者用道德伦理来约束百姓，但是，自家统御百姓的权术、驱使群臣的心机，绝对不能让他们知道——我的老天爷，就算是实话，你也别大鸣大放呀！

他还说："利在则义存，利亡则义丧。"[2]人不能获得利益，就不会有道德。这跟正统儒家"君子喻于义，小人喻于利"的观点也是犯冲的。

重权术、行诡道、混淆义礼，这些都让王朝的精英们感到了隐约的不适：用他，会不会造成不好的社会影响？不用他，盛世而拒纳人才，说不过去啊！如果他不是以布衣干谒、公卿察举的方式，一鸣惊人地出现，而是通过科举晋身，在体制里慢慢地展现才能，贤才最好，歪才也罢，还不至于有这么大的争议性……思来想去，只好回到原点：先生不如来考上一考？

苏洵认为，这是对他才华的侮辱。

---

[1] 苏洵：《嘉祐集》卷四《衡论上》，收入《景印文渊阁四库全书》第1104册，台湾商务印书馆，1986，第862—863页。
[2] 苏洵：《嘉祐集》卷九《利者义之和论》，收入《景印文渊阁四库全书》第1104册，台湾商务印书馆，1986，第915页上栏。

《辨奸论》与苏洵式的"三段论"

苏洵做的最后一次努力，是《上仁宗皇帝书》，给皇帝提出了治国建议，大体上有这么十条：

一、利之所在，天下趋之，要用功利引导民众。对于官员，不要轻易给予恩赏，要用功名激励他们。

二、取消恩荫制度，官员家孩子想做官，请自行去考。

三、取消中央对大小官员的考核，只考核最高长官，再由长官考核部下。

四、官员不论级别，都是陛下的臣子，上级应该平等地对待下级，不可驱之如奴仆。

五、开武举，招武举人，把他们当精英培养。

六、仅仅依靠朝廷法度，不足以治理天下。陛下应该信任官员，允许他们互相交往，共同学习，共同提高。

七、不以科举成绩决定仕途，进士一甲三人，往往十年内就做了高官，不好。除非确实有大功劳或大才能，才可委以重任。

八、培养专门的外交人才。

九、赦免制度应该根据每个犯人的罪行和身份来决定，不能一到国家庆典，就例行赦免，让某些人钻空子。

十、远离宦官。

不乏真知灼见，甚至具有相当的先进性。可惜的是，并不太适合大宋的国情。

比如说吧，以"利"引导民众，这就是在动摇"礼法治国"的根本。取消恩荫制度，等于和全体官员过不去，大家辛苦做官，不就是图个封妻荫子、富贵长久吗？至于上下级关系平等，培养武学人才，叫皇帝信任臣子……也都缺乏现实的可行性。

宋朝与前代最大的不同，是建立起了高度的中央集权，以及伴生的庞大、精密、等级森严的官僚体系。四方之权，悉归中央。中央之权，又予以精密的分化与制衡，确保能掌握在君主之手而不旁落。从两府宰执到基层选人，官僚体系的毛细血管伸向了国家肢体的最末端。无论是"守内虚外""崇文抑武"等基本国策，还是"科举取士"的人才选拔制度，又或是赵宋皇帝"异论相搅"的祖传艺能，都是为这个体制服务的。

在这个体制下，皇帝自然不可能信任臣子，上下级关系自然不能平等。武举，非特殊情况也不能开。而"冗兵、冗费、冗官"的老大难问题，难也就难在，它们是体制下必然产生的副作用。苏洵还想要提高外交使节的地位，使其专才专用，但在集权体制下，外交使节的作用，不过是传达国家意志，并不需要配备专门的人才。至于"远离宦官"，倒是放之四海而皆准，可正因为如此，也相当于废话。

缺少政治实践，也缺少了一些对于时势的敏感，这使得苏洵的建言献策，没能说到皇帝与执政官员的心里去。如果将苏洵的《上仁宗皇帝书》和同时期王安石的《上仁宗皇帝言事书》相比照，就更能看出差距了。

在这段时间，王安石也是京城里的热门人物。嘉祐三年（1058年），王安石进京述职，献上《上仁宗皇帝言事书》，获得了皇帝的青眼。他的信誉是在体制内摸爬滚打，由政绩与资历堆出来的。不仅问题提在痛点上，还有解决问题的一揽子成熟方案。从皇帝到群臣，大家都觉得：此人靠谱！朝廷屡次三番要重用他。从馆阁的清贵到各司的显要，诏书下来，王安石皆推辞不就。一直搞到"安石不出，奈苍生何？"的气氛出来，他才勉强就任。王安石其实是考察了一圈，觉得推行变法的时机还不够成熟。大家却越发觉得此人品性高洁，实有古圣人之遗风。

于是，就有了一个关于《辨奸论》的千古公案。

一种说法，出自反变法派人士，说：王安石声名大盛，交口称誉。唯苏洵慧眼，知此人将来会成为害国之巨奸。故王安石母亲病故，苏洵不去吊丧，却作《辨奸论》一篇，痛斥其人。

一种说法，出自亲变法派人士，说：苏洵声名大盛，人皆追捧。王安石却对老苏态度冷淡，老苏不高兴，遂作《辨奸论》以泄愤。

最后一种说法是：苏洵其实啥都没写。这篇文章，是有人为了抹黑王安石，借已故的老苏名头伪造的。

谁先看不上谁，这种事也不必计较了。我们重点关注一下《辨奸论》的真伪。

该文最初的来源，是署名"张方平"的苏洵墓表。然后苏轼的传世文集中，也收有为此事而写给张方平的答谢书，其中说道：

> 《辨奸》之始作也，自轼与舍弟皆有嘻其甚矣之谏，不论他人，独明公一见以为与我意合。公固已论之先朝，载之史册，今虽容有不知，后世决不可没。而先人之言，非公表而出之，则人未必信。信不信何足深计，然使斯人用区区小数以欺天下，天下莫觉莫知，恐后人必有秦无人之叹。[1]

---

[1] 苏轼：《东坡全集》卷七三《谢张太保撰先人墓碣书》，收入《景印文渊阁四库全书》第1108册，台湾商务印书馆，1986，第191页。

大意是说，我爸写了这篇文章，我和我弟都不赞成发表，觉得言辞激烈，没人会理解。只有您出于对欺世盗名者的义愤，将它公之于众，云云。

要证明《辨奸论》是伪作，就必须证明张方平的《苏洵墓表》和苏轼的《答谢书》都是假的。也就是说，有人在张方平和苏轼的文集中，各塞了一篇伪作进去——这个可能性有，但不是很大，也难以证明。

就文章本身来说，《辨奸论》词锋锐利，挥斥方遒，文风和苏洵还是比较相像的。我们来看它的论述方式，是一个很典型的"三段论"。

大前提：不近人情者，鲜有不大奸大恶的。（比如挥刀自宫主动当宦官的竖刁，宰了儿子给主君加菜的易牙）

小前提：王安石他不近人情。（衣臣虏之衣，食犬彘之食，囚首丧面而谈诗书）

结论：王安石大奸大恶。

首先，"不近人情者，鲜有不大奸大恶的"，这个"大前提"本身，它并不符合"三段论"一般性、普适性的原则。

贪生怕死，父母爱子女，这都是人的天性，即作者所说的"人情"。但人类的社会行为，却并非完全遵循"人情"。历史上，有竖刁、易牙这样为了权力而绝情灭欲的恶人，却也不乏为了大义慷慨赴死的志士。比如，用自己的独子代替赵氏孤儿去死的程婴，忠于故国跳海而亡的田横五百壮士，不向叛军低头而英勇就义的颜真卿，送爱子上刑场的范滂之母……他们的行为就违反了人类"贪生怕死""父母爱子女"的天性，有悖于"人情"，但是，我们能说他们是大奸大恶之徒吗？

"不近人情"的人，是因为他们把某些人生诉求，看得比

"人情"更重要。其行为是邪恶，还是高尚，取决于其诉求。而作者呢，只选择了反面事例来支持自己的观点。

再看小前提。"衣臣虏之衣"——王安石穿衣不讲究，曾被客人误认成佣人。"食犬彘之食"——这句话就很夸张，最多是饭菜粗劣，不至于真的与猪狗同食。至于"囚首丧面而谈诗书"——魏晋名士还流行"扪虱而谈"呢，也不能说是什么骇人听闻之事。总之，这都只是生活小节。作者说："夫面垢不忘洗，衣垢不忘浣，此人之至情也。"这种"人情"，和竖刁、易牙那种丧失人伦的极端情况，性质是不一样的。因此，这个"小前提"，就不能归属到"大前提"里。

大、小前提都出了问题，结论怎么能站得住脚呢？这个"三段论"，乍读之下，似乎很有说服力，是因为作者运用了巧妙的辩术，比如，夸大事实（"食犬彘之食"）；再比如，偷换概念（模糊人类复杂行为之间的界限，将"粗衣陋食""不讲卫生"与"杀子献食""自宫求荣"等同）。

苏洵是很擅长这一类论证方式的。他在给枢密副使田况的自荐信中说道："圣贤之所以为圣贤，是天意使然。像舜的父亲总想杀死舜，却总也不成功，这就是天意不可违。做君主的理当顺应天意，如不能任用圣贤，就是君主在逆天而行。"

大前提：不能重用上天派来的人才是逆天而行。

小前提：我是上天派来的人才。

结论：身为朝廷重臣的你不推荐我，你逆天，你失责。

又是一个带逻辑陷阱的"三段论"，以文字技巧和情感冲击，将并不那么靠谱的结论植入读者的思维。

苏洵说："事有必至，理有固然。"事情是有必然性的，世界上是有普遍真理的。这个论断本身没有问题，问题在于，他总是能够自创出一条真理，再不知不觉，把你拉进这个真理的宇宙，用他的逻辑自洽，将你征服。这不能算是理性的思辨，而更近似于诡辩和心理战。

这种文风的缺点也很明显。明末清初的学者王夫之便批评道："猖狂谲躁，如健讼人强辞夺理。"[1]"健讼人"，即状师也，讼棍也。电影《审死官》中，周星驰扮演的宋世杰，就是干这行的。而编纂《唐宋八大家文钞》的清代大臣、理学家张伯行则认为："苏氏议论足以动人，熟其文，便不知不觉深入权术作用去也。"[2]

张氏所谓的"权术作用"，寻其源流，可上溯至战国纵横家鬼谷子的"飞箝之术"：

> 引钩箝之辞，飞而箝之。钩箝之语，其说辞也，乍同乍异。其不可善者，或先征之而后重累，或先重以累而后毁之。或以重累为毁，或以毁为重累。其用或称财货、琦玮、珠玉、璧帛、采色以事之，或量能立势以钩之，或伺候见涧而箝之，其事用抵巇。[3]

审时度势，运用话术，攻破游说对象的心理防线，引导他按照自己的需求去行动，就像飞起来的钩子一样，钩取人心。苏洵的文学创作和政治议论，是深得纵横家之旨趣的。这令他飞快地

[1] 王夫之：《夕堂永日绪论》，收入《船山遗书（第八卷）》，北京出版社，1999，第4642页。

[2] 张伯行选编《唐宋八大家文钞》，萧瑞峰导读，萧瑞峰标点，张星集评，上海古籍出版社，2007，第145页。

[3] 鬼谷子：《鬼谷子·飞箝第五》，许富宏译注，中华书局，2012，第59页。

获得朝野瞩目，同时，也让他在聚光灯下，不可避免地展现出一种微妙的不合时宜⋯⋯

毕竟，时代不一样了。

"定海神针"苏妈妈

嘉祐二年（1057年）的春天，对苏家来说，是大喜与大悲的轮替，是欢欣与残忍的交织，是晨曲奏响之后，紧随薄暮的丧歌。

三月中旬，苏轼、苏辙双双金榜题名，苏洵受到京中权贵的交口称誉。三苏文章，如一夜东风之起，将横扫北宋文坛，迎向光耀千古的未来。

四月七日，苏洵的妻子程夫人在家中去世，时年四十八岁。父子三人顾不上向任何人道别，仓皇踏上归途。回到家中，只见家园破败——

十亩竹林疯长，矛叶森森，逼近庭院。不知是看惯了京城的华屋高宇，还是一春雨水的无情冲刷，眼前屋舍都变得矮小、破旧了。青瓦从屋顶掉落，碎裂在地上。鸡从篱笆墙的缺口里钻进钻出，杂草长得比蔬菜还高，曾经清澈的池水长满了浮萍，不知道是谁家的狗在园子里溜达……唯有石榴花红似旧年，灼灼地艳在一片凄凉的绿意里。父子三人失魂落魄地走进去，麻衣如雪的两个小少妇迎出来，放声痛哭。

位于眉山城中纱毂行街的这座屋宅，在能干的女主人去世之后，一夜之间，失去了生机。自去年春天苏洵父子离家，家中只有程夫人带着苏轼、苏辙的新婚妻子过活。两位新妇，嫁过来时，不过是十五六岁的少女；到现在，也还未满双十。年轻不经事，四顾无依，家里就成了这副样子。

程夫人一生共生育六个子女。只有苏轼、苏辙得享天年。其他的都在很年轻的时候死去，甚至一出生就夭折。

她的娘家是眉山有名的富户，她的兄长都已经取得功名。她自小接受良好的文化教育。嫁到苏家以后，眼看着夫君日复一日地游手好闲，她并非不忧愁，但不曾口出一句怨言。一直等到那一天，身边这个大男孩一般无忧无虑的男人，石破天惊地说："我要发愤读书。"

苏洵说："我将发愤读书，只是顾虑家中的生计，如果专心求学，必然无法兼顾谋生，可怎么办呢？"

程夫人回答："这件事我很早就想说了，只是不想让你觉得，你是为了我才去学习的。如今你有此志向，家计的问题就交给我吧。"

干脆的回答，吐露了她内心盘旋已久的思量。

在顺其自然方面，她和公公苏序倒是颇有共鸣。夫妻多年，她对丈夫的性情已然了解，晓得这个外表温和、内心倔强的人，绝非外力可以驱动。她丝毫不怀疑丈夫在文学上的天赋，至于谋生治产的本事嘛……

苏洵在未"发愤"之前，也是不怎么务生产的，或者说，根本就不擅长吧！他们的小家庭，自从独立门户之后，几度发生经济危机。邻居们看不下去，鼓动程夫人："你娘家那么有钱，你去要一点儿，日子也能好过些。怕什么，你爹娘心疼你，肯定给!"程夫人不肯,说:"去请求父母资助也没什么,但是我怕被人笑话我丈夫,说他养不活妻子儿女。"

现在好了,放着我来!程夫人倾其所有,变卖嫁妆、衣饰,置田地,做生意,里里外外当起家来。没过几年时间,苏家就翻身致富,在眉山城的繁华地段买下了房屋,招了雇工,请了佣仆;更广购图书册页,藏诸书楼;种修竹、桐树,植花果,开园圃;渐渐地,就有了苏轼童年记忆里那个质朴、清新、温暖的家园:

> 门前万竿竹,堂上四库书。
> 高树红消梨,小池白芙蕖。
> 常呼赤脚婢,雨中撷园蔬。[1]
>
> 昔我先君子,仁孝行于家。
> 家有五亩园,幺凤集桐花。[2]

"红消梨",一种特产梨子,皮色如胭脂,其味甘如饴。树头梨已果实累累,池塘中白莲花开放,赤着脚的婢女在雨中采摘菜蔬。这是盛夏的光景。

"幺凤",一种名为"桐花凤"[3]的蜀中小鸟。只有成年人的食指大小,以花蜜为食。唐代李德裕《画桐花凤扇赋序》云:

---

[1] 苏轼:《东坡全集》卷八《答任师中家汉公》,收入《景印文渊阁四库全书》第1107册,台湾商务印书馆,1986,第147页下栏。
[2] 苏轼:《异鹊(并序)》,载《苏轼文集编年笺注》,巴蜀书社,2011,第327页。
[3] 今多认为就是"蓝喉太阳鸟"。

"成都夹岷江,矶岸多植紫桐,每至暮春,有灵禽五色,小于玄鸟,来集桐花,以饮朝露。及华落则烟飞雨散,不知其所往。"

苏家园子里的泡桐树多,这种鸟总是落到园子里来,一来就有四五百只之众,彩羽翩跹,翔集于紫桐花间,像海外三山的仙子嬉游在她们的洞府周边。这是暮春的时候。

无论春夏,园子里总是生机勃勃,万物皆自然优美。

书房的前头,还种了各种花草和杂树。春夏之季,引来许多鸟雀筑巢。程夫人不许孩子和佣仆去打扰鸟雀,在她严厉的禁令下,鸟儿们逐年来往,安居乐业。甚至在接近地面的枝条上,都有鸟儿筑起了小窝,旁若无人地孵着卵。

幼时的苏轼与苏辙,总会溜到鸟窝旁边窥看。小朋友多想伸手抚摸一下小鸟啊,摸一摸那神气活现的小脑袋,那茸茸可爱的羽毛……但他们牢记母亲的话,不敢去惊扰它们,只屏气凝神,欣赏着这奇妙而美丽的生命,懵懂之中,对造物产生了敬畏之心。

苏洵很多时间都在外面游历,儿子们启蒙教育的重任,也落在了程夫人的身上。她是望子成才的,但她的期望跟一般人不一样。她期望的,不是儿子们当高官,自己享荣华,而是要他们成为正直的、有益于国家的人。

苏轼十岁左右时,程夫人为其诵读《后汉书》中范滂的传记。

范滂是东汉末年的人。他品性高洁,为官清正。当时朝政腐败,宦官专权,激起朝野之间的反抗。一部分官员、太学生及在野名士,纷纷联合起来声讨宦官的罪行,但他们遭到了镇压,许多人被杀害。范滂也被抓捕入狱。临刑前,他的母亲前来与他诀别。范滂担心母亲为了自己悲痛伤身,范母却说:"汝今得与李、杜齐名，死亦何恨！既有令名，复求寿考，可兼得乎？"我的儿子是像贤臣李膺、杜密那样为国而死，因正道而亡，必将得到美名。美名已得，又想长命百岁，不是太贪心了吗！

天下爱子莫如母，然而在大义与爱子之心的两难中，母亲毅然选择了尊重儿子的选择，白发人送黑发人，余生的日子里，她独自吞咽着那痛苦的火炭。

读完全文，程夫人慨然长叹。范滂的故事也震动了小苏轼的心，他既为志士的事迹所激励，又敏锐地察觉到故事中母爱与大义的悲剧性冲突，感到难言的凄怆。于是，他迟疑地问母亲："如果我要当范滂，您会答应吗？"程夫人像以往生命中每个重要时刻一样，给出了干脆的答案："你能做范滂，难道我就不能做范滂的母亲吗？"

儿时与母亲的这段对话，影响了苏轼一生。

东汉末年的"党锢"事件，是中国的精英知识分子以天下为己任，积极参与政治的一次悲壮的实践，也是一次惨痛的失败。它留下来的精神种子，播撒在一代又一代士大夫的心田。范滂慨然有澄清天下之志，与政治的污秽誓不两立。最终因不肯连累他人，而自行投狱赴死。他以个体之人，达到了儒家道德的极致，并以身相殉。在号称"君主与士大夫共治天下"的宋朝，这段历史，是具有鲜明时代意义的。

"如果有一天，你们为正道而死，我不会悲伤。"程夫人对儿子们说。慈母心肠，却有钢铁一般的原则性。孩子们也晓得她的心意。赶考的途中，兄弟俩对父亲说道："母亲长年劳苦，都是为了我们，现在不去拼搏，以后我们一定会后悔！"三苏在京城一举成名。兄弟俩兴奋地与父亲计算着归期："我知母心，非官实好，要以文称。我今西归，有以藉口。故乡千里，期母寿考。"[1]母亲对我们的期望，不是高官厚禄，而是以文学扬名天下。如今终于可以对她有所交代了，希望母亲康健，待我们千里西归，举杯同庆！

程夫人没有等到这一刻。离世前不久，她检点家中资财，颇有富余，不喜反忧，叹息道："这难道是什么福气吗？金钱只会消磨掉孩子们的志气。"于是把钱拿出去，救助亲族、乡邻里生活有困难的人。她去世之后，家里剩下的钱财，仅够全家一年的开支了。

司马光为程夫人撰写的墓志铭，这样赞美她的一生：

> 妇人柔顺足以睦其族，智能足以齐其家，斯已贤矣；况如夫人，能开发辅导成就其夫、子，使皆以文学显重于天下，非识虑高绝，能如是乎？古之人称有国有家者，其兴衰无不本于闺门，今于夫人益见古人之可信也。[2]

是的，程夫人不仅是一位完美的贤妻，是这个小家庭坚实的后盾，她还是一位隐身于内闺的引导者，以传统女性独有的坚韧、包容、温柔与智慧，将丈夫和儿子引向远大前程，送他们走出家乡，走向庙堂，走向青史，走向山河岁月、家国千秋。

而她本人，并没有在世间留下名字。

高大的泡桐树上，紫花怒放，轩轩如朝霞。成群的"桐花

---

[1] 苏洵：《嘉祐集》卷一五《祭亡妻程氏文》，收入《景印文渊阁四库全书》第1104册，台湾商务印书馆，1986，第966页上栏。
[2] 司马光：《苏主簿程夫人墓志铭》，载《司马温公集编年笺注》，李之亮笺注，巴蜀书社，2008，第534页。

凤"飞舞其间。众鸟欢鸣，鱼翔浅底，成排的晾竿上晒着五色布匹和莹白的丝绵——丝织是苏家经营的生意之一。春日阳光下，绸布的异彩与丝绵的微光闪烁不定。空气中飘浮着花香，蜜蜂的嗡嗡声在耳畔游移，让人产生一种幸福的眩晕感。母亲的身影穿行于这一切之中，步履匆匆又无处不在……

　　无论苏家的孩子走向何方，这都将是他们一生中最温暖的回忆。

苏八娘之死，故乡的花长了刺

相传，东坡先生闲来无事，见自家小妹从屋里出来，遂道："未出庭前三五步，额头先到画堂前。"盖嘲笑妹子脑门大也。妹子眼珠一转，反击道："欲叩齿牙无觅处，忽闻毛里有声传。"原来揶揄苏东坡是个络腮的大胡子。东坡又道："几回拭脸深难到，留却汪汪两道泉。"小妹你那眼窝子深陷得呀，擦眼泪都不方便！苏小妹不羞也不恼，对着哥哥很长很长的长脸，朗声答复："去年一滴相思泪，至今流不到腮边！"

苏小妹，这位大脑门儿、深眼窝子，不算标准美人，却聪明绝顶的姑娘，和她那毒舌的哥哥一起，为群众贡献出了许多可爱的故事。民间传说中，她嫁给了才子秦少游，并在新婚之夜，用自己的才智将夫君调戏得满头大汗，令其心甘情愿拜倒在她的裙下。

传说总是美好的。而传说之所以美好，往往是因为现实难以美好。

苏轼没有妹妹，他只有姐姐。大姐、二姐皆未成年而亡，剩下只比他大一岁的三姐，他俩在同一位乳母的照看下长大。姐弟感情深厚。这位三姐，按族中排行，唤作苏八娘，也只活到了十八岁，便带着满腔冤恨，死在了亲上加亲的婚姻里。

苏八娘嫁进了母亲程夫人的娘家。程家是眉山首富，家中已有两个儿子出仕，在地方上极有势力。程家本来也未必看得上苏家，但苏家在天圣二年（1024年）出了一个进士苏涣，程家的程濬，也是这年登的金榜。同年，同乡，天然地可以在官场上形成互助。程夫人就是在这种情况下，被嫁给了浪荡少年苏洵。

程、苏两家的门风，或者说家庭氛围吧，差异很大。

举个例子：当年，苏序得了朝廷的封诰，却不肯穿戴，不曾洒水净地，堂皇过市地展示官家威严，反而如醉猫一般，挑着家伙就进城来了，惹得百姓喧笑。程夫人她爹程文应就很不高兴，觉得连自家的脸，都被这糊涂亲家公给丢光了。

苏家的人，个性里大都有着率真、感情丰富、不拘小节的一面。苏家人认为，比起外在的荣耀，内心的自洽更重要。

程家呢，更早地进入士绅阶层，很在意在世人面前的体面，看重繁文缛节，且家中人口众多，家庭关系远比苏家复杂。

程夫人嫁入苏家，其实是由繁入简。她以温婉细腻的高情商，包容并引导着任性又古板、喜言兵又心思单纯的丈夫，丈夫也信赖她。而到她女儿，就不一样了。八娘是苏家唯一的女儿，是在三个孩子连续夭亡的情况下，第一个存活到成年的孩子。可以想象全家对她的疼爱。在一个质朴且充满爱意的家庭里长大，八娘会长成什么样的女子？

在苏洵的回忆里，她是如此聪明、才气勃发。和传说中的"苏小妹"一样，八娘从不因为自己是女儿身就看轻了自己。她爱读书，爱写作，她写出来的文章，在高标准、严要求的父亲眼里，也是可喜的。此外，她还"慷慨有过人之节"[1]，而且"俨然正直好礼让，才敏明辨超无伦"[2]。

明辨是非、正直、知礼义、才思敏捷，且具备远高于常人的道德操守，她如果是个男孩子，必将和弟弟们一样，成为国家的精英。可惜，是个女孩子，只能去嫁人。

蜀中风气，流行将女孩儿嫁到母舅家。苏洵虽然不喜程家人的作风，风俗之下，好像也没的选。

八娘过门后，发现程家人心术不正，行为不端，多有违法败德之事。八娘年轻面嫩，不曾对父母吐露细节。但据苏洵的揭露，其中一项，大概就是公公程濬好色，宠爱姜室，婆婆则各种反击下黑手，也就是大户人家常有的"宅斗"戏码。于八娘而言，却是前所未见、冲击巨大的。作为儿媳，她觉得自己有义务对公婆进行劝谏。

哎，怎么说呢？作为大臣，对皇帝直言敢谏，不失为青史美谈。身为女子，一个才进门的小媳妇，对夫家直言敢谏，可不算明智。

八娘谏了几回，果然遭到了公婆与丈夫的厌弃。生下孩子后，她又身染重病，缠绵难愈，程家也不管她。苏洵夫妇得知后找上门来，公公程濬在家搂着心爱的小姜，正和子弟们吆五喝六地赌钱，口称："她能有什么病，找巫婆驱个邪就好了！"

两家争吵起来。程濬反而嘲笑苏洵，老大的人了，还没挣上个功名！苏洵夫妇便将女儿和外孙都接回家里照顾，日夜守在八

[1] 苏辙：《嘉祐集笺注》卷一六《自尤（并叙）》，曾枣庄、金成礼笺注，上海古籍出版社，1993，第512页。
[2] 苏辙：《嘉祐集笺注》卷一六《自尤（并叙）》，曾枣庄、金成礼笺注，上海古籍出版社，1993，第513页。

娘床前喂药，变着花样做她爱吃的食物，看病情有些好转，母亲便细细地与她讲一些做媳妇的诀窍：识得眉眼高低，学会藏锋守拙，不妨和光同尘……

谁承想，程家又带人打上门来，说儿媳妇赖在娘家不回去伺候公婆，是为大不孝，还将我家孙儿带走，岂有此理！硬是将未满周岁的孩子抢了去。小孩儿离母，哭得那个惨烈，八娘伤心气急，病情急转而下，就此撒手人寰。

这场婚姻悲剧的根本原因，是女子出嫁从夫的卑弱地位，以及两家人不同价值观的冲突。苏洵深恨，他恨法律不能治程氏之罪，恨自己无勇无能，没有办法为爱女报仇。而最恨的，是自己当初为什么明知不妥，仍把女儿嫁进了那个虎狼窝。

八年后，苏洵为纪念女儿而写下了长诗《自尤》。诗中，他仍在痛恨着自己："嗟哉此事余有罪，当使天下重结婚！"天下的人啊，你们一定要重视儿女婚姻。要知道，父母的草率，会毁了孩子一生！

苏家从此与程家绝交。余生的日子里，苏洵但凡有机会，便要怒斥程家人的败德无行。就连编《苏氏族谱》的时候，都不忘捎上一笔，说就是他们程家，把一整个县的风气都带坏了！

老苏一生自信自强，唯女儿这件事，对他打击至深。后来，他带着儿子们走州闯府，孜孜不倦地追求功名，很可能也跟这件事的刺激有关。程家的势焰，程家人的恶语，无法为女儿申冤的悲愤，让他更深刻地意识到世态炎凉，体会到古来才士皆有的"时不我待"之感：

"回车驾言迈，悠悠涉长道。四顾何茫茫，东风摇百草。所遇无故物，焉得不速老？盛衰各有时，立身苦不早。人生非金石，岂能长寿考？奄忽随物化，荣名以为宝。"[1]

更可怜的是八娘的母亲。程夫人先失爱女，后又与娘家决裂。怜女之心、夫妇之义、父母之恩，交相夹击，她该如何自处？她的伤痛又能向谁诉说？

故乡的花虽美，终究会长出令人伤心的刺啊。程夫人去世之后，苏洵带着全家离开眉山，一去不回头。

---

[1] 出自《古诗十九首（其十一）》。

科举篇

桐花万里，谁是吹箫引凤人

欧阳修与古文运动

嘉祐元年（1056年），三苏父子入京。

苏洵，以布衣狂夫之姿，成为京城权贵的座上宾。他身后那一对年方弱冠的青年也令人惊艳。诗人梅尧臣赋诗赞曰："岁月不知老，家有雏凤凰。百鸟戢羽翼，不敢呈文章。"

嘉祐二年（1057年），被誉为雏凤的这对兄弟，中了进士。嘉祐六年（1061年），兄弟俩又双双应制举成功。

桐花万里路。世界在正青春的二苏兄弟面前，展开了光明的画卷。是凤凰，就应当翱翔云霞之上，这是天才应得的回报。不过，我们也不可忽视时代的托举之力。

首先要提到的人，是欧阳修。如果说，三苏是西蜀来凤，那么欧阳修就是那位关键的吹箫引凤人。

这位"庆历新政"时代的愣头青年，如今已是朝廷的重臣和文坛的领袖。是他，再三举荐布衣苏洵；是他，作为贡试主考官，录取了二苏兄弟；是他，毫无保留地热爱苏轼的文章，到了逢人说项的地步。他说："读苏轼的文章，不觉汗出，快哉快哉！老夫当避此人，放他出一头地。"他说："有此人在，三十年后，无人知我欧阳修！"

欧阳修一生，有两个鲜明的特点。其一，爱才。但有一毫才能可取，他都会热诚地认可你。其二，刚直。他刚直到了被人们批评为偏执、躁急的地步。

综合起来，就成了这样：凡入了他的法眼，符合他老人家才华与品德标准的人，他爱之如宝；不符合的，他横眉怒目，完全是冰火两重天的待遇。欧阳修对三苏父子，是温暖如春，热情似火。为什么呢？为的是宿命的安排。而这段宿命的关键词，是"古文运动"。

"宋兴百年，文章始盛于天下。"[1]在宋仁宗的时代，文坛风气发生了重大变化。士大夫们关于文学的理想，有了更强烈的政治化和现世化要求。文学，不仅要体现个人的文化素养、品德修养，还应该承担起实际的社会政治功能。正所谓"有体、有用、有文"，集德行、经术、政事于一体的复合文学观，正在成为时代共识。

其最终目的，是要以高度精英化的人才，为北宋的文官政治服务，为士大夫与皇家"共治天下"的蓝图服务。

"散文"这个文体，因其自由度和包容性，无疑最适宜承担这一文学理想。儒家又推崇上古圣王之治，总是以复古之名而行革新之实——于是，上承中唐韩愈、柳宗元"古文运动"的北宋"古文运动"，就水到渠成地发动了。

---

[1] 曾肇：《曲阜集》卷三《王补之文集序》，收入《景印文渊阁四库全书》第1101册，台湾商务印书馆，1986，第368页下栏。

欧阳修，正是这一场文学改良运动的领袖。所谓古文"唐宋八大家"，北宋居其六：欧阳修、苏洵、苏轼、苏辙、王安石、曾巩。后面这四位，都曾在欧阳修门下。

此前，文坛上先后流行着"西昆体"与"太学体"。西昆体以杨亿、刘筠为代表，专务四六骈文，文风典丽，形式优美，但内容失之空泛。太学体呢，则是由"宋初三先生"——石介、孙复、胡瑗起头，他们反对西昆体，认为文章的作用是遵复古圣人之道，提倡"先经术而后华藻"，看重对儒家经义的重新阐发。这三位都在太学里当老师，被学生们爱戴仿效，渐渐形成太学体。本质上，这是当时士大夫思想活跃、个性发展的表现。但发展着发展着，就有点儿不对劲，也许是青年人爱标新立异的缘故？反正吧，太学体就奔着险怪奇诡的路子去了。

比如号称"太学第一人"的刘几，他参加嘉祐二年（1057年）贡举的文字是这样的："天地轧，万物茁，圣人发。"试卷虽然封了姓名，还是被欧阳修一眼认出，大怒道："此人必是刘几！"奋笔批曰："秀才剌，试官刷。"秀才作怪不说人话，老夫要把你刷掉！他用朱笔将卷子从头一刷到尾，又批上"大纰缪"三字，高悬示众。欧阳修跟刘几也没仇啊，他就是太反感太学体了，觉得此路太歪，不能为国家选拔出真正的人才。

而苏轼应试的这一篇《刑赏忠厚之至论》，欧阳修展卷一读，便觉其文风之晓畅，论证之清晰，感情之恳切，观点与己之契合，真是字字可爱！

蜀中苏氏之文风：自然、平易、流利、雄浑，言之有物，长于思辨。且不说文气之纵横捭阖，文思之缜密巧妙，最要紧的是紧贴时政，针砭时弊。这样的文字，才蕴含着推动社会变革的力量。于欧阳修而言，这真是天降英才，我道不孤。

　　放榜之日，被黜落的太学体举子们，群情激愤，在大街上堵住欧阳修，对其饱以老拳。幸亏巡城兵马来得快，将他救走。夜里，又有人往欧阳修家里扔砖头，砖头上还包了一纸文字，打开一看，是一篇悼文，情深意切地请欧阳修赶紧去死一死。

　　历史证明了欧阳修这一次"偏执"的可贵：嘉祐二年（1057年）的进士榜，成为青史绝唱的龙虎榜：除二苏兄弟外，又有曾巩一家六口，还有程颢、张载、蒋之奇、朱光庭、吕惠卿、章惇、王韶……北宋中晚期的大儒、文豪、政要，基本上一网打尽了。

不意后生达斯理也

　　拥有如此多的得意门生，欧阳修可谓史上最丰收的老座主了。所有人当中，欧阳修对苏轼又是最不同的，他把年轻的苏轼当成了自己的衣钵传人。

　　"轼所言乐，乃某所得深者尔，不意后生达斯理也。"[1]想不到啊，这个后生，竟能明白老夫毕生经验所体悟的道理！

　　这不是巧合。童年时的苏轼，就用欧阳修的作品当范文，学习写作。"童子何知，谓公我师，昼诵其文，夜梦见之。"[2]白天诵读文章，晚上梦见了作者本人。这种崇拜和追慕，不仅因为文学，更源自"庆历君子"的道德声誉——

---

[1]　欧阳修：《欧阳修全集》卷一四九《与梅圣俞四十六通》，李逸安点校，中华书局，2001，第2459页。
[2]　苏轼：《东坡全集》卷九一《祭欧阳文忠公夫人文（颍州）》，收入《景印文渊阁四库全书》第1108册，台湾商务印书馆，1986，第467页下栏。

"轼七八岁时，始知读书，闻今天下有欧阳公者，其为人如古孟轲、韩愈之徒。"[1]范仲淹、欧阳修、富弼、韩琦……他们的忧国忧民之心，他们敢为天下先的识见，他们犯颜直谏的勇气，为普天下的有志少年树立了榜样。

随着阅读的深入，少年苏轼从欧阳修的经学与治道文字中汲取到更多营养。这是一个由意趣投合与人格特质吸引而达成的主动吸纳过程。以欧阳修的"正统论"举例——

中国历史所谓"正统"者，也就是"凭啥该我坐拥天下"的问题，历代王朝都围绕着它大做文章，要证明自家政权的合法性。欧阳修于康定元年（1040年），作《正统七论》，其核心思想是"君子大居正，王者大一统"。一个王朝正不正统，一要看它有没有政权之实，并且有无与这政权相匹配的德行。二要看它是否一统天下，使天下定于一尊，号令出于一人。如果二者发生冲突了呢？以大一统为准。

欧阳修这样说，是考虑到时代因素。北宋以"陈桥兵变"起家，从孤儿寡妇手里"得"了江山，道义上不太好听，身为大宋的臣子，总要想办法给它圆上啊！但是，如此一来，残暴的秦、篡位的西晋、兵变起家且短命的隋，传统上儒家学者不大认可的这些朝代，也都可以算作"正统王朝"了。你说你"居正"，却以不正者居之，就好比品德好与不好的人，你都给他同样待遇，那么做好人还有啥意义呢？所以学者章望之当时就跳起来了，他说："秦、晋、隋，明明行的是霸道，不是王道，不能称之为正统，只能算个霸统！"

---

[1] 苏轼：《东坡全集》卷七二《上梅直讲书》，收入《景印文渊阁四库全书》第1108册，台湾商务印书馆，1986，第170页下栏。

年少的苏轼就迅速写了《正统论》三篇，支持欧阳修。他说："正统之论，起于欧阳子；而霸统之说，起于章子。二子之论，吾与欧阳子，故不得不与章子辨，以全欧阳子。"[1]

又比如"人情论"。这是欧阳修毕生明经致用的核心观念：

圣人之言，在人情不远。[2]

圣人以人情而制礼者也。[3]

诗文虽简易，然能曲尽人事，而古今人情一也。求诗义者，以人情求之，则不远矣。[4]

尧、舜、三王之治，必本于人情，不立异以为高，不逆情以干誉。[5]

"人情"是个笼统的概念，大体上，我们可以将它看成"人之常情"——人都想活得长久，都想出将入相，都想富贵还乡，这是人情；人爱自己的父母，知道不孝是不对的，这是人情；人

———————————

[1] 苏轼：《东坡全集》卷四四《辩论二》，收入《景印文渊阁四库全书》第1107册，台湾商务印书馆，1986，第608页上栏。

[2] 欧阳修：《欧阳修全集》卷七〇《又答宋咸书》，李逸安点校，中华书局，2001，第1015页。

[3] 欧阳修：《欧阳修全集》卷一二三《为后或问下》，李逸安点校，中华书局，2001，第1873页。

[4] 欧阳修：《诗本义》卷六《出车》，收入《景印文渊阁四库全书》第70册，台湾商务印书馆，1986，第222页上栏。

[5] 欧阳修：《欧阳修全集》卷一七《纵囚论》，李逸安点校，中华书局，2001，第288页。

身处险地，则思虑深刻，身处安乐，则忘乎所以，这也是人情。

人有世俗的欲望，人有亲情的羁绊，人有思维的惯性，这些都是人类社会行为所拥有的共性，也是人们的普遍经验和基本常识。因为其在世间的普适性，欧阳修认为，应该把这个"人情"，当成阐释儒家经典和审视现行政治制度的观念基础。

人情本无绝对的善恶。而君子的职责，在于了解人情，引导之，教化之。这样做，是为了增强儒家思想的现实感和说服力，更便于大众接受，更利于制度、政策的推行。欧阳修又进一步认为，凡不近于人情者，则其事之真伪、其行为之动机值得怀疑，其为政，也将是恶政。

作为一种政治理论，它也有自身的局限性：过度地诉诸经验、常识、直觉，则失之于逻辑、推理、思辨，失之于对真理形而上的追求。强调人人共通，无形中又抹杀了人与人之间阶层、智商、教育、环境、个性、志趣的差异性，忽略了人类自由意志的力量。于另一部分知识精英如王安石而言，这种局限性，是难以容忍的。他们相信，这必然会带来全面的道德滑坡，让士大夫的精神走向庸俗、媚众。

苏轼在他参加制科的一系列策论里，几近全方位地认同了欧阳修的这种理论。如《中庸论》："圣人之道，自本而观之，则皆出于人情。"《策别·安万民》："圣人之兴作也，必因人之情，故易为功。"读到了这些文章的欧阳修，当然会将苏轼引为知音。

欧阳修不遗余力地提携，让苏轼从感情和道义上，都对欧阳修回馈以更多的亲近。由此达成的一个客观事实是：当年的"庆历君子"已经在朝堂上全面掌握了实权。经由欧阳修提携举荐，二苏兄弟也得到了富弼、韩琦这两位宰执的钟爱。这对兄弟俩即将开始的仕途来说，无疑是极有助益的。

礼部贡试之后，苏轼写了一封给欧阳修的感谢信《谢欧阳内翰书》，其中说道：

> 于是招来雄俊魁伟敦厚朴直之士，罢去浮巧轻媚丛错采绣之文，将以追两汉之余，而渐复三代之故。士大夫不深明天子之心，用意过当，求深者或至于迂，务奇者怪僻而不可读，余风未殄，新弊复作……伏惟内翰执事，天之所付以收拾先王之遗文，天下之所待以觉悟学者。恭承王命，亲执文柄，意其必得天下之奇士以塞明诏。

苏轼对文坛流弊，对欧阳修推行古文运动的苦心孤诣，都有着深刻的理解。他热诚地肯定了欧阳修推行古文运动对历史的深远意义。而作为此次科举的受益者，二苏也受到了落第士子们的言论攻击。

> 轼也远方之鄙人，家居碌碌，无所称道，及来京师，久不知名，将治行西归，不意执事擢在第二。惟其素所蓄积，无以慰士大夫之心，是以群嘲而聚骂者，动满千百。亦惟恃有执事之知，与众君子之议论，故恬然不以动其心。

苏轼表示，正是因为欧阳修对理想的坚持，对自己的知遇，自己才能够脱颖而出，才能够在辱骂声中保持心境的恬然。最后，他说道：

闻之古人，士无贤愚，惟其所遇。盖乐毅去燕，不
复一战，而范蠡去越，亦终不能有所为。轼愿长在下
风，与宾客之末，使其区区之心，长有所发。夫岂惟轼
之幸，亦执事将有取一二焉。

有才能的人，太容易被埋没了。际遇，太重要了。想为世所
用，不仅要得其时，得其地，还要遇到对的人。苏轼向欧阳修表
示：您就是这位对的人，我愿意长久地追随您。显然，苏轼对于
自己和欧阳修之间宿命般的关联，有着清醒的认识。在他心目
中，欧阳修正是一位文学、道德、政坛等各方位的领路人。

自古斯文如传灯

流光瞬息，从二苏与欧阳修科场相逢，十五年过去了。熙宁
四年（1071年）九月，苏轼赴杭州通判之任，途经颍州，与弟弟
苏辙一起去探望退休的老师欧阳修。

颍州，在今天的安徽阜阳；北宋时，城外有一片"西湖"。
欧阳修年轻时在此做官，经他的开发，这颍州"西湖"的秀丽景
色，竟不逊于杭州的"西湖"。欧阳修有"少白头"的毛病，身
形瘦弱，还爱喝个小酒。酒量呢，跟苏轼是二两对一两半，都不
怎么样。还不满四十岁，便已自号"醉翁"。如今年近古稀，能
与自己心爱的学生把臂同游，高谈剧饮，心怀大畅，衰颜白发，
又颓然醉矣！

九月的草木已经沾染轻霜，湖边盛开着娇艳的木芙蓉，遍地
黄花堆积。苏轼折了花枝，簪在头巾上，起舞为老师贺寿。就是

在这一天，在这对师生之间，发生了一件于他们私人关系、于历史都意义重大的事情。

> 十有五年，乃克见公。公为抃掌，欢笑改容。此我辈人，余子莫群。我老将休，付子斯文。再拜稽首，过矣公言。虽知其过，不敢不勉。契阔艰难，见公汝阴。多士方哗，而我独南。公曰子来，实获我心。我所谓文，必与道俱。见利而迁，则非我徒。又拜稽首，有死无易。[1]

欧阳修说："我老将休，付子斯文。"斯文者，是文学，是礼乐典章，是士大夫的经世道统、立身根本。欧阳修这是表示，要将文坛领袖的位置与责任转交给苏轼。苏轼此时才三十四周岁，虽然觉得意外，但他还是庄重地向老师稽首——以最高级别的跪拜大礼，接受了这份使命。

这份使命，是文学的，更是政治的传承。"熙宁变法"已经进行到第四年。苏轼被外放出京，是因为他对新政提出了反对意见。而欧阳修呢，之所以坚决地要求退休，也是因为他对新法的不满。师生俩就是这么投缘。

所以欧阳修在坦然接受了学生的敬拜之后，又凛然提出："我所谓文，必与道俱，见利而迁，则非我徒。"——你将以文学之肩，担起这天下的道义。若因功名富贵而动摇，你就不再是我的学生。

---

[1] 苏轼：《东坡全集》卷九一《祭欧阳文忠公夫人文（颍州）》，收入《景印文渊阁四库全书》第1108册，台湾商务印书馆，1986，第467页下栏。

这是委以国事的重托。欧阳修欣赏学生的才华，也信任学生的风骨。苏轼再次行以大礼，表示谨承此志，虽死不易。

儒者以身教人，欧阳修一生便是如此度过。纵使前方有机关陷阱，他也大步直行。苏轼呢，也不负老师所托。此后，他以文豪的才笔，不断发声，指斥新法的弊病，惹来"乌台诗案"，差点儿就真的"以身殉道"了。

斯文道统如传灯。熙宁四年（1071年）九月的这一天，欧阳修与苏轼这对师生完成了一场传灯仪式。旁观者，唯有西湖波底月，与弟弟苏辙。

一年后，欧阳修病逝于颍州，终年六十六岁。

二十年后，元祐六年（1091年）八月，苏轼也出守颍州。"熙宁变法"已被中止，文坛也已从"欧门"的桃李天下，变成了"苏门"的独擅海内。欧阳修临终前托付给苏轼的两个心愿都实现了。

然而，又如何呢？朝堂上潜流暗涌，"党争"的乌云笼罩在每个人头顶。苏轼早已不是热血青年。这世间，还记得欧阳修的人，已经很少了。"三十年后，无人知我欧阳修！"竟一语成谶。

苏轼泛舟颍州的西湖上，听好妓调丝竹，拍牙板，开歌喉，唱的是："西湖南北烟波阔，风里丝簧声韵咽……"犹是醉翁四十三年前谱写的词曲，不禁心头大恸，遂和其词一首：

木兰花令·次欧公西湖韵

霜余已失长淮阔，空听潺潺清颍咽。佳人犹唱醉翁词，四十三年如电抹。

草头秋露流珠滑，三五盈盈还二八。与余同是识翁人，惟有西湖波底月。

想当然耳？差点儿名落孙山！

苏轼感怀欧阳修，还有一个关键原因：没有欧阳修，苏轼在嘉祐二年（1057年）的科场中，可能就名落孙山了。其实二苏兄弟在此次科举中的成绩并不理想，我们可以看一下《宋会要辑稿·选举》中的记录：

> 嘉祐二年五月四日，以新及第进士章衡为将作监丞，第二人窦卞、第三人罗恺并为大理评事、通判诸州；第四人郑雍、第五人朱初平并为两使幕职官；第六人以下及《九经》及第，并为初等职官；第二甲为试衔大县簿尉；第三、第四甲试衔、判司簿尉；第五甲及诸科同出身，并守选。

嘉祐二年的这一榜进士，分为五甲排名，按照向来的规矩：一甲、二甲赐"进士及第"，三甲赐"进士出身"，四甲、五甲赐"同进士出身"。

这个排名，决定了新科进士们初授官职的高低。状元章衡及以下二人，也就是一甲前三名，都直接进入了"京官"序列。"京官"下面是"选人"，选人共有高低七阶。一甲第四名、第五名，可以当两使（节度使、观察使）幕职官，这是选人的最高一阶。其下，依次往低阶而去。到了五甲，没官可做，就排队等空缺吧！

再来看看二苏：苏轼，河南府福昌县主簿；苏辙，河南府渑池县主簿。都是选人最低阶的授官。他俩的科甲名次可想而知了。

二苏兄弟的科甲名次，时人笔记都含糊其词，官方史料上又没有记载（这个"没有"，已经说明问题了），所以给后世的崇拜者留下很多想象的空间。但事实就是事实，世间千言万语如风，唯官僚体系里的等级坚如磐石。从二苏的任职反推，我们得到的，才会是准确的答案。

之所以会是这个样子，首先，客观上，这是空前绝后的"嘉祐二年"榜，上榜之人一水儿的狠角色。其次，主观上，兄弟俩都有点儿偏科。

简单说一下宋代科举，它主要分"常科"和"制科"。常科是常设科目，有固定的考试时间，通常我们说的"科举"就是指它。制科则是临时的、特设的，用以选拔特别人才的考试，是留给少数神奇大脑的，一般人不会去碰它。

常科，又分进士科和其他诸科。诸科，主要考你死记硬背的本事，含金量远不如进士科。凡有志气的儿郎，都会去考进士科。那进士科考的都是啥？

> 宋朝礼部贡举，设进士、九经、五经、开元礼、三史、三礼、三传、学究、明经、明法等科，皆秋取解，

> 冬集礼部，春考试。合格及第者，列名放榜于尚书省。
> 凡进士，试诗、赋、杂文各一首，策五道，帖《论语》
> 十帖，对《春秋》或《礼记》墨义十条。[1]

用今天的话讲就是：文学创作、治国策论、默写填空。这也
不是一成不变的，但万变不离其宗，对考生的综合文化素质要求
相当高。

北宋早期，进士科的考试，是按照"诗赋、论、策、帖经墨
义"的顺序连考四场，哪一场没过，直接淘汰，堪称一失足成千
古恨。后来，大家觉得这种"通关赛"对考生不公平，到二苏来
赶考的时候，就已经变成取四场赛事的平均成绩了。

四场考试中，苏轼在"论"与"帖经墨义"这两场上，取得
了好成绩。苏辙在为哥哥写的墓志铭里是这样写的：

> 嘉祐二年，欧阳文忠公考试礼部进士，疾时文之诡
> 异，思有以救之。梅圣俞时与其事，得公《论刑赏》，
> 以示文忠。文忠惊喜，以为异人，欲以冠多士，疑曾子
> 固所为。子固，文忠门下士也，乃置公第二。复以《春
> 秋》对义，居第一。殿试中乙科。[2]

一篇《刑赏忠厚之至论》，以欧阳修的激赏，夺得了该场
的第二名。"帖经墨义"这一场考的是《春秋》对义，考了个第
一。另外两场"策"和"诗赋"呢？苏辙没说。苏辙把老哥的省

---

[1] 马端临：《文献通考》卷三〇《选举考三》，中华书局，2011，第875页。
[2] 苏辙：《栾城集·栾城后集》卷二二《亡兄子瞻端明墓志铭》，收入《景印
文渊阁四库全书》第1112册，台湾商务印书馆，1986，第759页下栏。

试成绩写进墓志，自然是觉得此事很值得一提。只提了其中两场的成绩，也间接地说明了，苏轼另外两场的成绩不值得提。

我们再看看苏轼铁杆粉丝叶梦得的说法：

> 苏子瞻自在场屋，笔力豪骋，不能屈折于作赋。省试时，欧阳文忠公锐意欲革文弊，初未之识。梅圣俞作考官，得其《刑赏忠厚之至论》，以为似《孟子》。然中引皋陶曰"杀之三"，尧曰"宥之三"，事不见所据，亟以示文忠，大喜。往取其赋，则已为他考官所落矣，即擢第二。及放榜，圣俞终以前所引为疑，遂以问之。子瞻徐曰："想当然耳，何必须要有出处。"圣俞大骇，然人已无不服其雄俊。[1]

考生的卷子都要"糊名"，看不到人名与籍贯，但卷面上标注有统一的编号，以方便最后统计总成绩。欧阳修因为惊艳于这篇文章，就去查了一下该考生的其他科成绩，这一查，了不得，"诗赋"得了个不及格！欧阳修赶紧在自己这里给他排了个第二名，把他的平均分尽力往上拉了一拉。苏轼就这样被拉过了省试。

然后是决定最终名次的殿试。殿试实行的是三级考校制：初考、覆考、详定。三级负责官员互相监督、制约，以杜绝考官的个人喜好影响到考生的成绩。前十名的试卷上呈皇帝，由皇帝做最后的定夺——以二苏最终那"吊车尾"的名次，可以想见，

---

[1]　叶梦得：《石林燕语》卷八，宇文绍奕考异，侯忠义点校，中华书局，1984，第115页。

这一场殿试，他们也没能发挥好。

这一年殿试的考试内容是：论一道，诗、赋各一首。"赋"占的成绩比重最大，赋题为《民监赋》。当时，夺魁呼声最高的是林希，但他因为用词不当，犯了宋仁宗的忌讳，被贬到了第三甲，状元就落到了福建人章衡头上。

以二苏的古文水平，"论"这一场，不至于出纰漏。问题大概率是出在诗、赋上。还别说，苏轼还真就不太擅长诗和赋。

> 旧制，召试馆职，诗赋各一篇。治平中，东坡被召，自言久去场屋，不能为诗赋，乃特诏试论二篇。[1]

> 进士声律固其习，而制科亦多由进士，故皆试诗赋一篇。唯富郑公以茂材异等起布衣，未尝历进士，既召试，乃以不能为诗赋恳辞，诏试策论各一。自是遂为故事，制科不试诗赋，自富公始。至子瞻复不试策，而试论三篇。[2]

苏轼一生写了那么多诗赋，怎么会自称不擅长呢？这就要说到科场文字的特殊性了。

科场文字，和一般文学创作的标准不一样。就拿这个"赋"来说吧，苏轼擅长的，是散文化的赋体，叫"文赋"。但科场上考的是啥？是"律赋"。就是在骈四俪六、对仗工整的"骈赋"

---

[1] 徐度：《却扫编》卷下，收入《全宋笔记・第三编（十）》，大象出版社，2008，第163页。
[2] 叶梦得：《避暑录话》卷上，收入《全宋笔记・第二编（十）》，大象出版社，2008，第257页。

基础上，引入格律诗的对偶、用韵。考生一不小心，失个律，错个韵——对不起，不及格。

苏轼呢，他"笔力豪骋，不能屈折于作赋"——才华太大了，文体约束不住他！这是叶梦得作为崇拜者的说法。但是啊，科举这么重大的事情哎！"轼少年时，读书作文，专为应举而已。"[1]他自己都说了，是怀着必得之心而来的。在写《刑赏忠厚之至论》的时候，那是三易其稿，慎之又慎，怎么可能到了写赋的时候，就放飞自我了呢？

所以，实际情况就是他自己说的那样，非不为也，实不能也——戴着这么重的镣铐，在下舞不动了！

苏轼曾经自认，平生有"三不如人"之事：唱曲儿、下棋、喝酒。这三件事，都是天赋型技能，一出手、一张口便知有没有。瞒不住，努力也没啥用。

比如这个唱曲儿——宋词，在宋朝时它就相当于流行歌曲。因为是先有的乐曲，再就着曲子谱写歌词，所以又号为"倚声"。它有很强的音乐性，对演唱的人要求高，对作词的人要求更高。要作词，你必须能够分辨五音六律，以及清浊轻重。对五音不全的人来说，这可就不容易了。

五音不全，通俗地讲，就是跑调儿。好端端的一个大活人，跑调儿跑得回不了家，一个原因是分不清音调，长了一对木耳朵，他找不到调子在哪儿；另一个原因是把握不住音准，唱歌没有抑扬顿挫，一开口就成了和尚念经。

在作词方面，像柳永、周邦彦这等音乐达人，人家才是倚

---

[1] 苏轼：《东坡全集》卷七三《答李端叔书一首》，收入《景印文渊阁四库全书》第1108册，台湾商务印书馆，1986，第193页下栏。

声填词，动静高低皆合乎节拍。五音不全的人呢，只好依样画葫芦，数着萝卜下坑，把字数、平仄一一硬性地对上，就算完事了。

宋代上至皇帝后妃，下至贩夫走卒，全民唱曲儿。宋仁宗音乐水平很高，自己能谱曲作词。宋真宗时期，大臣钱惟演好请客，庞籍善歌舞，芳草茵上，官人们经常亲自下场，轻歌曼舞，罗袜不生尘，为一时官场之盛事。像苏轼这种爱凑热闹的性子，他自称不会唱曲儿，放心，就是真的不会。

李清照曾批评苏轼的词作："皆句读不葺之诗尔，又往往不协音律。"[1]说他不通音律，根本不算是会填词。这不是李清照一个人的偏见，当时，大家都这么说——

"东坡词，人谓多不谐音律，然居士词横放杰出，自是曲中缚不住者。"[2]苏轼以诗入词，开创词体新天地，正是这种自由的文学独创性，促成了苏轼的横绝千古。但我们也不能忽视，苏轼的词作，在客观上缺乏音乐性。

其实，除了词体，诗与赋也有很强的音乐性。

"中国古代诗歌一向讲究声律之美，但它有一个由自然声律到人为总结、规定并施之于诗歌创作的发展演变过程。"[3]——

三国时期，李登作《声类》，就以"宫、商、角、徵、羽"五声来配字音。南齐时，有了四声切韵，以区别字的"平上去入"四声。梁代，沈约指出，作诗"欲使宫羽相变，低昂互节，

[1] 李清照：《李清照集校注》卷三《词论》，王仲闻校注，人民文学出版社，2000，第195页。

[2] 胡仔纂集《苕溪渔隐丛话（后集）》卷三三，廖德明点校，人民文学出版社，1962，第253页。

[3] 袁行霈主编《中国文学史第二卷》，高等教育出版社，1999，第120页。

若前有浮声，则后须切响"。到了唐代，诗与赋，都形成了一套完整的格律要求。

"格律"，只是人为的总结与规范。大家人手一本《韵书》，都来搞创作，在声律的精准感知与灵活运用上，乐感好的人，和"跑调儿天王"相比，那肯定是要占便宜的。你听民间的山歌高手，大字不识一个，一开口，合辙押韵，这就是乐感好。所以，从前的人学习写诗，先生总是要求大家放声吟诵，这并不仅仅是为了加强记忆，也是为了体会声调与音韵的变化，相当于一种听觉与发声的训练。

我们再来说回科场考试，它对诗、赋格律的要求特别严格。考场上，大家精神又紧张，对天生乐感差的人来说，要在兼顾切题、不犯讳、文辞优美的同时，做到完全不失律，确实比一般人更艰难。

所以，我们可以做出这样的推想：

苏轼在嘉祐二年（1057年）的科举中发挥不佳，是因为他不擅长科场诗赋，犯了失律的错误。而失律，正暗合了他"平生不善唱曲"，说明了苏轼是个天生五音不全的跑调儿天王。

苏辙还说：当时，欧阳修看到苏轼的作文，本来想录为第一名，但以为是自家学生曾巩所作，怕人说闲话，才放到了第二名。这个说法，仔细想一想，其实也颇为古怪。曾巩和苏轼的文风，差异很大，大到当代读者都不难看出来。那么，以欧阳修对曾巩文字的熟悉，他怎么会认错呢？

一种可能性是年深日久，苏辙的记忆有误。另一种可能性就是作为稳重的弟弟，苏辙再一次试图替这个让人不省心的哥哥做一点儿善后性的描补，这就要提到苏轼科场生涯中的另一则佳话了——

当时，苏轼的这一篇《刑赏忠厚之至论》中，用了一个典故：尧的时候，有人犯了法，掌管刑法的皋陶三次说"当杀"，而尧三次说"宽恕他"。欧阳修和考官梅圣俞都不知道该典故，暗自惭愧。考完试之后，梅圣俞在家左思右想，想不出来，忍不住去问苏轼："此典故，出自何书？"苏轼回答："想当然耳。何必一定要有出处呢？"

这个事情吧，姑且不论真假，倒是挺符合苏轼的个性：不执、不滞、随性、变通，还有时不时的信口开河，吓得老实人心里怦怦跳。梅圣俞就被他这一手给吓到了。作为考官，像这种杜撰的典故，就不可能给你高分。现在分数已经给了，也不好再去翻这个旧账，只能佩服这小子的才高人胆大，不走寻常路了。"圣俞大骇，然人已无不服其雄俊。"年轻的苏轼，初次向世界展露了其惊人的"雄俊"，而这种异乎常人的气质，在他一步步深入政治领域的未来，将会使人们愈加感到不安……

荒溪何足恋，通过制举我杀回来

虽然中了进士，但苏家的这两只小凤凰，现实中却觉得：不满意！

我们再细抠一下他俩的科甲名次：

嘉祐二年（1057年）新科进士的工作分配方案，第五甲不能立刻授官，要排队等空缺。苏辙是三年之后才以选人的身份，经流内铨，授了河南府渑池县主簿。这说明，苏辙的准确排名，应该在第五甲。要是按照嘉祐二年之前的规矩，殿试第五甲，将是被刷掉的那一批。苏辙这个车尾，吊得还真是险临临[1]……

苏轼呢，倒是当年授的官，但也只是最低阶的县主簿。这说明，苏轼的准确排名，应该在第四甲。又据宋人傅藻所编《东坡纪年录》的记载，苏轼是由丙科升到乙科的。"丙科"，是一种非正式的说法，在"五甲"制中，它指的是第五甲。如果苏轼果真是从第五甲升到了第四甲，那就很有可能是在殿试排名次时，考虑到他省试成绩有两科名列前茅，额外给予的奖励。

---

[1] 方言词，意为很危险。——编者注

四甲、五甲的功名，叫"同进士出身"——"同"者，"相当于"也。好比小妾尊称"如夫人"，身份尴尬，待遇上的差距就更大了。一甲前三，直接进入京官序列，升迁速度也快。苏轼曾经掐指算过：宋仁宗一朝，共十三榜进士，排名前三者，共三十九人。其中，只有五个人没能位列公卿。

那么四甲、五甲呢？从"选人"七阶的最低阶，以三年为单位，一阶一阶往上磨勘，时光匆匆，人寿几何？也就在基层干到死了。"沉沦下僚"四个大字，明晃晃地给你写在脸上。

这个局面，有没有办法扭转？简单粗暴的办法，就是废号重练。比如章惇，他虽然考上了，但由于状元被他的族侄章衡拿了，他深感羞耻，弃了功名不要。两年之后，他重新来考，荣登一甲。但二苏这次没发挥好，是因为不擅长科场诗赋，本身就有这个短板，卷土重来也未必行的。怎么办？他们选择了考制科。

制科的设立，是为了满足国家对特殊人才的需要，号称是专取博学之士，培养卿相之材，高标准、严要求可想而知。好消息是，制科主要考策论——这是老苏家的主场啊！

春闱放榜的次月，程夫人在眉州去世，二苏兄弟还乡，开始了两年多的丁忧生活。幽静的乡居岁月，让他们安下心来，重新思考与规划前程。

嘉祐三年（1058年），朝廷又下了诏：

> 自今制科入第三等，与进士第一，除大理评事、签书两使幕职官；代还，升通判；再任满，试馆职。制科入第四等，与进士第二、第三，除两使幕职官；代还，改次等京官。制科入第五等，与进士第四、第五，除试

衔知县；代还，迁两使职官。[1]

制科考试，第一等、第二等从来都是空缺，第三等就是最优了，相当于常科的状元。大宋立国至今，只有吴育一个人考了个第三等。第四等，相当于榜眼、探花。就算第五等，也是进士一甲的待遇。跟那什么"同进士出身"相比，岂非云泥之别？

再来说说考制科的流程：

像二苏兄弟这样已有功名的，需要两名朝廷重臣的推荐。然后，进行资格审查。考生要写五十篇策论，叫作"进卷"，工程浩大，但可以在家从容地写。

"进卷"经审查合格后，参加正式考试。考试在秘阁进行，故名为"阁试"。这是流程中最难的一个环节。虽然只有六道论题，但出题范围广泛，内容庞杂，儒家经典、诸子百家、史传著说，乃至相关注疏……随便某本书的字缝里捡出一句话，便要求考生回答出处，默写上下句原文，然后，在此基础上展开论述。这就要求应试的人不仅要有很强的临场写作能力，还要博览群书，还要记忆力超强，只有这样他才能捞起茫茫书海中这一只小小的文字彩球。

所以参加制科而居然能过的人，都拥有一颗稀世罕匹的最强大脑，如三苏父子的第一位伯乐张方平。此人曾问备考中的苏轼："郎君复习得如何了？"苏轼答道："小子正在重读《汉书》。"张方平大惊："什么！书还要看两遍吗？"这位张老先生，双眼好似扫描仪一般，书只要看一遍，就记得一字不差。他写文章，也是一挥而就，不打草稿。就这样的牛人，去参加制

---

[1] 脱脱等：《宋史》卷一五五《选举一》，中华书局，1977，第3615页。

举，连考两次，也只考了第五等和第四次等。

然而苏轼不仅《汉书》看两遍，他还要看三遍呢，他还要动手抄。他把这份经验传授给晚辈，说道："初则一段事，钞三字为题，次则两字，今则一字。"[1]书中的每一段文字，他都提取关键字，作为论题，且背诵其上下文。到后来，只需要提一字，他就能知道在书中的什么位置。

每一本书，苏轼都会读上好几遍。

> 少年为学者，每读书，皆作数过尽之。书富如入海，百货皆有之，人之精力，不能兼收尽取，但得其所欲求者耳。故愿学者，每次作一意求之。如欲求古人兴亡治乱圣贤作用，但作此意求之，勿生余念。又别作一次求事迹故实典章文物之类，亦如之。他皆仿此。此虽迂钝，而他日学成，八面受敌，与涉猎者不可同日而语也。[2]

每读一遍，都能从新的角度，得到新的收获。从此以后，无论用什么主题来写文章，苏轼都得心应手。

谁能想到呢？天资骄人的苏轼，使的却是这样一套笨功夫。

嘉祐五年（1060年），二苏再次入京，应制举"贤良方正能直言极谏科"[3]的考试。推荐人是欧阳修、杨畋。一帆风顺过了

---

[1] 陈鹄：《西塘集耆旧续闻》卷一，孔凡礼点校，中华书局，2002，第289页。

[2] 苏轼：《东坡全集》卷七六《答王庠书》，收入《景印文渊阁四库全书》第1108册，台湾商务印书馆，1986，第232页。

[3] 二苏参加的制科科名，据二苏文集及《宋会要辑稿》载，为"贤良方正能直言极谏科"。但考欧阳修荐举苏轼应制科状、王安石撰苏轼命官制、沈遘撰苏辙命官制，皆为"才识兼茂明于体用科"。姑以传主本人言语为准。

"进卷""阁试"两关，在第二年的秋天，他俩双双打入决赛：御试。

御试，皇帝将亲临考场，带着一群名儒、重臣，就时政问题，大家联合出题，让考生现场回答，这个就叫"对策"。既考查考生的学问、识见，也考查他们的个性、情商。其最大的难点，在于"合乎心意"——你的回答，既要赢得考官的认可，还要挠到皇帝的痒处，那么议论的切入点、语气的轻重，以及姿态的得体，都要仔细地把握。苏辙就在这上面栽了个跟头。

他在对策中，对仁宗皇帝提出了尖锐的批评，他说：

"二十年前，西夏大举来犯，陛下您吓得坐不稳睡不安，如今和平了，您就耽于安乐，忘乎所以。古之圣人，那是'无事则深忧，有事则不惧'，都晓得居安思危的道理，您呢，是'无事则不忧，有事则大惧'，实在没法儿比。您贪好女色，天天泡在后宫里，伤了龙体，又浪费了国家财力。可怜老百姓还在过着苦日子呢，国库里空虚，又要养兵，又要养官员，外面夷狄虎视眈眈。照这么下去，国将不国啊！陛下您总是摆出一副广开言路的样子，说了又做不到，我看，您这是'欲使史官书之，以邀美名于后世'！"[1]

这些批评措辞激烈，别说是皇帝，就算是个普通人，勤勤恳恳几十年，被个愣头儿青一上来就全盘否定，心里也好受不了。再说有的事吧，比如他说皇帝后宫里美人上千，日日寻欢作乐……宋仁宗是喜欢美丽的女性不假，但天可怜见，他前脚收进来一个美人，后脚就被言官追着骂，吓得赶紧送出宫——哪儿来

---

[1] 苏辙：《栾城集·栾城应诏集》卷一二《御试制策》，收入《景印文渊阁四库全书》第1112册，台湾商务印书馆，1986，第929页下栏。

这等艳福？

所以考官们拿着卷子就争论起来。有人说："此乃狂言妄语，当黜之！"有人说："爱之深，责之切，一片赤胆忠心，应该让他入最优等！"最后，皇帝本人出来打圆场，说："本来想要的就是能够'直言极谏'的人才，现在人才'直言'了，又不要他，天下人会怎么看我呢？"于是，大家各退一步，苏辙入了第四等。

宋仁宗回到后宫，高兴地说："今天，我为子孙找到了两个太平宰相！只可惜，我自己来不及用他们了。"这句话很快传了出去。从此，宰相就成为世人对苏氏兄弟前程的定位，当然，也成了兄弟俩的自我期许。

嘉祐四年（1059年），居家服丧的苏轼，为即将远游京城的朋友送别，赋诗《送宋君用游辇下》云：

> 暴雨涨荒溪，尺水生洪流。
> 中有泼泼鲤，泛然方快游。
> 安知赤日烁，沸浪生浮沤。
> 石密岸狭束，鳞鬣窘若囚。
> 一失在藻乐，遂有辙鲋忧。
> 誓将泛江湖，雪此煦沫羞。
> 江湖与荒溪，巨细虽不侔。
> 此流彼之派，联接讵阻修。
> 超然奋跃去，势若鹰离韝。

小鲤鱼呀小鲤鱼，不要贪图一时的安乐，不要被雨后的涨水欺骗，停留在这小溪里。当烈日焦灼，河水干涸时，这狭窄的石缝就会困死你！一定要游到大江大湖里去呀，那才是你的赛道！苏轼热情地鼓励着朋友，其实呢，这也是他的自我勉励。故乡眉山，与外面的世界，其差距之大，正如溪流之于江湖。而常科的不如意、尴尬的"同进士出身"、低阶选人的灰暗前程，与一举通过制举、简在帝心、名扬天下相比，不也正像鱼儿置身溪流与投奔江湖所面临的不同机遇吗？

嘉祐四年（1059年）十月，苏洵带着全家泛舟入江，南行出蜀。这是一次彻底的搬家。他先后埋葬了女儿和妻子，经历了姻亲之间的决裂，故乡在苏洵的心中失去了温度。理想中，他要把新家安在中原，在"嵩山之下，洛水之上，买地筑室，以为休息之馆"[1]。但就是这个简单的愿望，要在他故世后很久，才会被他的小儿子实现。

苏轼的心情又不同了。才不过二十岁出头的他，迎风站在船上，看两岸群山势如走马，陡峭的岩壁上，有极细的山径盘旋，其上有旅人缥缈的身影。他雀跃着扬起手来，想跟对方打个招呼，然而转瞬之间，江水就带着他们的小船远去了。

经过涪州的时候，大家下船游玩，被山民兜售了一只山胡鸟。山胡又名"山鹠"，学名"黑喉噪鹛"，鸣叫的声音特别好听。据说，它还能够学习百鸟之音。鸟儿被关在笼子里，垂头丧气，一声都不吭。一家子围着它喂水喂饭，逗弄了半天，最后一致决定：放它回归自然吧！

小鸟振翅，飞向了青翠远山，天空中很快失去了它的踪迹。而文学中，永远留下了它的身影。二苏都为它写了诗，弟弟的诗

---

[1] 苏洵：《嘉祐集》卷一六《答二任五言二十韵》，收入《景印文渊阁四库全书》第1104册，台湾商务印书馆，1986，第970—971页。

是这样的："山胡拥苍毳，两耳白茸茸。野树啼终日，黔山深几重。啄溪探细石，噪虎上孤峰。被执应多恨，筠笼仅不容。"[1]哥哥则相和曰："终日锁筠笼，回头惜翠茸。谁知声嘤嘤，亦自意重重。夜宿烟生浦，朝鸣日上峰。故巢何足恋，鹰隼岂能容！"[2]

弟弟怜惜着鸟儿落入牢笼的遭遇。哥哥则由鸟儿出发，抒发了昂扬的自我意识："故巢何足恋，鹰隼岂能容！"鸟儿热爱自由，抗击着命运的利爪，哪怕要抛弃昨日的家园，它也在所不惜。

这只是旅程中的一段小小插曲。年轻的苏轼，意气风发，志向远大，正携手弟弟，向着明确的目标坚定进发。日月朗朗，清平世界……东风如有意，吹送他们人生的初程。

---

[1] 苏辙：《栾城集》卷一《山胡》，收入《景印文渊阁四库全书》第1112册，台湾商务印书馆，1986，第5页上栏。

[2] 苏轼：《东坡全集》卷二八《涪州得山胡（善鸣，出黔中）》，收入《景印文渊阁四库全书》第1107册，台湾商务印书馆，1986，第403页下栏。

仕途篇

「不合时宜」总有个正当理由吧

风起：王安石怀疑这小子不走正道

嘉祐六年（1061年），离宋仁宗赵祯撒手人寰的时间，只剩下两年了。这位以宽容仁厚著称的皇帝，多次在大典礼与朝会上昏厥，健康状况令人担忧。更糟糕的是，皇帝膝下无子。皇位的继承问题，成了压在所有人心头上的一块巨石。

自"庆历和议"签署，二十余年过去，海内无事久矣。由宋仁宗及其臣子缔造的"清平盛世"，正在缓慢地在国家的各个层面上出现裂痕。冗官、冗兵、冗费的老大难问题，积重难返。税赋苛重，土地兼并问题严重。向辽国、西夏源源不断供输的"岁币"，长久以来，伤害的不仅是国库的蓄积，更是国家的尊严。

王安石，现年四十周岁。作为中枢官员，他正年富力强。如今朝堂之上，对大宋未来深怀危机意识的有识之士，当然不止王安石一人。但像王安石这样有勇气、有能力提出一整套改革方案的人，没有。曾经也有人尝试过，比如二十年前昙花一现的"庆历新政"，已经和皇帝本人的青春一样，成为岁月的幻影。当年意气风发的"庆历君子"，纷纷老矣。

王安石，弱冠之年高中进士一甲，英姿勃发，却沉潜在最基层，一干就是十余年，一再拒绝升迁。他是为了更深入地了解民间情况，为他的改革方案走向实践做准备。现在，他终于走向了政治舞台的前方，他需要的，只是一个介入的时机。而时机的给予者，将是一位智慧的明君、一位奋发有为的"英主"，宋仁宗显然不是。而且大家心照不宣，以今上的身体状况，是支撑不了太久了。

苏轼，现年二十四周岁，和比他小两岁的弟弟苏辙，正如一对雏凤，向世界展开闪亮的羽翼。毫无疑问，他们是国家未来的希望。为了让感染风寒的苏辙不耽误考试，朝廷甚至特意将"阁试"的时间推迟。

和其他人一样，王安石热切地注视着二苏兄弟……渐渐地，他皱起了眉头。没有私人恩怨，看不出任何预兆，王安石突然向二苏开火了。嘉祐六年（1061年）八月，苏轼、苏辙获得了制科第三等、第四等的成绩，只等着朝廷授官了。王安石此时，正任"知制诰"，负责官员任免文书的起草。他拒绝为苏辙写委任书，理由是：苏辙的御试策文，外示忠直，内藏心机，堪比史上著名的"投机小人"谷永。

谷永，汉元帝时期的大臣，曾连上四十封奏章，批评皇帝。实际上呢，他是为了逢迎把持朝政的外戚王凤，为王氏造势吹风。王安石说苏辙批评仁宗皇帝，也是为了迎合宰相的心意，抱大腿以求幸进。宰相者何人？韩琦是也。王安石自打进了中枢，便与韩琦合不来。一方面，他对韩琦很多政事的处理方式不以为然；另一方面，二苏深受韩琦、欧阳修等"庆历老臣"的知遇，无论是在人际关系上还是在政治理念上，双方都显示出了相当的亲密度。加上苏辙本人在此次御试中的过激言语，这些都让士德标准极高的王安石起了疑心。

苏辙受此指控，如一盆雪水兜头浇下，恨不得跳起来高呼："我不是，我没有，别瞎说！"但以他此时的地位，对上王安石，毫无还嘴之力。还是韩琦站出来自辩，顺手拉了这倒霉孩子一把。他哂笑一声，道："苏家小子文章写得明明白白，说如今的宰相都不中用，恨不能把我们都换掉，这算哪门子迎合？"

王安石来的这一出，从制度上讲，叫作"封还词头"，是知制诰、中书舍人、翰林学士（古之所谓"词臣"，今之所谓"机要秘书"者）参政的重要工具。"词头"，是朝廷诏令的书面摘要，词臣们拿到后，便据此拟文。如果认为该决策不合理，便将其封还，不予草制。该制度的形成，本意是对君权、相权都再加一层约束，使国家的决策更加审慎。实际上呢，如果皇帝和宰相坚决要干，词臣又不止一个人，这个绊脚，换一个呗！像这一次，苏辙的委任状拖来拖去，最终还是由另一位知制诰沈遘给写好了。

此事对苏辙的仕途实质性伤害不大，侮辱性却很强。苏辙还年轻，还没修炼到宠辱不惊的境界，竟气得辞职不干了，声称要待在家里奉养老父亲——老父亲苏洵这时五十岁出头，还没年迈到需要儿子弃官"尽孝"的地步。以苏辙自己的诗句来说，不过是："闭门已学龟头缩，避谤仍兼雉尾藏。"初出茅庐的一只川中牛犊，被京城里的大野兽们一吼，改口要去当那缩头的乌龟、藏尾巴的野鸡……

王安石对苏轼又是什么态度呢？一方面，他公开表示：如果我是考官，一定把这两兄弟都刷掉！另一方面，他还是认真地为苏轼写了任命的制文，全文如下：

> 尔方尚少，已能博考群书，而深言当世之务。才能
> 之异，志力之强，亦足以观矣。其使序于大理，吾将
> 试尔从政之才。夫士之强学赡辞，必知要然后不违于
> 道。择尔所闻，而守之以要，则将无施而不称矣。可不
> 勉哉。[1]

首先，王安石高度肯定苏轼的才华。其年纪轻轻，就有广博
的学识，对治国之道有深刻的认识，才华之卓绝，意志与决心之
强大，都值得赞赏。然后，宣布分配方案——授"大理评事"，
隶属国家最高司法机关大理寺，正八品。这是寄禄官，他真正要
去的地方，是陕西，职务是"凤翔府签判"，作为知府的助手，
培养其基层工作的综合能力。最后，是指出不足，加以勉励——

"士之强学赡辞，必知要然后不违于道。""强学"，是言其
勤勉致学；"赡辞"，是言其文采华赡，雄辩滔滔。"不违于道"，
是希望他不要违背圣人之道。这话就意味深长了，如此"希
望"，说明在他看来，苏轼将来，是有可能违背圣人之道的，所
以要打预防针。

"择尔所闻，而守之以要，则将无施而不称矣。"——年轻
的才士啊，希望你在即将进入的政治实践中，脚踏实地，体察民
情，明辨是非，守住儒者的原则。那么，以你的天赋，必将在任
何地方都大有作为。

"强学赡辞"，是个大优点。但对苏轼这种被寄以公卿厚望
的青年才俊来说，这就足够了吗？士之为学、为文，皆要经世致

---

[1] 王安石：《临川先生文集》卷五一《应才识兼茂明于体用科守河南府福昌县
主簿苏轼大理评事制》，中华书局，1959，第549页。

用，文采与雄辩并不足恃，如果一味去追求它们，就是本末倒置，甚至使人偏离正道。

王安石这么说，有啥根据呢？根据正是苏轼在参加制举时提交的五十篇策论"进卷"，白纸黑字上展示的政治理念。

苏轼这个时期的政治理念，深受以欧阳修为代表的"庆历君子"的影响。对大宋的青年学子来说，这是很自然的事。王安石虽不以为然，倒也不至于计较。真正叫他在意的，是苏轼撰写的一系列"史论"。

读史，可鉴往知今，知治乱兴衰之要。中国的传统史学，是帝王术，是屠龙刀。苏轼的史论，个人风格特别强烈。他不像一般人那样紧密地围绕史事分析，他更擅长立足于历史的个性阐发。历史事件与人物，于他而言，只是支点、跳板，让他可以恣肆地跃舞其上，姿态横生——

> 有窥古人作事主意，生出见识，却不去论古人，自己凭空发出议论，可惊可喜，只借古事作证。盖发己论则识愈奇，证古事则议愈确。此翻旧为新之法，苏氏多用之。[1]

但这种写作手法存在一个问题，作者的自我意识和文学想象，都太澎湃了。制科，是对考生学问、识见、人品、道德良知的全面考查。过多地倾注自我意识，挥发文学的激情，这不是什么谨慎的做法。

---

[1] 魏禧：《魏叔子文集·魏叔子日录》卷二，胡守仁、姚品文、王能宪校点，中华书局，2003，第1125页。

我们来读一下王安石重点批判的《贾谊论》。

贾谊，西汉初年人，少年成名，富有文学才华和卓绝的政治识见。汉文帝赏识他，欲擢为公卿，然而老臣周勃、灌婴等皆反对，于是贾谊竟未能大展良才，年仅三十三岁便郁郁而终。贾谊是历史人物，也是一个富于象征意义的历史标签。只能靠依附皇权来实现个人理想的士大夫们，在贾谊的身上寄托了许多戚戚之感。

大家觉得，贾谊的怀才不遇，是权贵嫉贤妒能，是君主不能识人用人。"可怜夜半虚前席，不问苍生问鬼神。"[1]汉文帝最后一次召见贾谊，谈到半夜，求教的，不是治国之道，却是什么"先生对鬼和神仙怎么看？"皇帝做成这样子，像话吗？

苏轼呢，立论新奇，他说这桩事情，主要还是贾谊自己有问题：

> 非才之难，所以自用者实难。惜乎！贾生，王者之佐，而不能自用其才也。
>
> 夫君子之所取者远，则必有所待；所就者大，则必有所忍。古之贤人，皆负可致之才，而卒不能行其万一者，未必皆其时君之罪，或者其自取也。
>
> 愚观贾生之论，如其所言，虽三代何以远过？得君如汉文，犹且以不用死。然则是天下无尧、舜，终不可有所为耶？仲尼圣人，历试于天下，苟非大无道之国，皆欲勉强扶持，庶几一日得行其道。将之荆，先之以冉有，申之以子夏。君子之欲得其君，如此其勤也。孟子

---

[1] 出自李商隐《贾生》。

去齐，三宿而后出昼，犹曰："王其庶几召我。"君子之不忍弃其君，如此其厚也。公孙丑问曰："夫子何为不豫？"孟子曰："方今天下，舍我其谁哉？而吾何为不豫？"君子之爱其身，如此其至也。夫如此而不用，然后知天下果不足与有为，而可以无憾矣。若贾生者，非汉文之不能用生，生之不能用汉文也。

夫绛侯亲握天子玺而授之文帝，灌婴连兵数十万，以决刘、吕之雌雄，又皆高帝之旧将，此其君臣相得之分，岂特父子骨肉手足哉？贾生，洛阳之少年。欲使其一朝之间，尽弃其旧而谋其新，亦已难矣。为贾生者，上得其君，下得其大臣，如绛、灌之属，优游浸渍而深交之，使天子不疑，大臣不忌，然后举天下而唯吾之所欲为，不过十年，可以得志。安有立谈之间，而遽为人"痛哭"哉！观其过湘，为赋以吊屈原，萦纡郁闷，趯然有远举之志。其后以自伤哭泣，至于夭绝。是亦不善处穷者也。夫谋之一不见用，则安知终不复用也？不知默默以待其变，而自残至此。呜呼！贾生志大而量小，才有余而识不足也。

古之人，有高世之才，必有遗俗之累。是故非聪明睿智不惑之主，则不能全其用。古今称符坚得王猛于草茅之中，一朝尽斥去其旧臣，而与之谋。彼其匹夫略有天下之半，其以此哉！愚深悲生之志，故备论之。亦使人君得如贾生之臣，则知其有狷介之操，一不见用，则忧伤病沮，不能复振。而为贾生者，亦谨其所发哉！

总结一下中心思想：贾谊他自己个性有缺陷，不能为世所用，怪不得权贵，更怪不得皇帝。对此，苏轼从三个方面来论证。

其一，无论君主赏不赏识，都该以舍我其谁的气概尽力而为，然后人生可无遗憾。

其二，形势比人强，人要灵活变通。权贵猜忌你，阻挠你，你可以先去交游权贵，把关系搞好，不就能实现志向了吗？

其三，才高之人往往个性强烈，不擅长应对逆境，遇到一点儿挫折就自怨自艾，这是害了自己。

这一番推陈出新的文字，落到王安石的眼里，他就不喜。王安石是一个认死理的人，一个为了理想撞南墙的人。在他看来，士大夫想要为世所用，便曲意迎合，和权贵搞关系，这事，绝无辩白余地，就是丧失了节操。

不久之后，当苏轼以"妨碍变法"的姿态活跃于朝堂时，曾经对其人品的隐约怀疑，彻底坐实在王安石的内心。他愤怒地向宋神宗说道："（苏轼是）邪险之人，臣非苟言之，皆有事状。作《贾谊论》，言优游浸渍，深交绛、灌，以取天下之权。欲丽附欧阳修。修作《正统论》，章望之非之，乃作论排章望之。其论都无理。"[1]——苏轼此人，就像他自己文章中宣扬的那样，是个抱权贵大腿的投机分子！

《贾谊论》中，还有一个很戳到王安石的点，就是"遗俗之累"。"遗俗"者，世俗也，流俗也。士大夫作为精英群体，与世俗必然是有矛盾的。那么，如何处理这个矛盾呢？

王安石的精英意识远比苏轼强烈。他坚信，士大夫应该以更

---

[1] 杨仲良：《皇宋通鉴长编纪事本末》卷六二，李之亮校点，黑龙江人民出版社，2006，第1109页。

高的道德标准和责任感要求自己，不惮与世俗对抗。苏轼则衷心地希望，大家能够对所谓的"世俗"有更多的包容与变通。

这种包容与变通，是"三苏"父子所共有的。它不仅表现在对世俗人情的态度上，更表现为一种政治上的"游士之气"——

春秋战国，虎狼之世，诸子百家纷起，身怀才智之人皆奔走于各国，寻求自我价值的实现，是谓之"游士"也。就算是孔、孟二圣，也不得不知权谋，善雄辩。更不用说张仪、苏秦那种凭借一条舌头闯天下的纵横家了。"三苏"入京，老苏活跃于高层，积极推销自己。苏轼在考场上，搞出一个"想当然耳"，忽悠得考官冒冷汗。苏辙看起来挺稳重，谁料他会狂批宋仁宗，开局就扔炸弹呢？三苏的言行中，都流露着与正统儒者不一样的奔放气息。

苏辙这样总结"苏氏之学"："父兄之学，皆以古今成败得失为议论之要。"[1]注意了，关键词是"成败得失"，而不是儒门最看重的"仁义"与"王道"。苏洵认为，"仁义"是帝王把控天下的工具。苏轼呢，他在被王安石反感的《正统论》中提出"名轻而实重"：只要既成了坐拥天下的事实，就可以拥有天然的统治地位。这其实是点出了"成王败寇"的历史潜规则。

"三苏"把潜规则放到明面上来讲，灵活，权变，不完全否定"霸道"的运用。而儒家正统，是一定要讲求"内圣外王"的。士大夫要做正人君子，要诚意、正心、修身、齐家，然后才会拥有治国、平天下的资格与能力，这是人格理想与政治理想的合一。对国家的统治者也是同样的要求。

---

[1]　苏辙：《栾城集·栾城后集》卷七《历代论》，收入《景印文渊阁四库全书》第1112册，台湾商务印书馆，1986，第641页上栏。

那么统治者 —— 四海独尊的天子，他乐意接受这要求吗？当然不乐意了。皇权接受儒家学说，主要是因为纯粹的霸道不好使，不利于可持续发展。"马上得天下，安能马上治之？"它需要儒家"尊卑有序，君臣父子"这个伦理纲常的框架，以约束臣民，巩固统治。顺带着，它也不得不接受这个"内圣外王"的要求 —— 哪怕做做样子呢。

士大夫和皇权之间，就是存在这么一种既合作又博弈的关系。而"王道"的理想（通俗地说，就是构成儒家思想体系的一整套政治、社会、文化价值观），正是儒家服务皇权并分担国家权力的立身之本，坚决地捍卫它，就是士大夫的"正道"所向。年轻的苏轼激情地表示："敢以微躯，自今为许国之始。"但从王安石那头来看，你这路子一开始就走歪了，你越"许国"，国家不越给你带沟里去了吗？

初鸣：青年苏轼开起历史的倒车

重用他！宋英宗急不可耐

宋英宗治平二年（1065年），早春二月的时候，苏轼结束了他仕途的第一个任期，从陕西回到了京城。

宋英宗赵曙，是宋仁宗堂兄赵允让的第十三子。他自少年时即被接入皇宫，由仁宗曹皇后认作养子，满宫皆呼其"十三团练"。聪颖的十三团练很快就明白了自家的处境。对他名义上的父皇，以及这一团和气的宫廷来说，他只是后妃们"接男宝"的吉祥物，当真正的皇子诞生便会被抛弃的赝品，万不得已时的一个备选项。

仁宗皇帝数次病危，新生皇子接连夭折，进宫，出宫，立皇子，废皇子……他平静地接受这一切，直到皇位像一颗熟烂的果子，坠落在他的手上。长年累积的惶恐，终于成为一场歇斯底里的爆发。赵曙高呼着："我不要当皇帝！"他在宫中发足奔逃，以宰相韩琦为首的执政大臣一拥而上，为他戴上了天子冠冕。到了宋仁宗入殓那天，新天子又发了狂，竟不能成礼。遂由皇太后曹氏代理国事。母子关系一度十分紧张，传说太后有意废天子而另立新君。又是韩琦等人极力周旋，逼迫曹太后还政，宋英宗的病情也慢慢地好转。到了苏轼回京的时候，水面上已是一片风平浪静。

宋英宗要提拔苏轼担任"知制诰"，韩琦反对，说这样的越级提拔本朝并无先例，还是依照祖宗制度更为妥当。祖宗制度是这样子的：状元和登制科者，基层干一任回来，必定进入昭文馆、史馆、集贤院，号为"入馆"。为慎重起见，"入馆"者，要有朝中大员的举荐，并在秘阁进行一次资格考试，号为"阁试"。

从"入馆"到"知制诰"，中间还差着好多年的资历呢！宋英宗等不及，说："那么，让苏轼参修起居注。"韩琦说："不可，修起居注的权责，也不亚于知制诰。"

"那……就别让他参加阁试了吧！别人要考试，是因为不知道他行不行。苏轼岂有不行的呢？"韩琦仍然摇头。宋英宗急了，说："这可是苏轼啊，如此奇才，难道我们就不能为他破例吗！"

韩琦回答道："轼之才，远大器也，他日自当为天下用。要在朝廷培养之，使天下之士莫不畏慕降伏，皆欲朝廷进用，然后取而用之，则人人无复异辞矣。今骤用之，则天下之士未必以为然，适足以累之也。"[1]

一句话总结，就是：我怕太爱他，反而害了他。

木秀于林，风必摧之；揠苗助长，适得其反。想要站到高处，就必须打牢底下的每一层根基。资历与政绩的积累、才干的

---

[1] 脱脱等：《宋史》卷三三八《苏轼传》，中华书局，1977，第10802页。

磨炼、政治素养的培育、人脉资源的形成，都是需要时间的。韩琦如此思量，是真的在将苏轼当成接班人培养。

欧阳修此时已经当上了参知政事。作为副宰相，他也很赞成这样做。为了防止别有用心的人挑拨离间，他又特意向苏轼解释了一番。苏轼当然不会介意，他欢快地应考去了。

那么，他要考些啥呢？开国的时候，考的是诗和赋。到了宋真宗一朝，便改了规定。原来，当时也有个人间传奇，就是当朝宰相富弼。富弼从布衣而一举登制科，压根儿就没在科场诗赋上用过功夫。为了照顾他，"阁试"就让他只写策、论各一篇，从此以后成了惯例。现在到了苏轼，干脆只让他写三篇"论"了事。

入馆考试的内容，从诗、赋向策论的这种转向，并不只是为了表现朝廷对人才的优遇，它也不是一个孤立的现象，它是宋代科举制度变化发展的一部分。

"诗赋取士"，自唐代以来，便不断受到人们的批评。认为其华而不实，难以选取到真正能治国理政的人才。到了北宋，改革呼声更是不断。"策论取士"，则越来越受重视。正所谓："先策论，则文词者留心于治乱矣；简程式，则宏博者得以驰骋矣。"[1]苏轼本人，就是个活生生的例子。如此大才，却险些栽倒在科场诗赋上。然而作为"受害者"，苏轼在随后的科举改革中，却"揭竿而起"，举起了支持"诗赋取士"的大旗。这，谁能想到呢？

---

[1]　李焘：《续资治通鉴长编》卷一四七，中华书局，1995，第3563页。

现在是宋神宗与王安石的主场

苏轼不负众望地以最优等成绩通过了"入馆"考试，正待一展身手时，意外却接踵而至。

宋英宗治平二年（1065年）五月，苏轼妻王弗卒。

治平三年（1066年）四月二十五日，苏轼父苏洵卒。二苏扶棺回乡，开始了为期三年（实为二十七个月）的居丧岁月。

治平四年（1067年）正月，宋英宗驾崩，朝堂格局发生了天翻地覆的变化。

宋英宗，北宋历史上一位过渡性的皇帝。他在登基之前，主要忙一件事情——跟皇后高滔滔"造小人儿"，一共造出四男四女。登基之后，他忙着追尊他的生父赵允让为"先皇"，生母为皇太后。为此，与曹太后斗个不停，跟大臣们也吵成一团。

以司马光为代表的台谏集体，以及相当多的朝臣，都反对皇帝的决定。因为从宗法上来讲，宋英宗这种要求就不合理。

宗法有两个原则：

第一，小宗服从大宗。同一个始祖下面，嫡长子这一房叫大宗，其他儿子叫小宗。大宗为尊，继承家业。宋仁宗这一支是大宗，赵曙过继过来，是从小宗入了大宗，那就该按大宗算。

第二，亲亲服从尊尊。亲亲，亲近你自己的血脉之亲，这是讲自然属性的血缘关系。尊尊，尊重你应该尊重的人，这是讲社会属性的宗法关系。血缘关系与宗法关系如果发生冲突，优先服从宗法关系。

因此，赵曙理应只认他宗法上的"父亲"宋仁宗，而不能把血缘上的父亲也抬到"九五至尊"的位子上。

支持皇帝的，是以韩琦、欧阳修为首的辅政老臣，也就是现在的宰执班子。他们认为，子女孺慕生身父母，是人的天性、人之常情，完全可以理解，可以通融。

这个因父之名而起的风波，史称"濮议之争"。宋英宗在位总共才几年？花大量时间在此事上较劲，其表面原因是"我爱我亲爸，我爱我亲妈"，深层原因是他想要削弱宋仁宗的政治影响，打击曹太后的势力，树立自己的权威。韩琦、欧阳修等人选择支持他，以至无理搅三分，硬着头皮跟宗法、跟台谏、跟民间舆论对着干，也并不是在无原则地献媚皇帝，而是担心天子病弱而母后强壮，于社稷不利。

谏官们终于全体"被下班"，反对之声渐消，眼看目标要达成，宋英宗却一病没了。继承皇位的，是其刚满二十岁的长子赵顼，史称宋神宗。宋神宗一上来，就快刀斩乱麻地终结了争论：称赵允让为濮安懿王，其二妻一妾并称"王夫人"。然后，他卷卷袖子，干自己的事业去也！

和父亲不一样，赵顼是个没受过什么气的年轻人。他没有宗法与情感上的思想包袱，他有的只是雄心和壮志。他要一扫朝堂上的暮气，励精图治，富国强兵，洗刷自祖宗以来在外交与军事上的耻辱，让大宋成为真正的强国。他的面容犹存少年人的青涩，却已成为高踞宝座上的那个孤家寡人。他厌恶老人的保守，但他也需要年长者智慧的指引。他病弱的父亲并不能担任这个角色。韩琦、欧阳修这些根深叶茂的执政老臣，是年轻君主天然要防范的对象。然后，他和王安石的目光，越过垂拱殿中一片乌压压的帽翅，在半空中相遇了。

王安石的刚毅无畏、卓识远见，以及超然忘我的理想主义精神，获得了皇帝的信重。而青年天子的聪慧、锐气、信任，也让王安石毫无保留地回报。于是，"上与介甫如一人，此乃天也"[1]。君臣鱼水相得，旷古罕有。

熙宁元年（1068年）四月，王安石上奏《本朝百年无事札子》，进盛世之危言，谈改革之必要。熙宁二年（1069年）二月初三，王安石擢为参知政事。二十七日，朝廷议行新法。由宋神宗与王安石共同主导的"熙宁变法"，一场影响深远、毁誉参半的全面改革，正式地发动了。

苏轼也守完制，从老家回来了。

苏轼忽然一招黑虎掏心

苏轼回朝，朝廷给他安排的官职是"殿中丞、直史馆授官告院，兼判尚书祠部"。

殿中丞，是五品寄禄官，表示苏轼现在是正五品京官的待遇。"直史馆"是馆职。"官告院"和"尚书祠部"，都是尚书省的下属机构。"官告院"负责文武百官的封赠。"祠部"的职责范围包括：祠祭、国忌、休假日期，以及全国出家人的名籍管理、度牒发放。苏轼就在这两个部门当主管。可别说，地位挺高，待遇优厚，工作更是清闲，用来养老那是再合适不过了。可对才三十岁出头的苏轼来说，这种安置，就有边缘化的嫌疑了。

据说，这正是王安石的安排。王安石要这么安排，那也正常。两个人的思想差异太大了，一开始，就不是一条道上的人。

宋神宗呢，对苏轼也没自家老爸那么"急不可耐"。宋英宗是在步步惊心之中，受韩琦、欧阳修等老臣保护，才一路坐稳了

---

[1] 脱脱等：《宋史》卷三一二《曾公亮传》，中华书局，1977，第10234页。

皇座，所以他倚重他们。对同样受到这个老班子保护的苏轼，他也是信任和喜爱的。宋神宗看待苏轼，就没这份香火之情了。用，当然要用他，但也不妨先观察一下。

苏轼这个人，你防着他，晾着他，都是没有用的。他又不是"玻璃心"的贾谊。"夫君子之所取者远，则必有所待；所就者大，则必有所忍。"朝廷现在不用我，"安知终不复用也"？他一点儿都不颓废。即使身在闲职，苏轼的那双眼睛还在亮晶晶地关注着时局。

熙宁二年（1069年）五月，朝廷宣布将进行科举改革，发下方案，叫百官讨论。改革的核心内容，是罢诗赋，专以经学义理取士，只从《易》《诗》《书》《周礼》《礼记》《论语》《孟子》等儒家经典上出题。

苏轼踊跃响应："我反对！"上上下下都愣住了。别人反对尚可，你苏轼不擅长场屋诗赋，人所共知，这唱的是哪一出？

我们就来看看苏轼是怎么唱的吧！在《上神宗答诏论学校贡举之法》的奏折里，他指出：

其一，出不出人才，主要看执政者的能力，以及朝廷政策能不能落到实处。若能，小吏里头也出良才；若不能，满堂公卿亦皆无用。

其二，执政者的德行表率最重要。皇帝仁义孝廉，天下人才自然追求仁义孝廉。如果皇帝自己都做不到，却以德行求取人才，天下人也只会当伪君子。同理，经义取士，你把圣贤的经义说出花儿来，就代表你能做到吗？

其三，诗赋取士和经义取士，对实政能力的有用程度来说，都是半斤八两，都"不咋地"，都只是一块敲门砖。

他举例说：唐代诗赋取士，不也出了很多忠诚能干的名臣？

本朝的杨亿，文藻华丽无以复加，可谁也不能否认他的品性与才干。而号称最通晓经义的孙复、石介呢，迂头怪脑，谁敢放他们出去干点儿正经事？

其四，经义取士门槛低（识字的都能写小作文），打分标准模糊（给小作文打分主观性太强，诗赋就不一样了，失律一眼就能看出来），考生容易投机取巧（想想我们如何拼凑工作总结、思想汇报、期末论文吧）。

其五，也是最关键的一点，苏轼担心这个"经义取士"，会对社会风气造成长远的不良影响。

"经义取士"的提出，其根源，是北宋的新儒学思潮。新儒家们以复古之名，重新阐释儒家经典，汲取佛家、道家学说的营养，推出了儒学新的核心概念："道德性命"。通俗地讲，就是以儒学经义为根本，去寻求宇宙间永恒的道理，并以此解决人生的、社会的、政治的一切问题。自周敦颐以下的理学家、道学先生，王安石以下，吕惠卿、王雱等"新学"派，他们毕生穷研的，都是"道德性命"之学。苏轼呢，偏偏对此不感冒。

苏轼认为，所谓"道德性命"者，连圣人孔子都很少提，连孔子的高徒子贡都自认为理解不了，凭什么现在的士大夫们就能说得满嘴开花呢？如果大家都真心地推崇"一毁誉，轻富贵，安贫贱"，向古之圣贤看齐，又为啥要纷纷地出来做官呢？说一套，做一套，这不是自欺欺人吗？难道不会像东晋的名士们热衷"玄学"那样，流于空谈吗？你们还想拿这一套来选拔人才，我很担心，天下的学子们为了中举，皆扭曲自我，迎合上意，矫情饰伪，士风从此堕落不堪！

综合以上，我希望大家能够少谈性命，多干实事！不考经义，多干实事！

前面几个理由倒也罢了，他最后提出的这一点，却是好巧不巧的一招"黑虎掏心"，打中了王安石的罩门——"道德性命"之学，正是王安石"新学"的核心，是他搞变法的理论依据，是他说服宋神宗得到大力支持的根基。王安石从此对苏轼"刮目相看"，确信此人十分碍事了。

原谅我天性不羁爱自由

大部分朝臣还是支持"经义取士"取代"诗赋取士"的。科举改革顺利推行。接下来，王安石下出了他的第二步棋，要以自家的学说《三经新义》，作为全国官学教育和科场考试的评判标准。这时候，总算有聪明人反应过来了，噫，王安石你好大的野心！

没错，王安石这个举措，一举使自己的学术思想成为官方学说；他在儒门的声誉，也由此可直追孔、孟先圣。他收获的，将是何等巨大的政治利益！但王安石他这么干，是出于个人野心吗？不是啊。他不过是要使"道德一于上，而习俗成于下"[1]：

改革需要上下同心，国家发展需要往一个方向努力，世间流俗之辈，不但不能理解，还各种捣乱、拖后腿。所以，必须统一知识界的学术思想，培养士大夫的道德品质，再由上而下，形成民间良好的风俗习惯。如此，天下大治矣。

王安石确实是下了一步关于国运的大棋，只是时代并没有给

---

[1] 王安石：《临川先生文集》卷四二《乞改科条制札子》，中华书局，1959，第450页。

他更多的机会。

宋神宗改革未竟，中道崩殂，来到了以"旧"逐"新"的宋哲宗元祐时期，新法纷纷被废除，施行了十五年之久的"经义取士"，却保留了下来。

司马光说："此乃革历代之积弊，复先王之令典，百世不易之法也。但王安石不当以一家私学欲尽掩先儒，令天下学官讲解，及科场程试，同己者取，异己者黜，使圣人坦明之言，转而陷于奇僻；先王中正之道，流而入于异端。"[1]"经义取士"是好的，不好的是王安石夹带私货，搞个人垄断。

程颐等人呢，更是大力地鼓吹"经义取士"。程颐跟司马光的出发点又不一样，他是理学宗师，钻研经义是其老本行，当然要以此来争夺学术上的话语权。

反对派，仍然是苏轼。除了一向持有的那些理由，现在他甚至声称：长于诗赋的人，往往更忠贞、清廉，更关注民生，直言无畏。而长于经术的人呢，总是古板、傲慢，高高在上，不切实际的。

激动之下，苏轼还用自己并不很擅长的律赋，为"诗赋取士"高唱了一曲赞歌：

> 新天子兮，继体承乾。老相国兮，更张孰先？悯科场之积弊，复诗赋以求贤。探经义之渊源，是非纷若；考辞章之声律，去取昭然。原夫诗之作也，始于虞舜之朝；赋之兴也，本自两京之世。迤逦陈、齐之代，绵邈

---

[1] 赵汝愚编《宋朝诸臣奏议》卷八一《上哲宗乞置经明行修科》，北京大学中国中古史研究中心校点整理，上海古籍出版社，1999，第875—876页。

隋、唐之裔。故道人徇路，为察治之本；历代用之，为
取士之制。追古不易，高风未替。祖宗百年而用此，号
曰得人；朝廷一旦而革之，不胜其弊。[1]

争论最终以各退一步，诗赋与经义并行科场而结束。不久，
新党重新上台，又罢诗赋，专用经义，一直用到三十五年后北
宋灭亡。南宋建立以后，宋高宗又恢复了经义与诗赋并用的
状态……

站在历史的宏观角度，我们能看到，科举考试是用经义还是
诗赋，对王朝的治乱兴衰，其实并没有明显的影响。诗赋取士，
谈不上多么靠谱；经义取士，也并未如人们希望的那样，在人才
选拔中展现出极高的效率和极大的回报。

经义取士与诗赋取士，真正最大的不同之处，可能还在于：
经义取士，迟早会不可避免地滑向思想的禁锢。

孔子说："君子和而不同。"儒学之始，是有包容度的。北
宋立国以来，儒门子弟得到了最大的政治发展空间，于是群儒奋
起，带来了学术思想的活跃和政治风气的开明。正是在这样的时
代背景下，才会出现像王安石这样一往无前的改革者。

王安石想要的"一道德而同风俗"，是一个儒家大同式的美
好愿景。然而，王安石为了尽快地实现它，不惜施以强制与垄
断，在这愿景里撒下了异样的种子。

南宋末年，本为远支宗室的宋理宗，靠权臣史弥远之力，登
上皇位。为了掩盖自己的来路不正，获取士大夫阶层的支持，他

---

[1]　苏轼：《东坡全集》卷三三《复改科赋》，收入《景印文渊阁四库全书》第
1107册，台湾商务印书馆，1986，第475—476页。

向已经被打成"伪学"和"异端"的理学伸出橄榄枝，为朱熹平反，宣布周敦颐、张载、二程等理学家入孔庙配享，将"理学"立为官方学说，成为科举评判的唯一标准。种子发芽了。

明代，进一步衍变为"八股取士"，僵化、空泛、教条的思维方式，束缚住了读书人的头脑。清代，文字狱盛行，大家连"经义"都不敢"妄谈"了，于是埋头钻研汉字的音韵、字形，大搞"训诂之学"。于是，才有了龚自珍的仰天悲叹："九州生气恃风雷，万马齐喑究可哀。我劝天公重抖擞，不拘一格降人材。"

这样的发展，又岂是当年王安石以及立志"为万世开太平"的诸位理学家、道学先生所希望的呢？

风起于青蘋之末。再回首，苏轼那逆潮流而动的呼声，令人感慨。作为一个文学天赋卓绝的人，苏轼的心灵，天生就比一般人更自由与活泼。对于思想意识上的强行统一，他有着直觉性的反感，故而在一片形势大好中，隐约感到了不祥……

变法：病人还在床上，医生先干了三架

第一场，宋神宗大战台谏官

熙宁二年（1069年）五月，苏轼对科举改革的大唱反调，未能改变朝廷的决策，却引起了皇帝对他本人的强烈兴趣。

宋神宗即日召见苏轼，诚恳问道："卿有什么可以帮到朕的吗？"苏轼回答：治国如行军作战，先发者被动，后发者制人——"陛下求治太急，听言太广，进人太锐。愿陛下安静以待物之来，然后应之。"[1]

世事复杂，与其主动变革，不如安静以待，少扰民，少生事，让民生自行发展，朝廷只需在关键时刻加以引导。

宋神宗听了，觉得很有道理，遂与王安石商量，要将苏轼调入"编修中书条例司"——当时刚刚设立的一个新部门，其作用是暗分中书之权，为变法护航。这是要拉苏轼进入变法核心的意

---

[1] 苏辙：《栾城集·栾城后集》卷二二《亡兄子瞻端明墓志铭》，收入《景印文渊阁四库全书》第1112册，台湾商务印书馆，1986，第760页上栏。

思了。王安石不同意，说："苏轼的观念与我差异太大，让他参与进来，必会妨碍变法大计。使不得！"

苏辙眼下就在变法的班子里呢，因与众人意见不合，日日争吵。苏辙的主意，向来跟他哥是一致的，再招来一个苏轼，岂不更叫人头痛？

但国家用人之际，放着这么一个大好人才不用，不也是岂有此理？大家都琢磨着，要给苏轼找个去处。张方平、司马光举荐苏轼当谏官——以苏轼热爱"唱反调"的胆色与口才，做谏官那是再合适不过了。宋神宗则想要召苏轼"修起居注"，负责记录皇帝的日常言行，每天跟在皇帝屁股后面，这也太"近水楼台"了，不行不行！都让王安石给否掉了。王安石到底想让苏轼去哪呢？

去开封府当推官，协助审理案子。天子脚下开封府，威风堂堂，其实是个最烦心劳神的衙门。苏轼前阵子不是抱怨太清闲吗？现在好了，每天从小市民的鸡毛蒜皮，到公卿大宅门的阴私，保你忙得飞起，哪里还有时间跟老夫作对！王安石这一招，便叫作"调虎离山"。然而，他还是小瞧苏轼了。苏轼不仅把本职工作干得妥妥当当，晚上回了家，还有精力琢磨搞个大事件。

转眼年关将至，京城里处处搭棚架，扎花灯，喜盈盈，朝天贺。开封府推官苏轼，忽然提交批评新法的万言《上皇帝书》，直递阙下。朝堂上的气氛，瞬间焦灼起来。

王安石上来主持变法，最开始，群臣是喜闻乐见的。北宋立国百年，有多少沉疴痼疾，大家都心里有数，就好比一个重病的人，再不救治，只怕是命不久矣。

一般病人就医，无外乎三种情况：第一，治好；第二，治死；第三，苟延残喘，不死不活。

第三种不必说了。只说治好，可分两种：一种，药到病除，皆大欢喜；另一种，很坎坷，病情反复，如中医爱说的排毒、西医的化疗反应，病人吐几次毒血，发几回高烧，最后也就好了。

治死，也分两种：一种，气数已尽，药石罔效；另一种，庸医误人，虎狼药下去，不该死也死了。

治大国，虽复杂，论起结局也不外乎这么几种。王安石便是那个站出来治病的人。不过，治病只需要一个主治医生，治大国就不一样了，这是群医会诊——

宋朝的高层政治结构，权力三分：皇帝、两府宰执、台谏，三者互相制约，此消彼长，形成一个并不稳定的三角结构。此三角形之外，还有一个附加的"封驳"制度，算是多加了一层保险栓。设置这种结构的目的，是确保国家的最高权力能有个控制，不会因为过度集中而产生昏政、乱政、暴政，更有利于王朝的长治久安。事有一利必有一弊，该结构如影随形的副作用，就是官员互相扯皮，效率低下。

王安石这里卷起袖子，几剂药方开出来，几根银针扎下去，就有人看不下去了："且慢！我瞧你这方子不甚妥当……""你等流俗之辈，懂得什么！""你这厮好不晓事，莫不是个江湖骗子？"一来二去，这就打起来了嘛。

最先下场的是台谏。熙宁二年（1069年）五月，御史中丞吕诲上《论王安石奸诈十事》，以"十大罪"弹劾王安石。吕诲是御史台的长官，他在任上撑过宋仁宗、撑过宋英宗，撑当朝宰相那是家常便饭。"濮议之争"中，他曾怒斥韩琦巨奸，欧阳修首恶，二者沆瀣一气，豺狼当道。吕诲罗列的王安石罪状，细看也没啥实质性内容，大都是站在道德制高点上的人身攻击，什么骄横阴险、器量狭小、爱慕虚荣、装腔作势之类。只有一条"商榷财利"，算是说到了正题，但也是白说，人家变法本来就是为了理财，要不然呢？

生活中一般人要总这么说话，那叫"喷子"，迟早得挨揍。但台谏这么干就没事，因为这是制度特许的。台谏者，监察者也。"自古以来置谏官、御史者，所以防臣僚不法、时政失宜，朝廷用之为纪纲，人君视之如耳目。"[1]批评朝政、肃正朝纲、劝谏皇帝、制约宰相、监察百官，便是台谏官的职责。

北宋的台谏官不仅奉旨"喷人"，还可以"风闻言事"，弹劾百官不需要证据。弹劾宰相，宰相就得停职。对皇帝，台谏官也可以直言批评，骂得再凶，皇帝也不能杀他。

台谏的存在，本来是为了加强君权的，是让他们做皇帝的耳目和鹰犬。现在好了，台谏们尽职尽责起来，皇帝也憋屈。"善纳谏言"的宋仁宗，曾被一群御史逼得闭门不出。宋仁宗一朝的宰相更惨，被台谏弹劾而落职的就有十三人之众。台谏的气焰，可谓十分嚣张。而宋朝人认为，这种嚣张虽然可恶，却也是必需的！为什么呢？无他，对权力的监督，严厉必然好过宽松。

正如苏轼在上神宗皇帝的万言书中所言："台谏固未必皆贤，所言亦未必皆是，然须养其锐气而借之重权者，岂徒然哉？将以折奸臣之萌，而救内重之弊也。"

就算他"喷"得没个屁道理，台谏的强势存在本身就是一种威慑，使宰相难以专权，使百官不敢欺瞒，皇帝也不方便为所欲为。理论上，这就减少了朝纲败坏的可能性，还政治以清明。

台谏的工作甚至有量化指标：上岗多久未提交弹劾，该员工

---

[1]　徐松辑《宋会要辑稿·职官三·谏院》，刘琳等校点，上海古籍出版社，2014，第3069页。

就要受到处罚。总之，制度就是要让台谏站在皇帝和宰相的对立面，走的就是六亲不认的步伐。但是——

第一，没有完美的制度，事有一利，则必有一弊。

第二，制度是要人来执行的。人性是复杂的、善变的。

早在台谏崛起的宋仁宗朝，就有大臣指出："自庆历后，台谏官用事，朝廷命令之出，事无当否悉论之，必胜而后已，专务抉人阴私莫辨之事，以中伤士大夫。执政畏其言，进擢尤速。"[1]

为了冲业绩，他们无事不杠，无人不喷，不分青红皂白，甚至专门挖人隐私，泼脏水，这就把事情走到极端上去了。

以欧阳修为例，他年轻时就是谏官。敬业敬岗，一早起来，两眼瞪得像铜铃，夜夜奋笔写弹章。经其弹劾，有官员因与嫂子的婢女的奸情暴露，羞愧自杀；还有官员因娶商人之女为妻而被免职。等到他自己出来做事了，风水轮流转，也是每天被台谏们弹劾得满头包。什么跟外甥女、儿媳妇私通的罪名，都给他扣脑门上……

台谏的强势，在客观上进一步加重了北宋官僚机制原本就存在的弊病：内讧和效率低下。

现在，吕诲带着御史台开火，有啥好意外的？意外在于宋神宗。他既不比宋仁宗的圆熟老练，也不似宋英宗擅长隐忍，他是个没受过气的年轻人。新君登基，正待奋发图强之时，被这一盆冷水兜头泼下来，恼火得很，神宗也不想周旋，直接把弹章给退了回去。不理你！吕诲深感职业精神被羞辱，宣布要辞职回家——以辞职相要挟，也是台谏的传统技能了。王安石一看，嗬！你会打滚，难道我不能放赖？也就不来上朝了，声称要在家

---

[1] 脱脱等：《宋史》卷二八五《刘沆传》，中华书局，1977，第9607页。

待罪。矛盾一下子就激化了。

宋神宗毫不犹豫地选择支持王安石。吕诲你要走，就走吧！台谏炸了窝，一时板砖横飞，怒斥王安石是皇帝身边的大奸臣，王安石心怀异志，图谋不轨……知谏院李常上奏说，有官员借推行"青苗法"勒索百姓。宋神宗问该官员是哪个，他拒不回答，还梗着脖子道："我们谏官的职责是弹劾，不负责举证——陛下您若不信，贬逐我好了！"把宋神宗气得笑了。最后的结果是，御史、谏官批量下岗，谏院长官范纯仁也去职外放。宋神宗给台谏来了个大换血。

第二场，苏推官一人就是一支队伍

王安石面对的第二波攻击，就是苏轼的上书了。以苏轼此时的身份和资历，在这挤满医生的病房中，最多算一个实习大夫。但他的优势在于天分高，属于"学神"级别，一个人就能打出一支队伍的气势。他在万言书中写道：

变法与民争利，法令条文纷纷而下，搞得人心惶惶。

朝廷为了推行新法，特设三司编修条例，这是有意绕开执政中枢行事，造成了王安石的大权独揽。王安石借陛下之威，拿天下做实验，太危险。

朝廷设立的所谓"新政提举官"，四出巡察，邀功请赏，扰害百姓，独立于朝廷法度之外，破坏了国法纲纪。

青苗、保甲、免役、农田水利诸法，皆有不可挽救的弊病。比如农田水利法，如若违背自然规律，容易造成天灾。贪官污吏借此时机敛财，豪强刁民趁机侵夺他人田产，等等。

国家存亡，在于道德深浅，不在于国力强弱。社稷长久，在于风俗人心，不在于严刑重法。国家的财富是有限的，不在官则在民，此消则彼长，国宁可穷，也不可与民争利。

最后，他还为台谏鸣不平，说台谏的言论代表天下"公议"，如今陛下赶走台谏，既失了民心，又违背了祖宗遗训。

良心讲，苏轼并不是全盘反对改革。他不满的，是王安石大权独揽，及其花样翻新的理财手段，认为这样是坑害百姓，搞来搞去，只怕成为朝廷"失人心、薄风俗、乱纪纲"的祸端。

他说得如此凶险，王安石倒也不惧他。因为：

首先，苏轼说的，大多数来自他的学术积累，并没有足够的事实依据。而王安石的新法，也绝非瞎拍脑袋，而是建立在前期地方官府各自试行改革的基础上的，是前人经验的继承和发展，有诸多成功先例。

其次，凡要做事，就会有错，除非你万事不做。新法有弊病？肯定的，是药还三分毒呢！所以，关键在于善选人才，详立条制，逐步推行，在前进中发现问题，加强监管，不断修正，没有就此放弃的道理。

王安石要革旧图新，他不是不晓得大宋王朝政治特权之盘根错节，阶层利益之复杂多元，他选择知难而上，说明他的准备工作已经做得相当扎实。他对古今得失的考量、对财政制度的理解、对民情的洞察，以及政务经验的积累，种种厚积薄发，远非初涉仕途的苏轼所能抗衡。苏轼这边能提出十条意见，王安石就能列出一百个道理给他撑回去。

最后也是最重要的一点：钱。可叹宋神宗继位才三天，三司使（财政大臣）韩绛、翰林学士张方平就联名上书，汇报道："百年之积，惟存空簿。"敬请陛下为先皇办丧事从简 —— 孝道在儒臣心中多重要啊！可见国库是真的空了。"财用不足，生民无以为命，国非其国也。"[1]没钱是万万不能的。苏轼却在此大谈道德、风俗、人心，岂能解君上之忧急？

王安石才是及时雨。传统儒家的观念，是"君子喻于义，小人喻于利"。王安石却说，为国理财，就是当今君子必行之"义"！王安石并不是单纯地为国库聚敛，他是想通过一系列财政上的革新，成就一个富强的大宋。

我大宋积贫积弱久矣！北宋立国以来，基本国策是：守内虚外、崇文抑武、重干轻末。压缩武将和地方上的力量，加强中央集权。花重金以养兵（主要是拱卫中央的禁军），以厚禄来笼络士大夫。不到一百年，就搞出了庞大但战斗力低下的军队（冗兵），庞大但效率低下的官僚队伍（冗官）。渐渐地，就养不起了（冗费），国库入不敷出了，就只好加征赋税，到老百姓头上盘剥。老百姓过不下去，社会也就不能稳定。

这种积弱积贫，是制度与政策带来的必然结果。所以王安石的改革，不仅是经济上的，更是制度上的、思想观念上的一系列转变。他对皇帝说："（我们要）因天下之力，以生天下之财；取天下之财，以供天下之费。"这就是王安石一揽子改革计划的总纲领。

大概意思就是：让国家力量通过商业模式，介入民生经济。通过多方的调控，抑制土地兼并与商业垄断，均衡各地区和各阶层的经济差距。让底层百姓摆脱剥削，有余力投入生产，获得财富，从而促进国民经济的增长，带动税赋的收入。国库里有了余钱，就能再投入民生和国防事业。

---

[1] 李焘：《续资治通鉴长编》卷二〇九，中华书局，1995，第5074页。

这是个一动而触发万端的复杂计划。但不搞也不行啊！北宋立国的先天条件实在是太薄弱了，疆域小，人口多，北方草原民族政权虎视眈眈，自身却无地形之险可守，"守内虚外"，也是没办法。有办法，谁还不想当个强汉盛唐呢！

正如王安石在上宋神宗的《论百年无事札子》中所指出的那样："天助不可常恃，人事不可怠终。"我们现在能过平静的日子，不过是侥幸。老天不可能一直庇佑我们，无远忧必有近患，如果就这么懈怠下去，天下形势复杂莫测，一旦生变，这脆弱的大宋江山，还能支撑得住吗？

这些话，才真的说到宋神宗的痛点上去了。

第三场，熙宁初年的"生老病死苦"

正掰扯着，忽然，发生了一个大事件。熙宁三年（1070年）三月，人在河北的韩琦上书，以亲眼所见，指斥"青苗法"害民。韩琦是"两朝顾命，定策元勋"，是扶持宋英宗、宋神宗两代天子顺利登基的功臣。他本已退居二线，现在公开表示反对，影响力非同小可，宋神宗不能不重视他的意见。又有不知哪儿来的传言，说韩琦将要发动"清君侧"的兵谏。苏轼紧跟着再次向皇帝上书，呼吁："请清理朝中小人！"小人是谁，还用问吗？

韩琦的入局，代表着王安石与中央领导班子成员的彻底决裂。王安石自打进了班子，和诸位元老畅谈新法，越谈越谈不拢。政事堂中，日日群儒舌战，战到后来，王安石怒视全场："我说在座的诸公，毛病就在于不读书！"

当时，富弼、曾公亮、唐介、赵抃、王安石五人共同执政。

富弼腿脚有病，不良于行。曾公亮年老。唐介不仅吵不过王安石，还气到背上生疮，病死了。剩下一个赵抃，无力回天，遇到事情，只好口中大叫一声"苦也！"。所以朝野合称其五人为"生、老、病、死、苦"，只有王安石一个人生机勃勃。

韩琦的入局，改变了天平两端的重量。这正是王安石推行新法所要面对的第三场战争，也是决定最终胜负的一场。

王安石以退为进，称病不出。宋神宗左右为难。这位意气风发的年轻君主，也来到了他帝王生涯里的第一个艰难时刻。韩琦当然不可能进行兵谏，放出这个消息的人，其用意，恐怕只在于催逼宋神宗做出选择。

事已至此，相忍为国的可能性已不存在。新法到底是害民还是利民？改革是继续还是放弃？未来是可期还是莫测？是相信以韩琦为首的先帝旧臣，还是自家的心灵导师王安石？

二选一。宋神宗选择了王安石，将改革进行到底。韩琦知事不可为，遂再三上书，请求退休。

再说苏轼，他到底年轻，战斗力非"老病死苦"的前辈们可比。早在熙宁二年（1069年）八月，苏轼被召为国子监举人考试官，给举人们出策问之题，他就问道："晋武平吴，以独断而克；苻坚伐晋，以独断而亡。齐桓专任管仲而霸，燕哙专任子之而灭，事同功异，何也？"[1]

请大家就历史上的故事谈一谈，为什么同样是乾纲独断，有的君主能成就功业，有的却丧国亡身？为什么有的君主偏信大臣搞变革，国家富强了，有的却适得其反？

---

[1] 黄以周等辑注《续资治通鉴长编拾补》卷七，顾吉辰点校，中华书局，2004，第343页。

联系现实一琢磨，这话锋，不正是冲着宋神宗和王安石君臣二人来的吗？

熙宁三年（1070年）三月，春闱又开，苏轼当上了御试编排官。考生中，来了个叫叶祖洽的，他不仅大唱新法赞歌，还在卷子上写道："祖宗多因循苟简之政，陛下即位，革而新之。"[1] 先帝因循，得过且过，而今上奋发图强，锐意革新，这典型的一拉一踩，让苏轼十分反感，认为这真是一个拍马屁的小人！就把他黜落了。宋神宗看到，硬是把叶祖洽捡回来，还点了他做状元。

苏轼当然很不服气，也写了一篇同题的《拟进士对御试策》呈上，在文章中，他疾呼道：

"请陛下勿要偏信异端邪说，草率行事！这就好比黑灯瞎火乘坐马车，车夫还拼命地鞭打马屁股，迟早要车毁人亡！又好比根本没有华佗的本事，却提着刀子要给病人开膛剖腹，这不就是杀人吗！"

一而再，再而三。"不畏浮云遮望眼，自缘身在最高层。"对现在的王安石来说，苏轼，便是好大一朵挥之不散的棉花云，太烦人了！

八月份，王安石的姻亲——御史谢景温弹劾苏轼，说此人在护送父亲遗骨回乡的时候，带了好几船的私盐、苏木、瓷器贩卖，滥用职权，非法经商。那苏轼离京之前，还拒绝了韩琦二百两纹银的人情，哎哟哟，气节装得蛮好，其实是个欺世盗名的伪君子！

王安石能抓到苏轼的小辫子，很高兴。他对宋神宗说："苏轼这个人，确实是人才，但他所学不正，于当今的世道而言，是

---

[1]　黄以周等辑注《续资治通鉴长编拾补》卷七，顾吉辰点校，中华书局，2004，第343页。

益处少而害处多，人品也不怎么样，请陛下不要再可惜他了！他就好比一匹暴脾气的马，就得饿着它，鞭打它，驯得服帖了，才能够骑着它出门。像苏轼这样的，不困他一困，压他一压，他岂肯为陛下所用？没事尬蹶子捣乱罢了！"

朝廷一路追查，并没有查到此事的实据。司马光看不下去，站出来为苏轼打抱不平。宋神宗却只是淡淡地说："苏轼不是好人，爱卿你看错他了。"

已经清洗完毕的台谏展开了反扑。赵抃外放，范镇、欧阳修、富弼、曾公亮相继宣布退休。先帝留下的老臣一一黯然告别舞台，苏轼势单力薄，还怎么撑得下去？他也只有"自乞外任"，主动离开中央了。

熙宁四年（1071年）六月，苏轼怀着一腔的不忿，到杭州赴通判之任，做亲民官去了。司马光也表示非暴力不合作，自请去了西京洛阳。

世界清静了，现在，病房里只剩下了王安石。于是，他带着一群从各个部门抽调上来的新人，农田水利、青苗、均输、保甲、免役、市易、保马、方田，诸法相继，向全国迅速推进……

沁园春

孤馆灯青，野店鸡号，旅枕梦残。渐月华收练，晨霜耿耿，云山摛锦，朝露溥溥。世路无穷，劳生有限，似此区区长鲜欢。微吟罢，凭征鞍无语，往事千端。

当时共客长安。似二陆初来俱少年。有笔头千字，胸中万卷，致君尧舜，此事何难。用舍由时，行藏在我，袖手何妨闲处看。身长健，但优游卒岁，且斗尊前。

　　苏轼踏上了去往杭州的路途，然后是密州、徐州、湖州……野店孤旅，昏暗的烛光下，晨鸡的啼声中，苏轼回忆着和弟弟初到京城的时光，那曾经的少年意气。如今，他已深深感受到了世路的艰险。不过呢，用之则行，舍之则藏，机会总会有的，咱们就冷眼看着，老酒喝着，一起等待着吧！他豁达地安慰着弟弟。他的心中，仍然期盼着有朝一日，能够"致君尧舜上，再使风俗淳"……

　　"致君尧舜"，是每一个儒家士大夫终极的理想。目前，当真得到了这个机会的人，是王安石。

临渊：乌台诗案，谁想要苏轼的脑袋？

气力但为忧勤衰，拗相公退场

欢乐欲与少年期，人生百年常苦迟。

白头富贵何所用，气力但为忧勤衰。

愿为五陵轻薄儿，生在贞观开元时。

斗鸡走犬过一生，天地安危两不知。

——王安石《凤凰山二首（其二）》

人类社会变革，一种是自下而上的，由生产力与生产关系的变化，引发政治、经济、文化、思想、制度等各方面的变动，这是一个自然而悠长的过程。

另一种，则是自上而下的，是由国家威权和精英阶层主导的变革，在极短时间内，爆发出强大的推动力。它固然具有相当的合理性，却未必完全具备与之匹配的历史环境，故而成功的可能性难测。

"王安石变法"属于后一种。这种类型的社会变革，需要自信无畏、刚强有力的领导者。巧了，宋神宗和王安石都是这样的人。

宋神宗在继位之初，便一鼓作气，取得了对台谏的胜利。随后对台谏进行整肃，以大批新法的拥护者充任言官。他的这一举措，对北宋的政治气候产生了深远的影响。台谏，渐渐沦为当权者的私器。而这，也意味着君权与相权的相应扩张，从此以后，独断的皇帝和弄权的宰相，将会更容易登上政治舞台。

那么王安石呢，"天变不足畏，祖宗不足法，人言不足恤"，胆识不凡、坚韧不拔固然是其长，固执己见、不容异见未免是其短。"拗相公"这个外号，可不是白来的。

王安石年轻时初入京师，以"慧眼识人"著称的老宰相晏殊，便婉言劝他："你若能够包容外物，外物也就能包容你。"王安石不以为然，反而觉得晏殊太庸俗。

执政之初，大臣孙固又说："安石文行甚高，处侍从献纳之职，可矣。宰相自有其度，安石狷狭少容。"[1]宰相肚里能撑船，是因为："宰相者，上佐天子，理阴阳，顺四时，下遂万物之宜，外镇抚四夷诸侯，内亲附百姓，使卿大夫各得任其职也。"[2]理想的宰相，应该是"管家婆"式的存在，有超强的协作能力与亲和力，能调停各方面错综复杂的关系。在食品中，他应该是盐；在药材中，他应该是甘草。百味、百药，都靠他调和，所以他要能包容。

王安石天生是改革者，是开拓者、领导者，他不必容忍别人行船，他自己就是一条乘风破浪的船。

---

[1] 脱脱等：《宋史》卷三四一《孙固传》，中华书局，1977，第10874页。
[2] 司马光等：《资治通鉴》卷一三，中华书局，2007，第152页。

王安石一生，做事无私欲，与人无私仇，只有一件事不能容忍，那就是妨害他的改革大计。他的卓识远见，他的高尚情操和勇毅魄力，让他迅速地聚拢到拥护者，但他对异见、异己的过激排斥，又让很多人无奈地远离了他。离开他的，未必是敌人；而聚拢来的，也未必都是同志。

这样的行事风格，于王安石个人而言，是亲朋反目；于大宋的社稷而言，则是助长了"党争"之风。

北宋的"党争"风气，早在宋仁宗推行"庆历新政"的时候，就已经有了苗头。当时，面对反对者以"朋党"指斥的围攻，新政领袖范仲淹与欧阳修公然宣称："君子成朋，小人成党，我们呼朋引伴，但我们是君子党，目标是驱逐小人党，皇上大可放心！"宋仁宗听了，更不放心了——你说你是君子就是吗？小人也不可能承认他是小人啊！朕不管尔等什么党，拆散了再讲。

"庆历新政"的夭折，一个重要原因，就是宋仁宗对"党争"所起的戒心。

"君子小人"的口吻一旦摆出来，事态就脱离了"就事论事"的范畴，失去了理性探讨的可能，演变成各自抢占道德制高点的人身攻击。

道德攻击，为何成为宋代士人政治斗争的常态？

它好比是好藤上结出的一个坏瓜。宋人高度重视儒家思想中的"修身"观念，把个人道德和公共政治领域几乎重合起来。个人的道德和名节，是每个人在社会上的立身之本。这能够激励起昂扬、正直的士风。但反过来，道德与名节，也能成为互相攻讦时最顺手的武器。你看重啥，我就打击啥，这才能拳拳到肉嘛！由此，衍生出各种动机分析、诛心之论（一件事情给你脑补出一百种险恶居心），互相在对方脑门上狂贴"小人"标签……政见分歧，就此上升为非黑即白的二元对立、非友即敌的立场之争、打着"除恶务尽"旗号的党同伐异。

回到现实层面，在宋神宗与王安石的强强联手下，新政向全国铺展，各种各样的副作用也出现了。

有副作用，很正常。有时候，是制度设计本身有问题，如"免役法"。以前，百姓为官府当差，是不发工资的。现在，改为每家每户都出钱，再用这个钱在社会上雇人来当差。这是为了减轻农民的负担，让劳动力回归到农业生产中去。同时，也旨在消除不公平——官户、单丁、女户、僧道、城镇居民，这些本来免于服役的家庭，现在也要出钱了，叫作"助役钱"。听上去很美，是不是？但一执行，大家就发现了不对劲：单丁与女户，本来就缺乏劳动力，家境困难，才有了免役的待遇。现在，你让他们也要出钱，这不是造成了新的不公平吗？

有时候，是执行的人有问题。政策越往下走，落实到具体的执行者身上，公权力的滥用和权力寻租，就越发难以控制。比如说"青苗法"，它是官府每年两季给农民发放有息贷款，旨在帮他们度过青黄不接的时节，不再受社会上高利贷的剥削，同时政府也能有利息收，算是双赢的好事。但有的地方，官府为了政绩，就搞硬性摊派，也不管人家需不需要，甚至城镇居民没地可种，也逼着人家来借钱，这不就闹得民怨沸腾了吗？

有时候，问题出在水土不服上。各地的自然气候条件、经济发展水平、风俗人情都不同。就算同一个地方，农民靠天吃饭，风调雨顺之年和水旱灾害之年，那能一样吗？朝廷一刀切下来，各地方就硬着头皮上，能不搞得一团乱吗？

有时候，根本就是体制的问题。高度中央集权下的政治与经济，是个完整的生态环境，环境不改变，去除了一个弊端，迟早会出现另一个弊端。按下葫芦起了瓢，这就无解。比如说，为了整治地方财政管理混乱的现象，新法将例常民间赋税与酒税之外几乎所有财政收入（盐、铁、矿等国营专卖，没收罚款，绝户人家的财产，以及新法的青苗钱、免役钱等）统一收归"封桩库"（由皇帝亲掌，专门用来供应饥荒、战争等额外开支的国库）。想要用钱，得由皇帝和宰相共同批准。这样一来，朝廷是有钱了，可地方财政陷入了困难，官员们又会想法子去民间横征暴敛。

小邦之变易，大国之变难。作为整个国家的改革领导者，宋神宗和王安石所面对的问题，远比他们最初所预料的要复杂。而更复杂无解的，是人心——

江上千帆过尽，不过名来利往。朝堂起落荣辱，离不开一个"权"字。现在，核心权力的分配正在悄然发生变化：随着台谏失去独立性，本来就不那么稳定的三角平衡被打破，又变成了君权与相权的两头大。君与相之间，天然存在对抗和猜忌。宋神宗和王安石君臣之间亲热如一人的蜜月期，注定将成为过去式。

变法者的内部也开始分裂。政见分歧，权力分配，意气与私愤，还有外界的压力……都能成为"等闲变却故人心"的理由。

就在这样的情势下，发生了郑侠《流民图》事件。

熙宁六年（1073年）的夏天，到熙宁七年（1074年）的春末，河东、河北、陕西持续大旱，而新法规定的各种征敛仍在进行，不容拖延。颗粒无收的农民纷纷抛家弃土，向着开封等大城市逃亡。监守开封城门的小官郑侠——此人本是王安石的得意弟子，进士出身，前程大好，因为不赞同新法政策，而自愿沉沦下僚。他每天眼看着灾民的惨况，难以忍受。以他的地位，又无从向上汇报，便将灾民悲号乞讨、卖儿卖女、身死沟渠的种种，画成一幅《流民图》，偷偷塞进边关紧急文书，送到了宋神宗手里，并声言："请立罢新法，只要罢了新法，十日之内若不下雨，可斩臣于宣德门外。"

神宗皇帝读罢，彻夜难眠，次日果然暂罢青苗、免役等十八项新法。过了两天，真的天降大雨，旱情得到了缓解。

客观地讲，这旱不旱的，跟变不变法能有啥关系？王安石从来不信什么"天变"之说，他说："水灾、旱灾都是自然现象，就算是上古明君尧、舜、禹、汤，也会遇到。没有什么可担心的，遇到问题，解决问题，我们竭尽人事即可。"但那个时代绝大部分的人，是敬天畏命的。天变意味着老天爷的惩罚，对他们来说，是很可怕的。

宋神宗也怕，他反驳王安石："我就是担心我们没有尽到人事。"他跟王安石不一样，他是"奉天承运"的真命天子，他要说他不信"天意"，不畏"天变"，岂非搬一块石头来，砸自己的招牌？

反对新法的呼声，在朝野之间重新高涨，两宫皇太后也忍不住含泪向皇帝进言。群情激愤，宋神宗不得不下《罪己诏》，向上天告罪。王安石也不得不自请去位，出知江宁府。

王安石走了，宋神宗的富国强兵梦还在。新政执行中，问题虽然多，成效却也肉眼可见。国库是真的充实了，赤字在消除，武力在增强。西南，变法派骨干章惇平定叛乱，开疆拓土；西北，变法派支持的"河湟开边"战略，取得了"熙河大捷"的阶段性胜利——相比低头挨打的列祖列宗，这也太振奋人心了！

北宋之积弱积贫，还有一部分先天原因，即领土丢失、资源匮乏。因此宋神宗无比渴望能收复被西夏、辽、吐蕃等政权占领的故土。如今眼看着曙光初现了，怎忍心让它前功尽弃？几番细思量，这药不能停。

所以王安石这一走，只是为了平息舆论。他人走了，精神还在，接替他主政的，是他的两大门徒——韩绛与吕惠卿，人送外号"传法沙门"与"护法善神"，继续执行变法的基本路线。

王安石走后，留下好大一片权力真空，无人能够填补。先是曾布与吕惠卿内讧，曾布被赶出中央。然后，吕惠卿又事事压韩绛一头，更自作主张，改动新法条例。韩绛不服，请求皇帝把王安石召回来做主。王安石重登相位，果然王安石与吕惠卿意见不合，发展成两相交恶。吕惠卿落败，出知陈州。

熙宁八年（1075年）秋，天上有彗星出现。朝野中反对新法的人，纷纷振作起来，说这便是上天的警示。宋神宗只好又下《罪己诏》。他苦恼地向王安石说道："我们的政策，是不是真的失误了？听说老百姓都不满意……"

宋神宗前瞻后望，摇摆不定，王安石嘴上淡定，心中忧虑。在他看来，皇帝以这个态度改革，就好比煮稀饭时，先烧一把火，再加一勺凉水，火旺了加水，水凉了烧火，什么时候才能把饭煮熟！他祭出了老法宝：称病不出。这些年，王安石称病不出的次数也太多了一点儿。宋神宗每次都是温言细语，好生抚慰，把他老人家给请回来。请来请去，宋神宗毕竟是个皇帝，他也觉得心累。

偏巧，王安石的爱子王雱，和远在外郡的吕惠卿争斗，互相把小辫子揪到了宋神宗的眼前。宋神宗很是恼火，第一次向王安石甩了脸子。王安石自认平生事无不可对人言，却被儿子坍了台，回到家中，不禁怒斥王雱。王雱本就身子病弱，受此打击，竟然正值壮年时便郁郁而终。爱子早亡，爱徒反目，君王离心，王安石心灰意冷，坚决地要求退休回家。这一次，宋神宗没有认真地挽留。

王安石自此告别政治舞台。

晚年的王安石，常在金陵城外的山中，骑一匹小毛驴，独往独来，独行独坐还独卧，眯一双老眼，看山花开落，他不说话。老人在想什么呢？也许，是曾经在生命中响起的那些情真意切的话语，再次飘过耳畔：

自古君臣如卿与朕相知极少。[1]

　惠卿之贤，岂特今人，虽前世儒者未易比也。学先王之道而能用者，独惠卿而已。[2]

也许，他在想前世。如果能有选择，他不会投生在这个叫人百般忧急的时代；如果有可能，他不想再挑起这辉煌而沉重的担子，他，"愿为五陵轻薄儿，生在贞观开元时。斗鸡走犬过一生，天地安危两不知"！

也许，他在想来世。王安石认为自己的来世可能会是一头牛。

元丰末年（1085年）的一个夏日，有人在金陵城外的山路上，遇到了骑驴的王安石，便请他坐在路边说话。太阳缓缓转西，阳光从远处的山头斜照下来，如碎金沙，如细火苗，洒落在王安石的身上。此人便叫仆人张开凉伞，替老相公遮挡一二。王

---

[1]　陈均：《九朝编年备要》卷一九，收入《景印文渊阁四库全书》第328册，台湾商务印书馆，1986，第497页上栏。

[2]　脱脱等：《宋史》卷四七一《吕惠卿传》，中华书局，1977，第13706页。

安石说："无妨。假若我来生做了一头牛，也是要在太阳底下被赶着犁地的呢。"

无论被捧上神坛，还是千夫所指，王安石大概是真的把自己当成了大宋的一头老牛，勤劳、倔强，又焦灼满怀地度过了一生。

圣主如天万物春，朕乃孤家寡人

王安石谢幕，变法并没有中止，而是来到了下半场。新法的团队中，人才济济，然而，论能力，论威望，论忠诚，没有人能够代替王安石。

新的掌舵者在哪儿？宋神宗的答案是：朕，自己来！

没错，所谓"王安石变法"的下半场，领导者是宋神宗。宋神宗即位后第一个年号"熙宁"用了十年，这是他与王安石君臣一场的十年。王安石下野后第二年，这位从心态到执政能力都完全褪去了青涩的大宋天子，宣布改元为"元丰"："元"者，万象之始；"丰"者，财富多而德行大。这是一个美好的祈愿，一幅全新的政治蓝图。在吵吵闹闹的既不熙也不宁的"熙宁"时代结束之后，紧随而来的"元丰"时代，又能否名副其实呢？

在谈到宋神宗的"元丰"大业之前，先说一说发生在"熙宁"尾巴尖儿上的一件小事：沈括被贬。

沈括，中国古代史上千年一遇的科技"大牛"，技多不压身的全能型实用人才，坚信数学可以破解万物之谜的古怪学者，王安石新法旗下的一员大将。

重视经济实务的新政，让沈括的才能有了最大的发挥空间。

"均输法"那繁难的统计与财政调度，"农田水利法"那复杂的工程设计和测算，凡是叫一般文官头大如斗的，沈括都如鱼得水，乐在其中。故而，他深受朝廷器重，一度官至号称"计相"的三司使。

王安石罢相之后，宋神宗起用王安石的儿女亲家吴充当宰相。时为钦差大臣的沈括，从两浙一带巡查回京，便夜访吴相公府上。他对吴充说，以两浙的民情，不适合全盘使用"募役法"，不妨稍稍恢复一点儿"差役法"。

御史蔡确查知此事，遂弹劾道："沈括以前不讲'募役法'不好，现在王安石一走，他就改了口。且不在朝堂上讲，偷偷找到新任宰相家里去讲，必定是心怀鬼胎，见王安石失势，就忙着改换门庭，抱别人大腿，此等反复无常的小人，朝中留他不得！"

讲道理，法规是根据形势制定的。而形势，永远在发展、变化。"此一时也，彼一时也"，从前没毛病，不代表现在也没毛病。这块地方行得通，不代表换一块地方也行得通。作为新法的巡察者，沈括的职责，是向中央如实汇报各地的情况。朝廷要考察的，是他反映的情况是否属实，而不是闻喜不闻忧，听到一点儿不合心意的，就追究其"用心何在"。沈括之前巡访河北，回来以后，对当地新政的执行情况也提了不少意见，惹火了王安石，骂他是个爱捣乱的小人。现在他不在朝堂上说了，改成先去找宰相谈一谈，还是要挨骂。

沈括的倒霉之处在于，到了熙宁后期，随着高层权力斗争的激化，一场又一场的内讧、"天变"的舆论压力、保守势力的反扑，让包括宋神宗、王安石在内的整个变法集团的精神状态，多少都有点儿草木皆兵，看谁都不像好人，极度地容不下异见，哪怕是来自我方的异见——不，正因为是来自我方，就更不能接受，感觉被背叛。事实上，沈括建议的两种役法并行模式，不久之后就被朝廷施行，并一直持续到南宋末年。可见，他的建议是中肯的。

蔡确以诛心之论，发起对沈括的指控，而沈括又真的因此落职外放，这是个很不妙的预兆，它至少说明了两件事：

第一，御史台"杀疯了"。

经过宋神宗一次次的清洗，现在的台谏，已然成为捍卫新法的武器。如果说，以前台谏以不偏不倚的"直臣""孤臣"为标榜，现在他们则甘为利刃，品尝到了背靠权力，磨刀向牛羊的快感。

举个例子，元丰元年（1078年），御史王桓（一说是蔡确）截取大臣汪辅之上朝廷谢表中的两句话："清时有味，白首无能。"弹劾他对朝廷有怨恨之心。这两句话，出自杜牧的诗句："清时有味是无能，闲爱孤云静爱僧。欲把一麾江海去，乐游原上望昭陵。"昭陵是唐太宗的陵墓，杜牧他一个晚唐人，对着先帝之陵欲语还休，确实是隐含了对现实的不满。但杜牧公然这样写了，唐朝皇帝也没有计较。凭什么汪辅之引用一下，就算犯法呢？汪辅之这个人，是有点儿恃才自傲，要拿他的错处，太容易了，御史台偏偏盯着他的一两句话做文章，这就落了下乘，寒了人心，坏了风气。

大宋的官员，都是文人出身，像这种玩弄文字、皮里阳秋的话，谁敢说一辈子没说过？深文周纳起来，有几个是逃得掉的？"文字狱"的口子一开，谁也没好果子吃。然而御史台就开了这个小口子，汪辅之因此被罢官。此事之后，紧接着就是苏轼的"乌台诗案"，朝野震怖。十年后，已经当上了宰相的蔡确，又因"车盖亭诗案"被罗织罪名，贬逐岭南而亡。早知今日，何必当初。

第二，陛下他变强了，也膨胀了。

御史台要冲业绩，大家花样百出地咬人，可以理解。不妙之处在于，作为决策者的宋神宗，认可了这些花样。以神宗一贯的英明神武，他这么做，不大可能是一时糊涂，而更应该是在散布某种政治信号。比如，"变法大计不容动摇"，又或者，要求臣子们交出更纯粹的"忠诚"。

显然，宋神宗作为君主的威权，正在日益膨胀。

"上临御久，群臣俯伏听命，无能有所论说。时因奏事有被诘谪者。"[1]

"元丰之初，人主之德已成，大臣尊仰，将顺之不暇，天容毅然，正君臣之分，非熙宁之初比也。"[2]

群臣俯首帖耳，陛下威福自用。据司马光说，宋神宗会变成这个样子，就该怪王安石。熙宁初年，宋神宗还是个毛头小伙儿的时候，王安石为了鼓动其改革的决心，就一再地"赞上以独断"[3]，叫小皇帝面对着群臣，要强硬，再强硬！不过，就算王安石煽风点火了，首先，还得宋神宗他是个火种子啊！

还有一件不起眼的小事：熙宁三年（1070年）七月，秘书省正字唐坰上书言事，赞颂新法，更声称："秦二世胡亥之所以受制于赵高，终致亡国，是因为他作为皇帝太软弱。"又道："想要让青苗法推行无阻，把持有异议的大臣杀掉一两个就行了！"杀

[1] 佚名：《宋史全文（第三册）》卷一二下，汪圣铎点校，中华书局，2016，第744页。

[2] 胡仔纂集《苕溪渔隐丛话（后集）》卷二五，廖德明校点，人民文学出版社，1962，第181—182页。

[3] 司马光：《涑水记闻》附录二《温公日记》，邓广铭、张希清点校，中华书局，1989，第356页。

人要是有用，五代十国的王朝们就不会短命了。这种言论，听个响儿也就罢了，宋神宗却大喜，立赐唐垧进士出身（唐垧是恩荫入仕，并未参加科举），还提拔他当了谏官。

唐垧当了谏官后，屡屡进谏，宋神宗都没有采纳，终于把唐垧惹恼了。一天，他忽然闯入朝会，站在大殿上，将在场自王安石以下的百官，以及陛下本人都骂了一顿，说："有君臣如此，大宋迟早要亡！"大家都惊呆了，竟任凭他长篇大论地骂完，挥一挥衣袖，飘然而去。因为是谏官，不能严惩，宋神宗只好捏着鼻子，将他请得远远的，送到最南的广州当地方官去了。

唐垧这样的人，见识谈不上多少，疯倒是够疯，却一度得到了宋神宗的赏识，正是因为他的言语，投合了宋神宗内心深处乾纲独断的渴望。

时光自会杀人。韩琦等老一辈退场，王安石也走了，朝堂上，再没有能够对皇帝的威权存在约束力的重量级人物。现在当宰相的，是中庸的吴充和圆滑的"三旨相公"王珪。冯京、吕公著入驻枢密院，算是给保守派的安抚。真正派去干活儿的人，是蔡确、章惇这一批积极的变法派。这批人，看上去风生水起，实际上，连与他们为宿敌的苏辙后来也不禁说道："先帝以绝人之资独运天下，特使此等行文书、赴期会而已。至于大政事、大议论，此等何尝与闻？"[1]他们不过是陛下的工具人罢了。

宋神宗的计划很明确：继续扩大经济改革成果，在国库日丰的前提下，集中精力和资源去做两件事情。

第一，改革官制。清理冗官，精减人员，整并机构，明确职

---

[1]　苏辙：《栾城集》卷三六《乞选用执政状》，收入《景印文渊阁四库全书》第1112册，台湾商务印书馆，1986，第400页。

责，提高工作效率，并进一步分化、削弱宰相之权。是为"元丰改制"。

第二，准备对西夏的战争。自仁宗朝西夏国主李元昊率军大举进犯之后，崛起的西夏，让本就脆弱的大宋边防雪上加霜。正如宋神宗所说："夏国自祖宗以来，为西方巨患，历八十年。朝廷倾天下之力，竭四方财用，以供馈饷，尚日夜惴惴然，惟恐其盗边也。"[1]西夏与辽国互为掎角。如果能够制服西夏，不仅能还西北以安宁，更能夺回河湟之地（黄河、湟水两条河流之间的地区，今甘肃西部、青海东北部一带，有大面积的优良马场，当时被吐蕃占领，实际上在西夏的势力范围内），打破北宋缺少战马，无从组建强悍骑军的军事困境，然后才谈得上对抗宿敌辽国，收复燕云十六州。

战争不是少数人的游戏，它是财富与人力的总动员，是国运的大冒险。宋神宗对国家进行的，将是一场伤筋动骨的大手术。他要是不膨胀，不强硬，说实话，这事还不知猴年马月能干成。于皇帝本人而言，"乾纲独断"的好处是立竿见影的，没有了文官集团的层层扯皮，放手做事，何等爽利！

坏处，是一意孤行没人劝，搞不好要掉进沟里。当年王安石也曾与宋神宗说过："缓而图之，则为大利。急而成之，则为大害。"道理，他俩是懂的，但做不到。为什么呢？因为时间不等人。君主专制的中央集权政体，一大特色是政随人歇。"先帝创业未半而中道崩殂"，继位者上来，改弦更张，前功尽弃。赵家人还是祖传的短寿。宋神宗的急切与强硬，可以理解。

现在的宋神宗，不再需要与他有"帝师"之谊的王安石。而

---

[1]　李焘：《续资治通鉴长编》卷三四九，中华书局，1995，第8376页。

王安石离去之后，这朝堂内外，就再也没有任何一个人，能得到他的信任。

大臣们的心思各异自不必提，在"家"里，他的生母高太后对新法没有好感，而且偏心眼儿，爱他的弟弟赵颢胜过他这个长子。赵颢在宫里，一直住到成家生子，就是不搬出去。宋神宗心里硌硬，面子上也只能母慈子孝、兄友弟恭。他膝下接连出生五个皇子，都夭折了，现存的一个也是病病歪歪的，还不知能否养得大呢。后妃们倒是贤良方正，一个个绝口不问政事。高处不胜寒，这些隐忧与焦灼，能与何人说呢？

朕乃孤家寡人。帝王之心，从来敏感多疑，个人的威权越重，疑心病就越重，这实属自然规律，宋神宗也不能例外。这时候，有一个叫苏轼的冒失鬼，一头撞了上来。

小臣愚暗自亡身，苏轼所犯何罪？

"北客若来休问事，西湖虽好莫吟诗。"熙宁四年（1071年），苏轼告别京城，去赴杭州之任。表哥文同（字与可）赋诗送行，叮嘱他此去之后，可千万闭嘴吧！

这两年，朝廷要推行"新法"，朝堂上吵得不可开交，文同一直是超然物外。公务之余，他不过是读书、写字、画画，用浓浓淡淡的墨，描画办公室外那一竿又一竿的竹影。苏轼呢，就火急火燎，上书言事但不被朝廷采纳，回到家来，犹自对着亲戚、同事、酒友嬉笑怒骂，文同在边上，又是踩脚、扯袖子，又是使眼色使到眼皮抽筋，鸟用没有；在背人处苦口婆心地劝说，苏轼也不听。

苏轼自有他的道理：作为臣子，向君主进良言，与小人做斗争，不是应尽之责吗？文同说，那你给陛下上折子也就罢了，私下里，莫要跟人什么都掰扯，更不要在诗里头乱发牢骚。

苏轼不以为然：居庙堂之高则忧其民，处江湖之远则忧其君。《诗》者，弦歌讽喻之声也；屈子赋《离骚》，忠愤之心，万世之表。诗词歌赋，本来就是士大夫参政、议政的工具。想当年，太宗皇帝下旨，要官府收集民间的谣曲，"歌咏讽刺"之作尽数上报，好让朝廷知晓百姓的疾苦、政事的缺失。我如今才讽咏几句，有什么不对吗？

对，对！从大道理上讲，都很对。熟读史书的苏轼，当然也不是只懂得大道理，古来多少犯颜直谏者的悲惨下场，他是晓得的。那他为啥还是掉沟里了呢？人们说，这就是忠臣的气节啊！气节当然是关键的其一，实际上，还有个小小的其二，那就是苏轼对这个时代，对圣上，他打心眼儿里，还是有着相当高的信任度的。

好友晁端彦也来劝说："朝廷推行新法的决心已定，你反对也没用，何必平白地去招人恨呢？"苏轼回答道："某被昭陵擢在贤科，一时魁旧往往为知己。上赐对便殿，有所开陈，悉蒙嘉纳。已而章疏屡上，虽甚剀切，亦终不怒。使某不言，谁当言者？某之所虑，不过恐朝廷杀我耳。"[1]

这几句话，表明了苏轼的心迹。

"昭陵"者，指宋仁宗。这位先帝对读书人最是宽厚。当年，成都有人公开题诗道："把断剑门烧栈道，西川别是一乾

---

[1] 朱弁：《曲洧旧闻》卷五，收入《全宋笔记·第三编（七）》，大象出版社，2008，第49页。

坤。"这是要号召川中独立吗？知府吓坏了，逮了人，飞马入京汇报。宋仁宗一笑，说："不过是个不得志的老秀才，太想做官，耸人听闻罢了。不必理会，授他一个偏远地方的小官，自然就好了。"

论广开言路、虚心纳谏，宋仁宗在古今帝王中都算头一份儿。他对苏轼又特别器重，苏轼一生都感念着仁宗皇帝。到了宋神宗呢，这两年，苏轼跳上跳下地反对新法，他听了，也没有生气。可见，当今皇上也是个明事理、能相处的。

"一时魁旧"，指韩琦、欧阳修、富弼等老臣，曾经的"庆历君子"。苏轼打小儿读他们的文章，听他们的光辉事迹，入朝之后，又得到他们的热诚推许，老一辈的精神传承，更加强了苏轼的使命感。

朝廷现在被王安石带着一个变法班子把持着，跟他们对着干，确实不识时务。但大宋的祖宗家法，是不杀士大夫和言事人。朝堂上大家互相攻讦的时候，喊打喊杀，不过是例行骂阵。真杀人，没这先例。就连唐坰那个无差别攻击皇帝和百官的狂人，不也全身而退了吗？

"我担心的，不过是朝廷要杀我罢了！"苏轼也并非真的悍不畏死，而是他觉得，在当下的政治大环境里头，这种最坏的可能性其实很小。孔圣有云："天下有道则见。"现在，就是"有道"的时代，皇帝也是明君，只是一时被人误导了。这时，不正是身受先帝恩遇，又得前贤提携的我最该发声的时候吗？

性情中人的苏轼，忽略了一个本该牢记在心的本质性问题：士大夫所谓的"与君主共治天下"，这个参政的权力，包括言论的自由，都是君主出于长远的利害考虑而让渡出来的，他也随时可以收回去。

粗心大意的苏轼，没有注意到：时代变了，陛下，他也变了。

苏轼离开中央，杭州、密州、徐州、湖州，东西南北，扎扎实实地做了七八年的亲民官。政事浸淫日深，民情世相看饱，他对百姓的疾苦，有了更深切的了解。这些年，新法在全国推行，苏轼作为地方官，也只得捏着鼻子执行。苏轼的治国理念，向来是以"轻徭薄赋，与民休息"为核心的，本来就反感新法的多事、扰民。他又重人情，心肠软，新法到处，有便民的，就有害民的；有人欢喜，就有人悲苦。如果说，改革必定会付出代价，苏轼就是总忍不住要站到"代价"这一边来说话的人。幼时，他逃学去庙会上玩，看到城里人哄骗卖货的山民，他在旁边气得小脸通红。现在的他，身上仍然保留着这样一种天真的义愤，而且多了一份对"君子怀仁"的固执——无仁何以治国？以峻急之法害得百姓破家损财，又算是哪门子的能耐？

朝廷推行免役法、青苗法，他看到了农民本来夏秋就要交税，现在又添了免役钱和青苗利息，而且都要进城上缴官府。一年到头，倒有大半时间要待在城里，小孩子都学会了城里的口音。就算领到了官府发放的青苗钱，农民也马上就拿去还债了，根本用不到农事上。

朝廷推行农田水利法，他看到了官府为兴修水利而侵害农田。还有地方为了出政绩，开河、挖井、清淤，人仰马翻，不仅没有成果，反而搞出了水灾。

朝廷厉行"盐法"。他看到了贩卖私盐的贫民被官府捆缚鞭笞，哀号无告；他看到了农夫抛下家中田地，被迫去开挖河道，以便运盐的官船通过。大雨倾盆，人都在泥里打滚，不得歇息。他觉得自己这个官，当得可耻。

朝廷新兴律学，令士人都要熟习国家律法。他又觉得，道德风俗才是正途，法律虽有用，却不足以致君尧舜。朝廷下派监察新法的提举官，所到之处，地方官员都紧张得不行，生怕被逮出错来。苏轼实在是看不惯这种鸡飞狗跳的样子。朝廷紧缩"公使钱"（公家招待费用、交通费用和官舍维护费用），搞得官员们日常办公都寒酸得不成样子……

如此等等，他都一笔一笔地写在了自己的诗文里。难道说，新法推行了这么些年，就一点儿可取之处都没有吗，那也不可能啊！苏轼为什么就不肯提一提新法的好处呢？为啥就抓着"缺点"不放呢？

一来，他本来就不看好新法，本来就反感王安石以及倡言新法的"新进小人"。从心理学上来讲，这是人性中的"验证性偏见"——为了维护自己的信念，人们下意识地，会选择采信对信念"有利"的证据，对"不利证据"则视而不见。

二来，盛世多危言，为朝廷陈弊除恶，是臣子的应有之义，而歌功颂德不是。

所以，苏轼注定是个"反调"歌手。

元丰时代到来，这不是属于苏轼的好年头。元丰二年（1079年）正月二十日，原湖州知州文同因病弃世。三月，苏轼接到了湖州知州的任命。照例，他要给朝廷写一封谢表。心中郁郁的苏轼，在谢表中写道："知其愚不适时，难以追陪新进；察其老不生事，或能牧养小民。"朝廷嘛，也知道我这个人笨得很，不能适应时代，赶不上那些飞黄腾达者的脚步；我年纪也大了，不爱折腾，就做个亲民官倒还凑合。

咱们换个场合，情景重现一下：

向大老板汇报工作，你说："我落伍了，比不了那些新人花活儿多、会来事，也不指望能对公司有多大贡献，就在基层养老吧。"

演古装宫廷剧，你对皇上说："臣妾年老色衰，岂配跟新入宫的妹妹们比肩，今儿的宴就不去了，笨嘴拙舌，没的给大伙儿扫兴。"

这话里话外的牢骚劲儿，是不是还挺明显的？御史台的官员们，立刻把脑袋转了过来。御史台去年刚因为这个在谢表里"怨望"的事情，整治了汪辅之，汪辅之还是新法的拥趸呢。现在苏轼自己送上门来，而且自带大喇叭，生怕别人听不到似的。

这些年来，苏轼每写出一篇新作品，就会被书商们迅速地刻印上市。雕版印刷的普及和造纸技术的进步，使图书出版成为大宋的新兴热门产业。书商们指着苏轼挣钱，一分钱版税也不给，内容还错漏百出。苏轼倒不在乎这个钱，他生气人家瞎改他稿子。就干脆亲自拿了手稿，去找书坊刻印。一来，以正视听；二来，可以遗赠亲友；三来么，也是小小的虚荣心，搞创作的，谁不希望自己的作品被更多的人看到和喜爱呢？

就这么着，这一篇《湖州谢表》，三月初才写好，三月底，就已经在京城热销，在士人嘴里传诵了。谢表是朝廷公文哎！这么快就流传到市场上，这就不像是盗版书商能干得了的，更可能是作者本人的主动付梓。

三月二十七日，御史里行何正臣拿了刊有《湖州谢表》的苏轼文集，向宋神宗告状。宋神宗看完了，只说："送中书处理。"这是懒得管的意思。中书的几位相公，看了也一声没吭，谁吃饱了撑的，接这种烫手山芋啊！石头扔下去，一个水花都没冒，御史们会甘心吗？肯定不会啊。

七月二日，御史里行舒亶，又带了一批苏轼的新书来，称此人讥讪朝廷，诽谤新法，屡教不改，怙恶不悛，必须严惩！宋神宗依旧不置可否。七月三日，御史中丞李定亲自下场，一番陈词之后，宋神宗终于动了容，生了气，下令捉拿苏轼归案审问。

这几年，苏轼在外头，山高皇帝远，也没挡住他给宋神宗递折子，新法哪儿哪儿又不好啦，请皇帝不要轻开边衅啦……絮絮叨叨，添堵闹心，宋神宗也没计较。气得狠了，也就是眼不见心为净，在苏轼要进京面圣述职的时候，下特旨："不许来。"

对苏轼的"反调"本来颇有包容度的宋神宗，为什么突然翻了脸？李定，到底对宋神宗说了啥？我们就来翻一下他的弹章，大多数吧，也就是老调重弹，什么苏轼不得朝廷重用，怀恨在心，抹黑新法，毁谤朝廷之类。唯有一句话，言前人所未言，别开生面，甚至可以说是直击问题的核心：

"轼所为文辞，虽不中理，亦足以鼓动流俗。"[1]

苏轼名头太大，文采又太好，虽然他讲的是一嘴的歪理，但足以鼓动天下的庸众相信他，而不相信朝廷。陛下这些年，努力革旧维新，想要移风俗、变人心，一直到现在，都不能说是完全成功。为什么呢？"以轼辈虚名浮论，足以惑动众人故也。"就是因为有苏轼这种人啊！

苏轼在家发发牢骚，在谢表里冒点儿酸水儿，都可以容忍，就像朝廷处置沈括、汪辅之那样，贬了官，过些日子，还让你复职回来，根本不需要兴起大狱。可惜，苏轼跟沈、汪不一样，天底下什么事情，经他一写，就如此生动、感人、令人信服；他的诗文，上至天潢贵胄，下至穷乡妇孺，人人都爱。他的著作，不仅宫中有专人第一时间搜罗，连辽国、高丽都抢着入境批发；他的言论，随着书商的经济版图，传播四海……

---

[1] 李焘：《续资治通鉴长编》卷二九九，中华书局，1995，第7265页。

文学的力量、名人的光环、新兴传媒的推波助澜，三合一，苏轼的影响力，那就是空前的巨大了。

再来看看我们的陛下，他励精图治，宵衣旰食，打从二十岁起，每天起得比鸡早，睡得比狗晚，不治宫室，不事游乐，吃喝也就是填饱肚子为算。顶着群臣的反对，忍着亲妈和弟弟的闲气，唯有半夜捧着小账本数钱的时候，心里头才能松快一会儿。这些年，靠着新法的辛苦聚敛，才积累下了足够的财富。下一步，就是养兵千日，用在一时，拓边西北，去与西夏决战了。正是从百官到百姓，全国的劲儿要往一块儿使的紧要关头。如果放任苏轼的"反调"流布四海，不仅无知小民会被鼓动，在野的反对派，是否也会裹挟民意，卷土重来？

比如说那个司马光吧，跟一群下野的老臣窝在西京洛阳，表面上赏花饮酒，稍有风吹草动，就跳出来反对朝廷的举措。司马光此人，私德无瑕，又句句话都能站在"礼法"上，远比苏轼难缠。苏轼还写什么《司马君实独乐园》的诗，鼓吹说，只要司马光出来执政，天下就可太平："先生独何事，四海望陶冶。儿童诵君实，走卒知司马……名声逐吾辈，此病天所赭。拊掌笑先生，年来效喑哑。"你苏轼倒是不"哑"，嚷得这么响亮，是存心要跟朕作对吗？

宋神宗这么一展开联想，他能不大怒吗？

苏轼被朝廷逮走，业已告老还乡的张方平，气得两手发抖，写了折子就要去救他，令儿子连夜送去京城。他儿子却是个胆小的，没送。苏轼出狱后，看了这折子，吓得舌头伸出来老长。怎么回事呢？我们来听听苏辙的解读："我那个哥哥，就是文学才名太高，盖过了朝廷的威信，才叫圣上生气。张老先生急昏了头，竟去求陛下看在苏轼奇才的分上，饶他一命，这不正犯着忌讳吗？"

那么，要救苏轼，该怎么说呢？当时，因为进谏风格凶悍而人送外号"殿上虎"的谏官刘安世，是这么建议的："本朝未曾杀过士大夫，如果杀苏轼，就是陛下起了这个头。后世的子孙，如果要杀害贤良之士，必然会拿陛下作为先例——皇帝好名，最怕被后人议论，听了这话，应该会住手。"

事实上，大家也都不约而同地走了这条路。

苏轼的好友，新党领袖章惇说："当年，先帝得到了苏轼这个人才，视若珍宝。现在陛下倒把他关进了大牢，臣只恐后代的人，都说陛下听信谗言，厌恶忠直之士。"

宰相吴充说："陛下一向效法尧、舜，瞧不上曹操。但曹操如此猜忌之主，仍能容忍当面斥骂他的狂生祢衡，陛下怎么就容不下一个苏轼呢？"

王安石的弟弟王安礼，此时在修起居注，跟宋神宗亲近，他亦委婉进言道："自古宽宏大度的君主，都不以言语罪人。苏轼诚然有错，但对他惩处太狠，只怕后世之人会说陛下不能包容才士。"王安礼对新法的态度保守，但跟他哥终究是荣辱一体的，作为老王家目前在朝廷中的代表，他要是不出来搭救，苏轼真的让皇帝杀掉了，这一笔账将来肯定要算到他哥头上去——他哥，远在金陵的王安石，据说也派了人连夜飞马入京，向皇帝陈说："岂有圣世而杀才士者？"[1]

至于苏辙，又是一个风格，他痛哭流涕地认罪："我哥错了，我哥糊涂，我哥他该死！只求陛下可怜我兄弟父母早亡，相

---

[1] 此语出处未详。不过，王安石对苏轼被捕一事的反对态度，于情于理，我们都不必怀疑。

依为命，法外开恩，饶他一条性命吧！"全心全意打亲情牌。

既然大家心里都清楚，苏轼这回倒这么大的一个霉，根本原因就是触了皇帝的逆鳞，踩了天子的痛脚。"天子一怒，伏尸百万。"想从龙爪下救人，棘手！那么，宋神宗自己，又是怎么打算的呢？

苏轼被逮回了京城，关在御史台的牢房里，由李定、舒亶主持审问。照这二位的意见，是把苏轼往死里整。宋神宗板着脸，沉吟不语。该如何处置苏轼，真正需要厘清的头绪，其实也就这么几条：

第一，苏轼的所作所为，对于朝廷和皇帝本人威权的危害，是否严重到必须一死的地步？

第二，宋神宗敢不敢违背祖宗家法，开有宋一代"杀士大夫"这个头？

第三，苏轼对皇帝，到底还有忠心可言否？

第一个问题，陛下只要过了气头，就会发现，以朝廷之威能，苏轼文字流传虽广，说禁也就禁了，倒也不怕他动摇国本。

第二个问题，焚书也就罢了，再加上"坑儒"，这岂不是变成史家不齿的"暴秦"了？宋神宗是一心要向尧、舜看齐的"圣天子"，这"杀士大夫"的锅，不到万不得已，他是不会背的。

那么，只剩下第三个问题：苏轼这个东西，嘴又贱，胆子又大，讲话一点儿顾忌都没有，他到底是单纯的脑子糊涂呢，还是故意与朕作对？若是前者，可以开恩；若是后者，断难饶恕！

苏轼以诗文攻击新法，确实可恶。但是，诗人嘛！宫中自太皇太后以下，人人都是苏轼的忠实读者，早熟悉他这风格了。前几天，宰相王珪这老家伙，也不知哪根神经搭错，竟前来进言道："苏轼对陛下有不臣之心。您看他这首咏桧树之诗，说什么'根到九泉无曲处，世间惟有蛰龙知'，陛下您是飞龙在天，苏轼得不到您的赏识，便去向地下的蛰龙求知音。这岂非大逆不道？"

没承想，神宗皇帝更不高兴了，冷冷地道："诗人的言语，岂可如此解读！他自写他的桧树，跟朕有什么相干！"叫王珪碰了一鼻子的灰。

诗，是夸张的、变形的、思维跳跃的。诗，是对生活的提炼和再创造。在文学的逻辑里，愁似"白发三千丈"，毫不夸张；在现实的逻辑里，这岂不就是扯淡？诗人之心动如脱兔，本就不可以常理度之，以常情束缚之。宋神宗到底是崇文时代的天子，他是懂诗的，爱诗的，是具有良好文学素养的。这就在他那敏感的帝王神经上，为苏轼留下了一个逃生的后门——

也许，苏轼写出这些诗文，并无针对朕的恶意，只不过是出于文学家"牢骚太盛""无病呻吟""想象力过于丰富"的老毛病？

宋神宗思来想去，烦躁不安。忽然心中一动，唤了一个贴身小内侍："去，替朕看看苏轼在做甚。"小内侍跑到牢房里，大白天的，苏轼正躺在地上睡觉，肚皮朝天，鼾声如雷。小内侍又飞奔回去汇报，屏息静气，偷看天子的脸色，却是由阴转了晴，微露笑意道："朕就知道，苏轼胸中无事。"君子坦荡荡，小人长戚戚。苏轼要是心里头有鬼，他能在大牢里睡得像一只晒太阳的猫吗？

宋代的司法制度：朝廷命官犯了法，由御史台审问。审问完了，从其他系统另外派遣官员，检查犯官的供词是否属实，其间有无逼供行为。如果没有翻供，就提交给大理寺，由大理寺根据刑律来定罪。然后，刑部、审刑院复核，上报皇帝，请示"圣裁"。御史台、大理寺、刑部及审刑院，这些机构之间彼此独立，互不干涉，以确保司法公正。

苏轼的案子，移到了大理寺之后，大理寺判定的罪行，主要有两条：

第一，跟外戚来往，私相授受；

第二，传播文字，讥讽朝廷，谤讪朝廷内外臣僚。

第一条。外戚者，指驸马王诜。王诜娶的是宋神宗的同胞姐姐蜀国长公主。王诜好色，纳了一屋子的美妾。公主呢，是个最贤惠的（公主谥号即为"贤惠"，特别名副其实），一心要做全国妇人"三从四德"的表率，虽然心中不乐，但也不敢说什么。驸马对她越发厌弃，竟至于白昼宣淫，故意拉着小妾到公主面前行那男女之事。小妾们得了势，便也欺侮公主。公主忍气吞声，忍出一身的病，年纪轻轻就死掉了。临死之前，还哀求皇帝弟弟不要为难驸马。后来，公主被虐待的事情暴露，宋神宗心里恨极了，碍于公主遗愿，无法严惩王诜，只好下令把那些小妾打一顿，发卖出去。过几天，王诜又悄悄地把美人们接了回来……

就这么个挺荒唐的人吧！但王诜又确实有才气，能写诗，善绘画，所以苏轼喜欢跟他一块儿玩。王诜对苏轼，那也是十二分地仗义。苏轼喜欢结交道士，王诜就托了长公主，为苏轼的道士朋友向朝廷请求恩典，评个职称（宋代道士品级由朝廷决定，每年都有赐紫衣、师号的名额，举荐权在亲王、长公主这类高级皇亲手里）；苏轼手头紧，王诜就借钱给他，并不催还。到"乌台诗案"之时，苏轼已向王诜借钱三百贯，算得上一笔巨款；皇帝要办苏轼，王诜从宫里得了消息，第一时间给他通风报信……

这一次，苏轼被检查出有讥谤嫌疑的诗文，与王诜往来极多。其实吧，在宋朝，一般有身份的官员，都不会跟外戚多来往。因为外戚是严禁参政的，你跟他来往，没啥用处，还要沾染一身的嫌疑，有损士大夫的清誉。王诜又是个浑不吝的"衙内"，聪明人，就该离他远一点儿，免得打雷的时候劈到自己。苏轼呢，偏不。现在好了，一块儿挨陛下的天雷。

第二条，所谓"谤讪"之罪，在大宋刑律中，并不算严重的过失，也就判个一两年的徒刑、流刑。李定指出：苏轼的政治影响恶劣，应该从重判决。但大理寺一口就驳回去了：影响有多大，又不是犯人自己能决定的，岂能算作罪证？

然后呢，宋代法律有规定：官员犯罪至判徒刑、流刑者，可以根据本人官品的高低，折抵刑罚。又鉴于苏轼在审问中交代得比较主动，有"自首"行为，可以减刑。再加上这期间，朝廷有各种各样的"大赦"，都必须依法给安排上。这么七折八扣，到最后，大理寺给出的判决是：苏轼有罪，免于处罚，应予立即释放。

御史台当然不满意，大理寺也没有感到秉公执法的喜悦，因为大家都只是在尽本职，走流程。苏轼的命运，真正的决定权，捏在宋神宗的手里。"乌台诗案"，它并不是一个普通的案件，它是一场"诏狱"，是由皇帝本人发动和介入的案件。皇权，是必定要凌驾于国家司法之上的。

在北宋前期，"诏狱"的数量并不多。《宋史·刑法志》云："诏狱，本以纠大奸慝，故其事不常见。"到了宋神宗，才频频兴起"诏狱"，甚至动用了凌迟和腰斩这种久已废止的酷刑，这就不能不叫大家心里发慌。宋神宗如果真要一意孤行，将苏轼一刀杀了，谁能拦得住他？

无论立场，整个朝堂，整个大宋天下，乃至四海八荒的"蛮夷"，都在屏气凝神，等待着"天子一言"。

宋神宗终于发话了："（苏轼）责授检校尚书水部员外郎充黄州团练副使，本州安置，不得签书公事。"

尚书水部员外郎，是正七品的职事官。团练副使，是从八品武散官，无职掌，专门用来安置被贬的官员。不签书公事，就是不让他负责实际公务。以"乌台诗案"的来势汹汹，这个结局，可以说是不幸中的大幸。但对苏轼，咱们不能这么算。他是被朝野公认为"未来宰相"的人，又是在最年富力强的时候，挨了这么一下，等于政治前途彻底玩儿完，一夜之间，就步入了人生的"穷途"。

与苏轼唱和往来的涉案人员，如王诜、王巩、苏辙，削官贬职；其余人等，自张方平以下，李清臣、司马光等二十余人，均罚以重金。

"乌台诗案"对北宋历史走向的影响是幽暗而深远的。就目前来看，唯一的受益者，是宋神宗。无论是刻意安排，还是无心插柳，或顺势而为，苏轼这只鸡的挨刀，把全天下的猴子都给吓到了。从此，朝野之中，再没有人敢对陛下的决策表示反对。一切唯宋神宗的意志而行，大宋的辚辚战车，一路顺畅地奔向了对西夏的战场。

青云：苏轼今天当上宰相了吗？

"女尧舜"和"司马牛"

高滔滔其人

元丰四年（1081年）秋，西夏发生内乱，少年国主李秉常被其亲妈梁太后囚禁。宋朝借机兴兵讨伐，发动五路大军并进，攻入西夏境内。战事持续了一年，宋军人数虽多，却因深入敌境，道路不熟，战线过长，后勤乏力，加以主将无谋，指挥混乱，互相扯皮，最终被坚壁清野、以逸待劳的西夏军队各个击破，先后迎来了"灵州之败"与"永定城之役"的重大军事失利，将士伤亡惨重，不得不退兵休战。史书记载："灵州、永乐之役，官军、熟羌、义堡死者六十万人，钱谷银绢不可胜计。"[1]

战报传来，宋神宗错愕、悲愤，竟至于在朝会上对着群臣失

---

[1]　陈邦瞻编《宋史纪事本末》卷四〇《西夏用兵》，中华书局，1977，第393页。

声痛哭。十余年呕心沥血，步步维艰，倾举国之力，以为能够毕其功于一役，却落得如此下场……巨大的精神打击，摧毁了宋神宗的健康。三年之后，元丰八年（1085年）三月，宋神宗带着无尽憾恨去世，终年三十七岁。其子，十岁的赵煦继位，是为宋哲宗。因皇帝年幼，由太皇太后高氏垂帘听政。

高太后闺名滔滔，出身武将世家，是开国元勋之后。关于这位新的国家最高统治者，我们先讲两个有关她的小故事：

其一，高滔滔自小入宫，作为仁宗曹皇后的姨侄女兼膝下养女，与当时还是"十三团练"的宋英宗赵曙青梅竹马，感情深厚。二人成亲之后，赵曙对妻子也非常专一，并不曾纳有姬妾。等到赵曙登基为帝，偌大的后宫之中，还是帝后二人双宿双飞。这就不对劲了。曹太后思来想去，还是唤来高滔滔，委婉地劝道："官家（宋朝对皇帝的称呼）继位也这么久了，眼瞅着身子也将养得好了，身边怎么能连个服侍的人都没有呢？"

知道你俩感情好，可天家毕竟是天家，跟小门小户能比吗？四海之尊，却只拥有一个女人，这像话吗？作为皇后，就不怕落一个"善妒"的名声吗？

高滔滔听了，愀然不乐，抗声道："娘娘！媳妇当初只知道嫁的是十三团练，可不是什么官家。"贤良淑德了一生的曹太后长叹一口气，决定不去管她。果然，终宋英宗一生，后宫中冷冷清清，仅有的一二美人也不过是摆设。高滔滔也争气，几乎马不停蹄地生下了四儿四女，为老赵家超额完成了传宗接代的任务。在礼法森严的时代，高滔滔身为皇后，却想和皇帝"一生一世一双人"，这几乎不可能做到的事，真的让她做到了。这份勇敢和热烈，绝非寻常后妃可比。

其二，四儿四女中，高滔滔最宠爱的，是老二岐王赵颢，把他一直养在宫里，直到结婚生子，都舍不得放他出去。元丰二年（1079年）春，赵颢住的宫殿发生了火灾。宫中失火不是小事，当年太宗皇帝的长子赵元佐，就因为所居宫殿失火，被他爹认为是故意纵火，废为庶人。赵元佐的幼弟赵元俨，倒是颇得老爹欢心，同赵颢一样，成年后还被留在宫里。等到宋真宗继了位，赵元俨的宫殿也失了火，于是遭到惩处，被赶出宫外。现在，赵颢也碰上了这种事情，怎么办呢？他把王妃冯氏给推了出来，一口咬定火是她放的。赵颢厌弃冯氏已久，现在可好了，既可以为自己脱罪，又能摆脱掉讨厌的原配。

赵颢又去向老妈哭诉，高太后听了，大怒，便叫宋神宗立刻处死冯氏。宋神宗说："这么大的事情，总要查有实据。"于是叫皇城司查了几日，查出冯氏是被诬陷的。高太后犹自不依不饶，冯氏磕头道："臣妾自知福薄，配不上岐王殿下，倘能免于一死，情愿削发为尼。"最终，在曹太后和宋神宗的斡旋下，冯氏被送去出了家。一直到高太后和赵颢都去世了，她才被儿子接回王府。

高太后未必不知道冯氏冤枉，却不容其辩解，一定要置冯氏于死地，其实是想为儿子找一个替罪羊。涉及自身和自家孩子的利益，她有足够的强硬与冷酷。

强硬与冷酷，正是高踞权力宝座之人的必备特质。虽然黯然神伤于老娘的偏心眼儿，宋神宗临终之际，还是选择把江山与幼子托付给了生身母亲。

司马光的固本培元术

作为母亲，高太后在关键时刻果然很靠谱。史书记载，她发出禁令, 不许老二赵颢和老四赵頵靠近皇帝寝宫, 又暗中缝制了小孩子穿的龙袍, 宋神宗一死, 她就召集群臣, 亲自牵着赵煦的手, 登上宝座, 宣布: "子承父业, 是理所当然的事情!"

高太后成了大宋又一位实际上的女主子。一朝天子一朝臣, 和所有新上任的君主一样, 高太后现在首先要解决的, 是用人问题。宋神宗留下来的班底, 除了王珪这等老滑头, 就是因"新法"而发迹的一大批青壮派。高太后一直不赞成新法, 她心知肚明, 跟这一帮人达成合作, 不大可能。她必须找到更合适的助手。举目四顾, 她的目光投向了洛阳, 那里有一位资历与声望都已到达顶峰的可靠之人——司马光。

司马光这十年来, 潜心钻研历史, 得出了结论: 自三代以来, 我大宋的社会政治结构和法规制度, 如大厦已成, 没有大修大改的需要。治国的关键在于, 要有"好"的君主和"好"的臣子, 共同建立起"好"的政治秩序。就比如一个人, 如果能够固本培元, 身体自然就会强健, 根本不需要请医生上门。

比起在制度上瞎琢磨, 更重要的是用人之道。人用对了, 天下自然大治。用人不仅要对, 更要纯净, 别搞什么兼容并蓄的那一套, "莠之于苗也, 冰之于火也, 欲兼得乎哉?"[1]君子与小人, 就是冰炭不相容, 小人不去, 国家永远好不了! 那么, 谁是小人呢? 君子喻于义, 小人喻于利, 很简单, 一天到晚就知道搞钱, 不顾百姓死活的, 肯定是小人啊!

司马光入朝, 为朝廷提的建言就两条: 广开言路, 废除新法。广开言路, 就是让被打压的反对派重新获得话语权, 建立舆

---

[1] 司马光:《传家集》卷七四《兼容》, 收入《景印文渊阁四库全书》第1092册, 台湾商务印书馆, 1986, 第677页下栏。

论阵地。至于所谓的"新法",于我大宋而言,就好比一大碗浓浓的砒霜,务必要全部倒掉!这样,才能够"解生民之急,救国家之危,收万国之欢心,复祖宗之令典"[1]。

变法派心知不妙,搬出孔圣语录说:"三年无改于父之道,可谓孝矣。"宋神宗前脚下葬,后脚就改他的政策,这不是不孝吗?司马光回道:"以母改子,非子改父。"高太后是宋神宗的亲妈,亲妈更改儿子的政策,有啥不可以?这话,就有点儿强词夺理了——当今天子,乃是小皇帝赵煦,高太后只是个代理人,朝廷施行任何政策,发布任何命令,都是以赵煦的名义,而不是太皇太后。除非高太后自己登基为帝,否则,这"以子改父"的事实,就不可能否认。

司马光又说:"新法之所以实行,都是王安石等人误国,并非神宗皇帝的本意。"这就更睁眼说瞎话了。高太后也抛出了一个理由,说废除新法是宋神宗临终时交代的——宋神宗生前,确实后悔过对西夏战略的失误,但他并没有放弃用兵西夏的梦想。他也考虑过起用一部分苏轼这样的保守派,但并不代表他要全盘否定新法。就算是"人之将死,其言也善",要说他会放弃自己毕生的信念,也实在令人难以置信。

爱信不信吧!总之,高太后与司马光搭档,便如狂风扫落叶一般,数月之间,新法在全国尽行废止。大宋又与西夏言和,夺得的领土也要还给西夏,并禁绝边境贸易。

西夏兵马到边境抢掠,高太后命令守军不许出战,说是"允许对方改过自新"。司马光更倡言道:还西夏国土,给西夏送

---

[1] 司马光:《传家集》卷四七《请更张新法札子》,收入《景印文渊阁四库全书》第1092册,台湾商务印书馆,1986,第442页上栏。

146

钱，相当于父母怜爱小孩子，没啥可耻——"乃帝王之大度，仁人之用心，如天地之覆焘，父母之慈爱，盛德之事，何耻之有？"[1] 又说："西人忽被德音，出于意外，虽禽兽木石，亦将感动，况其人类，岂得不鼓舞忭蹈，世世臣服者乎？"

西夏人久慕上国文化，闻弦歌而知雅意，立刻表示"很感动"。史书记载，西夏乃至辽国，人人皆感服于高太后的仁慈，同声称颂她是"女中尧舜"。不过，这一份感动，并不足以让西夏人"世世臣服"——得了空闲，他们还是会打过来。

"车盖亭诗案"的生成

变法派的主力蔡确、章惇、吕惠卿等人（史称"元丰党人"），尽皆被贬。大批反变法的官员（史称"元祐党人"），重新占据要津。按照宋朝政治斗争的传统，失败的一方被外放到州郡"牧养小民"，不再参与中央决策，也就差不多了。但是，一桩飞来的"文字狱"，改变了大宋官场的生态环境。

元祐四年（1089年）春，吕公著病逝。吕公著出身于"宰相世家""学术高门"的东莱吕氏，为人厚重而有声望。他在司马光去世后继任宰相，随后，进位司空，加"同平章军国事（由德高望重的老臣充当，总领军国大事，位在宰相之上）"。这位元老的离去，让"元祐党人"的内部斗争进入白热化。

这时，被贬湖北安陆的蔡确，还在游山玩水。当地有一知名景点，叫"车盖亭"，亭畔有怪石与清潭。亭名来自曹丕的诗：

---

[1] 司马光：《传家集》卷五〇《论西夏札子》，收入《景印文渊阁四库全书》第1092册，台湾商务印书馆，1986，第467页下栏。

"西北有浮云，亭亭如车盖。"传说李白曾在这亭子里下过棋，故又名"太白亭"。蔡确跑去逛了一下午，写了十首诗。有一个叫吴处厚的官员，与蔡确有仇，便将这一组诗抄来，逐字逐句地点评，举报给朝廷，说蔡确在诽谤太皇太后。高太后震怒，蔡确被贬岭南。此即"车盖亭诗案"。

前几年的"乌台诗案"，苏轼确实攻击了新法，用诗文表达了对朝廷政策的不满，这起"车盖亭诗案"，则全然是无中生有，冤哉枉也。蔡确写："纸屏石枕竹方床，手倦抛书午梦长。睡起莞然成独笑，数声渔笛在沧浪。"举报者说，现在政事清明，上下和乐，你蔡确一个人躲在那里笑啥？必然是在嘲笑朝廷！

又比如，蔡确写："矫矫名臣郝甑山，忠言直节上元间。古人不见清风在，叹息思公俯碧湾。"唐代大臣郝处俊，曾在唐高宗欲传位于武后的时候上书反对。举报者说，这就是影射高太后要学武后谋朝篡位。郝处俊就是安陆人，诗人来吊古，写一写当地名人，这是再寻常不过的掉书袋了。宋代的政治环境与唐朝不一样，没有再出一个武则天的可能性，大家心里都清楚，高太后根本没有必要去对号入座。

岭南，大致是今天广东、广西两省所属的地界，北宋置广南东路、广南西路，属于半开化地区，气候恶劣，多瘴气、毒雾、蛇虫。所谓"春、循、梅、新，与死为邻；高、窦、雷、化，说着也怕"[1]。养尊处优的中央官员，被贬到岭南各州，跟判了死刑也差不多。对大臣实施如此严厉的惩处，自宋真宗以来，已经六七十年没有过了。

---

[1] 丁传靖编《宋人轶事汇编》卷一一，中华书局，1981，第569页。

蔡确的政敌很多，很多人都想再打击他一下。比如说——苏轼。元祐三年（1088年）十二月，苏轼上奏朝廷：

> 如吕惠卿、李定、蔡确……之流，或首开边隙，使兵连祸结；或渔利榷财，为国敛怨；或倡起大狱，以倾陷善良。其为奸恶，未易悉数，而王安石实为之首。今其人死亡之外，虽已退处闲散，而其腹心羽翼布在中外，怀其私恩，冀其复用，为之经营游说者甚众。皆矫情匿迹，有同鬼蜮，其党甚坚，其心甚一，而明主不知，臣实忧之。[1]

他说，朝廷应该想一想办法，让这些妖魔鬼怪再也不能卷土重来。这时苏轼自己正在被一群台谏围攻呢，百忙之中，他跳出圈外，一剑反指已经落败的新党。不得不说，他这一招使得很是时候——元祐大臣，一时间都回过神来。

"殿上虎"刘安世紧跟着上书，说："蔡确的朋党如今大部分还在朝中，互相勾结，都想着死灰复燃，如果让他们得逞，以后国家又要动乱了。"被称为"朔党"领袖的刘挚亦发言："现在朝廷内外在职的官员，十成之中倒有五六成，不是和王安石、吕惠卿有关系，就是与蔡确、章惇有旧，这让臣为朝廷忧虑万分。臣请太皇太后和陛下警惕，有些人正在暗里散布流言，说陛下作为儿子，废除新法，违背了先王之道。还说像蔡确那样的有功之臣，却被弃之不用。形势很危险啊……"

---

[1] 苏轼：《东坡全集》卷五五《论周种擅议配享自劾札子》，收入《景印文渊阁四库全书》第1107册，台湾商务印书馆，1986，第775页上栏。

上头既然放出了追打"新党落水狗"的信号，下面，像吴处厚这一类的人，自然也就有了趁势而为的机会。

蔡确又犯何罪？

不过，对蔡确的处罚，也未免太重了！一时之间，群臣又纷纷表示反对。范仲淹之子范纯仁说："圣朝宜务宽厚，不可以语言文字之间暧昧不明之过，诛窜大臣。"[1]中书舍人彭汝砺说："这是罗织罪名。"侍御史盛陶说："不能助长小人爱搞举报的风气。"御史中丞李常（就是当年和宋神宗梗着脖子讲"青苗法"害民的那位）说："以一首诗来给蔡确定罪，对风俗民心将有恶劣影响。"连一开始猛烈弹劾蔡确的谏官范祖禹，听了这个判决，也不禁上书请愿，说："自（宋真宗）乾兴以来，不窜逐大臣六十余年，一旦行之，流传四方，无不震耸。确去相已久，朝廷多非其党，间有偏见异论者，若一切以为党确去之，惧刑罚失中，而人情不安也。"[2]

苏轼也没闲着，他向高太后上了一封密札，出了一个自以为很灵活很周到的主意："若是给蔡确定罪太轻，显得皇帝不够孝顺太后；若是给蔡确定罪太重，又有损太后仁慈的政声。不如，让皇帝下诏治他的重罪，再由太后出面，赦免他。这样，太后之仁，皇帝之孝，可以两全矣！"

吕大防和刘挚向高太后求情，说岭南路太远，蔡确母亲年老，看在孝道的分上，把他贬到一个近的去处算了。范纯仁又去

---

[1]　脱脱等：《宋史》卷三一四《范纯仁传》，中华书局，1977，第10288页。

[2]　脱脱等：《宋史》卷三一四《范镇传》，中华书局，1977，第10796页。

找小皇帝赵煦。赵煦被祖母管得死死的，一声不吭。大家反应如此激烈，是因为，但凡目光长远一点儿的人，心中都有数，就像范纯仁对吕大防说的那样："贬谪岭南之路，久已长满荆棘，今日若是重开，日后我们难免都会有此下场。"这是一种属于文官集团的兔死狐悲之感。

然而，高太后更生气了，说："山可移，此州不可移！"蔡确到了岭南，就病死在那里了。高太后为什么这么恨蔡确，一门心思要他死呢？

据苏轼好友王巩的回忆，情况是这样的：

一开始，高太后看到车盖亭组诗，并没有生气。众位宰执，也只想将此事轻轻带过。"乌台诗案"的阴影犹在，"以文罪人"这种事，太缺德了，大家也不想来个第二回。谁料突然之间，谏议大夫梁焘来报，说："臣于饭局之中，听到蔡确的好友邢恕在散播谣言，说当年神宗皇帝归天之后，是蔡确力主，才让今上得以继位。此人更频频暗示，说太皇太后曾经想让二儿子当皇帝。"这才惹得高太后动了怒——肯定的呀，这种说法传扬出去，高太后便是跳进黄河也洗不清。小皇帝已经十四岁了，离亲政没几年了，他要是也相信了这些话，那还了得？

当日的饭局上有三个人，一个是梁焘，一个是邢恕，一个是司马光的儿子（侄子过继为子）司马康。三方来到御前对质，关键就要看司马康的证词了。司马康说："我没听清楚他们在说啥。"梁焘怒道："就是喝到第三杯酒时他说的！"司马康说："当时我很饿，忙着捞羊肚羹吃，实在没注意听。"

高太后气急，掩面痛哭，说："子继父位，谁曾有过异议来着？当年的情形，官家虽小，却也未必不记得，且有太妃（哲宗生母朱太妃）可以做证！"这时候，"平章军国重事"文彦博，硕果仅存的这位"元老"，当机立断，提出："这等诬蔑君上的臣子，还有什么好说的？朝廷便当如老鹰逐鸟雀一般，将他赶得远远的！"[1]

于是诏令出，蔡确被贬岭南。朝廷诰书中，这样描述他的罪状："阴遣腹心之党，自称社稷之臣。欺惑众人，邀求后福……宜正典刑，以威奸慝。假再生于东市，保余息于南荒。不独成朝廷今日之安，盖将为国家亡穷之计。"[2]后来，蔡确的母亲又上书请求朝廷开恩，高太后干脆地说道："蔡确不为渠吟诗谤讟，只为此人于社稷不利。若社稷之福，确当便死。"[3]诗文什么的，果然只是个由头。

事后，又有人揭露，宋神宗驾崩前后，蔡确和邢恕搞了很多小动作：他们先跑去拜访高太后娘家，试探高家是否有心扶持二皇子赵颢。高家人说："不敢！没有！你啥意思，想害死我们吗？"一计不成，他们又去找宰相王珪，试图引诱王珪说出扶持赵颢的话，然后杀掉王珪，把自己打造成拥立赵煦的功臣。王珪不上当。无奈何，他们又放出风来，说高太后想让心爱的老二继位……

"兄终弟及"，宋代历史上不是没有，但那都是在极特殊的情况下发生的。宋神宗有亲生儿子，子承父业，这是朝堂上的基本共识。至于外戚，在祖宗家法的打压下，早就没有力量干涉政事。赵煦继承皇位理所当然。如果说会有变数，那只可能出在高

---

[1] 王巩：《随手杂录》，收入《全宋笔记·第二编（六）》，大象出版社，2006，第61—63页。

[2] 杨仲良：《皇宋通鉴长编纪事本末》卷第一〇七，李之亮点校，黑龙江人民出版社，2006，第1870—1871页。

[3] 杨仲良：《皇宋通鉴长编纪事本末》卷第九九，李之亮点校，黑龙江人民出版社，2006，第1706页。

太后身上——

宋代政治传统，皇位继承人的确定，如果没有先皇遗诏，那就要看后宫掌权人（一般是太后）与两府宰执的博弈了。如果太后有意，而宰执们都反对，太后就孤掌难鸣。如果宰执们彼此之间有分歧，那么，联合了太后意见的，就更可能胜出。

宋神宗驾崩之前，宰执班子的成员是：左相王珪，右相蔡确。其下有韩缜、安焘、李清臣、章惇、张璪。除了王珪，其余都是变法派。对变法派来说，让年仅十岁的赵煦继承大统，显然更符合集团利益。二皇弟赵颢已经成年，对新法又一向没有好感，实在不值得冒天下之大不韪，费心耗神地请他上位。

赵颢唯一能仰仗的，只有高太后对他的"偏爱"。但是，高太后未必就有此意。就算她有此意，没有宰执们的支持，她也是白搭。所以，如果蔡确当真搞了那么多眼花缭乱的小动作，他的意图，我们往"好"里想，是要排除赵颢上位的机会。往"坏"里揣测呢，就是无事生非，想要踩着高家和赵颢的人头，为自己挣一个天大的策立之功。不幸的是，看起来，似乎谁也没上他的当。[1]

不管私底下大家怎么活动过，留在正史上的记载是：当日，宋神宗病势昏沉，"首相"王珪带领全体宰执进见，请求立赵煦为太子，太皇太后高氏听政。神宗皇帝已经不能说话，点头表示同意。

这个情况，至少说明了两点：第一，最高领导班子在宋神宗去世之前，已经达成一致意见；第二，王珪虽然是名义上的"首

---

[1] 哲宗策立之事，疑点颇多。此事另有新党之说辞，参见《续资治通鉴长编》卷三五一及卷三五二。

相"，但是，元丰改制后的中央决策权，实际上是在"中书"。也就是说，右相蔡确（尚书右仆射兼中书侍郎），才是真正的实权人物。对赵煦顺利登基起到决定作用的，应该就是蔡确和他的新党小伙伴。而这，也正是宋哲宗在亲政以后，对新党众人怀有亲切感的原因之一。

子承父业，一个本来不存在争议的事情，被搞得疑云重重。究其根源，还是出在"主少国疑"上面。皇帝年纪太小了，大臣们难免犯嘀咕。高太后也满怀忧惧，担心一不留神，在历史上给自己留下一个"后宫弄权，祸乱朝纲"的罪名。所以，她当机立断，将赵颢驱逐出宫，赶制小孩子穿的龙袍，牵着孙儿的手，亲自将他送上龙椅。谁承想，千防万防，还是防不住。

在蔡确这一方面，他也是万万没想到。好端端的一个"策立之功"，受用不尽的政治资本，就这么飞了！真是好不甘心。而转运的机会，就寄托在宋哲宗有朝一日的亲政上。可是，现在才是元祐四年（1089年），离小皇帝成人，还有好几年呢！太皇太后她老人家，看上去还那么精神矍铄！这时候，你不继续韬光养晦，反而放出一个邢恕，让他到处宣扬自家的"策立之功"，还造太皇太后的谣言，一头撞到保守派的罗网上，这也正应了一句老话"不作就不会死"——

高太后小心地保着孙子登上皇位，辛苦地帮他打理社稷江山，凭什么让你一个被放逐的"罪臣"跳出来抢功劳带捅刀子呢？所以，高太后说："蔡确该死。"

说起蔡确，他也曾是个心机深沉的狠人。这几年老是跟邢恕混在一起，这邢恕也是个学"纵横之术"的，平生最擅长的是交际应酬。他不仅和新党好，和旧党乃至司马光的私交都挺好。一天到晚，就喜欢东跑西颠，摇唇鼓舌，折冲樽俎。这一回，算是把一大家子都给"折"进去了。

紧接着，便掀起了对"元丰党人"的大清算。梁焘开出"蔡确亲党"四十七人、"王安石亲党"三十人，这两张逆党名单上的官员，以及在"车盖亭诗案"中为蔡确说过话的李常、彭汝砺、盛陶等人，皆被贬黜。一时人人自危，个个闭嘴。只有范纯仁还想再调和一下，向高太后进言说："朋党难辨，却恐误及善人……蔡确之罪，自有国家典刑，不必推治党人，旁及枝叶。"[1]于是，范纯仁也被指为蔡确同党。

最倒霉的，还是早已落了水如今又被踩上一脚的"元丰逆党"。吕惠卿后来回想这段日子，说："我天天只敢喝烧开的水，唯恐生了病，被说成是借病闹事，怨望朝廷。"这个"福建子"还是挺懂养生之道的，在医疗卫生条件薄弱的古代，能够杜绝饮用被蚊虫、细菌、病毒污染的生水，生存率就远高于常人了。

闲话少讲，事实上，当我们回到"元祐更化"之初，会发现，矛盾远没有现在这样不可调和。变法派在宋神宗去世之后，曾经有意做出退让。他们修改"新法"条例，邀请反对派人士入朝。比如，蔡确就对在观望中的苏轼说道："请你一定要回来，朝堂上，论资历和声望，没有比你更合适的人选了。"旧党这边，以范纯仁、吕公著为代表，对新法与新党的态度也比较温和。

当时，高太后刚刚垂帘，朝政实际上还把控在新党的手里。如果新党坚决不肯让步，司马光等在野反对派，不可能回归得那么顺利。以常理推测，这中间，应该有一个双方达成谅解、合作，以及权力再分配的过程（邢恕就声称，他曾经在蔡确和司马

---

[1]　范纯仁：《上哲宗论不宜分辨党人有伤仁化》，载赵汝愚编《宋朝诸臣奏议》卷七六，北京大学中国中古史研究中心校点整理，上海古籍出版社，1999，第829页。

光之间为双方牵线谈条件[1]）。最终，却斗成了一个水火不容。以"奸诈"著称的新党众人节节败退，毫无还手之力，也是叫人大跌眼镜。

"车盖亭诗案"的大清洗之后不久，宰相吕大防提出，要在两党之间做一些"调停"，停止对新党的政治迫害，让一部分立场温和的新党成员回到中央。一部分宰执大臣也附议。毕竟小皇帝迟早要亲政，还不知道是什么态度，事情不可做绝。但反对的声音也很大，如苏辙就勃然而起，说："你们首鼠两端，只知道保全自家的富贵。自古正邪不两立，君子与小人，岂能共处朝廷？你们引了小人进来，必定会谋害君子，祸乱国家！"此事便又黄了。

先有司马光抱老病之躯，不顾一切，要在有生之年完成对新法的扬弃。继有高太后一意孤行，掀起举报、株连之风。再有坚持二元对立的激进派寸土不让……党争就这样一步一步地激化着。

新法是废是留？我们想静静

风动，幡动，心也动

春江水暖，东风骀荡，苏轼回到了中央！

对苏轼来说，"元祐时代"的开篇是美好的。命运之神再次

---

[1] 《续资治通鉴长编》卷三五九："'方确之为山陵使也，公著及光已尝为怨言，欲假蔡以节葬，处之北门或颍昌是矣。蔡初既力引光，已而同在门下，相得甚欢。章惇则自任语快，常以光为钝，不是持正见容，岂可处也？时京师知者，皆闻此语。'恕《家传》固妄也。姑存之，使后世有考焉。"

眷顾了他。战战兢兢的逐臣，扬眉吐气，步上青云。这时候，他已经年满五十周岁了。五十岁，正是一位官员被认为"堪担重任"的年纪。

"元祐"的年号，来自高太后对宋仁宗"嘉祐"时代的追慕。那是她自己的青春韶华时，是与"十三团练"双宿双飞的甜蜜过往，更是她记忆中的帝里阳和、清平盛世。隔着岁月的河回首，日长人静，乳燕飞华屋，一切都那么安宁有序。

而刚过去的宋神宗"熙丰"时代呢？"二三年间，开阖动摇，举天下无一物得安其所者……"[1]多可怕！所以，"元祐"时代，朝廷的政治纲领只有两个字："安静"——停止"王安石变法"所带来的朝野动荡，一切回到从前的老路上，莫生事，莫吵闹，万物生灵各安其所。只可惜，树欲静而风不止。高太后本想着，把惹是生非的"变法派小人"打压下去，世界就清静了。没想到，"元祐君子"们也不让人省心，朝堂上根本安静不下来，吵成了一锅粥。

有人的地方就有斗争。朝堂是最大的人性斗兽场，大臣们吵吵闹闹，有什么稀罕？只要君主弹压得住就行。比如宋仁宗，擅长兼听与平衡，借力打力的功夫炉火纯青。又如宋神宗，乾纲独断，事事亲为，臣子们吵也是白吵。高太后最大的麻烦呢，在于女主临朝，迟早要还政于长大的小皇帝，这借来的帝王威权，便行使得格外如履薄冰。

为人主者多生"疑心病"，高太后的疑心病格外地重。比如说，韩维，宋神宗的潜邸旧人，元祐初期，于稳定政局建有大功。韩维出身北宋的科举名门"真定韩氏"，"真定韩氏"又

---

[1] 脱脱等：《宋史》卷三四〇《刘挚传》，中华书局，1977，第10852页。

称"桐木韩氏"，传说家门口的梧桐树能引来凤凰，批量地出宰相、高官。韩氏子弟及门生故旧遍布朝堂，这便让高太后很是猜疑。又比如，当时，驱逐新党的主力军是高太后提拔的一批言官，现在高太后又觉得，言官们你唱我和，也未免太抱团了！她认为，韩维，言事官，都在背地里结党营私，想要欺瞒君上。

那怎么办呢？赵氏祖传有"异论相搅"之术，就是在大臣之间敲敲打打，制造矛盾与对立。例如，言事官分御史台与谏院两拨人马，高太后就安插人手，让这两拨人马时不时地"互掐"起来——给她这么一拱火，朝堂上更闹腾了。

所以"元祐"时期的政局，在安静的水面之下，其实是暗流涌动的一个复杂局面：

第一，路线斗争从未停止，新法的影响仍然存在；

第二，元祐大臣要争夺元老凋亡后留下的政治与学术真空；

第三，高太后因自身威权的危机感而疑神疑鬼。

风动，幡动，心也动。唯一的"静默"之人，是名义上的最高统治者——小皇帝赵煦。年幼、体弱、多病的他，与严厉的祖母同坐延和殿上，沉静得如同一个隐形人。他不动，不言，不笑，也并未表现出孩童的不耐烦。他注视着吵闹不休的群臣，很多时候，他只能看到他们向祖母躬身奏对的背影。他思念着英年早逝的父亲。

赵煦的心境，也可以用一句话来形容："子欲养而亲不待。"他崇拜父亲，他眼看父亲一生的心血付之东流，追随父亲的臣子被放逐，他连一句求情的话都无法说出口。没有人注意到少年天子眼中一闪而过的阴郁，大伙儿都在忙。

免役法之争，"司马牛"与"苏不认输"

苏轼也很忙。

司马光执政，尽罢新法，渐次到了"免役法"，激起千重浪。不仅新党绷不住，章惇在御座前暴跳如雷，王安石于山中黯然长叹。旧党之中，很多人也不以为然。

"熙宁变法"之前，北宋实行的是"差役法"。简单地说，就是官府无偿地征用人力服役（包括"夫役"和"职役"："夫役"是出劳力，如修河、运粮；"职役"是政府的基层公差，有衙前、里正等名目）。这"免役法"呢，则是让百姓出钱，官府拿了钱，去社会上招募闲人来服役。

以前，农人服役，既耽误农耕又没工资，出了问题，损失了官家财产，还要赔偿；长途跋涉，奔赴服役地点，稍有失期，便遭鞭笞。所以这"差役"之法搞得怨声载道。老实人自认倒霉，聪明人，就会拿着这替官家办事的微末权力，到更弱势的老百姓头上去找补。正如司马光曾经指出的那样："府史胥徒之属，居无廪禄，进无荣望，皆以啖民为生者也。"[1]

"免役法"，以货币或实物来代替人力服役，一来，可以让劳动力更充分地投入农业生产；二来，将人力资源直接转换为财政收入，避免了时间、精力、物质的损耗。"免役法"设计得不能说完美，也伴生着不少的弊病，但总的来讲，较之"差役法"，还是有进步的。它可以为农民减负，提高社会生产力。同时，原先享有免役特权的人，现在也需要出钱，作为"助役"之用，这在一定程度上也提高了社会公平度。

---

[1] 李焘：《续资治通鉴长编》卷一九六，中华书局，1995，第4759页。

苏轼呢，他最开始的时候，是反对役法改革的。他甚至说："农民服役就像士人做官一样，乃是天经地义的事情，怎么能够更改？"如果士大夫阶层也像农工商阶层一样为役法出钱，这不是乱了尊卑吗？后来，他当了地方官，现实的民情接触多了，他发现，新的役法确实还不错，于是又认可起来。

苏轼的心里，有些怵司马光。自打回了京城，苏轼风头正劲，心情放松，对着满朝公卿，笑谑并作，颇有些狂放的故态。但司马光此人，本来就是个道德狂人，是最古板方正的。离朝十五载，如今回来，他体质益衰，而心志益坚。《资治通鉴》的著成，摧毁了他的健康，"骸骨癯瘁，目视昏近，齿牙无几，神识衰耗，目前所为，旋踵遗忘"[1]，犹自顽强地杵在朝堂上，独具一种悲壮巍峨的气象。所以苏轼见了他，自动变得老实。

苏轼向司马光小心地进言道："您现在推行的政策，都是上顺应天意，下合乎百姓期望的。只有这役法之事，还可以斟酌。免役法、差役法，都有它的弊病。先帝实施'免役法'已经十六年，百姓已经适应，如今推翻重来，只怕又将是一番扰民。倒不如，咱们着手从它的弊病上整治一二。"

司马光道："若依你所说，却待如何？"

苏轼道："其病之一，是地方官府把收来的役钱，挪作他用；其病之二，是地方官府把'宽剩钱'（免役法规定，各地在收完供本州本县雇役的钱后，还要额外征收百分之二十的'宽剩钱'，作为弹性预算，应付水旱歉收）拿去与民间争购酒坊、水车，扰乱市场。现在很多州县，往往在百分之二十的'宽剩钱'之外，又另行加收，甚至加到了百分之五十，如此盘剥百姓。这

---

[1] 司马光：《资治通鉴·进书表》，中华书局，2007，第3677页。

都不是先帝推行役法的本意，而是王安石他们瞎折腾出来的。我们只要能解决这些问题，百姓必然乐意。或者用布匹、粮食等实物，去代替免役钱。如此，可以解决目前的钱荒问题。"

百姓乐不乐意另说，司马光反正是不接受。苏轼又搬出了当年自己在密州推行的一个改良政策，叫"给田募役法"。就是官府用收上来的役钱购买田产，或者用已有的官田作为报酬去雇用役人。苏轼说："这个法子，老百姓都觉得挺好，咱们不妨试试？"

司马光的脸色，就不好看起来了。请问，苏轼为何如此不识相？因为，"免役法"为国家财政收入带来的好处是明摆着的。熙丰变法以来，仅"免役法"收到的"宽剩钱"，连钱带谷，就有三千万贯、石。对西夏用兵，才用了一半。苏轼的算盘，是把这个钱拿出来，取之于民，用之于民。在河北、河东、陕西三路，推行他的那套"给田募役法"。如此，几年之后，这三路所需要征用的役人可以减去大半。民力解放出来，就可以充实边防——

"君实相公，这可是万世之利、社稷之福！"司马光一听，更生气了。

碰了一鼻子灰，苏轼悻悻回到家里，一口气扯去袍服，踢飞官靴，望空高喊道："司马牛！你就是个司马牛！"司马牛者，史上实有其人，原是孔子的学生。苏轼为司马光起这么个外号，大抵是讥讽此人的"牛性"。

这时，与司马光交情深厚的范纯仁，也来劝说。他说："役法这样的大事，要考虑周详，然后缓缓行之，不然，必会扰民。而且，老兄作为宰相，更应当有容人之量，广听众意，不可一意孤行。如果一定要废除'免役法'，不如先拿出一路地方做试验……"司马光不听。范纯仁叹息道："你这样独断专行，必定会引来小人，阿谀奉承地迎合你，以求幸进……"咦，又让他说准了！

司马光下令，要五天之内，各州县恢复"差役法"。众皆叫苦不迭，只有知开封府蔡京如期完成。蔡京本是变法阵营中的一员干将，现在阵前倒戈，立下首功。司马光很高兴，表扬道："若是人人都像你这样，天下何事不能成呢？"可拉倒吧，亏得你老人家死得早，没看到蔡京后来那一番精彩的"变脸"。

中书舍人范百禄说："我在下面县里的时候，执行免役法，百姓反响挺好。"司马光照旧不睬。他还打算在恢复"差役法"之后，出台政策，把那些营私受贿的差役判处流刑。

范百禄不禁跳起来道："百姓服役没有收入，为了生计，只得行那不法之事。差事轮完了，他们也要拿钱出来，去贿赂新的差人。这都是国家法令使得他们互害。如果再对他们加以重刑，以后我大宋域内，满路都是脸上刺青的流徒！"

司马光想了一想，说道："多谢，若不是你提醒，我就害了百姓。"

可见司马光也不是一点儿人话都听不进去。他的问题在于：缺少实际的地方政务经验，缺乏对民情的深入了解。苏轼、范纯仁、范百禄他们，都做过好几任的亲民官，司马光没有。他更接近于一个完全的书斋理论家，脑子里，装了更多的教条主义。

司马光的教条主义，也算是一时公认的了。指着司马光鼻子骂街的章惇，事后无奈地说："温公有爱君爱国之心，而不知变通之术。"[1]自己人苏辙也曾上书朝廷："门下侍郎司马光……

---

[1] 陈傅良：《止斋集》卷四二《跋苏黄门论章子厚疏》，收入《景印文渊阁四库全书》第1150册，台湾商务印书馆，1986，第828页上栏。

虽有忧国之志，而才不迨心。"[1]后辈朱熹，说得就更不客气了：
"温公忠直，而于事不甚通晓。如争役法，七八年间，直是争
此一事。他只说不合令民出钱，其实不知民自便之。此是有甚大
事？却如何舍命争！"[2]

免役法是什么大事吗？犯得着在这上面玩命地跟人抬杠吗？
可以说是不明事理了！然而，做领袖的人，往往并不需要十分地
明白事理。鲜明的主张、强硬的态度和位高权重，对世人来说，
就是强大的号召力。朝廷设立了工作组，专门讨论役法，苏轼
也位列其中。好汉架不住众拳，对上司马光的支持者，他很快就
落了下风，只得宣布退出。苏轼向高太后请辞道："总归是小臣
愚暗，不明事理，上不能同宰相步调一致，下不能与同事说到一
块去，不如将臣罢免了，免得贻误国家大事！"多少年过去了，
多少亏吃过了，苏轼还是这个脾气，行动上认输，心里头绝不服
气，嘴上还要阴阳怪气。

而且，他不是真的认输，早晚还会绕回来。过了半年，元祐
二年（1087年）的正月，苏轼突然公开批评已经去世的司马光，
上折子说："其意专欲变熙宁之法，不复校量利害，参用所长
也。"[3]

苏轼说，免役之法，是神宗皇帝的心血，大有深意，不能全
盘推翻。现在朝堂上的风气，凡先帝时候的臣子，就要打倒；凡
先帝时候的法规，就要摒弃。为了反对而反对，容不下一点儿异

---

[1] 苏辙：《栾城集》卷三六《乞选用执政状》，收入《景印文渊阁四库全书》
第1112册，台湾商务印书馆，1986，第400页上栏。

[2] 黎靖德编《朱子语类》卷一三〇，王星贤点校，中华书局，1986，第
3103页。

[3] 苏轼：《东坡全集》卷五三《辩试馆职策问札子》，收入《景印文渊阁四库
全书》第1107册，台湾商务印书馆，1986，第745页下栏。

见，这样治国，好比拿清水给清水当调料，还指望烧出一锅好汤吗？先帝励精求实的精神，要是就这么丢了，恐怕几年之后，吏治、财政、国防都要出问题！

苏轼此时，正因为"馆职考试出题不当"的事情，被言官们攻击，说他对先帝宋神宗不敬。老实说，元祐时代把宋神宗的政策都推翻完了，有啥尊敬可言？仗着故去的先帝不会说话，又有王安石、吕惠卿做替罪羊罢了。但"不敬先帝"的帽子扣下来，还是很吓人的，所以他要上折子自辩。

自辩就自辩，他把司马光及其追随者拉出来狠批一通，并说道："撰上件《策问》，实以讥讽今之朝廷及宰相台谏之流，欲陛下览之，有以感动圣意，庶几兼行二帝忠厚励精之政也。台谏若以此言臣，朝廷若以此罪臣，则斧钺之诛，其甘如荠。今乃以为讥讽先朝，则亦疏而不近矣。"[1]

没错，我是讥讽了！但我讥讽的不是先帝，而是当今的朝廷、当今的宰相和台谏！怎么着，讥讽当今就很应该吗？这是什么清奇古怪的思路？

青苗法之争，"国富"的诱惑

不久，范纯仁眼见财政吃紧，不禁向高太后进言，说不如将那"青苗法"去其弊端而用之。"青苗法"，又叫"常平新法"，是从原来的"常平仓法"发展过来的。秋天，官府在市面上收粮，储存起来，到了荒年，拿出来平定粮价，救济灾荒。不是荒

[1] 苏轼：《东坡全集》卷五三《辩试馆职策问札子》，收入《景印文渊阁四库全书》第1107册，台湾商务印书馆，1986，第744页。

年呢，就在每年稻谷未熟、青黄不接的时候，把粮食折成钱，以比较低的利息向有需要的农民发放贷款，秋收后再还款。这样双管齐下，理论上可以促进小农经济的发展，同时打击民间的高利贷与土地兼并。

"青苗法"实行的这些年，最突出的一个弊端，是官府搞强行摊派，不管需不需要，都逼你借款，甚至提高利息，变成了国家高利贷，这就反而坑害老百姓了。老百姓欠了民间的高利贷，还有逃债的可能性。欠了国家的债，那才叫天上地下，无路可逃呢！所以范纯仁说，我们如果能把这个强行摊派的毛病给改了，完全遵循"农人自愿"原则，则"青苗法"于国库的充实，于民生的安稳，就是极其划算的了！王安石当年推行这个政策，就是看到了这其中"钱粮生息"的巨大利润。这个诱惑，不仅范纯仁抵制不了，高太后动心，就连司马光也有点儿情难自禁。没办法，不当家不知道柴米贵呀。

元祐群臣中，就没啥理财能手。新法一叫停，立刻又面临着财政赤字的危机。好消息是，宋神宗的遗产很丰厚。为了"灭西夏、图北伐、收复幽燕"的宏伟蓝图，神宗皇帝这些年拼了命地攒钱。这些钱，都放在他的"元丰库"里。元祐元年（1086年），苏辙进言说："元丰及内库财物山委，皆先帝多方蓄藏，以备缓急。若积而不用，与东汉西园钱，唐之琼林、大盈二库何异？"[1]——先帝留了那么多钱呢！现在不打仗，也没啥紧急事体，放着也是放着，不如，我们把它用了吧！从此，一到没钱花的时候，大家就到先帝的"元丰库"里去掏，一直到宋哲宗亲政，才掏得差不多见底了，可见"变法"经济效益之巨大。

---

[1] 脱脱等：《宋史》卷一七九《食货志》，中华书局，1977，第4373页。

现在的"青苗法之争"涉及的，其实是治理国家的一个两难选择：富国还是富民？理想的答案，当然是国富民也富。但是呢，这很不容易，历史的局限性摆在那里。保守派的一贯主张是，天下的钱就那么多，不在国就在民，那么，我们宁可让它"在民"。朝廷可以穷一点儿，不要与民争利。话虽这么讲，但人穷志短，这么些年大家都看在眼里，"青苗法"的收益，"国富"的诱惑，实在是太大了！

这时候，没想到又是苏轼，冲出来高呼："我反对！"苏轼说，别说根本就不可能彻底禁绝"摊派"，就算能，这事也不靠谱，行不通！

"本来么，小老百姓过日子，量入为出，没钱就不花呗！现在你借钱给他，他一下子手头有这么多钱，高兴得不行，免不了大手大脚地花费起来。借'青苗钱'要进城，城里花花世界，农夫农妇逛逛街，被奸商哄一哄，乱七八糟买了一堆，该买的种子、农具反而没买。这就失去借贷助农的意义了。到了时节，官府还要找他还钱，他拿什么还？你们不要以为这是你情我愿的事情，实际上，这就是朝廷在以恶法惑乱老百姓的心智！"

青苗法没能取得预期的效果，主要原因不在于其本身的构想，而在于没有能够保证它公平合理地施行的社会政治环境。当年，王安石曾希望以高度道德化的精英教育来弥补吏治上的缺失，最终也未能成功。

苏轼朝天打响的这一枪，让病重卧床的司马光听闻后惊坐而起，叫儿子扶着自己，一直扶到高太后的帘前，厉声喝问："是哪个奸佞小人，在此惑乱陛下！"吓得范纯仁靠边儿站，高太后也如梦方醒，下诏：即日起，废青苗之法。

元祐元年（1086年）九月，丞相司马光卒，终年六十六岁。

"京师之民罢市而往吊，鬻衣以致奠，巷哭以过车者，盖以千万数。"[1]司马光的人格魅力及其强大的社会号召力，来自他的秉公无私，以及终生言行合一的道德追求。这样的人，名利不能诱惑，荣辱不可动摇。但他一生中，也有不能放下的执念，那就是政治理念的实现。王安石曾叹息道："人生百年常苦迟。"司马光也一样，甚至更迫切，时代留给他的时间更少。生命的最后时光，他争分夺秒。

二 苏"痛打"吕惠卿，学士何故提刀砍人？

把新党赶出去！

头一件欢欣鼓舞的事情，"福建子"吕惠卿，总算要被清算了。说起吕惠卿此人，才华是真的有。他曾经被王安石引为生平唯一的知音，又被欧阳修卖力推销，欧阳老先生甚至向朝廷打了包票："吕生的人品我做担保，如果他日后犯了错，我跟他一起承担罪名！"韩绛、曾公亮、沈遘，都曾为他说好话，宋神宗也夸赞他：真是当世之"贤人"啊……结果呢，他名列《宋史》"奸臣传"。

吕惠卿此人，倒霉也是真的倒霉。他一生风光之时极短，只在熙宁年间当过一阵子副宰相，很快就被逐出中央了。从此之后，无论上台的是新党还是旧党，他都被严防死守，谁都不想让他上位。他倒也不泄气，仔细地保养身子，兢兢业业地工作，

---

[1] 苏轼：《东坡全集》卷八六《司马温公神道碑》，收入《景印文渊阁四库全书》第1108册，台湾商务印书馆，1986，第389页下栏。

治理地方井井有条，送到边境去也能打个胜仗。一直干到了八十岁，到了宋徽宗登基，才传来天子要起用他当宰相的好消息。于是他百感交集地写道："历官三十八任，受恩虽出于累朝；去国四十二年，留侍方从于今日。"[1]然后呢，就此一病不起了。平生意，终成空。

吕惠卿到底干了什么天怒人怨、祸国殃民的事呢？仔细找一找，也都谈不上。他人生中最大的一个污点，是私德上的，那就是——"背叛"王安石。

熙宁年间，王安石被守旧派攻击，暂时下野，吕惠卿升任参知政事，继续推行新法，人送外号"护法善神"。哪承想，深受王安石信任的吕惠卿，权欲熏心，搞起了小动作，在皇帝面前中伤王安石，还把王安石写给自己的私信呈交给了宋神宗，信上写着"毋使上知"（别让皇上知道）的欺君之语。就因为这件事情，从此人人不齿，都觉得吕惠卿是个忘恩负义、狼子野心的小人。

这个事情，普天下流传。但追溯源头，却是苏辙写于元祐元年（1086年）五月的一篇弹章：《乞诛窜吕惠卿状》。苏辙自打回朝以后，就做了言官。弹章一封接一封地砸向"新党小人"，火力全开，仿佛一台人形自走迫击炮。就是他的这一篇雄文，把吕惠卿钉在了耻辱柱上。吕惠卿呢，确实与王安石翻了脸。但是，咱们有一说一，"揭发王安石私信"这个著名事件本身，它很可能并不是真的。

元祐元年（1086年），宋神宗的编年史传《神宗实录》开始编修。王安石的学生陆佃（因与老师意见不合，未参与变法，所

---

[1] 丁传靖辑《宋人轶事汇编》卷一一，中华书局，1981，第551—552页。

以未受旧党驱逐）和苏轼的门生黄庭坚，都参与了这项工作。黄庭坚要将苏辙弹章上的这段记载给写到书里。陆佃反对，说台谏自古以来"风闻言事"，骂人不讲证据的，弹章上的言语，怎么能够轻易当成事实，就往史书里头塞呢？陆佃说的有道理，如果把历年来言官弹劾朝臣的文字都当成信史，这大宋满朝的官员，一个也跑不了，都是罪大恶极。

　　二人争论不休。陆佃说，我们用证据说话。便向高太后请示，拿到了当年吕惠卿呈交给宋神宗的王安石私信，一看，信里根本就没有"毋使上知"之类的言语。王安石只是在跟吕惠卿推荐自己一个叫练亨甫的门人，吕惠卿呢，就拿着信又去向皇帝推荐。可见，"私信"确实有一封，但实属师生君臣之间再正常不过的工作交流。

　　再者说了，就算信中有"毋使上知"这样的话，又能证明什么呢？同为"新法"反对者的理学家程颐，对此就另有一番说法。他的学生曾问他："王荆公在信中说'毋使上知'的事，您相信吗？"

　　程二先生回答说："须看他当时因甚事说此话。且如作此事当如何，更须详审，未要令上知之。又如说一事，未甚切当，更须如何商量体察，今且勿令上知。若此类，不成是欺君也？凡事未见始末，更切子细，反复推究方可。"[1]

　　你又没看到他书信的全文，不知道他说的啥事，怎么就能断定他是干了坏事，怕被皇帝知道？也许人家只是在商量一些不成熟的方案，暂时还不能说——这怎么能算是欺君？程颐的意思

---

[1]　程颢、程颐：《二程集·河南程氏遗书》卷一八，王孝鱼点校，中华书局，1981，第198页。

是：评价人和事，要客观公正，要详知首尾，仔细分析，不能断章取义，抓住截头去尾的半句话就扣帽子。

苏辙年轻的时候，考制科，采拾市井流言，批评宋仁宗好色无度，吓得群臣跳起来，皆为皇帝喊冤。老苏他们家的文风，有纵横家气象，本来就偏向于夸大、渲染、诡辩。现在苏辙又入了台谏这一行，张嘴就来，那也太正常了。

吕惠卿此人，搞到新党、旧党都忌惮，防他如防火防盗，这说明：其一，他确实有本事；其二，他为人呢，恐怕也确实有问题。比如说，早年推行"免役法"的时候，为了查清百姓家产，他居然搞了个政策，叫左邻右舍互相举报，用被告者财产的三分之一当赏金，虽然很快因反对声音太大而被废止，但已可见其人为政之酷烈。又比如"郑侠"一案，他建议对进献《流民图》反对新法的郑侠处以极刑，也可见其人心地之狠辣。苏轼对吕惠卿深恶痛绝，大概也就从这酷烈与狠辣上来。

《邵氏闻见录》中，记载了这么一件事情：

元祐年间，有一个做过苏轼下属的人，去看望下野的吕惠卿。吕惠卿就问他："那苏轼，是何等样人？"答道："聪明人。"吕惠卿是自负天下第一等聪明的，就不高兴了，质问道："是尧之聪明，还是舜之聪明，还是大禹之聪明？"答："都不是。但也是一种聪明。"又问："苏轼所学何人？"答："孟子。"孟子乃是圣人啊，这可把老吕气得！整个人都从椅子上站起来了，说："你这比得也太不伦不类了！"此人回答："孟子说过'民为贵，社稷次之'，由此可知，苏轼学的是孟子。"吕惠卿沉默了。

吕惠卿为了朝廷的好处，可以牺牲百姓。而这，正是永远对庶民怀着"仁心"的苏轼所不肯为的。

苏辙两月之内，连上三章，一章比一章凶猛，吕惠卿就被一贬再贬，终于滚回老家福建去也。写诰书的，便是时为中书舍人的苏轼。这一封诰书，同时也是一篇极富感染力的好文章，情感充沛，文气恣肆，词锋锐利，形容生动，一经刊出，便哄传京师内外，纸为之贵。苏轼的诰书和弟弟的弹章，正是双剑合璧。

吕惠卿责授建宁军节度副使本州安置不得签书公事

敕。凶人在位，民不奠居；司寇失刑，士有异论。稍正滔天之罪，永为垂世之规。具官吕惠卿，以斗筲之才，挟穿窬之智。诪事宰辅，同升庙堂。乐祸而贪功，好兵而喜杀。以聚敛为仁义，以法律为诗书。首建青苗，次行助役。均输之政，自同商贾；手实之祸，下及鸡豚。苟可蠹国以害民，率皆攘臂而称首。先皇帝求贤若不及，从善如转圜。始以帝尧之心，姑试伯鲧；终然孔子之圣，不信宰予。发其宿奸，谪之辅郡；尚疑改过，稍畀重权。复陈罔上之言，继有砀山之贬。反覆教戒，恶心不悛；躁轻矫诬，德音犹在。始与知己，共为欺君。喜则摩足以相欢，怒则反目以相噬。连起大狱，发其私书。党与交攻，几半天下。奸赃狼藉，横被江东。至其复用之年，始倡西戎之隙。妄出新意，变乱旧章。力引狂生之谋，驯至永乐之祸。兴言及此，流涕何追。迫予践祚之初，首发安边之诏。假我号令，成汝诈谋。不图涣汗之文，止为款贼之具。迷国不道，从古罕闻。尚宽两观之诛，薄示三危之窜。国有常典，朕不敢私。可。

给吕惠卿的罪，定了这么几条：与王安石共同欺君，推行新法，祸乱国家；发动对西夏的战争，导致永乐城之败；兴郑侠之狱，残害忠良；发王安石私书，背叛恩师。基本上是苏辙弹章的翻版。"喜则摩足以相欢，怒则反目以相噬。"这一句无关大局，却旁逸斜出，生动活泼。把吕惠卿写得像一只不通人性的小畜生，高兴就和你打打闹闹，蹭蹭贴贴，不高兴转头就咬你一口。叫人读了觉得十分解恨。

诰书最后写道："尚宽两观之诛，薄示三危之窜。"这里用了两个典故，我们不详细解释了，就说下大概意思吧："吕惠卿，你这个乱臣贼子，朝廷本应砍了你的脑袋。现在，只是把你当作祸乱中原的野蛮人一样赶出去，可真是宽待你了！"

讲一下写朝廷文书的这个活儿：

宋代的朝廷文书，分为"内制"和"外制"。"内制"由翰林学士负责，该岗位职能由皇帝直管。"外制"的草拟呢，由中书舍人或者知制诰负责，这两个岗位归宰相管。翰林学士、中书舍人以及知制诰，合称为"两制词臣"。

上头发下来的，只是一个"词头"，就是个内容提要。词臣们拆开"词头"一瞧，要是不同意这个内容，可以拒绝写，给它重新封好了，还回去，这叫"封还词头"。要是觉得没问题，他们就用华丽典重的"四六体"骈文，把这个"词头"的意思展开来表达一遍，这才算形成了正式文件。对词臣的写作要求，第一当然是准确，第二呢，就是文采了。这里面，就有"花头经"可念了。汉语言博大精深，同样的一件事情，表述上的轻重拿捏，差那么一点儿，意思可就大不一样了。

比如说，写这种处罚罪臣的诰书吧，罪行放在那儿，你可以雷声大雨点小，曲笔回护，让人觉得倒也情有可原。你也可以添油加醋，一个劲儿地带动读者的情绪，鼓起他们的义愤。当事官员的政治名声，那可就此不一样了。

"封还词头"这种笔头功夫，除了可以强烈地彰显存在感，也属于词臣一种隐形的"政治主体性"。吕惠卿这一次，是贬为建宁军节度使，不签书公事。属于系统内处罚，朝廷的态度，还是把他当成可以改造的对象。现在苏轼把他一口气写成乱臣贼子，这个"政治主体性"，就发挥得有些过头了。

所以，这篇诰书流传出去之后，士林之中，有人拍手称快，也有人摇头叹息。宋人朱彧的《萍洲可谈》中记载道："其时士论甚骇。"皇权面前，士大夫阶层总是一个命运共同体。兔死狐悲，物伤其类，人之常情啊！

据宋人笔记，这封诰书，本来不该苏轼写。那一日，当值的是刘贡父。工作交代下来，苏轼在旁边看到，高兴地大叫："贡父你平生做刽子手，今天才算斩到了人犯！"啥意思呢？就是说，咱们给朝廷写诰书的，是以笔为刀斩恶人。平时嘛，都没啥意思，今天碰到吕惠卿，才算是一展身手！刘贡父听了他这一嗓子，一个激灵，说："肚子疼！哎呀忍不了，我去蹲个茅厕！"扔了笔就跑了。

刘贡父，就是刘攽，精于史学，曾参与编撰《资治通鉴》。其人，博闻强记，轻嘴薄舌，每天有层出不穷的"精致淘气"。如果说大宋第一毒舌是苏轼，刘贡父也堪称紧追其后，咱们举例说明：

当年王安石搞变法，全天下修水利。有人献策道："把八百里梁山泊的水都给放了，可以得到八百里的良田。"王安石很高兴，追问道："那放出来的水，又该怎么办呢？"刘贡父抢答："在旁边再挖一个八百里的水泊，就可以了嘛！"

刘贡父刚入职馆阁的时候，俸禄不高。他买了一匹便宜的小母马骑着上朝。一般官员骑乘的，都是公马或者骟马。现在来了一匹小母马，很容易引起马群暴动。所以同事说："你这马……不太合适吧？"刘贡父说："没事，回头我做一件青布褂子，兜在马屁股上。""不是吧？这看着更诡异了！"刘贡父说："我穷，只骑得起这样的马。既然大家意见这么大，只好用这块布把诸位的嘴巴兜起来。"

一位七十三岁的朝官要申请退休，刘贡父跟同事说："朝廷就不应该答应他。""为什么？"答曰："留下来跟八十四岁的做伴。"原来，当时国老文彦博已经八十四岁了，还没退休。文彦博听人传了这话，很不高兴。

他还热爱给人起外号。当时，孙觉、孙洙同在馆阁，外面人经常分不清谁是谁。刘贡父说，这好办啊，这二位，一个胖大，一个矮小，都长着满嘴的胡子。你们就喊"大猢狲学士"和"小猢狲学士"好啦！他又给蔡确起了一个外号叫"倒悬蛤蜊"，因为蛤蜊还有一个别名叫"壳（què）菜"[1]，倒过来谐音就是"蔡确"。如此等等，不胜枚举。有一个言官马默，愤而弹劾刘贡父，说如此嘴上无德之人，怎能让他待在朝廷！刘贡父笑道："此人明明叫作'马默'，为何要学'驴鸣'呢？"

刘贡父唯一的一次认栽，就是在苏轼的嘴下。刘贡父后来生病，可能得的是麻风，眉毛胡子都脱落了，鼻梁也塌陷了，仍然与苏轼斗嘴不停。一天，苏轼看到刘贡父，就吟唱道："大风起兮眉飞扬，安得猛士兮守鼻梁？"刘贡父黯然无语。

就是这么一位浑不吝，在写吕惠卿的诰书的时候，居然来了

---

[1] 今古音不同，《现代汉语词典》（第七版）读作壳（qiào）菜。——编者注

个"屎遁"，留下苏轼一个人在那里。苏轼他也不想想人家为何要跑路，反而觉得，真是老天也助我壮怀！他提笔就纸，一挥而就，写罢这篇痛斩吕惠卿的檄文，掀髯大笑。

吕惠卿事了，又来对付张璪。张璪原名张琥，乃宋初名臣张洎之后。他与苏轼同榜进士，又曾在凤翔共事，关系一度还不错。后来张璪回京，支持了"新法"，两人便渐行渐远了。张璪先后受王安石、吕惠卿、王珪的赏识，得宋神宗的重用，早在元丰四年（1081年），就已经当过一次副宰相。目前，张璪接替得罪离去的章惇，再次被任命为副宰相。

如果说张璪与旧党有什么恩仇，也就是在做御史的时候，曾弹劾保守的老臣冯京与郑侠有交往，致使冯京罢相。"乌台诗案"，他又受命与李定、舒亶等人共同审问苏轼。当时，苏轼被关进了御史台的大牢。王安礼不是找了个机会，去向宋神宗进言，要搭救苏轼吗？此事还有下文：

那一天，王安礼入见之前，碰到了李定。李定说："苏轼与'金陵丞相'（指退居南京的王安石）向来意见不合，你可千万别去营救他。否则，只怕有人会把你与苏轼牵连为一党。"为苏轼求完情之后，宋神宗说："朕本来也不想重责苏轼，不过是为了鼓励言官们畅所欲言罢了。回头自会赦免他。"又告诫王安礼："今天的事情，你出去之后，别跟任何人说。苏轼得罪人太多，防止有人借他来陷害你。"王安礼走回办公室，又碰上了张璪。张璪气愤不平，劈头喝问道："你果真是去救苏轼的吗？为什么圣旨下来，催着要苏轼下狱！"王安礼不答。[1]

---

[1]《皇宋通鉴长编纪事本末》卷一〇三："轼既下狱，众危之，莫敢正言者。直舍人院王安礼乘间进曰……安礼不答。其后狱果缓，卒薄得其罪。"

这一段小插曲，展现了"乌台诗案"几位核心人物对苏轼的微妙态度。显然，言官们对苏轼的穷追猛打，是受到宋神宗的默许甚至鼓励的。但是，宋神宗也并没有真的想杀掉苏轼。李定，作为诗案的发起者，他的一番话表明，此案的关键，正在于"牵连"二字。没错，这就是皇帝的一场"钓鱼行动"，要通过苏轼这一只肥呆呆的鱼饵，钓起朝堂中所有潜在的不忠之臣。

至于张璪，显然这时候他还蒙在鼓里。与李定、舒亶、何正臣不同，张璪并非"乌台诗案"的发动者，他只是临时受命，参与审问。对于苏轼的下狱，他也感到意外和愤怒。在后来对苏轼的审问中，张璪一直保持着沉默。对王安礼发脾气，很可能，是他以为王安礼没有在皇帝面前为苏轼说好话。

说一下张璪的为人。当年，王安石特别欣赏他。御史刘挚、杨绘弹劾"免役法"害民不便，王安石命张璪写文章和他们辩论，张璪辞谢不肯。然后，王安石搞"三舍法"的改革，朝廷要抓太学里的德育工作。张璪作为御史，受命驻扎太学进行监察。有个别学官和学生借古讽今，说了一些反对新法的话，张璪只当听不见。两浙一带，实行严厉的"盐法"，凡制造、贩卖私盐的，全家都会被流放。但穷人又买不起公家盐。张璪向朝廷反映，建议放宽政策，同时指出了"免役法"实施过程中的一些不当行为，朝廷都听取了。

张璪性格平和，又确实有才干，高太后对他印象很不错，还想要重用他。但执着于路线斗争的一部分旧党人士，很想把他搞走。张璪官声清白，公私罪过一概未犯，拿什么理由搞他呢？苏辙笔头子一转，便找出了一个理由：一个正常人，怎么可能谁上台，都想要重用他呢？这正说明，此人心机深不可测！

臣窃惟璪性极巧佞，遇事圆转，难得心腹。昔王安石、吕惠卿首加擢用，被以卵翼之恩，收其鹰犬之效，与章惇等并结为死党。熙宁弊法，皆璪等所共成就。今二圣在上，因民所欲，降黜群邪，变革众弊，清净之风，日月滋长。独璪仍在重位，与闻大政，不唯正人所共侧目，而璪之私意亦自不安。但以同列无倾邪之助，台谏有弹击之请，是以见今且自敛戢，未敢为非。度其中心，未尝一日无窥伺之邪谋，忘王、吕之故党也。譬如蛇蝎遇寒而蛰，盗贼逢昼而止，及春阳发动，莫夜阴暗，故态复作，谁敢保任。陛下不可见其进退恭顺，言词柔利，而遂以为可用也。如璪深心厚貌，何所不至，但使陛下君臣防闲少懈，璪略能援引一二邪人，置之要地，则变故之出，殆不可知矣。[1]

提炼一下意思：张璪此人，性格灵巧善媚，做事圆滑周到，腹内不知藏着什么鬼。当年他党同奸人，参与"变法"，祸乱国家。现在朝廷拨乱反正，这种人却被留了下来，还当上了执政，太危险啦！此人，就是一条冬眠的毒蛇。别看他现在老实，他那内心里啊，时刻都在想着招朋引类，搞破坏。等到天气一回暖，他就要咬人了！

御史"风闻言事"，到苏辙这里，风都不必有，屎盆子"咣叽"就给人扣下来。高太后这一次就不怎么爱搭理他。她撤换熙丰旧臣，是要选出一批听指挥、能干事的臣子，并不是专为了让

---

[1] 苏辙：《栾城集》卷四〇《言张璪札子》，收入《景印文渊阁四库全书》第1112册，台湾商务印书馆，1986，第451页。

你们旧党满意的。然而，苏辙越挫越勇，谏院、御史台也蜂拥而上，群情汹汹，连月不息。高太后没奈何，把张璪罢相外放了。

苏轼这阵子也出手惩治了一个"恶人"——"乌台诗案"的发起者之一李定。李定，扬州人，少时受学于王安石，长大后，成了王安石的热烈追随者。王安石提拔他当了谏官，从此之后，便一意护法，走上了六亲不认、四出咬人的道路。很快，他自己也被人咬上了。有御史弹劾，几年前，李定的亲妈死了，他隐瞒不报，未曾为母亲服丧守制，实乃"大不孝"也！朝廷下令彻查，却查出了一部狗血家庭伦理剧：

原来，李定的亲妈仇氏，是李定他爸的一房侍妾。生下李定后，仇氏就被送走，另嫁了别人。李定被当成嫡子，由正室抚养长大，不知道自己还有生身之母。仇氏过世之日，乡邻中有人跟李定说，那才是你亲娘。李定就去问他爸，他爸说："没这回事，别听人瞎扯。"李定心里很疑惑。按礼法，像他这种，为庶母所生，却被当成"嫡子"抚养的，庶母过世，而嫡母尚存，就应该为庶母服丧三个月，这叫"心丧"。如果身份只是"庶子"，那就要为生母服丧三年。不管哪种情况，官员都应该辞职归家，把丧期服满。

李定左思右想，想了个折中的主意。他对上司说，老父年事已高，请求辞职回家奉养。就此回家待了几个月。这个事情吧，理虽不容，情却颇有可原。朝廷就没有追究李定的过错。王安石又一力为李定说话，就连让他补一个"守制期"都给免了。这件事情，现在又被翻了出来。已经是户部侍郎的李定，转眼间落职，外放江宁府守。诰书又归苏轼写。苏轼拒绝写，上奏道："对这种无母不孝的人，惩罚得这么轻，必然会危害社会风气。"于是李定被谪居滁州，次年病死在那里。

李定死时，家无余财，家财历年来都散给了宗族中需要救济的人。他的几个儿子，都是平民。朝廷从前凡有惠及子孙的恩荫，他都给了兄长的孩子。这也是一个做官并非只为稻粱谋的人。《宋史·李定传》写道："（李定）徒以附王安石骤得美官，又陷苏轼于罪，是以公论恶之，而不孝之名遂著。"

正是因为士大夫"公论"不容，这个并不那么难以理解、不可原谅的"不孝"之罪，便无从洗刷了。"公论"之所以不容，最根本的原因，在于李定亲手促成了一场"文字狱"——始作俑者，其无后乎？这无可原谅（同理，陷害了新党领袖蔡确的吴处厚，也受到了士大夫的集体鄙视）。更何况，受害者还是一位旷代的文化偶像呢？

偶像本人，以"富有人情味"著称的苏轼，为何偏偏也对李定这模棱两可的"不孝"之罪，一口咬住不放呢？

说到底，还是路线问题。被称为"王安石爪牙"的李定，一直以来，就是保守派要拔除的眼中钉。在苏轼的眼里，李定上蹿下跳，纯粹是个向王安石献媚以求仕进的小人。有了这种先入之见，李定说啥都无法取信了。

然后，"乌台诗案"不仅是对苏轼，更是对朝野保守派的一次重大打击。这个仇，大家伙儿肯定要报。但诗案是"诏狱"，宋神宗亲自下的裁决，这就很不好翻案，不能去跟李定算这笔账。再说他当时是御史，御史咬人能算犯罪？算来算去，李定浑身上下只找到一个破绽，就是"不孝"——不往这儿下嘴，还能往哪儿呢？

苏轼一直认为，最普世的，不过"人情"二字。可是啊，朝堂政治中，"人情"又恰恰是最脆弱的。我们再举一个例子吧！"乌台诗案"中，苏轼的好友，新党领袖章惇，也曾大力营救苏轼，更怒斥在皇帝面前中伤苏轼的宰相王珪。苏轼被贬黄州，章惇又写信又送东西地慰问。苏轼十分感动，把章惇当成了和苏辙相提并论的骨肉至亲，说道："轼所以得罪，其过恶未易以一二数也。平时惟子厚与子由极口见戒，反覆甚苦，而轼强狠自用，不以为然。"[1]又赞美道："子厚奇伟绝世，自是一代异人。至于功名将相，乃其余事。"[2]

到了元祐年间，苏辙作为言官，上书驱逐章惇，其《乞罢章惇知枢密院状》云："右臣闻朝廷进退大臣与小臣异。小臣无罪则用，有罪则逐，至于大臣不然，虽罪名未著，而意有不善，辄不可留。"[3]他现在虽然没犯罪，但我就是认为他居心不良！好家伙，章惇都没办法剖腹自证。又说，章惇在朝廷讨论"役法"的时候，不声不响，等到役法施行了，他才跳出来捣乱——天地良心，章惇前些日子跟司马光争"免役法"，喊打喊杀，整个人跳到半天高，他这儿就权当没看见。又说，章惇轻薄，满嘴里都是些市井笑话，全无大臣的体面……

在这个过程中，苏轼并没有为旧日好友说过一句话。反而在元祐元年（1086年）三月，也上书指责章惇，说道：此人当年，迎合王安石，穷兵黩武，在西南发动对"五溪蛮"[4]的军事行动，用军民性命，换取自家的功劳。

---

[1] 苏轼：《东坡全集》卷七五《与章子厚书》，收入《景印文渊阁四库全书》第1108册，台湾商务印书馆，1986，第212页下栏。

[2] 苏轼：《东坡全集》卷七五《与章子厚书》，收入《景印文渊阁四库全书》第1108册，台湾商务印书馆，1986，第212页下栏。

[3] 苏辙：《栾城集》卷三七，收入《景印文渊阁四库全书》第1112册，台湾商务印书馆，1986，第409—410页。

[4] 东汉至宋时对分布在今湘西及黔、渝、鄂三省市交界地区沅江上游若干民族的总称。

章惇征服五溪，是不是穷兵黩武，这事咱们另说。问题在于，当年，章惇征完五溪回来，苏轼还为他庆过功，道过喜，赠诗曰："方丈仙人出渺茫，高情犹爱水云乡。功名谁使连三捷，身世何缘得两忘。"[1]又道："近闻猛士收丹穴，欲助君王铸褭蹄。"[2]现在一抹脸，就换了个说法。

章惇请求辞职回家，奉养八旬的老父。但朝廷一会儿下旨贬这儿，一会儿下旨贬那儿，害得他到处跑。好容易回到了家，父亲已经去世。

苏轼却又给章惇写了一封恭贺其"归隐田园"的信："归安丘园，早岁共有此意。公独先获其渐，岂胜企羡，但恐世缘已深，未知果脱否耳？无缘一见少道宿昔为恨。"[3]什么鬼话？是我自己想归隐田园吗！难道不是你们把我赶走的吗！当真羡慕，你也辞一个官来看看啊！

这封信写得实在不合时宜，好比弟弟在别人家里放了把火，做哥哥的，却恭贺苦主："失了火好呀！东西都烧光了，不用断舍离了，我真羡慕你的清净！"任谁听了心里都不会高兴。此信之后，苏、章之间音书断绝，再无来往。

苏轼对旧友章惇的这一番态度转变，以"人情"来讲，实在难以理解。或许，我们只能从"大义"上做解释了——就这么说吧，认定新法祸国殃民的苏轼，也坚信着，驱逐章惇，正是我辈匡扶社稷的大义所在。自古正邪不两立，义又岂能容情！

[1]　苏轼：《东坡全集》卷七《和章七出守湖州二首》，收入《景印文渊阁四库全书》第1107册，台湾商务印书馆，1986，第131页下栏。
[2]　苏轼：《东坡全集》卷一二《观张师正所蓄辰砂》，收入《景印文渊阁四库全书》第1107册，台湾商务印书馆，1986，第196页上栏。
[3]　苏轼：《苏轼文集·苏轼佚文汇编》卷三《与子厚一首》，孔凡礼点校，中华书局，1986，第2496页。

元祐三年（1088年），苏轼对高太后建言：虽然祸首王安石已经死了，但吕惠卿、李定、蔡确这些被赶走的恶徒，并未死心。朝野之中，密布着他们的党羽，就如群鬼夜行一般，都在憋着劲儿想害人，不可不防。

元祐五年（1090年），"车盖亭诗案"后不久，宰相吕大防等人，试图对两党进行调停。高太后呢，为了将来皇权的平稳移交，她也想着，起用一两个立场温和的"熙丰"旧人，平衡一下朝堂，安抚一下人心。这时候，又是苏辙站了出来，怒斥这一系列的投降主义与投机行为。他指出，邪恶小人在朝廷的外面，日夜窥伺，"若陛下不察其实，大臣惑其邪说，遂使忠邪杂进于朝，以示广大无所不容之意，则冰炭同处，必至交争；薰莸共器，久当遗臭。朝廷之患，自此始矣"[1]。

秉持着冰炭不相容，正邪不两立的态度，二苏兄弟，为北宋历史上越烧越旺的党争，也算是努力地添了几把干柴。

王安石就等于苏东坡？这可上哪儿说理去！

没当上宰相，先掉进"朋党"的坑

元丰八年（1085年）三月十五日，宋神宗驾崩。

一年之前，宋神宗发下诏书，叫苏轼从黄州搬到汝州居住。待遇不变，但汝州离京城近。而且诏书中明晃晃地写着："人才

---

[1] 苏辙：《栾城集》卷四三《乞分别邪正札子》，收入《景印文渊阁四库全书》第1112册，台湾商务印书馆，1986，第494页下栏。

难得，终不忍弃置。"这就是一个确切的好信号。皇帝有重新起用苏轼的意思。

面对圣主的召唤，小臣苏轼并不想回去。皇帝那边觉得，苏轼这匹劣马，挨了接二连三的棒打，总算调教得老实了，可以放出来干活儿了。而苏轼这边觉得，君恩深重，君威也难测啊！"乌台诗案"这一棒，打得他心有余悸。

苏轼接了诏书，带着全家老小，慢悠悠地在路上走，沿着长江转圈儿，贪看山水，遍访亲朋，写诗作画。甚至跑到了南京，探望了在山中养老的王安石。二人尽弃前嫌，围绕着诗歌与佛法，进行了亲切友好的交流，彼此皆惊为天人。王安石甚至邀请苏老弟：不如就在附近求田问舍，与老夫一起隐居可好？苏轼婉言谢绝了。

由于舟车劳顿，苏轼刚出生的幼子在途中不幸夭折。一家老小好不容易走到了常州，苏轼定下心来，他向朝廷哀求，要就地养老。《乞常州居住表》云：

> 自离黄州，风涛惊恐，举家重病，一子丧亡。今虽已至泗州，而赀用罄竭，去汝尚远，难于陆行。无屋可居，无田可食，二十余口，不知所归，饥寒之忧，近在朝夕。与其强颜忍耻，干求于众人；不若归命投诚，控告于君父。臣有薄田在常州宜兴县，粗给饘粥，欲望圣慈，许于常州居住……重念臣受性刚褊，赋命奇穷。既获罪于天，又无助于下。怨仇交积，罪恶横生。群言或起于爱憎，孤忠遂陷于疑似。中虽无愧，不敢自明。向非人主独赐保全，则臣之微生岂有今日。

说得委屈巴巴，总之就是，我有文化，少蒙我，我就在这躺倒了！宋神宗准了。

苏轼喜欢常州是真的。他在常州下面的宜兴买了田产："买田阳羡吾将老，从来只为溪山好。来往一虚舟，聊随物外游。有书仍懒著，水调歌归去。筋力不辞诗，要须风雨时。"[1]常州有好山好水，有好吃的河豚，竹外桃花三两枝时，苏轼据案大嚼，乐不思蜀。

然则，苏轼真的打算带全家归隐了吗？那可未必。孔子说过："天下有道则见，无道则隐。"于传统的儒家士大夫而言，归隐总是"大道如青天，我独不得出"时的权宜之计。何况是自小就"慨然有志于天下"的苏轼呢。

宋神宗去世，高太后垂帘，司马光回朝，局势日渐明朗。元丰八年（1085年）八月，苏轼知登州。刚到登州，便又接到回京的诏书，擢升他为礼部郎中。他在登州，前后只待了不到一个月的时间，硬是把周边跑了个遍，深一脚浅一脚地走在岩石与滩涂之间，访察民情。回朝时，便递上了两封关于登州政务的折子：一封《乞罢登州榷盐状》，为被盐法坑苦了的盐户请命；一封《登州召还议水军状》，建议加强沿海靠近辽国领土的军事防御。此时的苏轼，重新焕发了参政的热情。

十二月，苏轼迁起居舍人；元祐元年（1086年）三月，迁中书舍人；四月，参议役法；九月，迁翰林学士。一路扶摇直上，眼看着，宰相的位子，就在不远处向他招手了。

原来，宋朝拜相，有个"四入头"的说法。就是宰相的人选，通常会从三司使、翰林学士、知开封府、御史中丞这四个位

---

[1] 苏轼：《东坡词·菩萨蛮》，收入《景印文渊阁四库全书》第1487册，台湾商务印书馆，1986，第114页下栏。

子上出来。"翰林学士"这个职位，背靠皇权，有相当的参政、议政之权，甚至能左右宰相的任免，故而号称"内相"。现在的苏轼，资历与声望都已经足够，高太后又特别欣赏他。她喜爱苏轼的文字，她也记得，公公宋仁宗曾经说过的话："苏轼，是朕为子孙留下来的宰相……"

无论从哪个方面来讲，这都应该是属于苏轼的时代——

"宋世人才之盛，亡出庆历、熙宁间，大都尽入欧、苏、王三氏门下。"[1]"文"与"政"向来不分家。文化上的话语权，关联着政治地位；书斋中的文学传承，往往代表着朝堂上的势力分野。旧"文宗"欧阳修已经少有人提起，王安石与司马光相继谢世。如今海内，能够领袖文坛的，舍苏轼其谁？

诸事皆宜。没承想，平地卷起一股"倒苏"之风，各路人马，一拥而上，硬是将苏轼从那青云之端，给拽了下来……

这在宋代政治史上，是个很特殊的情况。一般来说，资历和声望积累到现在，当个两府宰执，是水到渠成的事情。随便数一数，大宋的宰相与副宰相：寇准、李迪、晏殊、范仲淹、富弼、韩琦、欧阳修、王安石、司马光、吕公著……哪一个是蝇营狗苟之辈？不都上去了？怎么轮到苏轼，就格外地困难呢？这事还真不是"木秀于林，风必摧之"这么简单。真正的原因，其实苏轼自己就总结过了。

话说某一日，苏轼吃饱了饭，要消食，遂轻抚胖肚皮，缓步于庭中。他和侍女们开玩笑："你们说，这肚子里装的是啥？"一个侍女答道："是文章！"另一个道："见识。"苏轼皆摇头。这时候，王朝云说："学士这一肚皮，都是不合时宜。"苏轼捧腹大

---

[1]　胡应麟：《诗薮·杂编》卷五，上海古籍出版社，1979，第311页。

笑，深以为然。

什么叫"不合时宜"？简单地讲，就是踩不上时代的节奏，跟不上时代的风向。那么，苏轼到底是怎么与时代合不来的呢？我们就从他是被哪些人以哪些理由攻击说起吧！

元祐时代，后世称为"贤人政治"，认为在朝者，大都是贤人君子。但君子们之间，也斗争得厉害。按流传最广的说法，当时，朝堂上有洛党、朔党、蜀党，互相攻讦。

洛党，以理学家程颐为首，朱光庭、贾易等为羽翼，因程颐是洛阳人，故称"洛党"；朔党，以刘挚为首，主要成员有梁焘、王岩叟、刘安世等，大都是北方人，故称"朔党"；蜀党，指苏轼及其门人、乡党。

以上，咱们看看就行了，不用特别当真。皇城之下，敌无死敌，友无至友。朝堂上的人与事，因缘聚合，权力、利益、政见、意气、地缘、血缘、姻亲、门户……都有可能让人们在某些时刻结为"一党"，但是，这也不是绝对的、必然的。"朋党"这个现象，既是一种客观现实的存在，也是政治斗争中虚无缥缈、互相乱扣的一顶帽子。它最可恨之处，在于用抱团儿、站队，取代了是非曲直，把现实搅成了一团谁也看不清的浑水。浑水摸鱼，雾里看花，当真结党的人，他不可能承认；不结党的人，又经常会因为一言不合，就被强行划入"某党"，上哪儿说理去？更有那看谁都不忿的、两面三刀的、四处拱火的……"自古朋党多矣，未有如元祐之党为难辨也。"[1]元祐年间的这一堆糊涂账，就算起各位当事人于地下，恐怕也说不清了。

---

[1]　吕中：《宋大事记讲义》卷二〇，收入《景印文渊阁四库全书》第686册，台湾商务印书馆，1986，第381页上栏。

总之吧，传说中的洛、朔两党，还有各路不知所以然的人马，不约而同，对苏轼发起了攻击。最有杀伤力的攻击理由，是这两条：

第一，苏轼跟王安石一路货色，不仅治不了国，还会成为祸害。

第二，苏轼有才无德，不配做宰相。

一为文人，便无足观乎？

第一次有人将王安石与苏轼相提并论，是元祐元年（1086年）九月二十二日，也就是苏轼当上翰林学士后的第六天。监察御史孙升上书说道：

> 苏轼文章学问，中外所服，然德业器识，有所不足，此所以不能自重，坐讥讪得罪于先朝也。今起自谪籍，曾未逾年，为翰林学士，讨论古今，润色帝业，可谓极其任矣，不可以加矣。若或辅佐经纶，则愿陛下以王安石为戒。[1]

孙升这个人，倒没见他跟谁关系密切，总是白眼朝天的样子，对王安石、苏轼、程颐，都看不惯。他认为，苏轼此人，文章学问自然是极好的，但是——当个翰林学士也就到顶了。论品德、器量、识见，还达不到做宰相的水平。苏轼当年不是弄了个"乌台诗案"吗？大家晓得，"因文罪人"不太应该。不过我们

---

[1] 李焘：《续资治通鉴长编》卷三八八，中华书局，1995，第9444页。

话说回来，这不也是苏轼自找的吗？身为朝廷大臣，有话不好好说，一天到晚阴阳怪气的，不知自重！

孙升说："如果要用苏轼做宰相，请以王安石为戒。"他的道理是这样的：

> 王安石擅名世之学，为一代文宗，方其居讨论润色之职，陈古今治乱之言，朝廷为之侧席，中外莫不引颈。一旦遭遇圣明，进居大任，至言不践，旧学都捐，摈斥忠良，弃众自用。趋近利，无远识，施设之方一出于私智，以盖天下之聪明。由是言之，则辅佐经纶之业，不在乎文章学问也。

"王安石一代文宗，论学问，那真是没话讲。当年他当上翰林学士，那个大发议论啊，从皇上到群臣，从朝廷到地方，谁不是心悦诚服？都以为这一回，可算来了个国医圣手。当真让他放手一干，糟糕了！说得好听做不到，排斥忠良不听劝，急功近利没远见，一个劲儿自作聪明，误尽了苍生！所以我们要汲取教训，不能看谁文章好，学问大，就让他执掌这天下的权柄。"

接下来，就是苏轼与程颐两个人，为了司马光的丧礼，正式翻了脸，开始了长达一年的互殴。元祐二年（1087年）九月，围观完了整场架的侍御史王觌，发表了自己对"苏、程之战"的观感：

> 苏轼、程颐向缘小恶，浸结仇怨，于是颐、轼素相亲善之人，亦为之更相诋讦以求胜，势若决不两立者。乃至台谏官一年之内，章疏纷纭，多缘颐、轼之故也。前者，颐败而言者及轼，故轼乞补外，既降诏不允，

寻复进职经筵，而又适当执政大臣有阙，士大夫岂得不
忧？虽臣亦为朝廷忧也。轼自立朝以来，忤怨不少，
臣不复言，但庙堂之上，若使量狭识暗、喜怒任情如轼
者，预闻政事，则岂不为圣政之累耶？然轼之文采，后
进少及，陛下若欲保全轼，则且勿大用之，庶几使轼不
遽及于大悔吝。[1]

大意是：苏轼、程颐这两个不让人省心的，为了一点儿私人
恩怨，纠集亲友，在朝堂上大打出手，搞得大家都不得安静。现
在他俩可算打完了，程颐落败（在八月份被请回洛阳老家教书去
也），剩下一个苏轼，不仅厚脸厚皮地赖在中央，还跑去给皇上
讲课——太皇太后您这意思，是想让他进位执政大臣吗？臣以为
万万不可，请看苏轼这一年的表现，器量狭隘，见识短浅，做事
情还特别情绪化，这种人，岂能担负起治国的重任？臣觉得，苏
轼就待在现在的位子上，挺好的，再往上，就德不配位了。这是
为了大宋好，也是为了苏轼本人好！

王觌此人，也没有什么明显派系。苏轼跟程颐打架的时候，
他还站出来为苏轼辩护，说："苏轼嘛，就是讲话不晓得轻重，这
是小事情。如果上纲上线到'党争'的地步，才是国家的大患。"

孙升和王觌对苏轼的批评，其基本的出发点，其实是士大夫
的角色定位问题。与君王"共治天下"的士大夫，是集文人、学
者、官僚三种社会角色于一体的复合性存在。我们可以把这三个角
色，分别对应为文学、学问（儒学）、政术。它们对于评估人才的
重要性，是递增的。北宋开国以来，科举的考核重点，就有一个诗

---

[1] 李焘：《续资治通鉴长编》卷四五〇，中华书局，1995，第9866—9867页。

赋到经义与策论的转变过程，正好反映了这个评估重心的转移。

宋代是"文人政治"，实际上，这里的"文人"是广义上的，对应传统上我们所说的"士大夫"集体。而狭义的"文人"，则专指"文学之士"，即现代人所谓"搞文学的"。"士当以器识为先，一号为文人，无足观矣。"[1]这是朔党领袖刘挚经常用来教育子孙的话语。这也是时代的一个共识——士大夫，要先立品德，多干实事，这是必选项。爱文艺，搞文学，是锦上添花的加分项。如果没有必选项，只有加分项，此人作为"士大夫"，就不值得被看重了。

苏轼呢，他当然也是文人、学者、官僚的三位一体。不过，现在大家认为，他身上文人的成分也太多了点儿！官僚的成分，自然也就少了点儿。也不是特别少，只不过，想要成为百官之首的宰相，要"上佐天子，理阴阳，顺四时，下遂万物之宜，外镇抚四夷诸侯，内亲附百姓，使卿大夫各得任其职也"，他还不够格。

老实说，苏轼这也太好咬了

苏轼是翰林学士，负责为馆阁选拔人才。老规矩，人才在进入馆阁之前，要进行考试。这试题呢，就由苏学士亲自来出。元祐二年（1087年）十二月，苏轼为考生廖正一出了一道策论题，题目是："请就两汉的政治探讨一下，在各自的背景条件下，王莽和曹操这两位，谁篡夺天下更容易呢？"

好嘛，御史台的马蜂窝被捅翻了。监察御史杨康国即日上书道："我昨天上朝，眼见得百官聚在一起议论纷纷，个个面带惊

---

[1] 脱脱等：《宋史》卷三四〇《刘挚传》，中华书局，1977，第10858页。

恐之色。大家都被苏轼大逆不道的言论吓蒙了，竟无人敢上奏陛下，只恐陛下寒心。我为了社稷安危，不得不上奏。"

一个考题而已，陛下怎么就寒心了呢？社稷怎么就垂危了呢？他的道理是这样的：

第一，忠臣义士人人景仰，王莽、曹操这样的乱臣贼子人人憎恨。平时大家表忠心还嫌不够呢，你苏轼居然叫考生把自己代入乱臣贼子，说一说谋朝篡位哪家强？

第二，王莽和曹操这俩货，怎么上位的？夺了人家孤儿寡妇的江山啊！如今，高太后扶着小皇帝垂帘，跟西汉末年太皇太后王政君带着年幼的汉平帝，形式上也差不多。那么问题来了，请问满朝之中，谁是王莽？

科举、阁试的策论题，从来不是随便出的，是要让考生分析历代政治得失，抒发对当今政事的意见——"借古喻今"是也。苏轼当年，就曾经利用试题，反对王安石搞变法。现在，他又搞出了事情。

监察御史赵挺之紧跟着指责道："苏轼的学术，本来学的就是《战国策》中苏秦、张仪等纵横家，靠嘴皮子游说人主。自从进位翰林学士，专门引进一批轻薄无行的文人，如王巩、黄庭坚之流，简直就是市井无赖、唱戏卖艺的。现在又公开探讨奸臣该如何篡国，不知敬畏，毫无忌讳，这是为人臣者该干的事吗？其心可诛！要是让他得了志，他什么坏事干不出来！"

杨康国，大概是"朔党"的成员。赵挺之呢，就复杂了。他先是新法的拥护者，（据说）曾经向程颐求学。后来，又被划到刘挚一党，新党重新上台后，他又被指为先后攀附章惇、曾布、蔡京上位，直到当上宰相。然后，他又扳倒蔡京，出手调和新旧两党恩怨，最终，顶着个"包庇元祐奸党"的罪名去世。一路走来，扑朔迷离。

年轻时的赵挺之，在地方上积极地执行新法，因此与反对新法的同事黄庭坚吵了架，翻了脸。后来，黄庭坚因为苏轼的引荐，入了馆阁。赵挺之也被别的大臣推荐，来到馆阁面试。苏轼见到他，大怒，斥骂道："此等聚敛小人，学问品行一无所取，也配备位文学侍从？"因为不是苏轼一个人说了算，赵挺之还是通过了考试，与黄庭坚又做了同事。

黄庭坚才思敏捷，就经常在口头上戏弄赵挺之。赵挺之是山东乡下人，没吃过啥好东西，叫个外卖工作餐吧，一天天的，只知道扯起乡音，叫人家送一笼老家的蒸饼（馒头）。黄庭坚就故意叫大家联句对诗，玩弄文字游戏来嘲笑他。赵挺之不吭声。民谚云："咬人的狗不叫，善叫的狗咬不了人"，正是赵、黄二人之谓也。有朝一日，赵挺之当上了御史，这才张开了嘴，一口就咬住了苏轼，这叫一个稳准狠，至于老同事黄庭坚，还只能算一个添头。苏轼当了翰林学士后，引荐被后世称为"苏门四学士"的黄庭坚、秦观、张耒、晁补之入朝，门下又有陈师道、李廌，意气相投，合称"六君子"。在赵挺之的嘴里，这都是跟着苏轼一荣俱荣的阿猫阿狗。

苏轼还嘴说："赵挺之就是跟我有私仇！"但是，赵挺之是御史。御史就是以咬人为业，有时咬得有理，有时没理；有时为公而咬，有时为私而咬。一般人，谨言慎行都防他们不及，苏轼呢，这一天天的，门户大开地在朝堂行走，实在也太好咬了吧！

过完年，连看上去中立守序的王觌，也发话了：

苏轼去冬学士院试馆职策题，自谓借汉以喻今也。其借而喻今者，乃是王莽、曹操篡国之难易，缙绅见之，莫不惊骇。轼习为轻浮，贪好权利，不通先王性命道德之意，专慕战国纵横捭阖之术，此前日策题所以亏损国体而惊骇群听者，非偶然过失也。若使久在朝廷，则必立异妄作，以为进取之资；巧谋害物，以快喜怒之气。或未欲深罪轼，即宜迁与一郡，稍为轻浮躁竞之戒。[1]

他认为，苏轼的毛病，在于所学不正，装了一肚子的战国纵横捭阖之术，还喜欢标新立异，性格又轻浮，一不高兴就乱讲话。不如让他暂时离开中央，外放到地方上，清醒一下脑袋。

战国时候，游说之士到处跑，想让傲慢的诸侯听自己的，一上来就要危言耸听，比如说："大王你要亡国灭族了！"不管三七二十一，吸引到注意力再讲。可现在呢，是天下大一统，保守中庸的礼法时代，这样大喘气地说话，大家接受不了。

大家接受不了，苏轼就好过不了。他只得上书朝廷，说臣如今两眼昏花，视物不清，胳膊受了风寒，只剩下一只还能动弹，实在是老病不堪驱使，请求调派到地方上去养老。然而高太后不准。高太后这位女主子的性情，最是爱憎分明的。她温言好语地劝谕道："学士是在畏惧台谏的批评吗？你兄弟二人，孤立在朝中，一直以来的升迁，都是皇帝与我的主张，与他人无关。你且安心，莫管别人说什么。"

苏轼安了心，御史们就不会甘心，越发地吵闹。

---

[1] 杨仲良：《皇宋通鉴长编纪事本末》卷一〇三，李之亮点校，黑龙江人民出版社，2006，第1783页。

女主恩重，金莲烛送学士归

元祐三年（1088年）四月，红芍晚，青荷新，一个温和的良夜，高太后带着小皇帝，坐于宫中便殿，召今日在翰林院值班的苏轼前来说话。

太皇太后道："有一事要问内翰——前年任的是何官职？"苏轼对道："汝州团练副使。"太后问："现今为何官？"苏轼答："臣备员翰林院，充学士之职。"

"知道是因何得此官的吗？"

"因为遇到了陛下（指高太后）。"

"不关老身的事。"

"那必是官家（指小皇帝）的意思。"

"也不关官家的事。"

"莫非是哪位大臣有心荐举？"

"也不关大臣的事。"

苏轼惶恐道："臣虽无状，也不会做各种私情请托之事。"高太后道："老身久已想让学士知道了。此是神宗皇帝的意思。皇帝那时每值饭食之时，若停下筷子细看文章，内侍便互相传道'这必是苏轼的文字'。皇帝常失声赞叹，道'奇才！奇才！'，可惜没来得及重用学士，便仙去了。"

宋神宗大爱苏轼的才华是真的。恼怒其不听话，也是真的。其中，也许还夹杂了一点儿调教才子的乐趣——

那一年，苏轼被贬到黄州，便有人落井下石，来挑他的过错，说他在徐州当地方官时如何如何。宋神宗并不在意。倒是吓得苏轼上书谢罪，文辞一如既往地生动、优美、风趣。其中有句云："况兹沟渎之中，重遇雷霆之谴。无官可削，抚己知危。"大意是："我人都掉沟里了，怎么又挨雷劈？想想官职已经一薅到底，薅无可薅，不禁抱住了惊慌的自己。"宋神宗津津有味地读完，忍不住笑起来，说："畏吃棒耶？"[1]

"苏轼这厮，是怕挨朕的棒子吗？"宋神宗对苏轼用的就是"大棒加胡萝卜"政策，调教得老实了，还是要用他的。但要如何大用吧，比如当宰相，估计也没戏。高太后倒是想"大用"苏轼，奈何群情汹汹，她不得不慎重。

苏轼听了这一番话，伏地痛哭。高太后与小皇帝也流下泪来，左右服侍的人，尽皆掩面。然后，太后令人看座，赐学士饮茶，说："你只要尽心为官家做事，便是报答先帝知遇之恩了。"

台谏们这两三年来攻击苏轼，甚至讲苏轼诽谤先帝，高太后都不理，挑这样的时候，与苏轼说这样的话，显然是对苏轼的安抚。苏轼辞出，高太后又叫宫人将御前的金色莲花烛台拿了，照亮夜路，送苏学士归去。

原来，唐代宰相令狐绹还是翰林学士时，皇帝召他入宫说事。说到深夜，皇帝爱惜学士，便叫他乘坐自家的乘舆回去，又令宫人以御前的金莲烛照明引路。此事传扬出去，人皆惊羡，道是无上的恩宠。高太后今天便也仿效了一回。苏轼到此，历事四朝，每一朝都算得上简在帝心，而真正肯以帝王之强硬为其撑腰的，只有高太后。

元祐四年（1089年），苏轼当了侍读，日常进宫，为小皇帝讲解史书。讲着讲着，又讲出事情来了。有人弹劾他讲课时夹带私货，想要带偏少年天子的心性。又有人说，苏轼借草拟诏书的

---

[1] 徐度：《却扫编》卷下，收入《全宋笔记·第三编（十）》，大象出版社，2008，第163页。

机会，诋毁朝廷——

苏轼给小皇帝讲史，讲了啥题目，高太后又不是不晓得。朝廷的诏令文书，能发出来，也是经过太后与宰相认可的。在这里头挑毛病，简直就是鸡蛋里挑骨头。高太后不予理睬，还狠狠训斥了某些人。

然而苏轼到底在朝中立身不安。元祐四年（1089年）是非常动荡的一年。二月初，宰相兼"同平章军国事"吕公著去世。这是个能服众的元老。当年王安石博学善辩，视衮衮诸公都是不读书的文盲，唯独对着吕公著还肯服气一二。这位一走，意味着高层人事又要发生大的变动，少不了明争暗斗。

苏轼再次上书，请求外放。高太后终于准了，并且非常体贴地让他去了杭州。苏轼私底下曾经和亲友嘀咕，如果要守一郡以终老，他最希望的，就是扬、楚沿江之地，即长江中下游一带，山水清嘉，人民富庶。如果不能，湖南、江西也不错。至于"钱塘自古繁华"的杭州嘛，东南第一州，人间天堂，没敢想过。如今，真是喜出望外。

三月十六日，苏轼以龙图阁学士除知杭州。临行前，太皇太后又好言劝慰，更赐下品官袍服、金腰带、金镀银鞍辔、骏马，以示优渥。

元祐六年（1091年）二月，苏轼从杭州被召还，迁为吏部尚书。吏部尚书从二品，在宋代，它只是一个寄禄官，并不处理实际公务。但是，它的象征意义非凡，意味着你离当宰相只差临门一脚了。然而这时候，又出现了一个障碍物，不是别人，正是自家的亲弟弟苏辙。

苏辙这几年，事业倒是发展得很不错。现在，朝廷要拜他为"尚书右丞"——元丰改制后，这就相当于副宰相了。宋朝一直执行着严格的"避亲制度"。像苏家兄弟这样，两个人同时待在中央，职事相近，这就不合适。于是，把苏轼的"吏部尚书"又改成了"翰林学士承旨"——"翰林学士"后面加个"承旨"，表示此人乃是翰林学士院的首席，比一般学士更加清贵。

但问题还是存在啊！翰林学士既清贵又有实权，按制度，也不能让宰相与副宰相的亲戚担任。高太后非要这么任命，还是会招人闲话。最好的解决办法，就是兄弟俩外放一个出去。于是，当年八月份，苏轼再次自请出京，任颍州、扬州太守。一年后，元祐七年（1092年）八月，又以兵部尚书、龙图阁学士兼侍读召还，宫中再赐下袍服、金带、鞍马。旋即，改礼部尚书。

苏轼这一年里，倒有半年在路上跑。高太后这么折腾苏轼，倒也不是故意的，实在是苏爱卿的职业生涯已经碰上玻璃天花板了。我们知道，六部尚书虽然是虚衔，但能给你套上这么一个虚衔，要么本人已经是宰相，要么马上就要升任宰相。苏轼这六部都轮完三部了，居然还不是个"相公"——也太尴尬了吧！

苏辙现在都是副相了，做哥哥的反而落在他的后头。在讲究长幼有序的礼法时代，这就很不好看。我们以另一对政坛兄弟"大小宋"做个对比吧！哥哥宋庠，论才华、工作能力，都不如他弟弟宋祁。然而，宋祁一辈子都没能爬过哥哥头上去。当年二人同举进士，小宋考了状元，大宋考了探花。执政的刘太后说，做弟弟的理应谦让，这状元，就让给哥哥做吧！于是大宋做了状元。再后来，朝廷要提拔小宋做三司使，也因为大宋正当着相公，没提拔成。人们都说，大宋他德行好呀，老成厚重，是个做宰相的材料。小宋才华虽高，但轻薄无行，不堪大任——耳熟吧？现在很多人对苏氏兄弟也是这么看的。只不过，轻薄无行的那一位，是哥哥。

当年，苏洵带着初出茅庐的兄弟俩，去拜访张方平，让他帮忙看看孩子资质如何。张方平说："孩子都是极好的。大的那个，聪明敏锐，尤其招人爱。不过呢，小的为人持重，将来在仕途上会走得更远。"

苏辙在文学上的成就，跟哥哥不能相比。吏治之能、政治人望，也不如哥哥。然而他做人低调，性格沉稳，自打年轻时在制科上栽了跟头，便学会了谨言慎行。不哼不哈，不知不觉，他就一屁股坐进了政事堂。他哥还在门口徘徊呢！

高太后打心眼儿里还是喜爱苏轼的。讲道理，大宋的"相公"那么多，一年都换两三个，难道个个称职？难道说，就偏偏多了一个苏轼？论资排辈也该轮到他了！然而朝堂上的反对声太大，她不想激化矛盾，也就只能这么进进出出、迂回前进了。只要不出大乱子，让苏轼在退休之前，好歹混上一个副相，也算君臣一场。

时光不饶人，苏轼已经快到六十岁了。

元祐六年六月自杭州召还汶公馆我于东堂阅旧诗卷次诸公韵三首

半熟黄粱日未斜，玉堂阴合手栽花。
却寻三十年前味，未饭钟时已饭茶。

梦觉还惊屧响廊，故人来烂影前香。
鬓须白尽成何事，一帖空存老遂良。

尺一东来唤我归，衰年已迫故山期。
文章曹植今堪笑，却卷波澜入小诗。

三十一年前，苏轼入京赶考，借住在东京兴国寺。苏轼自杭州回京后，重游兴国寺，景物依稀，相识的和尚死的死，走的走，只有当年那个跑前跑后的小沙弥慧汶还在，如今也已是慈眉善目一老僧矣。苏轼依旧请寺中做了茶、饭。夏日炎炎，苏轼在僧房中昏昏睡去，被走廊上的脚步声惊醒时，晚饭还没有蒸熟。当年的蜀中雏凤，清唳一声入世，桐花万里，皆为它绽放。谁料有朝一日，自己竟也体会到了"黄粱一梦"的虚幻呢？

三十年宦海，滋味万千。苏轼说："鬓须白尽成何事，一帖空存老遂良。"唐代书法家褚遂良，曾为唐太宗李世民草拟遗诏，是唐室的股肱之臣。唐高宗李治继位后，他被外放，不久召回，拜为吏部尚书。此后，数年内他便当上了大唐宰相。武则天得势之后，他被贬长沙，一日之间，须发皆白。苏轼以白发褚遂良自比，此刻的心境，悲凉多过壮怀。

本该归老田园的年纪，却受天子召唤，重回朝堂。此事可喜，亦可悲。杜甫诗云："文章曹植波澜阔。"天下才有一石，曹子建独占八斗。曹植文章中的波澜壮阔，来自他的文学天才和被压抑的政治雄心。"往古皆欢遇，我独困于今。弃置委天命，悠悠安可任？"[1]现在的苏轼，对曹植的身世境遇，也是有强烈共鸣的。

曹植郁郁而终。苏轼胸中的波澜万丈，又将如何做个了结？

一个好消息：我大宋的高层政治是老人政治。五十多岁，在政坛还只算得一只菜鸟。七十岁正当年，只要当上宰相，八十岁也能青春焕发。

坏消息是：老天爷又来捣乱了——

---

[1]　出自曹植《种葛篇》。

元祐八年（1093年）九月，高太后薨逝，谥号"宣仁圣烈皇后"。未满十七周岁的宋哲宗亲政，大宋的天又变了，苏轼的青云之路，自兹断绝。

大侠为何身绕魔气？

就像一个出身名门正派的大好青年，一不小心修习了魔教功法，从此一招一式中，总透着几分诡异。苏轼这一生，被大伙儿集中针对的，就是他的"所学不正"：好好的一个儒家士大夫，怎么就学了一身的纵横之术呢？

战国时期，以苏秦、张仪为代表的一批游说之士，拼六尺血肉之躯，摇三寸不烂之舌，周旋于列国之间，以"合纵""连横"的主张，鼓动王侯，对政治形势产生影响。其人，为纵横家；其术，为纵横之术。

纵横家的第一个特点，是摇唇弄舌，擅长雄辩与诡辩。张仪刚刚学成，出去游说，未果，还被打了一顿。老婆笑话他。他说："无妨，看我舌头还在不在？"只要舌头还在，就富贵可待。

第二个特点，是精于权变，擅长审时度势、随机应变。在政治活动中，他们重视目标大于手段，重视结果正义大于过程正义。在道德与政治的两难选择中，更倾向于选择后者。

第三个特点，是富于冒险精神，自我意识强烈。他们在列国的纷争中谋取个人的富贵，刀尖跳舞，火中取栗；对君主呢，就难免缺少一点儿为人臣子的忠贞。

苏轼受纵横家的影响，首先表现在他的文章里。尤其他的政论与史论，视野开阔又往往别具独特的视角；立意新警，常有自出机杼的妙想；雄辩滔滔，论逻辑，虽然未必总是严丝合缝，却足以出奇制胜。人们读了他的文章，目眩神迷，只觉得他的才华如天外飞来，河海倒挂，美妙得难以名状。

问题是，这种影响，也渗进了他的政治生活。

其一，表现为头脑灵活、思维广。日常，他就爱跳到清规戒律的外面，甚至于想出一些大胆、冒险、犯忌讳的主意。比如说：

《贾谊论》中，他公然声称，如果不被权贵认可，就去跟权贵交好，让他们慢慢接受自己——确实很多人这么做了，但谁也不敢这么理直气壮地说呀！

"车盖亭诗案"，他给高太后出点子，要以小皇帝的名义严惩蔡确，再由高太后下令宽恕蔡确，可两全小皇帝的孝道和太后的仁慈——他咋就不想想，平白地，给小皇帝脑门儿上扣这么一口大锅，小皇帝能高兴吗？

其二，表现为态度和意见经常变化，让人怀疑此人是否缺少原则性。这一点，后来被朱熹狠狠地吐槽了：

> 二公之学皆不正。但东坡之德行那里得似荆公！东坡初年若得用，未必其患不甚於荆公。但东坡后来见得荆公狼狈，所以都自改了。初年论甚生财，后来见青苗之法行得狼狈，便不言生财。初年论甚用兵，如曰："用臣之言，虽北取契丹可也。"后来见荆公用兵用得狼狈，更不复言兵。他分明有两截底议论。[1]

---

[1]　黎靖德编《朱子语类》卷一三〇，王星贤点校，中华书局，1986，第3100页。

朱熹说，苏轼原先也想要理财和用兵，看到王安石栽了跟头，他就改了口风。所以苏轼和王安石一样，喜欢瞎折腾，只不过苏轼滑头，装得像没事人一样。其实，他肚子里放着两套主张。

朱熹的这个话，论事实，倒也是事实——当年，苏轼考制科时，提出了很多改革的建议。王安石上来变法，他却反对。王安石下来，新法全废，他又说，倒也有些可取之处……

不过呢，同样的事实，也要看各人怎么理解。朱熹是理学的传人，对苏轼的理解，难免有一些先入为主的偏颇。我们要知道，社会是不断发展变化的，人的阅历与经验，也在不断地积累。一个人对事物的看法，不可能也不必要是一成不变的。换一个角度，苏轼的"变"，也正可以证明苏轼本人思维的开放性。他不教条、不拘泥，没有思想包袱，并不在意推翻过去的自己。

元丰七年（1084年），苏轼到南京看望王安石。二人毫不吝惜地夸赞对方，临别，苏轼赠诗道："骑驴渺渺入荒陂，想见先生未病时。劝我试求三亩宅，从公已觉十年迟。"说得情深意切。

王安石去世，重病中的司马光，请求朝廷给王安石死后哀荣。他说："王安石的文章和道德节操，都远超常人。只是不太懂事，把政事给弄坏了。他已然去世，我们不能让一些反复无常的小人趁机给他泼脏水。"

时为中书舍人的苏轼，应朝廷之命，写了《王安石赠太傅制》的官样文章。他在文中这样写道："（王安石）智足以达其道，辩足以行其言。瑰玮之文，足以藻饰万物；卓绝之行，足以风动四方。用能于期岁之闲，靡然变天下之俗。"听上去很美，但仔细一琢磨，这味道就不太对：

"智足以达其道，辩足以行其言"——他的智慧，足以让他达到他自己的"道"；他的雄辩，足以让他施行自己的言论。强调的是王安石个人的"道"与"言"，至于公论赞不赞成，朝廷认不认可，那还得另说。

"瑰玮之文，足以藻饰万物；卓绝之行，足以风动四方"——大家都知道，文章的功用，是承担道义，不是搞装潢设计。士大夫的天职，是报效朝廷，造福百姓，不是叫你像刮大风一样地到处煽动。所以，这两句，几乎就是"文足以饰非，行足以惑众"的客气说法。

"用能于期岁之闲，靡然变天下之俗"——说起他的功劳嘛，就是轻轻松松就改变了这天下的风俗。至于是往好里变，还是往坏里变？咱且不说！

不愧是文章圣手，这就是史家笔法，一字褒贬。

元祐三年（1088年），有一个叫周种的学官向朝廷上书，乞求让王安石配享神宗皇帝的神位。苏轼反对，说："昔王安石在仁宗、英宗朝，矫诈百端，妄窃大名……"[1] "其为奸恶，未易悉数，而王安石实为之首。今其人死亡之外，虽已退处闲散，而其腹心羽翼布在中外，怀其私恩，冀其复用。"[2]

这时候，苏轼已经很干脆地将王安石指为欺世盗名的群奸之首了。

苏轼对王安石的态度，为什么数年之间，如此变化多端呢？无他，政治需要而已。要彻底打垮新党，不让他们卷土重来，王安石这位新党老"教父"，迟早要被彻底清算。王安石的学问文

[1] 苏轼：《东坡全集》卷五五《论周种擅议配享自劾札子》，收入《景印文渊阁四库全书》第1107册，台湾商务印书馆，1986，第775—776页。
[2] 苏轼：《东坡全集》卷五五《论周种擅议配享自劾札子》，收入《景印文渊阁四库全书》第1107册，台湾商务印书馆，1986，第775页。

章，苏轼是认可的。王安石的施政纲领，新法的诸多措施，他反对。王安石的政治影响力，他要肃清——这公与私之间，他分得很清楚。随着时势变化，需要他转变态度，改变说法，他一点儿都不纠结。

这就是苏轼的政治灵活性，或曰"权术"。当年，他附和欧阳修的《正统论》，以事实的既成性，将传统史学中的"无道暴秦"和篡位起家的西晋都算作了合法政权。这些日子，又公开地探讨曹操、王莽谁谋夺天下更容易……这一切，都是他重视"权术"的外在表现。

那么，苏轼如此欣赏"权术"，堂而皇之地宣扬"权术"，他自己又实践得如何呢？以其政坛表现来看，很一般。哪一个玩弄权术的高手、合格的政客，会像他这么满世界地撒欢儿、瞎嚷嚷、乱扑腾啊！

我们就拿蔡京做个对比吧。当年，旧党上台，蔡京迎合司马光，最先在治下废除了"免役法"。等新党回来，他又向章惇建言献策，积极地要求恢复"免役法"。由此，一步步地加官晋爵，最终击败所有对手，成为一代"权相"。

"蔡京前后观望反覆，贤如温公，暴如子厚，皆足以欺之，真小人耳。"[1]不论是道德君子，还是暴躁汉子，都被他玩弄在股掌之上。相形之下，苏轼的那一点儿"权术"，简直是憨拙。不过，这也正显示了苏轼的好处——无论言辞如何大胆，情感如何恣肆，思维如何灵活，他始终有自己的原则和底线。

---

[1] 邵伯温：《邵氏闻见录》卷一一，李剑雄、刘德权点校，中华书局，1983，第119页。

> 士大夫只看立朝大节如何，若大节一亏，则虽有细
> 行，不足赎也。东坡立朝大节极可观，才意高广，惟己
> 之是信。在元丰则不容于元丰，人欲杀之；在元祐则虽
> 与老先生（指司马光）议论，亦有不合处。非随时上下
> 人也。[1]

刘安世如是说。是的，我们应该看到，无论如何表现出受"纵横之术"的影响，苏轼精神世界的基石，始终是儒家的经世观。苏轼的一生，细行或许有所不谨，大节却从来不亏。他的忧国忧民之心和作为士大夫的节操，我们都无须怀疑。

北宋始兴，儒门子弟，各自阐发对儒家经义的理解。蜀中苏氏，亦自成一派。苏家文字，风靡天下，这便是苏轼的政治资本，应时运而生。只可惜，时来天地皆同力，运去英雄不自由。苏轼的前半生，碰上了王安石和宋神宗这一对强势君臣。后半生，该收获的时候，朝廷又因为经过十几年的"变法"折腾，大家只想要"安静"。而苏轼骨子里，就不是一个安静的人。他的"所学不正"，他纵情任性的个性，无形中触犯了这种"安静"的诉求。而作为时代的文化偶像，他强烈的在野号召力，更让一些人担心，如果让他上了位，会不会又折腾得天下大乱……

那个心软又闹腾的苏子瞻啊！

司马光病逝后，苏轼越发地不羁。嬉笑怒骂，调戏公卿。满

---

[1] 马永卿编《元城语录解》卷上，王崇庆解，收入《景印文渊阁四库全书》第863册，台湾商务印书馆，1986，第359页下栏。

朝之中，见谁都自来熟，见谁都要开个玩笑。

然而，苏轼也有要绕着走的人，他便是司马光的学生，人称"殿上虎"的刘安世。刘安世是"朔党"，当年"车盖亭诗案"，蔡确被贬岭南，就有刘安世的推动。每当见到苏轼言行不合规矩了，刘安世便要走过来，一板一眼地规劝他。

刘安世擅长引经据典，苏轼招架不住，气得背后发牢骚："也不知从哪个田里的犁把子上牵了一头'刘正言'（刘安世时为'右正言'）来，知道这么多典故！"意思是说刘安世跟他老师司马光一样，都是牛脾气。

这一阵子，朝堂上忽然起了流言，说道："闽、蜀同风，腹内有虫。"闽、蜀二字，都有"虫"字偏旁。意思是说，四川和福建风土人情相近，所以四川人和福建人都是一肚子的坏水，不可信任！新党骨干章惇、吕惠卿、蔡确等，都是福建人，而苏氏兄弟是四川人，这条流言是冲着谁来的，明摆着。这里头，还涉及一个北宋传统上的地缘政治问题，即北方人对南方人的歧视。苏轼很生气，就在上早朝的时候，抱怨道："圣人有言，立贤无方。"——推荐贤人，应当不拘一格，何必拘泥于乡土呢？

刘安世便说："风啊，虫的，我是没听说过。不过，所谓'立贤无方'，立的必须是贤人才行。若是平庸之人，又如何能保证他不被风土习俗同化？"苏轼无语。平日里惯会说嘴，这会儿被人欺负到头上了，正经该替自己辩护了，他倒熄火了！

元祐三年（1088年）的礼部贡举，苏轼做了主考官。二月里头倒春寒，下起了鹅毛大雪，考生们一大早坐在庭院里，冻得不成人形。苏轼便下令，放宽考场上的禁令，准许避风、取暖、添衣，让考生们能够安心答题。考场上，有宫里的内侍带着士兵巡查，这些人常常借着抓科场舞弊的由头，恐吓、辱骂考生，还挑出考生卷子上的个别词语，说是讥谤朝廷，要取消其考试资格。苏轼看到后都制止了。

考官们都锁在贡院里头看卷子，一锁好多天。刘安世也是那年的考官之一，多年以后，他回忆道：

"那时候，苏轼每天早上起来，洗一把脸，就到处串门子。蹿到其他考官的房里，嬉笑说闹，手里也不停，东抓抓，西挠挠，跟个活猴儿一般，搅得大家都看不成卷子。他把大家折腾得够了，到了晚上，回到自己房里，点起蜡烛，几百张卷子，一看而空。精神头儿怎么就那么好！"

新党上台，刘安世被流放三千里。人在岭南，刚下驴背，新党的人就追了过来，恐吓他，逼他自杀。当时"朔党"中的梁焘、刘挚都在流放地死得不明不白（外界传言是自尽身亡，但遗属表示：没有这回事）。刘安世眼皮都不抬一下，说："朝廷要是明正典刑地杀我，尽管来。要我畏罪而死，休想！"朝廷的旨意下来，把刘安世从广东贬到广西，又从广西贬回广东。赶着他在穷山恶水里跑，只盼着他被瘴气熏死，被毒蛇咬死，被活活累死。然而，刘安世连感冒都没生一次，强健地活到了八十多岁，政敌都死绝了，他还没死。

宋徽宗建中靖国元年（1101年），新皇继位，天下大赦，"元祐奸党"纷纷从流放地被放回来。在春暖花开的一天，刘安世和苏轼在江西境内遇到了，就在荒郊野店里，草草杯盘，叙起旧来。说着说着，苏轼头一点一点的，打起了瞌睡。刘安世心中凛然，他晓得，苏轼这一回，怕是要不好了。

各自重新上路之后，刘安世对身边人说："一身的浮华豪气，已然散尽，今日之苏轼，不复是往日之苏轼了。"那一头，苏轼亦长叹："刘安世，真是铁石心肠！"

刘安世看不惯苏轼的"浮华豪气"——那些年的风流散漫，没规没矩，踢腾胡闹，嚣张得惹人恨，却又精神得惹人爱……望之实在不像是一个耆硕重臣。苏轼呢，他也永远做不到刘安世那样的铁石心肠。

"上可以陪玉皇大帝，下可以陪卑田院乞儿。"[1]

"吾眼前见天下无一个不好人，此乃一病。"[2]

庙堂上"铁石心肠"的人，永远有很多。人世间，如此这般的苏轼，千年万载，却只有一个。

苏轼对决程颐，却又在争些什么？

始于鸡毛蒜皮

苏轼与程颐两个人，为了"吃肉"的一点儿破事，吵起来了！

朝廷的规矩，每逢帝、后忌日，群臣都要去上香。然后一起吃个斋饭。一开始，吃的是素斋，大家嘴里淡出鸟来。后来就心照不宣，荤腥不忌了。元祐元年（1086年），程颐老先生来了，就开始较真儿，说："礼，居丧不饮酒，不食肉。忌日，丧之余也。"

居丧，不能喝酒吃肉。"忌日"呢，属于丧礼的后续，因此也不应该吃肉。大家听了，都不乐意。无肉不欢的苏轼尤其不乐

---

[1]　陶宗仪：《南村辍耕录》卷二〇，中华书局，1997，第249页。

[2]　陶宗仪：《南村辍耕录》卷二〇，中华书局，1997，第249页。

意，质问道："程正叔你又不信佛，吃个什么素！"他的门生黄庭坚、秦观也附议："我们要吃肉！"这一天，正好轮到程颐的门生范祖禹负责伙食，他拦住不让。争执中，苏轼卷起了袖子，高呼道："为刘氏者左袒！"他这一句台词，出自《史记》。西汉时，周勃诛灭外戚吕氏，在军营中传令："为吕氏右袒，为刘氏左袒。"支持刘氏的人，都把左胳膊露出来！到苏轼这里，就变成了："想吃肉的，左袒！"大部分人都选择了吃肉。只有程颐带着自家的门生范祖禹、朱光庭等人，埋头吃素，吃了一肚子闲气。不过，程颐也没有白费力气，从此之后，朝廷下了禁令：国忌日的工作餐，不许吃肉。

九月份，司马光去世，朝廷让程颐操持丧礼。正好又赶上皇家秋日祭，太皇太后、皇帝带领群臣，齐集大庆殿，拜祭天地和祖宗。钟磬齐鸣，舞乐皆作，是为"明堂大典"。完事之后，天色尚早，众人便道："难得人齐全，这便一起到司马光家中去拜祭吧！"程颐上来拦住，说："不可！《论语》有云，'子于是日哭，则不歌。'"

孔圣人说过，这一天如果我们在葬礼上哭过，就不应该再跑到婚礼上唱歌，否则，就是对丧事人家的不尊重。今天，我们参加了明堂大典，于礼，就不应该再到司马光家致哀。当时就有人抗议道："圣人说的是哭过不能歌，没说歌过就不能哭。"程颐不睬，反正吧，红事、白事就不能放在同一天！苏轼让他给烦得不行，不禁指着程颐问道："你这讲的是什么礼？是枉死市上叔孙通定的礼吗！"

"叔孙通"是替汉高祖制定礼仪的人，"枉死市"是冤死鬼住的地方，极言此地的荒凉。"枉死市叔孙通"的意味，就相当于"三家村学究""葫芦屯名流""高老庄贵妇"，透着一股子难描难画的犟劲儿。众人大笑，于是赶到了司马光家里，却不见司马光之子司马康出来。一问，又是程颐的主意，说什么依照古礼，孝子今天应该是悲伤得起不了床的，所以不能出面招待吊客。

到了敛尸入棺的时候，大家又震惊了。司马光的遗体被裹在锦缎里，包得好像一只肉馅儿的大粽子。苏轼怒道："我看这棺材中，还应当附一张纸条，上书'信物一角，送上阎罗大王。'"——怎么着，您这是捎给阎罗王的伴手礼吗？

众人又忍不住哄笑。好容易，把流程走完了。苏轼若无其事，向程颐请教道："正叔对丧礼很熟吗？"程颐不知有诈，答道："前些日子，倒是认真地读了一些这方面的古书。""令尊身体甚是康健，你为何要读《丧礼》呢？"你爸又没死，你就研究白事咋办了？当面辱及父母，这就很过分了！程颐铁青了脸，一声不吭。

十二月，苏轼为馆阁入职考试出了一道策问题：

《传》曰："秦失之强，周失之弱。"昔周公治鲁，亲亲而尊尊，至其后世，有浸微之忧。太公治齐，举贤而上功，历代之所共也。而齐鲁行之，皆不免于衰乱，其故何哉？国家承平百年，六圣相授，为治不同，同归于仁。今朝廷欲师仁祖之忠厚，而患百官有司不举其职，或至于偷。欲法神考之励精，而恐监司守令不识其意，流入于刻。夫使忠厚而不偷，励精而不刻，亦必有道矣。昔汉文宽仁长者，至于朝廷之间，耻言人过，而不闻其有怠废不举之病。宣帝综核名实，至于文学理法之士，咸精其能，而不闻其有督责过甚之失。何修何营

可以及此？愿深明所以然之故，而条具所当行之事，悉
著于篇，以备采择。[1]

大概意思是：当年，鲁国以德治国，注重伦理纲常。齐国以
才治国，讲究任人唯贤。结果一个衰落，一个内乱，都没能可持
续发展，为什么呢？我大宋以仁治国，如今朝廷想要学习仁宗皇
帝的忠厚待人，又担心百官们没了怕的，偷奸耍滑；想效法神宗
皇帝励精图治，又唯恐各部门为了政绩，盘剥百姓。当年，汉文
帝宽仁，朝堂上一团和气，却没听说政事有所懈怠；汉宣帝严格
考核官员，朝堂上都是各有所长的精英，却并没有形成苛政，请
问，他们都是怎么做到的？

程颐的学生，时为谏官的朱光庭，立刻跳了起来，弹劾说，
苏轼这是在讥讽仁宗和神宗二位先帝！讲他们一个苟且，一个苛
刻，比汉文帝、汉宣帝差远了！实在是大不忠、大不敬！

这一道题，高太后事先审过了，没觉得有问题。但凡阅读理
解及格的人，都不会觉得有啥问题。朱光庭这样搞，就纯属找碴
儿。高太后就回复道："知道了。苏轼有罪，免于惩处。"

一般来讲，台谏攻击大臣，不管有的没的，大臣就要停职，
在家等待审查。弹章上来了，作为君主，你不想理他也不行。为
了维护台谏的尊严，他能跟你没完。所以高太后的本意，大概是
想和个稀泥，让这事赶紧过去。然而，苏轼不能接受突然被扣
上这么一顶帽子，上书自辩，说："我这个题目，确实有点儿用
意，就是要讥讽当今的宰相、执政与台谏，他们这一年以来，干

---

[1] 苏轼：《东坡全集》卷四九《试馆职策问三首》，收入《景印文渊阁四库全
书》第1107册，台湾商务印书馆，1986，第686页。

得实在太差……"自辩就自辩，你一棍子打翻一船人干啥呀？

苏轼的眉州老乡，御史吕陶上书，说："朱光庭这么没道理地弹劾苏轼，是因为跟程颐交好，所以挟私报怨。苏轼戏弄程颐，是做错了，可以追究其言行不谨之罪，但不应该用'讥谤先帝'这种文字之祸来构陷他。"又说："我跟苏轼虽然是同乡，但我这一番话，并不是为了帮苏轼，而是要让朝廷不受朋党的祸害。"言下之意，是朱光庭与程颐结党。然后呢，他自己也被指为与苏轼一党。很快，"洛党""蜀党"的说法，就在朝野之间风传起来了。

侍御史王觌对高太后说道："这件事情，不宜再追究了。否则，只怕臣子间的对立越发严重，朝野间的'朋党'论调更加不堪。苏轼出个试题，言辞有所不当，这是小事。若让士大夫蒙上'朋党'的名声，将成为朝廷的大患。"高太后深以为然，遂下诏：苏轼无罪。

朱光庭表示：本人不服！御史中丞傅尧俞、侍御史王岩叟也跳了出来，说："苏轼怎么可能没罪？我们尊敬的先帝，是能让你随便拿来出考题，给大家议论的吗？"

说起那傅尧俞，历仕四朝，如今六十多岁快退休的人了。王岩叟，曾向朝廷举荐过程颐，本人则受刘挚的引荐，被认为是"朔党"的成员。这两个人为啥要下场？按高太后的揣测，是听说朱光庭要受处分，跑来搭救他的。高太后垂帘听政，这也才小一年的光景，也是摸索着在做君主。眼见这些言官，一个说话，众人帮腔；一个犯错，集体来救；简直不似朝廷的官员，倒像自成一派的小团伙，她也很是气恼，便叫宰相去找各当事人谈话，申明：第一，不许抱团；第二，这事，谁也不要再提了！

傅尧俞、王岩叟不听，跑来向太皇太后当面进谏。高太后说："这不过是小事，你们不必如此。"二人道："事关朝廷体面，并非小事。"太后道："苏轼没有讥讽先帝。"二人道："就算没有，苏轼言语不当，也应该处罚。"王岩叟从袖子里掏出苏轼的策题，指指点点，又举起自家的奏折，放声朗诵。高太后连声喝止，止他不住。傅尧俞上前一步，厉声叫道："太皇太后为什么袒护苏轼？苏轼又不是太皇太后的亲戚！"王岩叟道："太皇太后若不是有意包庇苏轼，就应该讲一讲道理。如果您非要认为臣等结党营私，臣等愿意现在就被罢黜！"

嘿！一哭二闹三上吊，言官三板斧又来了！高太后气得心口疼。她自打童稚入宫，做皇后养女的时候，就晓得皇帝难做，台谏难缠，只是没料到，竟如此难缠。幸亏她是女主，有个帘子挡着，不然，今天也要跟宋仁宗一样，被喷上一脸的唾沫星子。这时候，众执政大臣里，也有人犯起了嘀咕，提议说："要不，就给苏轼定个罪吧！"高太后冷笑一声，道："岂有此理，若是苏轼有罪，傅尧俞、王岩叟、朱光庭这三个货，也要一起赶出去！"

最终，经宰相吕公著和"老好人"范纯仁的出面调停，事情总算消停了，双方都闭了嘴。

终于"罗生门"

"策题"事件中，唯一当真受到处分的，是一位名叫贾易的谏官。此人忽地蹿出，声称："程颐和苏轼都不是好人，请陛下将他们一块儿赶出去！吕陶之所以帮苏轼，是受了文彦博的指使，范纯仁也不是好人！"惹得高太后大怒，把他给外放出去了。他又不服，上谢表说："我是忠臣，为何要赶我走？这朝堂上，一水儿的奸邪，成群结党，祸乱朝纲，请问还有天理吗？以及，我要揭发苏辙，他拿了朝廷的机密在外面乱说……"于是贾易再次被贬。

接下来，和苏轼私交很好的谏议大夫孔文仲，爆出了一个大料。他说：

"我与程颐一向并无交往。近日，我刚当上言官，程颐就忽然跑来，一个劲儿夸奖贾易是个贤人。又说贾易弹劾吕陶，不幸获罪，要被贬出。暗示我去救他一救——现在朝廷一心想要清明安静，程颐却私下游说，挑动百官争斗，岂可容忍？"

"且程颐此人，并无正经学问，侥幸当了侍讲，每日里不过是揣测圣意，随口胡说。他在侍讲之中，官职最小，官家咳嗽了两声，他却抢到最前头去献关怀。平日里，他都不着家的，骑着一匹马满京城乱钻，结交公卿，为自己造势。他又经常鬼头鬼脑，拉着人在饭局上讲小话，玩弄心术，打击异己。台谏之中，朱光庭、杜纯、贾易，都是程颐的私人。"

一纸弹章奏上，效果显著。元祐二年（1087年）八月二日，圣旨下，程颐被免去侍讲之职，打发他回洛阳国子监教书去了。

程颐，世称"伊川先生"，理学二程中的老二。他在嘉祐四年（1059年）的科举中落了第，从此放弃科举，不接受恩荫出仕，也不接受荐举，待在河南老家，埋头做学问。元祐初年，他哥程颢过世了，他才在司马光、吕公著的大力荐举之下，以布衣出仕，出任崇政殿说书，给小皇帝讲课。

程颐不是正经科举出身，在朝中没有根基，性格又是非同一般的不讨喜。不让群臣吃肉，那都是小事。他还用他那一套规矩，管束到了太皇太后和小皇帝头上。程颐去迩英殿讲课，小皇帝害疹子，接连几天没来，只有高太后垂帘独坐。

程颐便去对宰相吕公著说："如今是二圣临朝，皇帝既然不来，太皇太后就不应该一个人坐在那里。且作为宰相，皇帝生病了，你都没注意到，这样合适吗？"不合适。但是被你公然讲出来，就更不合适了！吕公著及其以下所有执政大臣，都被他搞得很尴尬，太皇太后也很不高兴。

小皇帝听他讲课，尊他一声"帝师"，意思而已。程颐却自觉师道尊严，提出要坐着讲课。又建议太皇太后安排内侍十人，紧跟着小皇帝，若发现皇帝言行有什么不妥，就要告诉讲官，以便随时进谏。

小皇帝早上吐漱口水的时候，见地上有蚂蚁在爬，便小心地避开了。程颐知道后，便对小皇帝说："陛下若将此仁慈之心推及四海，则是天下百姓的大幸啊！"他这句话，是挺有道理的。但是，我们代入才八九岁的小皇帝想一想，这贴身十二时辰的监控，无微不至的教诲，也挺让人窒息的吧！

小皇帝下课，见新发柳条柔软可爱，便折了一枝玩耍，被程老师看见，正色道："春天万物生发，不可无故摧折。"气得皇帝扔柳条于地。于是，连最推崇程颐的司马光也不高兴了，说："害得君主不愿意亲近儒生的，正是这种人啊！"

关于程颐这一则广为人知的逸事，这里重点提一下，因为它不一定是真的。我们看一下，程颐在元祐元年（1086年）三月入京，四月份受命为侍讲。人间四月芳菲尽，哪儿来的新发柳条？到了元祐二年（1087年）八月，程颐离职，所以这件事情，只可能发生在元祐二年的初春。但这时候，司马光已经去世了，又哪儿来的司马光不高兴？

真实性虽然存疑，在这个故事里程颐表现出来的迂阔作怪，却也契合人们对他的一贯观感 —— 道理总是他有道理，讨人嫌也是他最讨人嫌。这个故事，追溯源头，却是出自刘安世之口。孔文仲揭露程颐后，刘安世接过了攻击"洛党"的棒子。孔文仲说，程颐及其党徒一共五人，都奔走于宰相吕公著门下，钻墙打洞，逢迎讨好，号为"吕门五鬼"。刘安世就板上钉钉说："进言者必曰'五鬼'之号，出于流俗不根之言，何足为据？臣亦有以折之，方今士大夫无不出入权势之门，何尝尽得鬼名？惟其阴邪潜伏，进不以道，故程颐等五人，独被恶声。"[1]

在孔文仲、刘安世的嘴里，程颐就是一个忙于钻营的小人，每天都在自我标榜，揣摩人心。这评价恐怕不能说是客观公正。孔文仲说台谏中很多都是程颐的私人，这也高估了程颐的能力。他虽有学术上的声誉，朝中也有几个学生，但朝堂政治盘根错节，门户林立，水深不见底，岂是他半路加入的一介布衣就能搅得动的？

对程颐展开的攻击，最有力的一拳，其实是孔文仲亲自站出来的举证。但这个证词本身，如果仔细推敲，也颇有疑点：

孔文仲与苏轼是多年老友，有目共睹。程颐与孔文仲呢，从未有过交往，程颐是从哪儿来的自信，要游说孔文仲帮他搭救贾易，打击苏轼？国法严禁大臣勾结言官，程颐却积极主动地送这么大一个罪状上门，他脑袋是被驴踢了吗？

后来，朱熹编撰《伊川先生年谱》，引用了宰相吕公著在其《吕氏家史》中的记载："文仲本以伉直称，然蠢不晓事，为浮薄辈所使，以害忠良，晚乃自知为小人所绐，愤郁呕血而

---

[1] 邵博：《邵氏闻见后录》卷二二，李剑雄、刘德权校注，中华书局，1983，第170页。

死。"[1]说孔文仲做人一根筋，呆头呆脑，被小人哄骗，诬陷程颐，后来知道了真相，气得吐血身亡。

而依照《宋史》，孔文仲去世于元祐三年（1088年）。死因是做贡试考官的时候，带病上岗，过劳而死。死后，苏轼抱着他的棺材放声痛哭，说道："世方嘉软熟而恶峥嵘，求劲直如吾经父者，今无有矣！"[2]

事实的真相，随着孔文仲之死，已然埋入历史的深处，只留下各执一词、宛如"罗生门"般的讲述。

程颐屈辱地回到洛阳。高太后当然是厌烦了他，等到高太后离世，小皇帝宋哲宗亲了政，对这位"老师"也是毫无情义，把他算作"元祐奸党"的同伙，远远地送到四川涪州编管起来。宋徽宗继位，他才得到赦免。回家后，很快又因为宣扬"邪说"、非议朝政，被朝廷禁止了讲学。一生著作，皆被禁毁。

你俩都挺容易得罪人的啊

程颐的离去，并没有让苏、程之间的争斗平息。

元祐三年（1088年），苏门学士黄庭坚被赵挺之、刘安世弹劾，以品行不端降职。苏门学士秦观，被朱光庭以"薄行无德"弹劾。

元祐六年（1091年）正月，苏辙弹劾朱光庭，说他听从程颐的指挥，迫害大臣。八月，贾易连章弹劾苏轼，一大堆的罪状里，最可怖的一条，是指其对宋神宗的去世幸灾乐祸。元丰八年

[1] 朱熹：《伊川先生年谱》，载《二程集·河南程氏遗书·附录》，王孝鱼点校，中华书局，1981，第343—344页。
[2] 脱脱等：《宋史》卷三四四《孔文仲传》，中华书局，1977，第10932页。

（1085年）三月，宋神宗去世。五月，苏轼在扬州写了一首诗，叫《归宜兴留题竹西寺》，诗中有云："此生已觉都无事，今岁仍逢大有年。山寺归来闻好语，野花啼鸟亦欣然。"贾易说，先帝仙逝，那苏轼却在满世界地嚷嚷着"好消息"，还一脸的欣欣然，其心多么恶毒！

贾易这个人吧，苏轼一直以为他是受了程颐的指使，和自己作对。其实贾易并不是程门弟子，跟程颐也没什么交往。最开始，他是连着程颐和苏轼一块儿骂的。后来弹劾二苏不成，反被贬逐。从此，就跟二苏较上劲儿了，逮着机会就要去咬上一口。这股疯狂劲儿，让大家都很惊讶，不晓得他到底是啥立场。有人认为，他是"朔党"，受刘挚的指使，要把苏、程这两个对手都搞下去；有人说，他与韩维一党，针对苏轼，是为了替韩维报仇；更有人说，他是新党的间谍，故意挑起"元祐君子"之间的矛盾……

总之，贾易这个神经病，把苏轼搞得焦头烂额。幸亏有高太后在，贾易再次被逐出。这笔账，二苏算到了程颐头上。元祐七年（1092年）三月，宰相吕大防提议，起复程颐入朝。苏辙反对说："只恐他来了，不肯安静。"

再后来，就没了。新党上台，什么苏门、程门，蜀党、洛党、朔党，一锅端。"元祐君子"以悲剧收场，让后来的史学家们深感痛心。

南宋学者吕中说："尝谓自古朋党多矣，未有若元祐之党难辨也……程曰洛党，苏曰蜀党，刘曰朔党，彼皆君子也，而互相排轧，此小人得以有辞于君子也。程明道谓新法之行，吾党有过。愚谓绍圣之祸，吾党亦有过，然熙宁君子之过小，元祐君子之过大。熙宁之争新法，犹出于公。元祐之自为党，皆出于私者也。"[1]

明代学者张溥说："两贤本无罪可指，而言路亦非积憾为仇，特以师友各地，辞色不下，嘲侮小嫌，诟谇靡已，即盈朝之上书，犹家人之室斗耳。迨章惇、蔡京反国专政，颐、轼之徒，贬窜接路，端门之碑，姓名并列。此固向所攘臂勃豀、仇词角立者，小人斥为一党而并击之。治世不同福，乱世则同祸。诸贤当此，亦当自悔其藩篱之忿固，而水火之必伤也。"[2]

吕中认为，熙宁时期，新党与旧党为"变法"争斗，还可以说是为了国事。到了元祐时期，君子们之间争来争去，全是为了私利。张溥更指出：苏轼与程颐，因为一点儿小事，召唤亲友团打群架，就好比一大家子关起门来，斗成了乌眼鸡，直到外敌杀将进来，才知道后悔，晚了！

回头把"苏程之争"捋一下：最开始，是苏轼与程颐的口舌之争。"大宋第一毒舌"苏轼，先行出语伤人。然后，程门朱光庭，苏轼好友孔文仲，分别对苏轼与程颐展开了攻击。这两位可以确定是亲友团，后面陆续卷入的其他人，就不好说了。打群架嘛！总有真拉架的、假拉架的、拉偏架的、打顺风拳的、两头拱火的……

司马光在"元祐更化"初期就去世，文彦博、吕公著垂垂老矣，谁是新一代的接班人？争权夺利，在所必然。其中，历事四朝、资历厚重的苏轼，和处士入朝、受到破格优遇的程颐，分别以文学和经学在士大夫中拥有很高的声望。这二位，本来都是可

[1] 吕中：《宋大事记讲义》卷二〇，收入《景印文渊阁四库全书》第686册，台湾商务印书馆，1986，第381页。
[2] 陈邦瞻纂辑《宋史纪事本末》卷四五《洛蜀党议》，张溥论正，商务印书馆，1931。

以争一争的。但这二位的个性，在政治斗争中，又都存在着严重的缺陷。

苏门学士晁补之，是兵部尚书杜纯的女婿。杜纯说："你那苏先生，人是好的，只可惜争强好辩，太喜欢跟人斗气了。"晁补之不乐意，回道："又不是圣人，当然各有长短。这一点儿小毛病，并不影响什么。"是不影响什么，可是很容易得罪人啊！这一个是这样，那一个程颐，更不必说了，多少迂头怪脑。殊途同归，这两位都是在外面得罪了人自己都不晓得的，还要互相看不顺眼，撕扯起来。

就要打破这个"敬"字

苏、程二位，到底为什么互相看不顺眼？一地鸡毛的背后，隐藏着什么样的深层缘由？我们来听一下多方意见。

邵伯温说："正叔多用古礼，子瞻谓其不近人情如王介甫，深疾之，或加抗侮。"[1]

朱熹弟子问："坡公苦与伊洛相排，不知何故？"朱熹回答："他好放肆，见端人正士以礼自持，却恐他来检点，故恁诋訾。"[2]

苏轼自己说："臣素疾程颐之奸，形于言色。"[3]

苏轼为啥一口咬定程颐是个"奸人"？程颐也没干啥坏事

---

[1] 邵伯温：《邵氏闻见录》卷一三，李剑雄、刘德权点校，中华书局，1983，第146页。
[2] 黎靖德编《朱子语类》卷一三〇，王星贤点校，中华书局，1986，第3109页。
[3] 苏轼：《东坡全集》卷六〇《再乞郡札子》，收入《景印文渊阁四库全书》第1108册，台湾商务印书馆，1986，第2页上栏。

啊！这，大概还得从程颐的学术思想说起。

程颐的学术思想，其核心是"天理"，关键词有"敬"与"礼"。这个"天理"，是先天存在的。宇宙万物、自然与社会的一切，都可以用"天理"来解释。这个"天理"，它也不是凭空来的，它建立在儒家的思想体系上。"天理"，在宇宙中阴阳流转，体现在人类社会中，就是父子君臣夫妇、三纲五常。人类的本性是善的，先天就合乎纲常伦理，只不过呢，后天总会受到欲望的迷惑。所以，我们要灭人欲，存天理。

怎样才能做到"灭人欲，存天理"呢？程颐说，一个字，"敬"！"入道莫如敬""敬压百邪"。人要正心诚意，事无大小，都要极尽诚敬地对待它，体悟其中蕴藏的"天理"，然后践行之。小孩子，要教他一大清早起来，打扫庭院，恭顺地跟大人说话。士大夫呢，每一次出门，都应该怀着会见重要客人的心情；每一次差使民众，都应该像参加大祭典那样肃穆——这些日常生活中的"敬"，可以让人的天性免受无孔不入的私欲侵蚀，这样一言一行地累积，天理才能得到彰明。

一般人就会讲：不行，我做不到这么自觉。所以，又必须有一个"礼"字。"周监于二代，礼文尤具，事为之制，曲为之防，故称礼经三百，威仪三千。于是教化浃洽，民用和睦，灾害不生，祸乱不作，囹圄空虚，四十余年。"[1]礼乐可以让人自然地回归到"天理"的轨道上。所以，程颐竭心尽力，研究了一套又一套的"礼"。先别说老百姓了，太皇太后、小皇帝、百官，都被他的"礼"搞得很烦躁，又被他占着道德的制高点，一时不好说啥。只有苏轼忍不住，跳起来，一爪子拍上去。

---

[1]　班固：《汉书》卷二二《礼乐志》，中华书局，2007，第137页。

苏轼认为：人的本性，本无所谓善恶。人的欲望与"天道"，也不存在二元对立的矛盾。"大道无形"，道与宇宙同在，变化万端，因物以为形，它与万物是和谐的，而并非对万物的统御。人可以达到道，但不能刻意地去追求"道"。程颐对"天理"的孜孜以求，在他看来，无异于缘木求鱼。程颐苦苦强调的这一个"敬"字，这些庄严的姿态，在他看来，也显得十分可笑。

古来圣人之道，也不过人情。圣人之所以为圣人，是因为他制定的道理都符合人情。"礼"呢，也是贴合人情而制定的，其本质上，并不存在与"天理"合而为一的神圣不可侵犯性。所以，在苏轼看来，程颐天天揣着这些个"礼"来要求大家，不仅没有必要，而且离圣人本意远矣。

程颐一门心思推广他的理论，说得了古圣之遗义，有望打造出新的尧舜之治。苏轼却打一开始就不相信这一套："今之士大夫……仕者莫不谈王道，述礼乐，皆欲复三代，追尧舜，终于不可行，而世务因以不举。学者莫不论天人，推性命，终于不可究，而世教因以不明。自许太高，而措意太广。太高则无用，太广则无功。"[1]苏轼认为程颐的理论大而无当，高而虚蹈，就是自欺欺人。

理学二程中，程颐这个人，跟他哥程颢不一样。他哥叫人喜欢。一起出门时，学生都跟在程颢身边，说说笑笑，如沐春风。程颐就总是秋风萧瑟，一个人板着脸站在旁边。程颐性格严肃，对学生要求也严格，强调尊师重道，注重学术的传承。他想要开

---

[1] 苏轼：《东坡全集》卷七二《应制举上两制书》，收入《景印文渊阁四库全书》第1108册，台湾商务印书馆，1986，第177页下栏。

宗立派，做儒学道统的在世传人。苏轼呢，他就从来不以师道自重。他只讲一个性命自得，各人有各人的造化。所谓的"苏门学士"，其实很松散，彼此之间是志趣相投、亦师亦友的交往。

程颐认为，诗歌文艺都是玩物丧志，只会阻碍人们寻求天理的步伐。有一天，程颐碰到秦少游，就问这位风流词人："'天若知也，和天瘦'[1]，这一句是你写的吗？"秦少游心中暗喜，以为程颐要夸他写得好，写得妙，正待谦虚两句，程颐把脸一板，说道："上天，何等的尊严，岂可任你如此轻侮？"秦少游瞬间就呆住了。

程颐注重儒者的修身，非礼勿视，非礼勿言。苏轼醉心于文学，好吃，好酒，爱个好妓好歌喉，不醉不休。所以经常被人攻击私德太差，他一点儿都不在乎。

程颐、苏轼的学术思想，都以儒学为基本，吸纳了佛学与道家的营养。但程颐是将释道两家斥为异端的。他说释迦牟尼为了成佛，不顾君臣父子，自个儿逃到山林里，这就不值得鼓励。苏轼却说："老、佛之道与吾道同。"万物并育不相害，诸道并行不相悖，他胸中有一种兼容并蓄的态度。

程颐的成圣之路，我们给它打个比方，倒有点儿像是佛家的律宗。"身是菩提树，心如明镜台。时时勤拂拭，勿使惹尘埃。"他是一步一个脚印，一掴一条血痕地在走。而苏轼"本来无一物，何处惹尘埃"，他更靠近禅宗的路线。

程颐万事都讲究一个"敬"字。他的学生朱光庭每天上朝，都端着朝笏，巍然肃立。苏轼在旁边斜眼看着，是越看越不顺眼，转头就对人吐槽道："何时才能打破他这一个'敬'字啊！"

---

[1]　出自秦观《水龙吟·小楼连远横空》："天还知道，和天也瘦。"

"打破秦时镜，磨尖上古锥，龙飞霄汉外，何劳更下槌？"[1]程颐捧镜，苏轼就要摔镜，他要打破这面镜子，打破这镜子里呆板、可笑、造作的虚影，还原一个有血有肉的真人。

苏轼认为，人都想吃点儿好的，穿点儿软和的，喜欢安逸，讨厌劳苦，这都是人之常情，没必要上纲上线。更不必强行压抑，否则就会让人失去生趣，变成泥胎木偶；或者表面上奉行，背地里变本加厉，在人间批量地制造"伪君子"。

程颐的"天理"，有唯一性和排他性。程颐在堂，举座不欢，肉都不能随便吃，这要是让他的思想一统天下了，大家活在世上，还有什么趣味？因此，苏轼烦他，厌他，骂他是个"奸贼"，并非像朱熹以为的那样，是怕人家来"检点"自己，而更应该是出于对程颐学术思想的反感。由思想上的抵牾，发展到苏轼开始怀疑：程颐如此不近人情地折腾大家，根本就是在自我标榜、欺世盗名……

程颐本人，当然并非如苏轼指责的那样。他在活着的时候并不得志，被朝廷再三冷遇。直到很久以后，"程朱理学"终于为帝王所用，以其对纲常伦理的极端维护，成为皇权加强专制的工具。程颐也才一跃而成为儒门圣人，在死后吃上了冷猪肉。

而苏轼呢，他活泼、自由而权变的思想，在主流学术界慢慢地被淡忘了。但他的为人和他的诗文，却鲜活在古往今来无数人的心里。无论贤愚，大家都喜爱他，把他当成自己的一位老朋友。这大概是因为，大多数的人还是希望，在活着的时候能够想吃肉就吃肉，想吃菜就吃菜，想歌就歌，想哭就哭吧！

---

[1] 释念常：《佛祖历代通载》卷二一，收入《景印文渊阁四库全书》第1054册，台湾商务印书馆，1986，第704页下栏。

浮海：假如天下无尧舜

养成系"圣天子"的反叛

元祐八年（1093年）八月，中秋将至，太皇太后的病情却越发沉重了，群臣忧惶。左相吕大防、右相范纯仁等众宰执，都入宫来探望。

高太后对众人说道："我今将死，与诸君再不能相见……老身受神宗皇帝托付，辅佐官家至今，且问一声诸位，这九年来，可曾有半点儿私恩惠及高家？"吕大防对道："太皇太后陛下以至公之心，统御天下，何曾施有私恩。"

高太后道："正是为此，我的儿女如今全在宫外，一个儿子病重，一个女儿死了，都不能见上一面。"说着，哽咽起来。

吕大防劝道："还请太皇太后宽心用药，圣体早得安康。"高太后道："不必了。今天正是要交代后事。老身死后，必定有人要来蒙蔽官家，请官家不要听信谗言。诸位相公，也请各自准备，早早引退，好让官家起用他自家的人手。"这话说出来，在一旁的小皇帝赵煦连同众臣，都无言以对。太后又命人赐众臣饭食，说道："你们且去，各吃一勺子社饭，再散罢。明年今日，还望记得老身。"

原来这一天，正是所谓的"秋社"之日。民间风俗，家家都要做社糕、社酒，走亲访友。宫中的惯例，是要用猪肉、羊肉、腰子、肚肺、鸭饼、瓜姜等物做熟，切成棋子大小，铺在米饭上，这一碗唤作"社饭"，用以供奉祖宗和待客。宫中能有什么客人来？也就是这些"与君主共治天下"的"相公"了，所以高太后要留他们吃了饭再走。

"秋社"之日，凡出嫁的女子，都要回娘家，吃喝玩乐一整天，从别人家的媳妇做回横针不拈、竖线不拿的"娇客"。高太后自从做了皇后，便不曾回过娘家。垂帘之后，更是谨言慎行，不要说娘家人，连亲生的儿子、女儿，也一概避嫌。如今大限将至，思及前尘，只觉得心中悲痛。

过了十来日，吕大防与范纯仁、安焘再次入宫。见高太后躺在床上，前面遮着黄色的帘幔。哲宗皇帝立在一边。吕大防问安道："太皇太后圣躬万福。"帘中沉默。忽然高太后厉声叫道："老婆子这就要死了！多年来我辅佐皇帝，尽心尽力，只想着上不负列祖列宗，下得一个国泰民安，请问官家知道吗！众位相公和天下人又知道吗！"皇帝勃然变色，喝道："吕大防等人出去！"

三人慌忙出宫，面面相觑，苦笑道："我等以后不知将死于何地了！"

果然，宋哲宗亲政之后，清洗朝堂，元祐旧臣一扫而空。对仙逝了的老祖母，他也没有留情，一度想要废高太后为庶人。幸亏嫡母向太后、生母朱太妃都来哭着求情，才把他给安抚住了——那么，小皇帝哪儿来的这么大恨意呢？

"那时候，我只能看到他们的背和屁股。"此其一。

宋朝的太后垂帘，是太后与小皇帝都在帘内，相对而坐。当时，无论大事小事，臣子们都只顾着向高太后汇报，很少问小皇帝的意见。小皇帝呆望着大家热火朝天的背影，越来越沉默。沉默之中，他可一点儿也没闲着，心里头，一笔一笔地记着账呢。

元祐时期的相公们，只有一个苏颂全身而退。苏颂，北宋又一位全才型科学家。史载，此人"经史、九流、百家之说，至于图纬、律吕、星官、算法、山经、本草，无所不通"[1]，尤其精于天文学，曾主持"水运仪象台"的制造，亲手绘制十四幅全天星图。他不仅数得清天上的繁星，更看得透人间的纷纭。漫长的从政生涯里，苏颂总是那么不偏不倚，不站队，不掺和。他常常叹息道："诸公如此作为，到皇帝长成，谁将承受他的怒火？"上朝的时候，他对高太后奏完事，总会掉头对小皇帝再奏一遍。小皇帝偶尔说一句话，他都恭谨地听着，并示意群臣道："大家听圣谕。"

后来御史弹劾他，宋哲宗说："苏颂是知道君臣之义的，你们不要随便议论他。"苏颂得到了皇帝的维护，并不得意，反而说："有御史弹劾，就是我作为执政大臣的不是。"便辞职、外放、退休一条龙，回家种药草、看星星、抱孙子去了。宋徽宗建中靖国元年（1101年）的夏天，"元祐君子"们在烈日下颠沛流离，苏颂在家中安详地谢世，终年八十二岁。皇帝为其辍朝两日，赠位"司空"。

宋哲宗认为，像苏颂这样能够深明"君臣之义"的臣子，实在是太少了。

---

[1] 脱脱等：《宋史》卷三四〇《苏颂传》，中华书局，1977，第10867页。

"我父亲的书桌在哪里？"此其二。

宋神宗当年用过一张小书桌，赵煦后来也一直用着。过年的时候，宫中大扫除，换了张新书桌。赵煦大怒，逼着宫人将这张小书桌又找了回来。高太后便问他："天子富有四海，一张旧书桌，何必计较？"赵煦答道："这是父亲用过的。"高太后听了，心中暗惊，不由得抬眼细看，只见少年眉目之间，与他早逝的父亲是越来越相似了。牵着孙儿登上皇位的光景，似乎就在昨天。那幼小的孩童，已经长得这样高大了。曾经握在掌心中的小手，如今正从容地按在那光洁的桌面上，指节粗大，白皙皮肤下隐隐可见青筋的脉络……

对早逝父亲的怀念与崇拜，一日一日，凝结成对先帝未竟事业的认同，且夹杂着青春期的逆反 —— 宋哲宗是憋足了劲儿，一上来，就把"元祐"时代的锅碗瓢盆全给砸了。咱们话又说回来，赵煦他虽然幼小，终究是个皇帝，是必将接掌这大宋江山的真命天子。这些年来，高太后和元祐君子们，居然都粗心大意，未曾考虑过他的感受吗？

答案是：或许正是因为考虑过了，而且考虑得太周到、太细致吧……

宋哲宗即位时，是一个才八周岁多一点儿的小娃儿，谁指望他懂得军国大事？大家对他的要求，不过是"好好学习，天天向上"而已。高太后作为国家实际的掌权者，她清醒地认识到，自己不过是皇权的"代理人"。

太后垂帘，在宋代很常见，而再出现一个"武则天"的可能性很低。因为宋代汲取了历史教训，从制度上就对勋贵、宗亲、外戚、宦官打压得非常严厉，不给他们接近权力中心的机会。女主临朝，就很难从这些传统的政治势力中找到同盟。外面呢，

"与君主共治天下"的士大夫又尽职尽责，防贼似的盯着……讲心里话，权力到了手，谁能放得下？只是，对垂帘的太后们来说，这暂时借得的权力，也实在太烫手了。

高太后和她的前辈——宋仁宗时代垂帘的刘太后还不一样。刘太后起自寒微，是从底层过五关斩六将杀出来的至尊红颜。她精明圆滑，野心勃勃，并不甘心于这"母凭子贵"的代理人地位。当政的时候，她曾几番试探，就在临终前不久，还试图穿戴天子的冠冕去祭天，以纪念自己这一生的功业。结果呢，一再被文官集团联手制止，她只能长吐一口悲凉之气，认了这个命。轮到高太后，她是元勋之后，皇后养女，是衔着金钥匙出生的名门贵女，从小受到礼法的严格约束，对大宋朝的祖宗家法奉行得十分虔诚："母后临朝，非国家盛事"[1]——她对自己的身份和礼法的要求有着清晰的认知。

刘太后过生日，坦然地坐着接受皇帝和群臣的朝贺。科举殿试，她和皇帝共同主持。高太后就明确表示：这些待遇，都不是我一个女人家有资格享有的。刘太后为了抬举自己落难时候的恩人，跟大臣们急赤白脸地较劲。高太后连自己的母亲都要避嫌，不让她参加元宵节的皇家观礼。她的伯父高遵裕在对西夏作战时落败，被宋神宗削了职。蔡确为讨好她，请求给高遵裕复职，被她严厉地拒绝了，说："我怎么能为了私情，而违背天下的公议！"什么是"天下的公议"？当然不是贩夫走卒的意见，而是特指士大夫群体的评价。

高太后对士大夫群体，有着更多、更主动的合作意识。她趋

---

[1] 杨仲良：《皇宋通鉴长编纪事本末》卷九一，李之亮点校，黑龙江人民出版社，2006，第1572页。

向保守的思想，也和"元祐君子"的政治理念重合。终其一任，她努力地使大宋这条船行驶在"安全"的航线上。她希望：宋哲宗在亲政之后，仍然能够遵循"元祐路线"，而不会像其父亲那样冒险与折腾。那么显然，对小皇帝的教学，也要注重这方面的思想灌输。

对元祐时代的文官集团来说，高太后的执政，显然也为他们实现"与君主共治天下"的理想，带来了良好的契机。

北宋的新儒学思潮，发展到现在，大家的目标基本一致，就是以儒学为根本，建立一个千秋万代的理想政治秩序。大家觉得，唐、五代以来之所以连绵乱世，是因为上古"圣人之道""先王之道"的遗失，必须将其找回来。这个找回，实际上是一个旧瓶装新酒的过程。旧瓶子摆在这儿，不管互相多么看不顺眼，大家的核心理念还是相似的，就是要以儒家的道德为标准，完成个人的修养，然后从上而下，实现对社会的道德教化，最终达成"大治之世"。

皇帝作为九五至尊，是"天道"在人间的代表，自然要予其以最高标准的要求，正所谓："古之欲明明德于天下者，先治其国；欲治其国者，先齐其家；欲齐其家者，先修其身。"[1]皇帝要完善自己的德行，才能治理好国家。普通人家，是望子成龙；在我大宋，就是"望天子成圣"——

宋神宗当年，被王安石以其"新学"鼓舞，立志要做一个再世的尧舜；高太后兢兢业业，做成了士大夫交口称赞的"女尧舜"；小皇帝赵煦呢，他就是养成中的"未来尧舜"……就这么着，一位操心劳神的老祖母，一群踌躇满志的士大夫，一拍即

---

[1] 出自《礼记·大学》。

合，共同实施起了"圣天子养成计划"。

宋神宗去世，赵煦亲自写了挽词。大臣韩维就上书说："陛下孝心可嘉，但是，在热孝期，做儿子的，理应哀痛得话都说不完整，居然还能舞文弄墨，这就不合乎礼。真是皇帝本人填的词也就罢了，若还是他人代为润色的，就更不合适。陛下刚刚登基，可不要因此落了天下人的话柄！"

小皇帝吃了一回瘪，不长记性。过些日子，又兴冲冲地给几位大臣赐下了墨宝，写的是唐诗。高太后也很欣慰，说我孙儿真是好学上进！第二天，宰相吕公著就进来了，挟着好厚的一沓作业本子，上面密密麻麻抄的都是《尚书》《论语》《孝经》上的句子，说："还请陛下无事多写写这些。"言下之意，你做天子的人，别把心思用在华而不实的文艺上，请端正思想，专心学习儒家经典！

小皇帝的课程表上，日常就两门课，一是儒家经典，二是史书。上课时间，是每年的二月到五月，八月到冬至，上一天休一天。那这剩下的时间也太多了，大家觉得，可不能浪费了，纷纷建言献策，又给小皇帝布置了好多课外作业。为了营造学习气氛，大家还把课堂墙壁上的花鸟画、山水画拿下来，换上了圣贤写真、先王事迹、古往今来的各种《孝子图》……

赵煦打小儿身子病弱，到了十六岁上，忽然爱上了射箭，课余总要去射上几靶，渐渐地两臂有了些力气，气色也好了不少。这一日，大臣王岩叟又来向皇帝传授学习方法，进言道："早上要读经，中午可读史书与诸子百家，唐人诗句中有政治教育意义的也可以来几首。"小皇帝便说道："我近日在学习射艺，也觉得有些领悟。"《周礼》云：君子六艺，礼、乐、射、御、书、数。射箭这事，总不能说是歪门邪道了吧！然而王岩叟还是正起了脸色，说道："读书之余，调适一下也不为不可。不过，这也不是帝王应该学习的。希望陛下不要耽误了正事。现在既然提到了，臣就为陛下仔细地讲一讲，这门'射艺'啊，其中也包含着很多修身与治天下之道……"

絮絮叨叨，讲得少年天子垂头丧气。当然，论起"教育天子"的殚精竭虑，或者说烦人的程度，所有人加在一起，都比不上一个新晋的"帝师"程颐。

程颐一来，便给高太后出了好多点子。比如，每天要留讲师在宫中值日，白天两名，晚上一名，供小皇帝课后提问；再比如，皇帝身边的内侍与宫女，年纪要在四十五岁以上。其中，更选出十人，紧跟皇帝左右，随时向讲师汇报皇帝的言行，以备及时进谏；皇帝的生活用品，不得有任何华丽贵重之物；最后，作为老师，他要坐着讲课，以培养皇帝的"尊儒重道"之心。

"臣以为今日至大至急，为宗社生灵长久之计，惟是辅养上德而已。"[1]程颐说，古"圣人之学"失传久矣！鄙人，有幸从古书中得到了一点儿遗存，自当竭尽心力，为圣上以身传道。本来，他还在国子监兼着一份工作，现在便请求辞了，好专心地投入"培养圣天子"这桩伟大事业中来。

总之，一切都是为了圣上好！但圣上感觉并不好。设身处地想一想，整个青春期，都在三百六十度无死角、立体声全环绕的道德训诫下过日子，换了谁家孩子，都得憋上一肚子气。大臣们呢，也看程颐不顺眼——好端端一个大家的"圣上"，凭什么你一来就要"霸占"住，难不成是挟师道以自重，图谋天大的政治资本？这朝堂上的人，心思都重。程颐后来倒台，倒得那么快，

---

[1] 李焘：《续资治通鉴长编》卷三八一，中华书局，1995，第9291页。

一点儿抢救余地都没有，明面上是因为苏轼的攻击，暗地里，打黑拳的人恐怕也不少。

元祐四年（1089年），又发生了一起"禁中雇乳母"事件。

忽然有传言，说宫中正在外面寻求乳母。台谏"殿上虎"刘安世听到了，顿时卷起了袖子，弹章就递上来了。直斥皇帝小小年纪，如此好色，人命都搞出来了！让天下人好生失望！高太后被吓了老大的一跳。这些年，就怕少年人血气旺盛，早沾了那男女之事，她给赵煦安排的宫女，都是老成稳重的阿姨级别，而且赵煦就睡在自家卧室外头的小阁子里，在眼皮底下，怎么还能出这种事？她就把所有服侍小皇帝的宫女都叫过来，严加拷问，并没有问出个所以然。

后来才晓得，是宋神宗留下的几个小公主，现在还需要喝奶——老实讲，这个理由是站得住脚的。古时候的小孩子断奶晚，往往要一直喝到四五岁的时候。富贵人家或天生体弱的小娃儿，甚至到了七八岁还在喝奶呢。然而外头已经传得沸沸扬扬了，都说皇帝年少贪淫。高太后对宰相吕大防说："你赶紧的，去跟刘安世谈一谈，叫他不要再闹了。"

吕大防作为宰相，不方便和台谏私聊，便叫了范祖禹去传话。没想到，刘安世听了，并不服气，只道太皇太后护短！三言两语，反而鼓动了范祖禹，双双递了折子进来，叫小皇帝有则改之，无则加勉。正所谓"陛下宁受未然之言，勿使臣等有无及之悔"[1]，就算我们说错了，那也是为了陛下您好呀！您就错受着不行吗？

小皇帝经了这一遭，吓得够呛，气得咬牙，小账本上狠狠地

---

[1] 李焘：《续资治通鉴长编》卷四三六，中华书局，1995，第10517页。

添了一笔。他亲政以后，把刘、范二人狠狠地贬了出去。新党又借机勾连到高太后身上，说高太后当时正是借了此事，密谋要废掉小皇帝！又是一场平地风波。只说那刘安世，不愧铁石心肠之人，嘴巴也硬得跟铁一样，人在岭南，还叽叽地宣扬："当年那件事，我又没说错！那在宫外雇用乳母的，正是刘皇后！"

刘皇后，芳名刘清菁，原本是个宫女，后来受宠取代了哲宗原配孟皇后，夺得中宫之位，据称其人明艳冠绝后宫。但是！元祐四年，她还只是一个未满十一周岁的幼女呢！让她和不到十三周岁的小皇帝两人冲破高太后的重重封锁，偷吃禁果，还生出一个小奶娃——这事情，你们摸着良心说，能有几分的可能性？

新党复仇记，总结了两条经验教训

宋哲宗亲政后，改元"绍圣"——"绍"者，继承也，他要继承宋神宗未竟的事业。一夜之间，大宋再次变了天。"熙丰党人"翻身把歌唱，"元祐大臣"统统滚蛋。又是一番洗牌和站队，辗转面孔后的翻云覆雨手，太阳底下无新事，也不必细言。至于什么孝子鸣冤，蔡相公（蔡确）平反之感天动地，"同文馆狱"之骇人听闻，也不过是给市井小民提供些饭后谈资罢了，于庙堂上的衮衮诸公而言，只是题中应有之义。

真正对历史影响深远的、我们绝不能忽略的事情，是这一件："编类元祐臣僚章疏"——

搜集整理元祐时期朝臣的各类奏折文书，进行文字审察，对文官队伍进行整肃。白纸黑字放在这里，谁也跑不了。这些年，你作为大宋的臣子，在先帝变法大业遭到破坏的时候，站的是什么队，表的是什么态？有过什么样的作为？是否曾经诋毁新法，参与迫害熙丰大臣？有恩报恩，有仇报仇。这么个"聪明"法子，怎么想起来的呢？这就要说到新党这些年当"落水狗"的经验了，忍气吞声，爬上岸来，他们总结了两条深刻的斗争教训：

其一，冤冤相报何时了，斩草除根就是好！

众所周知，大宋的官场斗争，相对其他朝代来说还算温和。元祐八年（1093年），吕大防对宋哲宗谈到祖宗之法，便说道："前代多深于用刑，大者诛戮，小者远窜；惟本朝用法最轻，臣下有罪，止于罢黜，此宽仁之法也。"[1]祖宗规定的，"国朝不杀士大夫"。有过错的臣子，只要不是"谋逆"大罪，都不过是降职、罢免、贬谪、罚款而已。最厉害的，也只是开除官籍，打回庶民。不像其他朝代，一人政坛落败，全家人头落地；或者堂堂要员，大庭广众之下被摁着打屁股。大宋的官员，再怎么着，生命安全是有保障的，起码的体面与尊严，也是有的。

这些优待，来自"与士大夫共治天下"的政治体制。五代十国的短命王朝，用萧萧落木般的帝王头颅，说明了一个道理：门阀政治，固然落后；武夫当国，也不好使。而"文人政治"呢，显然，与世家、军阀、外戚、宦官等相比，还是文官集团对君权的威胁最小，知识精英的聪明才智，也是很好用的。那么，在被"优待"的文官集团这一边，也应该牢记这一个共识：为他人计，就是为自家之计。读书人荣辱一体，你不能主动去破坏这个"祖宗之法"，让大家都没好日子过。

所以当年，蔡确被贬到岭南，很多大臣都觉得过分，不应该这样把人往死里整。可居然就这么整了，这就相当于率先动用了

---

[1] 李焘：《续资治通鉴长编》卷四八〇，中华书局，1995，第11416页。

"大规模杀伤性武器"。等到新党上台，毫不客气，立马就报复了回来。追贬已去世的司马光、吕公著，连王珪都没放过。还活着的旧党大员，一家一家地罗织罪名，络绎不绝地往岭南那边踢。刘挚被贬广东新州，住的就是当年蔡确住过的房子，也和蔡确一样，死在了这所房子里。据苏轼好友王巩回忆，刘挚晚年非常后悔。

> "公自中丞执政，平生交游皆拒绝，独听一王岩叟语，今悔乎？"莘老（刘挚）默然久之，曰："惟蔡持正（蔡确）事实过当，离青州时，固悔矣。"[1]

他后悔的，就是不应该打破那个"士大夫荣辱一体"的共识。早在元祐初年，程颐他哥程颢就说过，现在我们应该做的，是主动和熙丰党人合作，让他们把害民之法慢慢地废除，不要党同伐异，否则会造成所有士大夫的灾难。

> 帝之初即位也，程颢知扶沟县，以檄至河南府，留守韩宗师问："朝事如何？"颢曰："司马君实、吕晦叔作相矣。"又问："果作相，当如何？"曰："当与元丰大臣同。若先分党与，它日可忧。"宗师曰："何忧？"曰："元丰大臣皆嗜利者，使自变其已甚害民之法，则善矣。不然，衣冠之祸未艾也。至是其言乃验。[2]

---

[1]　丁传靖辑《宋人轶事汇编》卷一一，中华书局，1981，第581页。
[2]　毕沅：《续资治通鉴》卷八三，中华书局，1957，第2121页。

清醒的人不是没有。然而现实中，清醒的力量往往对抗不过狂热与偏执。新党又兴起大狱，想以"谋逆"之罪把刘挚等人整死。连宋哲宗都看不下去了，说："朕遵行祖宗遗志，不愿杀大臣。"你们差不多得了吧！

有"朝廷不杀士大夫"的祖宗家法罩着，你就没办法名正言顺地搞死对家，对家就有可能卷土重来。卷土重来的新党很明白这个道理。扔到岭南，命硬的还能活着回来。斩草除根除不掉，那么就来到了经验教训的第二条——三观一致很重要，从根子上做好团队的思想工作！

新党、旧党之争，论其最初，不还是个观念之争吗？大家治理国家的想法不一样，既然如此，把想法不对付的人清理出队伍不就好了嘛！思想要怎么检查呢？这不有现成的各人文字在吗？"编类元祐臣僚章疏"的事，就如此地成了，又渐渐地涉及私人诗文、书信、饭局闲谈……

国有国法，朝廷奖赏或者处罚官员，应该看他的政绩好坏，看他是否犯有实际的过错，而不是看他心里怎么想过，嘴巴怎么说过。所以，这就是在搞大规模的文字狱。不仅如此，这还是一次大范围的历史涂改——

朝廷下旨，叫三省（中书省、门下省、尚书省）上交所存臣僚章疏，以备审察。有一个叫陈瓘的，便对经手的官员说："此事背后，必定会有人浑水摸鱼。你把所有人的章疏都上交了，以后有什么是非，你们还说得清楚吗？"官员大惊，赶紧上报宰相，把每一份章疏都抄录了副本。后来，蔡京大面积整人，对收上来的臣僚章疏各种伪造、涂改，就因为有这一批副本（其中还保留了蔡京本人当年左右逢源的"黑历史"），他才不得不收敛一二。

陈瓘是章惇提拔上来的，是个脑子清醒的，他曾经对章惇进言道："治国就像在河里划小船，往左偏，往右歪，都很容易翻船。小船如果走得太靠右了，你纠正的办法，是把它往中间划，而不是一赌气，给打到左边去。司马光已经失之偏激，你不能再跟他一样。请一定要秉公持正，消除朋党，这才能真的补救元祐时期的过失。"章惇认为，你说的很有道理，但是，我们回不去了！

我们现在再回过头来打量苏轼的"乌台诗案"，可以很清楚地看到，它并不是一个孤立的事件。前有沈括建言被贬、汪辅之因谢表受谴，后有蔡确"车盖亭诗案"的发酵，最终发展为针对整个大宋文官集体的思想审察。小雪球滚成一场雪崩，北宋的一代士风，就在这个过程中日渐颓坏。

北宋的"文人政治"，其超越于前代的最大优势，在于对异见和批评有相当大的包容度。宽松的政治环境，保护了士大夫们的政治主体意识和社会责任感，因此，才有了"为天地立心，为生民立命，为往圣继绝学，为万世开太平"的抱负，才有了"先天下之忧而忧，后天下之乐而乐"的担当。当这些不复存在，一切也就不一样了。

由训诫而达成的思想一致，不过是幻象。正直的人出局，阳奉阴违、见风使舵的人留下来，劣币驱逐良币。朝堂上，渐渐充塞着只图门户私计的绝对利己主义者。典型人物，便是绰号"杨三变"的杨畏，此公一生最擅长的便是"合乎时宜"。"熙宁"时代，他热烈拥护变法。"元祐"到来，他大唱司马光的赞歌。吕大防和苏辙都十分信任他，被他一转头就给卖了。哲宗皇帝亲政，他第一个献万言书，呼吁恢复新法，还主动向章惇表白：

"畏迹在元祐，心在熙宁，首为相公开路者也。"[1]然后就背刺了章惇。气得章惇破口大骂，这××的何止"三变"，他就是个"杨万变"啊！宋徽宗时代，蔡京搞两党双杀，新党旧党一起整，杨畏居然还能攀附上蔡京，把自己给摘出来，继续升官发财——这才是把"纵横之术"玩得出神入化，苏轼成天嚷嚷着的那一套"权变"，跟人家一比，简直就是哈士奇戴嘴套——白吓唬人罢了。

君子自爱，苏学士何以如此

元祐八年（1093年），多事之秋。

八月一日，苏轼的第二任妻子王闰之病逝。九月三日，太皇太后高滔滔去世。九月二十七日，心情沉郁的苏轼离京远行。

苏轼今年开局就不顺，五月份，被一群言官指斥和弟弟两个人把持朝政，专权误国——这可拉倒吧，若有这等本事，他们就不是苏氏兄弟了。因为扯得太离谱，几名言官都受到了惩处，但苏轼自己也难以立身，又得出去避一避风头了。他本来申请要去的地方是越州，越州在今天的浙江绍兴，人文、山水俱美，最适合身心俱疲的苏轼了，然而朝廷不许。最终，苏轼以礼部尚书、端明殿学士、翰林侍读学士出知定州，兼河北西路安抚使。

定州，在今天的河北定县，是宋辽边境上的军事重镇。"天下根本在河北，河北根本在镇、定，以其扼贼冲，为国门户

---

[1] 脱脱等：《宋史》卷三五五《杨畏传》，中华书局，1977，第11184页。

也。"[1]老规矩，守边之大员，临走之前，要当面向皇帝辞行。然而，太皇太后撒手而去，刚刚亲政的小皇帝，直接拒绝了苏轼的辞行。

这个信号，就很不好，很不妙。换个"合乎时宜"的人，现在就应该检讨了：我是不是惹恼了天子？为啥公然让我没脸？怎样才能补救？但我们的苏轼老先生呢，他一如既往地，展现出了强大的没眼力见儿。他写了一封奏折进来，洋洋洒洒，把小皇帝给批评了一顿。他说道：

"君臣之间，若臣下之情不能上达天听，离亡国也就不远啦！太皇太后已经不在了，陛下正应当放开心胸，广听建言。臣此去边关，责任重大，陛下却不遵守祖宗制度，不肯见臣，找的借口也站不住脚，传扬出去，天下人岂非要说陛下玩忽边事？……

"陛下您不见我，该讲的话，我还是要冒死讲一讲的。这治理国家啊，要以静观动、就暗视明。就好比，对于水道的曲折，舟中人不如岸边人看得明白；身在棋局中的人，也总不如旁观者看得清楚。这是因为，旁观者无争胜之心啊！做皇帝，也要学会这个'静而无心'……

"当年，汉景帝重用晁错，轻率行事，酿成七国之乱；汉武帝好大喜功，穷兵黩武，晚年后悔得不行……陛下您要引以为戒！再打个比方，就好比咱们正常人，谁没点小毛病，哪怕不治，也比一上来就胡乱治、吃错药强呀。总之，治国以安稳为上，千万不要相信那些急功近利之人的话语！"

宋哲宗没理他。做小皇帝老师的这些年，苏轼也没照顾过人

---

[1]　脱脱等：《宋史》卷二八四《宋庠传》，中华书局，1977，第9596页。

家青少年的心理，就是讲大道理，叫他听太皇太后的话。在宋哲宗的心中，这位老师，也是"不知君臣之义"的浑蛋臣子之一。一开始吧，他还有点儿文豪光环，时间长了，也就祛魅了。也不能说小皇帝就没努力过。苏轼外放杭州那年，小皇帝避开高太后，鬼鬼祟祟地，叫人千里迢迢给苏轼送去了一斤好茶叶，还叮嘱他：莫要告诉别人！显然，这是试探拉拢的意思。换个"聪明人"，就会想到，这是捞一份"从龙之功"的大好机会。然而，苏轼除了感动，就只有感动。过了几天，他还顺嘴把这事告诉朋友了。小皇帝这一番俏媚眼，算是做给瞎子看了。

小皇帝这些年，对老爸和老爸未竟的事业，越来越认同。宋神宗在世的时候，苏轼就一直唱反调，这也让小皇帝很不满——我爹爹英明神武，创业未半，中道崩殂，你们毁了他的心血也就罢了，如今朕都亲政了，还给我来这一套，吓唬谁呢！所以苏轼把折子递上来，宋哲宗居然没有立刻发作，实在只是因为他也才亲政，时机还没成熟。

苏轼不尴不尬地离了京。临走之前，遣散了府里的大部分下人。文书小吏高俅，就是这时候离开苏府，经他介绍，转投驸马王诜门下的。大臣守边，按惯例，要招几个能干的幕僚，苏轼也没招。事已至此，何苦耽误别人的前程！只有他的一个门生李之仪，十分义气，跋涉一千一百二十里，拖家带口，从京城追了过来，跟苏轼通风报信道："事情不妙了！圣上只怕是铁了心，要恢复神宗皇帝的旧政。先生您想一想啊，自太皇太后垂帘以来，圣上他坐在龙椅上一声不吭，大家说啥他都没意见。这就说明，他是有所待，有所谋，这一谋就是八年，可见所谋非小。以先生您这些年在朝堂上的表现，前途危矣！"

苏轼发了一会儿愣，叹了口气，说："看来你我相处的时间，怕是不多了……"

定州虽然是军事重镇，但多年的和平，产生了军纪涣散和武备松弛的问题。苏轼上任后，立刻加强军事训练，改善士兵的生活条件，惩治官吏与将校的不法行为。他还扶持"弓箭社"等民兵武装，组织他们保境安民，更打击强占山林的豪强大户，使边关气象焕然一新。夏天淫雨成灾，大量田地被淹，他又要减税赈灾，忙个不停。如此半年之后，头顶的利剑掉了下来，朝廷下旨：苏轼此人长期以来，诋毁先帝伟业，深怀不臣之心，理应严惩！于是，苏轼被削官降职，先贬（广西）英州，再贬（广东）惠州、（海南）儋州……以垂暮之年，在大宋的版图上，走出了一条从极北到极南的万里投荒之路。从此，荆棘穷途。

知道皇帝要翻变天账了，还敢顶撞；知道仕途要完蛋了，还在勤恳工作……我们不禁要问了，苏轼已经混迹朝堂这么多年，为何还是如此不识时务？答案，其实早早地就书写在他年轻时的那篇《贾谊论》里：

> 然则是天下无尧舜，终不可有所为耶？仲尼圣人，历试于天下，苟非大无道之国，皆欲勉强扶持，庶几一日得行其道。将之荆，先之以冉有，申之以子夏，君子之欲得其君，如此其勤也。孟子去齐，三宿而后出昼，犹曰："王其庶几召我。"君子之不忍弃其君，如此其厚也。公孙丑问曰："夫子何为不豫？"孟子曰："方今天下，舍我其谁哉！而吾何为不豫？"君子之爱其身，如此其至也。夫如此而不用，然后知天下果不足与有为，而可以无憾矣。

我将发挥自己的才能，辅佐君主成为尧舜 —— 此为"致君尧舜"；

我将尽自己的心力去做事，让君主起用我 —— 此为"君子欲得其君"；

君主不肯用我，甚至放逐我，我不生气，不抱怨，不改初心 —— 是为"君子不忍弃其君"；

真正的"君子自爱其身"，不是独善其身，更不是明哲保身，而是当天下有事，舍我其谁？假如天下无尧舜，假如，我的才能终究不能为世所用，我还是做我应该做的，如此，死而无憾！

这就是士大夫"以天下为己任"的信仰，决不会为了个人前途而去迎合君主。这就是苏轼一生的倔强。这么多年，庙堂高，江湖远，风云变幻，最本质的那一个苏轼，从来没有变过。

"如果我要当范滂，母亲您会答应吗？"清脆的童音随风而逝，流年偷换，镜中雪颔霜髯。几许天真，几许疏狂，苏轼从来不是一个成熟的政治家。然而他矢志不渝，以一生"不合时宜"的憨直，展现了一个儒家士大夫的气节和担当。

湖山有幸逢使君，百姓都爱苏长官

苏轼跟谁学的政务？

经常被人们忽略掉的一个事实是：苏轼是一个很有实务能力的官员，称得上是一位"能吏"。这里，我们先插播一个北宋奇女子的故事。

苏轼门生李之仪的妻子胡淑修，表字"文柔"，是一位涉猎广泛的学术型才女。苏轼尊称她为"法喜上人"，经常把佛学上的问题写在小纸条上，托内眷交给胡淑修，遥相辩难。沈括遇到算术上的难题，也总是委托李之仪去请教胡淑修，并对李之仪说："尊内只可惜不是个男的！不然我定要和她做个一生的知己！"胡淑修若是个男的，成就肯定不会小。她不仅有学问，还有知人之明，而且智勇双全。后来李之仪遭蔡京陷害，被关在大牢里，一条性命就是被她巧计救回来的。

在定州的时候，苏轼经常来李家谈诗论文。一开始，胡淑修不以为意。一天，忽然有下属找过来，说有紧急事务，苏轼便当场处理。挺繁难的事情，谈笑之间便得到了解决，就好像庖丁解牛一般，恢恢乎游刃有余。胡淑修立在屏风后头，从头看到尾，暗自点头。过后，她对丈夫说道："我一直以为，苏轼虽好，只怕也未能摆脱文人习气，只好个纸上谈兵。今天才知道，此人确实是一代豪杰！"

《宋史》列传评价苏轼："器识之闳伟，议论之卓荦，文章之雄隽，政事之精明，四者皆能以特立之志为之主，而以迈往之气辅之。"

"特立之志""迈往之气"，这八个字下得中肯。苏轼是一个奋发进取的行动者。他不仅敢于立志，为了实现志向，他更有超凡的毅力和决心。

那一年，考过制科之后，苏轼第一时间便去找伯父苏涣请教。苏轼说："伯父，我想请教为政之道！"苏涣想了想，说："也没啥特别的，就跟你写那篇满分作文《刑赏忠厚论》差不多。"苏轼说："文章我确实很会写，但政务我没学过。"苏涣说："好比你在考场上，拿到了试题，一定会先审题，拟好提纲和框架后，才敢动笔。政务也是这样，就记住一句话，没想透，千万别动手！"

一个会教，一个会学。苏轼从苏涣这里学到了"眼观全局，谋定而后动"的做事原则。道理简单，实践起来却不容易。头脑、良心、责任感、悟性，一个也不能少。君不见世间多少糊涂官，事前拍胸脯，做事拍脑袋，事情搞砸了，拍屁股走人。

苏轼拜的第二位老师，是他在陕西凤翔的顶头上司，知府陈希亮。说起这一位，他可真是狠狠地给苏轼上了人生一课。那时，年轻的苏轼风头无两，谁见了不赞他一句"人中龙凤"！他自己呢，也难免少年意气，陈希亮就很不待见他，经常给他冷脸。苏轼交上来的文件，三天两头被打回去重写。有一次，他听到底下的小吏亲亲热热地叫苏轼"苏贤良"——苏轼不是应的制举"贤良方正能直言极谏科"吗，所以如此尊称他。陈希亮就让小吏挨了一顿板子，说："在我这儿，只有苏判官，没有苏贤良！"

转眼到了中元节，官员集会，苏轼赌了一口气，没去。陈希亮上报朝廷，罚了苏轼红铜八斤。陈希亮在府衙后面，着人造了一个台子，起名"凌虚台"，登此台，可以远眺终南山的风景。陈希亮就叫苏判官写一篇文章，志此胜事。苏轼就写道：

> 物之废兴成毁，不可得而知也。昔者荒草野田，霜露之所蒙翳，狐虺之所窜伏，方是时，岂知有凌虚台耶？废兴成毁相寻于无穷，则台之复为荒草野田，皆不可知也。

世间万物有兴必有废，你兴冲冲造这么个台子，说不定哪天就变回荒野啦！这话头，起得就不尴不尬。后面更不客气。他说，秦皇汉武造了多少楼台，现在你瞧瞧，断壁残垣都没了，你说你费这事干啥？

> 夫台犹不足恃以长久，而况于人事之得丧，忽往而忽来者欤？而或者欲以夸世而自足，则过矣。盖世有足恃者，而不在乎台之存亡也。

陈老头儿读了文章，谁能想到呢，那一张铁板脸上，露出了难得的笑容。他说："这是在生老夫的气了！老夫把苏洵当成子侄看待，这孩子就相当于我的孙子辈了。平时对他不假辞色，是怕他年轻暴得大名，轻狂自满，反而把人生路走岔了啊！"于是他令人一字不改地把这篇《凌虚台记》刻在了石碑上。

陈希亮，眉山青神人。他跟老苏家是世交，论辈分，比苏洵还要长一辈。此人极擅长政事，无论治理地方，还是守卫边关，都干得有声有色。他抓捕犯奸作恶的外戚，惩治杀良冒功的兵痞，为百姓平反冤案，敢于任事，心地也忠厚。凤翔闹饥荒，未得朝廷允许，官员不敢放粮赈灾，他挺身而出，说救命要紧，责任我一个人承担！黄河发洪水，他组织抗洪，没日没夜地睡在河堤上。中国桥梁史上的第一座"飞桥"[1]，就是他主持建造的。少年时候，他曾一把火烧掉家中对外借贷的借条，三十余万钱灰飞烟灭，他连眉头都没皱一下。朋友英年早逝，他把朋友的母亲和孩子接回家奉养，视同亲人。但他就是脾气太差了，说话又难听，所以呢，官始终做不上去。

陈希亮去世十几年之后，苏轼在黄州赋闲，就搜集资料，为陈希亮写了一篇传记，希望老上司的功绩能够被世人知晓和铭记。他对陈希亮的儿子陈慥说，我那时年轻气盛，愚不知事，总是和你父亲斗气，真后悔啊！

斗气归斗气，苏轼在陈希亮手下干了两年，还是受到了很多潜移默化的影响。未来的某一天，当人们惊讶于苏轼在政务上的精明时，他说："我是得益于陈公。"

苏轼的第三位老师，是欧阳修。欧阳修是海内文宗，后生晚辈从四面八方涌来，都渴望见他一面。见了面，都以为他会谈文学，谈道德，给大家来一场精神文明的洗礼。谁承想，这位一张嘴，尽是些官场上的俗事，钱粮、赋税、刑狱、治安……听得大家头大。有人就鼓起勇气问了，老先生为啥总跟我们讲这些呀？

---

[1] 没有桥墩的木制拱桥，又称"虹桥"。

欧阳修说："你们以后都是要去做官的人，到时候就会知道：搞文学，只能滋养自己的精神；熟知政务，却能够改变身边的世界。"

欧阳修说："我年轻的时候，被朝廷贬到夷陵。那小地方，连一本书都找不到。我就把衙门里历年的司法卷宗调出来看，聊作消遣。结果发现，有那么多显而易见的冤假错案！官府徇私枉法，小民沉冤难雪。夷陵是这样，那么整个大宋的天下呢？我当时就发誓，以后，务必以民生疾苦为念，在政事上，绝不能轻忽大意。"

"文学止于润身，政事可以及物。"[1]苏轼作为欧阳修的衣钵传人，也继承了他这样的从政理念。

一个真的很亲民的"亲民官"

对苏轼的一个常见误解是：以为他只是一位文学之臣。其实呢，我们捋一下苏轼的履历，会发现：大部分时间，他吭哧吭哧干着的，都是些接地气的工作。

年轻时下基层，作为凤翔府的第三把手，除了处理公文，司法、税赋、钱粮、户口、差役、官库等事宜他都得管。回京以后，在开封府审案子，京城里啥妖魔鬼怪不曾见识一二？后来呢，从杭州通判开始，密州、徐州、湖州、登州、杭州、颍州、扬州、定州……东南西北来回地跑着，做"亲民官"。

亲民官，即地方官，俗称"父母官"是也。地方吏治，是王朝统治的基石。汉宣帝曾说过："与我共安天下者，其唯良二千

[1] 吴曾：《能改斋漫录》卷一三，收入《全宋笔记·第五编（四）》，大象出版社，2012，第118页。

石（太守俸禄二千石，故以此代称太守）乎？"地方官的好坏，直接决定着一地民生的质量，也影响着王朝的长治久安。宋朝的统治者，很重视地方吏治："朝廷政事，以民为本。与民亲者，莫如逐路监司及州长吏。祖宗以来，常重其选。"[1]各府、州、县的官衙门口，都立着一块石碑，上面呢，刻着宋太宗颁布的戒铭，曰："尔俸尔禄，民膏民脂；下民易虐，上天难欺。"

听起来，很是那么回事。不过呢，说得再怎么冠冕堂皇，吏治腐败是不可避免的。在集权的官僚体制下，实行的是权力对上负责制。这就注定了：所谓的"以民为本"，根本就是一个"统治学"上的悖论。

"当官者，大小上下，以不见吏民，不治事为得策，曲直在前，只不理会。"[2]懒政、不作为、得过且过、糊弄事还算是好的，更有那贪赃枉法、勾结官吏、拉拢豪强、横征暴敛之徒，只要对上逢迎得好，便不妨碍他们升官发财。所以这大宋官场，也一样。廉洁奉公，又真能干事的，百里挑一。苏轼呢，他就是那个百中之一。

熙宁十年（1077年），苏轼徙知徐州，甫一上任，就碰上了黄河决口。洪水涤荡中原，冲到徐州城下，几乎淹没城头，官民震怖。苏轼是怎么做的呢？

首先，他安定民心，表示：城在我在，决不会让洪水淹城！然后，他召集城中富户，令他们出钱、出力，并严禁他们私自出逃；他去军营，动员将士参与抗洪；又派人划着小船，带着干

[1] 曾肇：《上徽宗论减罢监司守臣上殿》，载赵汝愚编《宋朝诸臣奏议》卷七七，上海古籍出版社，1999，第846页。
[2] 黎靖德编《朱子语类》卷第一〇八，王星贤点校，中华书局，1986，第2686页。

粮，将城外屋头、树顶上的难民接到安全地带；集中公私船只，用缆绳系在水势最凶猛的地方，以减缓洪水的冲力。有一位僧人法号应言，懂得水文地理，苏轼听取他的建议，征集民工，开凿一处名叫"清冷口"的地方，将洪水引入黄河故道。又分派人手，疏浚下游河道，修筑护城堤坝，加固外城。他自己呢，换上布衣，穿上草鞋，卷起裤脚，拿着铁锹，就住到了城头上，大小官吏因此也不敢懈怠。

徐州被洪水围困了七十多天后，终得平安。洪水退后，紧接着就是旱灾。苏轼又带领军民修渠，挖井，找水，护秧，祈雨。第二年，夏粮获得了大丰收，苏轼开心地带着下属们，到城外的神庙还愿，感谢神灵庇佑徐州的百姓。整个徐州城进入了狂欢状态，连闺中的少女都盛装打扮起来，她们挤在路边，嬉笑打闹，新裙子都被踩破了，只为了看一眼苏太守的模样——"旋抹红妆看使君，三三五五棘篱门。相挨踏破茜罗裙。老幼扶携收麦社，乌鸢翔舞赛神村。道逢醉叟卧黄昏。"[1]谁真心对百姓好，百姓就真心跟谁亲近。

从徐州往北，到山东、河北一带，地方上都不算太平，多有流民、盗贼。苏轼先后在密州、徐州当地方官，都面临着严重的治安问题。大部分盗贼，不过是普通的百姓，赶上天灾人祸，饥寒交迫，才铤而走险。苏轼对他们怀着深切的同情。他认为，官府应该给老百姓活路，这才是解决问题的根本。密州一年之内，接连遭受旱灾、蝗灾。救灾的同时，苏轼一再上书朝廷，请求缓交、减免当年赋税；又建议停止食盐禁榷，让灾区的百姓能够靠

---

[1] 苏轼：《东坡词·浣溪沙》，收入《景印文渊阁四库全书》第1487册，台湾商务印书馆，1986，第106页上栏。

盐业收入把颗粒无收的日子熬过去。对在押的犯人，苏轼也鼓励他们改过自新。他改善监狱的生活条件，严禁官吏虐待犯人，还建立了"狱医"制度，让生病的犯人能得到救治。

面对真正穷凶极恶的歹徒，苏轼也绝不姑息。徐州有一个巨盗团伙，凶残而行踪诡秘。苏轼察访到当地有一位民间豪杰，名叫程棐。此人的弟弟，因该盗贼团伙的诬陷，被官府刺配流放，他一心想要替弟弟申冤。苏轼便委派他去暗中侦查。程棐不负所托，打入盗贼团伙的内部，与官府里应外合，最终将匪徒一网打尽。而这时候，苏轼已经被贬谪到了黄州。为了兑现答应过程棐的条件，他写信给已经在朝堂上高升了的老朋友章惇，请他帮忙。于是，程棐因功绩被破格录用为禁军将领，程家弟弟的冤情也得到了洗刷。

苏轼相信，像程棐这样的豪侠，若朝廷肯给予他们机会，必定可以保境安民，从他们中间，甚至有望出现精忠报国的名将。于是，苏轼执笔，由在职的朋友出面，向朝廷上书，提议在京东路、河北路等治安混乱的地区招安民间的侠客义士，以备将来国家之用：

> 但每州搜罗得一二十人，即耳目遍地，盗贼无容足之处矣。历观自古奇伟之士，如周处、戴渊之流，皆出于群盗，改恶修善，不害为贤。而况以捉贼出身，有何不可？若朝廷随材试用。异日攘戎狄，立功名，未必不由此途出也。[1]

---

[1] 苏轼：《东坡全集》卷六六《代李宗论京东盗贼状》，收入《景印文渊阁四库全书》第1108册，台湾商务印书馆，1986，第96页上栏。

你不让他干活，他偷偷摸摸地都要出一点儿主意，出一把子力气。身不在其位，还要谋其政，苏轼就是这样，有着永不下线的现实责任感。

大宋律法，父母杀死婴儿，判处徒刑两年。然而民间杀婴之风屡禁不绝。中国人相信"多子多福"，生了小孩儿，难道不想要吗？说到底还是三个字：要不起。苏轼刚到密州，就碰上蝗灾，紧接着又是旱灾。在这样一个"大凶之年"出生的婴儿，算是白投胎了。城里还好一点儿，农村人靠天吃饭，根本没办法。有心存侥幸的父母，趁着夜黑，把婴儿扔到城门口，幻想着给城里人捡走，也算有条活路。心狠一点儿的，就直接按在水盆里淹死。

苏轼一大清早，就带着人沿着城墙根捡小孩儿。有的小娃娃还在舞手舞脚地号哭，有的已经成了冰冷的小尸体。苏轼心肠软，一圈儿转下来，自己也哭了。他把这些小婴儿都领了回去，从官仓中拿出粮食，号召没有子女的人前来领养。领养者，每个月给六斗米的补贴。如此一年之后，养父母与孩子之间产生了感情，就不会再扔掉他们了。就这样，救活了几十个孩子。

这一年，又有一小股强盗流窜到密州作案，安抚司派官兵前来追捕。古话说："兵匪不分家。"这一拨官兵来了，顿时满城鸡飞狗跳，他们甚至当街劫财杀人，最后一哄而散。百姓来报案，苏轼高高地坐在公堂上，把状纸轻飘飘地扔到一边，说："怎么可能有这种事情，你们不要诬告！"这些畏罪逃跑的官兵，本来已经准备好上山去当强盗，听闻如此，又都大摇大摆地回来了。苏轼早已安排下人手，将他们一网打尽，尽数处斩。菩萨心肠的苏太守，也是有狐狸心机和雷霆手段的。

元祐四年（1089 年），杭州伤寒疫病暴发。苏轼一面打击囤积居奇、哄抬药价的行为，一面自筹资金，给居民施药。用的药方，是黄州闹伤寒病的时候他向老朋友巢谷求来的，疗效很好。巢谷曾叫苏轼发誓，方子可以用，具体的成分绝不能外传。面对疫情，苏轼违背了誓言，把这个方子向全社会公开了。苏轼认为，济世良方，不应该成为私家之秘。为此，他愿意承受违背誓言的后果。

在杭州，苏轼还设立了中国历史上的第一家"公立医院"。他拨出公款两千贯，自己又捐出黄金五十两，创置了"安乐坊"，请懂得医理的僧人坐堂。以后每年都从地方财政上拨出资金，作为医坊经费。对于医德、医术都很好的僧人大夫，则由官府呈报朝廷，给他们奖励。这座医坊，一直到苏轼去世，还坐落在西湖的边上。

宋代，食盐普遍实行官买官卖。私人卖盐，是违法的。登州产海盐，因为地处偏远，没有客商来往，盐民煮一点儿盐，只是本地人买了自用。朝廷开始严禁私盐之后，官府收盐的价格低，卖盐的价格高，导致盐民破产，普通居民也吃不起盐，官府也赚不到钱，成了一个"三输"的局面。苏轼上任登州，前后不过五天，就把沿海的产盐地访查了一个遍，然后上书朝廷，请求停止食盐官卖，官府只需要在民间的食盐交易中征税就可以了。朝廷听取了他的意见。从此，登州和隔壁的莱州两地，都实行单独的盐政。这个造福万民的政策，被历朝历代承袭，一直实施到了清朝末年。

百姓和君主，孰为重？

"百姓和君王，谁更重要？"

如果拿这个问题来问苏轼，他将会毫不犹豫地回答："民为贵，社稷次之，君为轻。"[1]在儒家先贤中，苏轼的理想更接近于孟子。比起朝廷的意志，比起上司的赏识，他更看重的是百姓的福祉。

《尚书·五子之歌》云："民惟邦本，本固邦宁。"以民为本，是儒家的核心理念之一。历代王朝，都拿它作为治理天下的标榜。苏轼的好处就在于，他是真的相信，并以此为指导去做事。

以民为本，首先要知道老百姓想要的是什么，爱什么，怕什么，恨什么。苏轼每到一个地方，做的第一件事情就是访察民情。他精力旺盛，亲和力强，跟谁都聊得起来，聊着聊着，就聊出了好多上位者不知道的事情。

元祐六年（1091年），苏轼在颍州。他微服在城里转悠，发现路上突然多了好些衣衫褴褛、拖儿带女的外地人。过去一聊，才知道他们是从附近的寿州来的，说寿州今年遭了旱灾，秋收落空，只好出来要饭。苏轼立刻派人四处查问，才知道，今年淮南一路的庐州、濠州、寿州都发生了饥荒，很多农民已经在挖菜根，啃树皮了。而日常来往的州府公文中，没有任何相关报告。显然，是某些官员怕承担责任，隐瞒了灾情。

淮南一路各州的灾民，正在一路要着饭，向外逃亡。他们往南边走，是浙西、江东。这两个地方今年发生了水灾，收成也不

---

[1]　出自《孟子·尽心下》。

好，去的人不会很多，那大部分人就会往北边走。颍州首当其冲，会面对饥饿仓皇的流民潮，其中，可能还会夹杂一些趁火打劫的强盗，如此一来，颍州将何以自处？

苏轼立刻着手进行赈灾的准备工作。不过，社会救济向来不是仅有善良就能做成的，这件事情的难处在于：第一，如果大张旗鼓地开展赈灾，会扰乱本城的民心，而流民知道了颍州有饭吃，短时间内蜂拥而至，也会造成社会的混乱和资源的短缺。第二，朝廷赈灾，通常是放出"常平仓"的储备钱、粮、谷种，借贷给灾民。或者以工代赈，招募灾民干活，再把粮食以工资的形式发给他们。但是呢，这一次，灾民是从外地过来的，不是本地人，颍州的官府向他们放贷，以后就很难讨还。要是把粮食平价卖给他们吧，他们也买不起，常平仓也亏不起。以工代赈呢？灾民们远道奔波，个个饿得皮包骨头，走起路来两腿打战，又能让他们干啥活儿？

思量再三，苏轼最终决定，由颍州官府出钱，购买小麦、粟米、绿豆、豌豆这些价格低廉又容易饱腹的杂粮，发放给灾民。官府的钱从哪里来呢？他奏请朝廷，放出了一百道度牒的名额，把它们卖给有需要的人。度牒，是出家人的身份证明兼营业执照。我们知道，在宋代，经营寺庙道观是很挣钱的。不记名的"度牒"，在市场上一度炒到几百贯钱一张。对朝廷来说，这是一笔无本的好买卖，用于地方赈灾，则又相当于一种慈善募捐。

元祐七年（1092年），苏轼从颍州调到扬州。到了地方，已经是春天。下属官员恭请新太守主持"万花会"——这"万花会"，原是蔡京主政扬州的时候搞起来的。扬州芍药，天下驰名。蔡京每年命人采摘十几万枝芍药花，装点亭台楼阁，万花迷眼，美如仙境。从此引为惯例。

苏轼也是个爱花爱酒的风流人儿，没想到，他一来，就大煞风景，把这个"万花会"给取缔了。苏轼对这个"万花会"，早就看不惯了——不过是大小官吏们敛财的机会罢了，花农们被盘剥得苦不堪言，连芍药花都是刚刚开放就被摧折，就别打着"盛世"的名头，给苍生造恶业了吧！

以民为本，还要敢于为民请命。在著名的《上神宗皇帝书》中，苏轼说：

> 人主所恃者谁与？《书》曰："予临兆民，凛乎若朽索之驭六马"，言天下莫危于人主也。聚则为君臣，散则为仇雠，聚散之间，不容毫厘。故天下归往谓之王，人各有心谓之独夫。由此观之，人主之所恃者，人心而已。人心之于人主也，如木之有根，如灯之有膏，如鱼之有水，如农夫之有田，如商贾之有财。木无根则槁，灯无膏则灭，鱼无水则死，农夫无田则饥，商贾无财则贫，人主失人心则亡。

君主失去了民心，就像鱼离开了水，树折断了根，必定会灭亡。你对百姓好，百姓才肯做你的臣民；你对百姓不好，百姓就把你当成敌人。苏轼批评新法的立足点就在这里。朝廷不要嘴里说得漂亮，实际上干的却是与民争利的事情，为了充实国库，聚敛无度，搞得民不聊生。若百姓困苦不堪，你这个朝廷，还能保得住吗？

当时，吕惠卿推出了一个"手实法"的新政策。朝廷不是正在全面推行"免役法"吗？新法规定，每户人家要按照财产的多寡，向官府交"助役钱"。越有钱的人家，出的份子钱就越多。

那大家肯定都不愿意多报财产了。吕惠卿这个新政策，就是叫邻居之间互相检举，只要举报被查实，就拿被举报者所隐瞒财产的三分之一，奖赏给举报的人。一时舆论大哗。刚刚到达密州的苏轼，气得不行，便给宰相韩绛上书，他说：

> 昔之为天下者，恶告讦之乱俗也，故有不干己之法，非盗及强奸不得捕告。其后稍稍失前人之意，渐开告讦之门。而今之法，揭赏以求人过者十常八九。夫告讦之人，未有非凶奸无良者。异时州县所共疾恶，多方去之，然后良民乃得而安。今乃以厚赏招而用之，岂吾君敦化、相公行道之本意欤？[1]

让老百姓互相举报这个事情，从来就是败坏社会风气的。从前的执政者，只把它用在偷盗和强奸这种重大的刑事犯罪上，而且举报者不得有任何利益相关存在。现在无下限地将其泛滥化，这不是偏离了圣上和相公您仁厚为政的本意吗？

"免役法"到底怎么搞？苏轼也提出了他的一套可行性方案。他说，居民财产目前不是分为五等吗？四等和五等的上、中、下，是有目共睹的孤儿寡妇、绝户人家，他们出钱少，甚至不需要出钱，这一块儿本来就没啥可争议的。从三等往上，可以按照等级，发出应当交纳的役钱总数，让他们自行商量分派。比如说某县，第一等的富户，就那么几个，官府就把他们几家召集到一块儿，讲明白了，一等户总共要交出多少役钱，各家

---

[1] 苏轼：《东坡全集》卷七三《上韩丞相论灾伤手实书》，收入《景印文渊阁四库全书》第1108册，台湾商务印书馆，1986，第184页下栏。

自行认领，当时就能够谈妥。二等户，三等户，以此类推，分别以乡、村为单位派发。这样做，是因为百姓聚族而居，邻里相望，对彼此的家庭情况都有了解，人情关系又复杂，所以给他们一定的自治权，比官府随便插手强，最多收尾时，官府给把一下关。总之，绝对不能搞举报，否则，只会让一些坏人挟私报怨，浑水摸鱼，借机侵夺他人财产。至于那些新近分了家的，买卖了田产的，家境跟户簿上的等级对不上的，可以把相关的文书田契报上来，然后实际该交多少役钱，官府统一地多退少补。

苏轼以前在中央的时候，还反对"免役法"来着。这些年在地方上到处跑，他发现"免役法"确实有可取之处。在密州，他着手对"免役法"进行了改良，搞了一种"给田免役法"，就是官府用收上来的役钱购买田产，或者用官田作为报酬，去雇用役人。施行以后，百姓反映良好。只要于民有利，苏轼并不在意推翻过去的自己。他所反对的，与其说是改革，倒不如说，他是反对上位者无视底层呼声的粗暴和傲慢。

对于治下的百姓，苏轼的心中，始终怀着一种温柔的同情。一有机会，他就要为他们鼓与呼。当时，密州正在闹蝗灾，已经颗粒无收了，京东路的官员却声称："蝗灾不存在。那蝗虫吃的不是麦子，而是田里的野草。"已经有农民饿死在道路上了，官府还在逼他们交青苗钱。食盐的官卖政策也在开始施行了，苏轼认为，密州的经济条件和社会环境，并不适合严苛的盐政。如果要硬搞，只会官逼民反，流寇四起！苏轼说，我人微言轻，实在没法子，只请韩相公您救一救密州的百姓！

宋代实行的是"强干弱枝"的基本国策，地方上的行政自主权其实是很小的。小事情，都有很详细的法规制度可以依照执行；大事情，如赈灾、水利工程，就必须逐级上报，由中央做决定。地方官想当得省心，自然是多一事不如少一事，这就是某些官员硬着头皮说蝗虫不吃庄稼只吃草的原因。

但苏轼就属于特别能给中央找事的官员。他也知道自己讨人嫌，在这封致韩丞相的上书结尾，他说：

> 轼不敢论事久矣，今者守郡，民之利病，其势有以见及。又闻自京师来者，举言公深有拯救斯民，为社稷长计远虑之意。故不自揆，复发其狂言。可则行之，否则置之。愿无闻于人，使孤危衰废之踪，重得罪于世也。[1]

"我呀，是听人说，您有拯救黎民苍生之意，才向您大发狂言。您要是觉得可行，就试行一下；觉得不可行，那就算了。只请求您别把我的话告诉别人，免得让我这个倒霉蛋雪上加霜！"苏轼是因为批评新法而被赶出朝廷的。作为地方官员，这个时候，他说这些话，显然大有"对抗朝廷，破坏新法"的嫌疑。好在，韩绛虽是王安石的信徒，但他的风格并不像吕惠卿那么激进。这些日子，王安石不在朝里，韩、吕两个经常闹矛盾。苏轼抓住了这个时机，向韩绛进言。在为百姓请命的时候，苏轼还是挺能见机行事、见缝插针的。

---

[1] 苏轼：《东坡全集》卷七三《上韩丞相论灾伤手实书》，收入《景印文渊阁四库全书》第1108册，台湾商务印书馆，1986，第185—186页。

论治水，本官是专业的

"梦想平生消未尽，满林烟月到西湖。"苏轼一生爱西湖，他爱的西湖，有三个。

第一个，是我们熟悉的杭州西湖。苏轼跟杭州结缘，是在熙宁四年（1071年），他任杭州通判的时候。若将杭州比作绝代佳人，西湖便是她的秋波盈盈。苏轼一见西湖，就像毛头小伙子遇到初恋，瞬间沦陷。

"水光潋滟晴方好，山色空蒙雨亦奇。"西湖之美，一年四季都看不够。只有一点不好，原来这杭州城立足的土地，是由江海之水冲刷而成的。海水一个不高兴，就从钱塘江口倒灌而下。城里的地下水都有海水的苦咸味，居民只好到山上接泉水。唐朝的时候，杭州刺史李泌，在城中挖了六口水井，其下以暗渠相连，把西湖中的淡水引了出来，才让居民喝上了方便水。

这钱塘六井年久失修，渐被泥沙堵塞。杭州太守陈襄，便决定要疏浚六井，请来的工程师，却是法号"仲文、子珪、如正、思坦"的四位僧人——这里说一下背景，宋代的佛教徒，是很积极参与社会公益事业的，修桥铺路，兴建水利，到处都有他们的身影。从他们中间，出现了不少建筑、水利方面的行家。官府有事，也乐于找他们帮忙。

勤学、善问、能跑的苏通判，虽然不是项目的主负责人，但他在这个过程中，也学到了很多的知识和经验，这便是苏轼一生治水事业的肇始。古人云："圣人治世，其枢在水"，人类文明发源于水。漫长的一部中国古代史，也可以说是一部艰辛的治水史。苏轼一生，江河湖海，到处有他治水的功绩。

十七年之后，成为杭州太守的苏轼，所面对的问题，除了

"六井"再次堵塞，还有一个西湖的"顽疾"——

西湖本来是钱塘江入海口处的一个浅海湾。江海相汇，长年累月的冲蚀和沉积，形成了一个半封闭的湖。秦汉之后，历代沿湖筑堤防洪，把湖水和钱塘江彻底地隔开了。水质淡化，就变成了淡水湖。大型淡水湖泊的存在，能够调节河川径量，抵御洪水侵袭，满足居民日用和农业灌溉，沟通航运，调节气候，改善区域生态环境。丰富的水产资源，更能提高民生经济水平……西湖与杭州，可谓命脉相连。然而，西湖一旦疏于疏浚，湖面就会长满水生植物，变成沼泽。沿岸居民又会将沼泽占为农田。苏轼当通判的时候，西湖湖面已经淤塞了十分之二三。如今再来，湖面已经只剩下二分之一了。照这个速度下去，再过二十年，西湖就要不存在了！

苏轼忧心不已，上奏朝廷，请求即刻治理西湖。他指出，西湖有五大不可废：

第二，居民饮水困难；

第三，农业灌溉及水生经济受影响；

第四，航运成本增加（京杭运河转向钱塘江口引水，泥沙俱下，每年要多费十几万民力去浚河）；

第五，酒税收入锐减（杭州每年收酒税二十余万缗。西湖无水，只能到山上挑泉水，人力成本每年多出二十万工）。

以上四条，都是从民生、经济方面考虑，还有无关民生、经济的一个因素，苏轼却把它当作重头戏来宣讲，这就是"西湖五大不可废"之第一条：

西湖，从宋真宗的时候起，就是朝廷钦定的"放生池"。每年四月八日"佛诞日"，全城百姓都提着笼子，拎着桶，来湖边放生，为圣天子祈福。那些鱼鳖虫鸟，也似通人性一般，得了自由，便整整齐齐地向着京城的方向点头参拜，方才各自散去。这，都是皇家的福泽深广。若西湖没了，这些象征着天家福泽的小生灵都会死去。我们做臣子的，眼睁睁地看着，于心何忍！

鱼鸟谢恩，这事吧，听着玄乎。苏轼非要这么讲，谁也不好说不信。他也是煞费了苦心，毕竟，朝廷是抠门儿的。全国那么大，每天雪片一般飞来的折子里，一大半都是各地"亲民官"的哭穷叫苦、嗷嗷待哺。想叫朝廷搭理你，容易吗？所以苏轼要动之以情，晓之以理。

当然，最关键的，还是要提交一份无懈可击的可行性报告。

拯救西湖，需要多少人工、钱粮？如何筹集？苏轼说，不多，也不是很费事。首先，按惯例，卖度牒换钱，卖他个一百张；其次，今年赈灾的余款，可以拿出来用；再次，可以招灾民干活，以工代赈；最后，附近的军队，也能出一把力气。

杭州一带的水文情况比较复杂，海潮、京杭运河、钱塘江和西湖，形成一个互相牵制的水系网。苏轼反复实地勘测，遍访父老乡亲，从科学与民情两方面，提出了他的一整套工程方案：

第一，城里原有龙山、浙江两个水闸，用来隔断江潮。现在，在"钤辖司"前面，新开一个水闸。潮水从龙山、浙江二闸进来以后，就把这个新的水闸给关上，引着潮水流进茅山河，再沿着东城墙外面向北流走。等到潮平水清，再把水闸打开。这样，就能有效地改善城内水系的泥沙淤塞——这种"三闸式"的复闸，在当时是世界首创。

第二，运河两岸，常有居民违章搭建，影响防洪。考虑到民生不易，这些违章建筑就不拆除了。但是，官府要在这儿修建木岸，用来维护河堤，这个钱，请这些占地的居民以租金的方式分摊一下。

第三，西湖疏浚完成之后，允许老百姓租佃湖面，种植菱角、莲藕等水生经济作物。既能促进民生，又能防止杂七杂八的水草生长。考虑到古今都一样，肯定会有那种不自觉的人偷偷跑来，侵占公共湖面，种他自己家的菜。湖面上，可以立三座小小的石塔作为界标，以划分公私领域——这三座小塔，就是后来西湖的著名景点"三潭印月"。

第四，下设一个"开湖司"，每年湖面出租的租金，就划给"开湖司"，专款专用，维持后续的西湖治理。

第五，疏浚盐桥运河与茅山河这两条杭州城主河道，防止泥沙倒灌。

第六，西湖的淡水，是经过涌金门，顺着清湖河，流向杭州城内的。就以这条路线为基础，在涌金门内再修一处堰坝，然后开沟挖渠，引导西湖的淡水从城内人口最集中的几个地方流过去。水流所到之处，砌上石槽贮水，以供附近百姓的日常用水和消防需要。改造后的清湖河，在城内与运河交汇，最后注入钱塘江。这样，整个杭州城的水系就循环起来了。

第七，找到当年主持"六井"工程的老和尚，把钱塘"六井"再淘一遍。另外，把地下管道所用的竹管改成更不容易损坏的瓦筒，并用砖石在周边加固。

朝廷没二话，准了！接下来，杭州城的人，就经常看到他们的苏太守官靴带泥，官袍上沾着可疑的污迹，在湖边跑来跑去，累了就在路边坐着，头巾也被风吹掉了。有眼尖的人看到，太守的发髻竟然是用一根破草绳给捆起来的，不禁传为笑柄。到了饭点，衙门里饭菜还没送过来，苏太守就把民工的饭桶给提过来了，就桶尽情一吃，饭量奇大。

湖里的淤泥、葑草清理上来以后，往哪儿放呢？苏轼想出了一个主意：用它们在湖中筑一道长堤，方便居民的南北往来。此堤长达数里，上面尽植垂柳与木芙蓉，行人往来其间，恍如身在画中——这就是以后西湖的标志性景点"苏堤"。

> 我性喜临水，得颍意甚奇。
>
> 到官十日来，九日河之湄。
>
> 吏民相笑语，使君老而痴。
>
> 使君实不痴，流水有令姿。
>
> 绕郡十余里，不驶亦不迟。
>
> 上流直而清，下流曲而漪。[1]

第二个西湖，便是颍州西湖。颍州位于黄河与淮河之间，长年闹水患。在颍州的半年任期内，苏轼的时间和精力主要用在了治水上。

当时，为了治理开封的水患，有些官员主张把开封的洪水从惠民河引到陈州，再通过对"八丈沟"的疏浚加宽，把洪水从陈州引到颍州，在此汇入淮河。另外一些官员闻言就跳起来了，说，你们这是祸水东引！颍州百姓的命不是命吗？两边吵了起来。苏轼到任颍州的时候，"开挖派"已经占据上风。苏轼立刻赶到八丈沟一带进行勘测，发现这里大小河流众多，一到下雨天就各自暴涨满溢，并非像他们说的那样可以轻率动工。

苏轼又派人上至蔡河口，下至淮河，每隔二十五步（约合十五米）立一根竹竿，共计五千八百一十一竿，逐竿以水平测

---

[1] 苏轼：《东坡全集》卷一九《泛颍》，收入《景印文渊阁四库全书》第1107册，台湾商务印书馆，1986，第292—293页。

量，得到了地平面的真实数据。此外，八丈沟的河道深浅，颍河、淮河历年的最高、最低水位，周边各个河道逐月水量的大小及其水流去向，哪一处的河道容易壅塞，哪一段的堤坝比较薄弱……他都勘测了一遍，最后得出结论，给皇帝上书：

"一旦洪水来袭，淮河之水必将倒灌八丈沟。开挖八丈沟，不仅不能解除开封与陈州的水患，还会对颍州造成巨大的伤害。

"臣还发现，'开沟派'不仅未曾实地测量，就连工程费用、居民补偿款都算得不对。臣给他们重新算了一遍！一应账目都在此处，敬请查验！"

在翔实的数据面前，"开沟派"完败，颍州的百姓逃过一劫。

因为黄河经常决堤，颍州境内的水系经常被冲断、湮塞。在淮河到颍河之间，有一条人工河叫"清河"。苏轼挖通了清河、西湖与焦陂塘之间的水道，使其可以行船。在清河上游建了三座水闸和一座小水库，使颍州西南地表的泄洪与蓄水功能都得到了改善，清河两岸六十里的农田也得到了灌溉。施工中清出来的淤泥则堆成了护堤——这便是苏轼在人间留下的第二道"苏堤"。

第三个西湖，便是惠州西湖。贬到惠州之后，为了方便居民交通，苏轼与当地官员合作，建造了东新桥、西新桥，并在丰湖上修了一道堤。苏轼走后，惠州人民为了纪念他，将"丰湖"改名为"西湖"。湖上的那道堤，当然也要叫作"苏堤"啦！

古人说，勤政爱民的地方官员，就像长了脚的春天，走到哪里，就给哪里的土地带来生机。苏轼的个性里，天然有着春天一般的热情、蓬勃、喧哗与欢腾。据当时的杭州人回忆，苏轼经常让随从的大部队从钱塘门走陆路去西湖。他自己呢，就带着一两个老兵，坐船从涌金门出来，在灵隐、天竺一带的寺庙里散步。他随身带着公文，走到灵隐寺的"冷泉亭"，水面清风徐来，苏轼铺开笔墨，就坐在亭子里办公——"落笔如风雨，分争辨讼，谈笑而办"。[1]完了，跟下属们喝酒。薄暮时分，大家一起骑马回来，欢歌笑语满路。

又有杭州歌女回忆说，每逢春秋佳日、节假休沐，苏轼都会在西湖上招待宾客。早上，客人乘小舟而至，在朝霞、晨雾、鸟鸣、山色中，吃一顿简单的早饭。然后，每一只小船都带着一位客人和数名官妓，各自向湖上散去，不问东西。黄昏时分，便有人敲起锣来，锣声借着广阔的水面，传出去很远。小船便纷纷地往回划，划到望湖楼，大家一起吃晚饭。直到夜里十一二点，大队人马才打着灯笼回去。湖山之间，一带灯火逶迤，城里还在逛夜市的人们看到了，都提灯高照，一哄而上，围观太守回城……

苏太守沉醉在西湖的山光水色里。而沉醉在山光水色里的苏太守，也成了百姓眼里顶顶有趣的风景。

---

[1] 丁传靖辑《宋人轶事汇编》卷一二，中华书局，1981，第619—620页。

思想篇

天下之大何处容不下一个胖子

像鸟寻找它的天空

> 如鸿风飞，流落四维。
>
> —— 苏辙《祭亡兄端明文》

"故乡飘已远，往意浩无边。"[1]好男儿志在四方，离开老家眉州的时候，苏轼并无太多留恋之情。姐姐含恨去世，母亲抱憾而终，父亲与亲旧决裂，对苏轼多少还是有一些影响的。好在他还很年轻，心中多的是未来，而不是过往。不像他的父亲苏洵——家乡的闭塞与人情炎凉，让个性激烈的老苏深觉压抑，他更喜欢中原的沉厚，想要登高山大岭，望长河汤汤，感受那极目天下的开阔气象。

苏洵希望有一天，他能够在"嵩山之下，洛水之上，买地筑室"，安家落户。这是八方风雨相聚的中州之地，华夏文明的腹心，老苏的这个选择，正契合他这一生的昂扬心志。可惜，他去

---

[1] 苏轼：《东坡全集》卷二六《初发嘉州》，收入《景印文渊阁四库全书》第1107册，台湾商务印书馆，1986，第381页下栏。

世得太早。很多年以后，步入晚年的苏辙，拿出平生的积蓄，在颍昌（今河南许昌）买了房子与田地，又将苏轼的坟迁了过来，自己死后与兄合葬。到了元朝，又有崇拜者来，在二苏的墓边，为苏洵立了一个衣冠冢。至此，才算是给老苏圆上了心愿。

中国人讲究"叶落归根"，他们老苏家，对此倒没有太大的执念。在最后一次离乡的途中，苏轼意气风发地写下了这样一些诗句：

> 誓将泛江湖，雪此呴沫羞。
> 江湖与荒溪，巨细虽不侔。
> 此流彼之派，联接讵阻修。
> 超然奋跃去，势若鹰离韝。[1]

> 终日锁筠笼，回头惜翠茸。
> 谁知声呜呜，亦自意重重。
> 夜宿烟生浦，朝鸣日上峰。
> 故巢何足恋，鹰隼岂能容！[2]

像溪流中的小鱼儿向往大海，像笼中的小鸟惦记天空，像挣脱束缚的雄鹰势必要逐风破云……苏轼很喜欢用这些野性活泼的生灵来比方自己。扬眉出蜀，苏轼的心头眼底，尽是面对世界的新鲜感和少年锐气。

---

[1] 苏轼：《苏诗补注》卷四七《送宋君用游辇下》，查慎行补注，收入《景印文渊阁四库全书》第1111册，台湾商务印书馆，1986，第905页下栏。
[2] 苏轼：《东坡全集》卷二八《涪州得山胡（善鸣，出黔中）》，收入《景印文渊阁四库全书》第1107册，台湾商务印书馆，1986，第403页下栏。

嘉祐六年（1061年）冬，苏轼出京，天寒地冻，匹马雪沾衣，往西北而行。他是要到陕西凤翔去上任。才二十出头的年轻人，却已名扬四海，获得了天子的垂青，当然，也受到了一点点官场委屈，见识到了一些京城里的龙争虎斗，此刻，他正奔向他仕途的第一站……道路是曲折的，前途是光明的。

途中，他经过洛阳城西的渑池县。战国时代，秦国与赵国有"渑池之会"，赵国上大夫蔺相如在此以命相搏，力抗秦王淫威。如今，不过是个寻常小城罢了。五年以前，父子三人进京赶考，就从这里经过。路长，人疲，马死。好容易在县城里找到了一个寺庙借宿。庙里有个老和尚，法号"奉闲"，待客极是和气。苏轼这回又来投宿，找奉闲说话，却被告知老和尚已经去世了。庙后头，新添了一座僧塔。庙墙也已经塌坏了。当时兄弟俩在墙上题的诗句，自然也不存在了。

苏轼感慨赋诗一首：

和子由渑池怀旧

人生到处知何似，应似飞鸿踏雪泥。

泥上偶然留指爪，鸿飞那复计东西。

老僧已死成新塔，坏壁无由见旧题。

往日崎岖还记否，路长人困蹇驴嘶。

这一次，被他用来打比方的动物，是鸿雁。飞鸿横空而过，偶尔落地歇息。他说，我们的人生到处，就像那飞鸿的指爪，从泥雪交融的地上踏过，只留下细碎的爪痕。当你看到这痕迹时，鸿雁早已不知飞向何方了。

此诗轻灵隽永，又饱含深沉的生命哲思，难以想象，是出自一位这样年轻的官员之手。据后人考证，苏轼这个"雪鸿"的比喻，可能是化自天衣义怀禅师的偈语："雁过长空，影沉寒水，雁无遗迹之意，水无留影之心。"不过，苏轼的诗意，和禅师偈语的意指，还是不一样的。义怀禅师所讲的，是无所挂碍。世间万物，来去都无心，就好比鲁智深醉别山门，烟蓑雨笠，他在人间，只是一个"赤条条来去无牵挂"。苏轼的笔下呢，则更多表现物是人非的伤怀。

五年前，苏家父子来此，饥肠辘辘，骑的马已经累死了，临时买了几头驴子。毛驴又不听使唤，在崎岖的山道上走几步，便要愤愤不平地叫唤几声。苏轼问弟弟，那时候的落魄困顿，你还记得不？

那时候，父子们功名未就，前途未卜。现如今，兄弟俩跃龙门，折蟾桂，成为大宋政坛最有潜力的新秀。当然了，苏辙是不幸被王安石泼了盆冷水，眼下正坐在家中赌气，不肯去上任。所以，苏轼这里也是在委婉地劝抚弟弟：道路阻且长，许多事物在我们的身后剥落、死亡，化为枯朽，这是生命的必然，我们要向前看……这首诗，在身似飞鸿的生之怅惘中，又隐隐地传递出对未来的信念。

怅惘与信念，都是心有挂碍的，是入世的。所以，他这是"诗心"，而不是"禅语"。诗人咀嚼人生的滋味，诗人有强烈的生命痛感。年轻的苏轼，用独属于天才的宿慧，在不经意间，借由雪泥鸿爪，触及人生的终极之问："我是谁？我从何处来，我到何处去？我为什么而活着？"当年，悉达多王子也曾被这些问题困惑，窥破了无常之苦。窥破之后，又将如何呢？悉达多出走，去修行，成了佛。我们年轻的苏轼，继续赶路，去做一个"官人"。

苏轼不仅是诗人，更是一个官人。中国历史上的"官人"，又有一个名字，叫"宦游人"。唐代王勃有诗云："城阙辅三秦，风烟望五津。与君离别意，同是宦游人。海内存知己，天涯若比邻。无为在歧路，儿女共沾巾。"宦游人不是苦命人，只是欲戴官帽，必受其累。

宋代的官人，得了功名，先要下基层锻炼。若是做了一州一府的亲民官，按制度，首先就要回避家乡。在异乡呢，也待不安稳，最多两三年就要调动。有幸做上了京官，时不时也要外放，到地方上去攒资历。犯了错误，贬谪更是少不了。一个"宦游人"，回不去他的故乡，有什么稀罕？稀罕的是：明明是异乡客，却要把这异乡当成自己的家乡一样去爱它，治理它；把这里的百姓当成自己的儿女一样去爱护，管教。离开的时候，按惯例还要种下一棵树，百姓们或真心或假意，在树下含泪拜送，依依不舍……

官人赶路，拖家带口，奔波在大好河山里，似漂泊无根，却又俨然是主人。这奇妙的若即若离感，也像是往返在天空和大地之间的鸿雁："人似秋鸿来有信，事如春梦了无痕。"[1]从这一层意义上来讲，飞鸿，也正暗合苏轼这个大宋"官人"的身份。另一位大宋的"官人"——与苏轼生逢同代，却老死不相往来的词人周邦彦，也打过类似的比方："年年。如社燕，飘流瀚海，来寄修椽。"[2]说宦游的自己，是一只寄居人家屋檐的燕子。

燕子也好，鸿雁也罢，都是候鸟。候鸟讨生活，当然比麻

[1]　苏轼：《东坡全集》卷一二《正月二十日，与潘郭二生出郊寻春，忽记去年是日，同至女王城作诗，乃和前韵》，收入《景印文渊阁四库全书》第1107册，台湾商务印书馆，1986，第202页下栏。
[2]　周邦彦：《满庭芳》，载唐圭璋编纂《全宋词》，王仲闻参订，孔凡礼补辑，1999，中华书局，第775页。

雀、乌鸦等留鸟辛苦。但候鸟亦有留鸟所不知之乐也，它们飞过了更远的山川湖海，见识过更多的造化神奇。苏轼这只候鸟，又特别具有好奇心。他走到哪里，就能发掘出哪里的美与趣。书上有的名胜古迹，他要参观；书上没有的隐秘风景，他要探险；犄角旮旯的民情，他要走访；他还要广交朋友，一个人但凡有一丝可取之处，他便相谈甚欢；他还有一张大嘴，要吃遍各种特产美食……

十九年过去了。元丰三年（1080年）二月，人到中年的苏轼，因"乌台诗案"受惩处，被朝廷降官削职，押送黄州，寄居在城东的古寺定惠院。在这里，他写下了一首著名的词作。

卜算子·黄州定惠院寓居作

缺月挂疏桐，漏断人初静。时见幽人独往来，缥缈孤鸿影。

惊起却回头，有恨无人省。拣尽寒枝不肯栖，寂寞沙洲冷。

这首词中，有两个核心意象，一个是"幽人"，一个是"孤鸿"。

"幽人"者，源出《易经》。《易经》"履卦"的爻辞有云："履道坦坦，幽人贞吉。""归妹卦"的爻辞亦有云："眇能视，利幽人之贞。"根据不同的语境，"幽人"这个词语大致有两种含义：第一，高洁幽居之士；第二，被君主放逐的幽废之人。那么苏轼笔下的"幽人"到底是什么意思呢？我们来看看他自己的解释。

到了黄州以后，苏轼秉从父亲的遗志，开始撰写《东坡易传》，阐述他对易学的见解。在《东坡易传》中，他对"幽人"是这么定义的："才全德厚，隐约而不愠者。""已有其能而不自用，使无能者享其名。"

意思就是说，一位德才兼备的君子，被无能者排挤，未能发挥自己的才能，却不怨恨，仍然固守着内心的正道——这实际上正是苏轼的夫子自道。苏轼被变法派排挤，遭宋神宗放逐，远离君父，待在这僻远的黄州城里，而心志不堕。逐臣与高士，两个身份在他的身上合而为一了。

在黄州，"幽人"这个词语，屡屡出现在他的诗文里：

幽人无事不出门，偶逐东风转良夜。[1]

南浦凄凉老逐臣，东坡还往尽幽人。[2]

观草木欣荣，幽人自感，吾生行且休矣。念寓形宇内复几时，不自觉皇皇欲何之？委吾心，去留谁计。神仙知在何处？富贵非吾志。[3]

定惠院东边，有一个小山坡，坡上杂草丛生，却有一棵海棠树。海棠在苏轼的老家四川常见，黄州人却不认得它，也没人知道这棵树是怎么来的。苏轼见了它，心中欢喜。每到春天花开满

[1] 苏轼：《东坡全集》卷一一《定惠院寓居月夜偶出》，收入《景印文渊阁四库全书》第1107册，台湾商务印书馆，1986，第190页上栏。
[2] 苏轼：《东坡全集》卷一六《潘推官母李氏挽词》，收入《景印文渊阁四库全书》第1107册，台湾商务印书馆，1986，第248页上栏。
[3] 苏轼：《东坡词·稍遍·为米折腰》，收入《景印文渊阁四库全书》第1487册，台湾商务印书馆，1986，第148页。

树时，他就带着朋友和酒，在树下喝一个酩酊大醉。他为这棵海棠树写诗：

> 江城地瘴蕃草木，只有名花苦幽独。
>
> 嫣然一笑竹篱间，桃李满山总粗俗。
>
> 也知造物有深意，故遣佳人在空谷。
>
> 自然富贵出天姿，不待金盘荐华屋。[1]

他把海棠花比作空谷佳人，这个比喻，来自杜甫的名篇《佳人》：

> 绝代有佳人，幽居在空谷。
>
> 自云良家子，零落依草木。
>
> 关中昔丧乱，兄弟遭杀戮。
>
> 官高何足论，不得收骨肉。
>
> 世情恶衰歇，万事随转烛。
>
> 夫婿轻薄儿，新人美如玉。
>
> 合昏尚知时，鸳鸯不独宿。
>
> 但见新人笑，那闻旧人哭。
>
> 在山泉水清，出山泉水浊。
>
> 侍婢卖珠回，牵萝补茅屋。
>
> 摘花不插发，采柏动盈掬。
>
> 天寒翠袖薄，日暮倚修竹。

---

[1] 苏轼：《东坡全集》卷一一《寓居定慧院之东，杂花满山，有海棠一株，土人不知贵也》，收入《景印文渊阁四库全书》第1107册，台湾商务印书馆，1986，第191页上栏。

空谷佳人的悲惨境遇和高洁操守，与苏轼隔代呼应着。来自故乡的海棠花，也正是"幽人"人格的具象化。

再来说"孤鸿"。

我们知道，鸿雁夜宿，总是在水草丰茂的地方，如江心啊，沙岸啊，没见过蹲在树上的。古人认为，这是因为鸿雁的爪子不能蜷曲，抓不住树枝。那么，词中说什么"拣尽寒枝不肯栖"就没道理了。大雁听了，难道不会反驳："瓜娃！哪个不肯栖？老子是莫得办法嘛！"以苏轼之博闻广识，他能没这个常识吗？让我们再回到《易经》中，看一看其中的"渐卦"。

"渐卦"的卦象，正是一只鸿雁的活动轨迹：鸿雁在水边，鸿雁飞到大石头上，鸿雁飞到陆地上，鸿雁飞到树上，鸿雁飞到山丘上，鸿雁飞到天上……越飞越高的鸿雁，象征的是君子。"山上有木，渐，君子以居贤德，善俗。"君子志存高远，想要达成事功，就要像鸿雁飞向它自己的天空，需要循序渐进。

"拣尽寒枝不肯栖"，正好对应"渐卦"的六四爻，爻辞云："鸿渐于木，或得其桷，无咎。"大雁飞呀飞，飞到大树上，如果找到一根大枝条，今天它就不会有患难！

我们来看苏轼本人在《苏氏易传》中对这段爻辞的深度解读：

> 木生于陆，而非鸿之所安也；鸿之为物也，足不能握，其"渐于木"而"无咎"，盖得其大而有容如桷者焉，九五之谓也。"或"者，幸而得之之辞也。无应而从非其配，非"巽"顺，何以相保乎？"

鸿雁爪子不能握住树枝，所以它要找到一根平坦的大枝柯才能够安身。找到这样的大枝柯，是很幸运的事情，需要时势的顺合。那么，对照一下《卜算子》里的孤鸿，它在夜空中飞来找去，原来并不是挑剔，只是找不到可以供它栖息的树枝。既然如此，天已经如此黑了，夜晚多么危险，它为什么不肯回到沙洲上去呢？不仅是因为那里冷、寂寞，更因为"君子以渐"——君子要一步一步地去实现他经世致用的理想，就像大雁要一程一程地飞向它的天空。

在黄州的苏轼，政治生涯几乎断送，政敌的攻击还在继续，其处境，也正像一只黑夜里的孤雁。"惊起却回头，有恨无人省"——他惊，惊的是自己凶吉未卜的命运；他恨，恨的是进善不受纳，忠者不得信。

劳心王事的"宦游人"，变成了无事不出门的"幽人"。飘逸的"飞鸿"，变成了心事重重的"孤鸿"。幽人在地，飞鸿在天，徘徊，寻觅，二者互相映照、对应、重叠，含蓄且形象地表达了苏轼的心志：肉身被放逐，而我孤忠不渝。我心忧惧，但我还是要知难而上，待时而飞。所以，《卜算子》这首词，讲的便是君子在困境中的选择：守"幽人之贞"，以成"君子之渐"。

"凡易者，象也。以物象而明人事，若《诗》之比喻也。"[1]《周易》，是拿自然界千变万化的事物，来比拟人世间的事情。《周易》中的"象"和《诗经》的"比"，是两种类似的修辞手法。将"易象"引入创作，是个悠久的文学传统。在黄州的苏轼，刚从一场"文字狱"中逃生，有许多心里话，却不敢讲，不能讲。可以想象，住在定惠院的这些日子，每当夜阑人静，满怀心绪的苏轼，停下对《易》的思考，举头望向浩瀚的宇宙深处，

---

[1] 李学勤主编《十三经注疏·周易正义》，北京大学出版社，1999，第27页。

斗转星移，月圆月缺。微风吹动着树叶，孤鸟在夜空哀鸣……同时存在于经书与宇宙中的纷繁"易象"，都显现出其本质的意义，又流转变化，生发出无限的可能性，催动着他的哲思与诗情。于是，由易入诗，以诗化易，这些日子以来他内心所有的郁结，都在这一刻，得到了含蓄又饱满的抒发。

《卜算子》"语义高妙，似非吃烟火食人语"[1]，在苏轼的作品中，算是比较难以解读、众说纷纭的一篇。人们甚至为它附会出了一个哀艳的故事。说是苏轼贬谪惠州，邻居温都监的女儿年方十六，喜道："这是我的姻缘到了！"于是夜夜翻墙而来，在苏轼的窗户下面徘徊。苏轼知道后，便与温家定下了婚约。事未谐，苏轼就被贬到了海南。等他从海南回来，温家女孩已经相思而亡，苏轼就含泪为她写下了这首词。故事相当无稽，但它也不失为一种合情合理的解读方式：美丽而心气高傲的少女，在广漠的人间苦苦寻找一位理想中的"良人"，不也正像是孤鸿拣尽寒枝吗？

好的文学作品总是有多种解读的。这首《卜算子》，也能让我们很自然地联想到我们在人生路上的种种孤独与寻觅，徘徊与坚持。

---

[1] 陈鹄：《西塘集耆旧续闻》卷二，孔凡礼点校，中华书局，2002，第301页。

此心安处是吾乡

羁鸟恋旧林，池鱼思故渊。长亭连短亭，何处是归程？人在世间行走，总该有个归处吧。

中年以后的苏轼，开始考虑终老的问题。然而天下之大，竟然难以找到一个安稳的落脚处。

老家眉州是回不去了。"故山西望三千里，往事回思二十年。"双亲不在，亲故凋零，物是人非，纵使心心念念，纵然乡音不改，返乡客终究变成了陌生人。

汴梁，想都不要想。自古以来，京城居大不易，寸土寸金的房价，苏家这种没根基的，高攀不起。更何况，天子脚下，软红十丈，富贵修罗场，只堪折寿，不宜养老。

宦游人身不由己，迁客逐臣更加没的选。当然，梦想还是要有的，苏轼心里最中意的安居之地，是杭州。杭州，东南第一州，是眼高于顶的京城人都称其为"地上天宫"[1]的秀丽繁华之地，苏轼第一次来就爱上了它。

---

[1] 袁褧《枫窗小牍》卷上："汴中呼余杭，百事繁庶，地上天宫。"

我本无家更安往，故乡无此好湖山。[1]

居杭积五岁，自意本杭人。

故山归无家，欲卜西湖邻。[2]

苏轼第一次到杭州，去西湖边的寿星寺游玩，忽然对朋友说："我一生从未到过此处，却觉得眼前的景物都似曾相识。你看，从方丈室这里，走到上面的忏堂，共有九十二级台阶。"众人一数，果然是九十二级。苏轼说："我想起来了！我前世便是这里的僧人。如今这庙里的和尚，大都是我当年的弟子。"好嘛，突然觉醒了前世记忆，请问这科学吗？不科学！很可能，这是苏轼以他对玄学的热爱，在潜意识里把自己对杭州的喜爱之情，给浪漫地合理化了。

"前生我已到杭州，到处长如到旧游。"[3]苏轼在杭州前后待了五年，离开后，一年到头，做梦也要梦回西湖好几趟。可惜，落户这里也没戏。第一次来杭州，他官微俸薄。第二次来杭州，他已在常州置下了产业。

说起常州，也是个好地方。首先，它满足了苏轼对江南风土人情的热爱。其次，在这里买房子、田地，和京城、杭州相比，可便宜太多了，是苏轼努一把力还能够得着的价位。元丰七年（1084年），朝廷下发旨意，叫苏轼从黄州移到汝州去居住。汝

[1]　苏轼：《东坡全集》卷三《六月二十七日望湖楼醉书五绝》，收入《景印文渊阁四库全书》第1107册，台湾商务印书馆，1986，第83页上栏。

[2]　苏轼：《东坡全集》卷二一《送襄阳从事李友谅归钱塘》，收入《景印文渊阁四库全书》第1107册，台湾商务印书馆，1986，第316页下栏。

[3]　苏轼：《东坡全集》卷七《和张子野见寄三绝句》，收入《景印文渊阁四库全书》第1107册，台湾商务印书馆，1986，第132页上栏。

州离京城很近，这是个好信号，宋神宗这是表示原谅苏轼了。

苏轼带着全家上路，一路上走亲访友，求田问舍，走得这叫一个磨蹭。也不能怪他，雷霆雨露，皆是君恩。苏轼这一次被雷劈得有点儿狠，雨露呢来得又有点儿晚，他的心情，是喜悦之中夹杂着一点儿后怕和犹疑。更何况，苏轼现在都快到知天命之年了，还在江海漂泊，没能置下一处属于自己的房产，也确实凄惶。

就在这种情况下，好友蒋之奇帮他在常州下面的宜兴买了一处田庄。苏轼便向皇帝上书，请求能够就近在常州居住。得到允许后，他欢喜得不行，自以为从此是"鱼鸟之性，终安于江湖"[1]——从巴山蜀水里飞出来的小鸟、游出来的小鱼，遇过多少风浪，经过多少险恶，可算有个歇脚的地方啦！

元丰八年（1085年）三月，宋神宗驾崩。苏轼在河南应天府举完哀之后，就开始折返常州，小船儿漂啊漂，载着一个梦想："十年归梦寄西风，此去真为田舍翁。剩觅蜀冈新井水，要携乡味过江东。"[2]到常州，要经过扬州。扬州有山，名为"蜀冈"。蜀冈是一条山脉，起自六合，过扬州，终于泰州、如皋。故老相传，蜀冈的地脉和蜀地是相通的，蜀冈上的井水就来自岷江。这个发现让苏轼更高兴了，故乡和新家，就这样跨越了地理与心理上的阻隔。此身漂泊在广袤的大地上，既找到了归途，也还看得见来路。

时值五月春夏之交，难得的风调雨顺，眼看着今年将有个好收成。稻浪在熏风里翻滚，田野上，鸟儿们飞来飞去地欢唱，苏轼也吟起诗来："此生已觉都无事，今岁仍逢大有年。山寺归来

[1] 苏轼：《苏轼文集》卷七一《泗岸喜题》，孔凡礼点校，中华书局，1986，第2261页。
[2] 苏轼：《东坡全集》卷一五《归宜兴留题竹西寺》，收入《景印文渊阁四库全书》第1107册，台湾商务印书馆，1986，第235页上栏。

闻好语，野花啼鸟亦欣然。"[1]就是因为这一首诗，苏轼后来被政敌逮住了猛揍——先帝驾崩，你苏轼咋能这么高兴呢？

和每一位拼尽全力总算买了房的刚需业主一样，苏轼兴冲冲地构想着新居的装修：

> 吾来阳羡，船入荆溪，意思豁然，如惬平生之欲。逝将归老，殆是前缘。王逸少云："我卒当以乐死。"殆非虚言。吾性好种植，能手自接果木，尤好栽橘。阳羡在洞庭上，柑橘栽至易得。暇当买一小园，种柑橘三百本。屈原作《橘颂》，吾园若成，当作一亭，名之曰楚颂。[2]

心爱的小橘子树种下了，宜兴的家他却没能住上几天。很快，又是新一轮的宦游，然后是更远的贬谪。一去十六年，建中靖国元年（1101年）六月十五日，苏轼终于万里生还，从海角天涯回到了常州。

"今且速归毗陵，聊自憩。此我里，庶几且少休，不即死。"[3]在给老友章惇之子章援的信中，他说道。虽然朝廷允许他自己选择居住地，虽然病体支离，但他一心一意只想着，要在死去之前，回到阔别十六年的家园。

然而，他还是没能看到家门口的橘子树。风烛残年的身体，

[1] 苏轼：《东坡全集》卷一五《归宜兴留题竹西寺》，收入《景印文渊阁四库全书》第1107册，台湾商务印书馆，1986，第235页上栏。
[2] 苏轼：《苏轼文集·苏轼佚文汇编》卷六《楚颂帖》，孔凡礼点校，中华书局，1986，第2578—2579页。
[3] 苏轼：《苏轼文集》卷五五《与章致平二首（以下俱北归）》，孔凡礼点校，中华书局，1986，第1644页。

没能支撑完最后几十里的路途，苏轼在借住的常州朋友家中去世。临终前，他对孩子们说："把我葬在嵩山之下。"——这是记起父亲的遗愿了。

"如鸿纷飞，流落四维。"苏辙在安葬苏轼之后，如此总结哥哥江海飘零的一生。造化由来爱弄人，当我们回忆往事，总是会有那么多的悔恨与遗憾。然而，悔与憾，从来不属于苏轼。他跟一般人不一样的，正是他面对这"造化弄人"时的心态。

发洪泽，中途遇大风，复还

风浪忽如此，吾行欲安归。

挂帆却西迈，此计未为非。

洪泽三十里，安流去如飞。

居民见我还，劳问亦依依。

携酒就船卖，此意厚莫违。

醒来夜已半，岸木声向微。

明日淮阴市，白鱼能许肥。

我行无南北，适意乃所祈。

何劳弄澎湃，终夜摇窗扉。

妻孥莫忧色，更有篚中衣。

熙宁四年（1071年），苏轼与"变法派"意见不合，出任杭州通判。一家子从江苏洪泽坐船出发后不久，遇到了暴风，巨浪滔天，只得折返。当地的居民见到官人的船又回来了，都围过来七嘴八舌地问情况，更有那做小生意的，攀着船舷，高声叫卖酒食、果子、土特产……这叫一个吵闹！苏轼呢，不觉得吵，不觉得烦，反而被这乡野里憨拙的人情味给安慰到了。他却之不恭地买了一整坛村酿，浅浅地喝了一小杯，轰然醉倒。醒来已经是半夜了，枕着硬邦邦的船板，他开始畅想——明天到了淮阴，早市上应该有肥美的白鱼在卖了吧！

"清蒸白鱼"是一道顶有名的淮扬菜。苏轼这个四川人是很爱吃鱼的。不过，鱼的滋味，不仅在于口腹之欲，还别具一种人文象征。"我行无南北，适意乃所祈。"——晋人张季鹰有云："人生贵得适意尔，何能羁宦数千里以要名爵？"[1]说完就辞了官，昼夜兼程，跑回江南老家，吃莼菜羹、鲈鱼脍去了。苏轼呢，他比张季鹰还要想得开：去南，去北，无所谓！不管去哪儿，我啊，只要"适意"就好。

波浪仍在嚣张地摇晃着小船，盘缠也不够用了，妻儿的脸上有了忧色。苏轼宽慰大家："莫愁，莫慌，把行李打开，找几件不当季的衣服，上岸寻个当铺，这钱不就有了嘛！"

这是苏轼第一次政治失意。第二次政治失意，就是"乌台诗案"被贬黄州了。这个第二次，非同寻常，是政治前途整个儿断送。如此强烈的人生落差，要把它消化掉，即便是苏轼，也没那么容易。

"逢人欲觅安心法，到处先为问道庵。"[2]"尚有身为患，已无心可安。"[3]身多患，意难平，心不安，在黄州，苏轼苦苦地寻找着安顿身心之法。

---

[1]　刘义庆：《世说新说》，江苏人民出版社，2018，第91页。

[2]　苏轼：《东坡全集》卷一二《和子由寄题孔平仲草庵次韵》，收入《景印文渊阁四库全书》第1107册，台湾商务印书馆，1986，第203页下栏。

[3]　苏轼：《东坡全集》卷一二《伯父送先人下第归蜀，诗云："人稀野店休安枕，路入灵关稳跨驴。"安节将去，为诵此句，因以为韵，作小诗十四首送之》，收入《景印文渊阁四库全书》第1107册，台湾商务印书馆，1986，第200—201页。

　　首先要解决生计问题。团练副使的俸禄微薄，他还喜欢交朋友。都落到这破地方了，照样有朋友不避嫌疑千里来访，更别说本地的新知了。虽然，大部分都是穷人吧！穷对穷，热情好客的苏轼，手头就更紧张了。有一位穷朋友马正卿，帮他向官府借到了黄州城东一块原是废弃军营的荒地，有数十亩。苏轼便带着全家垦荒，平整土地，引来泉水，种稻子，种小麦，插芹芽，撒下蔬菜的种子，种松，种竹，种枣树，当然，没忘了种下他最爱的小橘子树……

　　他像老农一样躬耕，像老农一样注视着季节与天气的变化。田间劳作，改善了生活，也让苏轼的心情得到了很大的放松。纸上得来终觉浅，脱去长袍，卷起裤脚，像回到童年那样，让手与脚再次和泥土赤裎相接，清泉与汗水浇灌出遍地新芽，苏轼开始切身地体会到陶渊明诗中的深意，有了"今是而昨非"的觉悟。

江城子

　　陶渊明以正月五日游斜川，临流班坐，顾瞻南阜，爱曾城之独秀，乃作斜川诗，至今使人想见其处。元丰壬戌之春，余躬耕于东坡，筑雪堂居之，南挹四望亭之后丘，西控北山之微泉，慨然而叹，此亦斜川之游也。乃作长短句，以《江城子》歌之。

　　梦中了了醉中醒。只渊明，是前生。走遍人间，依旧却躬耕。昨夜东坡春雨足，乌鹊喜，报新晴。

　　雪堂西畔暗泉鸣。北山倾，小溪横。南望亭丘，孤秀耸曾城。都是斜川当日景，吾老矣，寄余龄。

　　在这片起名叫"东坡"的荒地上，苏轼建起了著名的"东坡雪堂"。其实就是一间普通的茅草房子，屋内四面墙壁都画上了苍茫的雪景，即使在夏天，也能给人眼前带来一片清凉。苏轼本身是一个极"热"的人——热心，热肠，热烈地怀抱着济世的理想。这满眼的冰雪，能够消解这份"热"吗？苏轼在《雪堂记》这篇文章中，借着与友人的问答，与自己的"本我"进行了探讨。

友人说："我知道，你想做一个无拘无束的散人，实际上你做不了。名利虽非你所求，可你的智识和名声，同样成为你的牵累。你的心，就像是一匹被拴住的骏马，难以获得自由。你借着雪堂的假雪景，以图自警、自安，这也是徒劳的、自欺的。"

苏轼答："你说的很有道理，但你说的大自在、大智慧，并不是我想要追求的。"

那么，苏轼追求的是什么呢？

> 是堂之作也，吾非取雪之势，而取雪之意；吾非逃世之事，而逃世之机。吾不知雪之为可观赏，吾不知世之为可依违。性之便，意之适，不在于他，在于群息已动，大明既升，吾方辗转一观晓隙之尘飞。

雪之势，是天机，是莫测的命运，非我所能窥视。雪之意，才是我能够从自然中领取到的那一份清凉。我所逃避的，不是世间之事，而是世间的机心诡诈。我不求与万物等齐，也不肯与世依违，我所要的，只是一份随性适意。就好比啊，当黎明到来，万物骚动，太阳从东方升起，而我呢，就只捕捉晓光与隙月之间那一点儿奥妙。

不厌世，不逃世，在世俗的侵扰与压迫中，寻求一条通往人性本真的诗意道路。这才是苏轼的答案。

在黄州，苏轼仍然热切地关注着民生。朝廷不许他参与公务，他就用私人的方式出一点儿力。附近的鄂州等地，民间流行着杀婴尤其是杀女婴的习俗。苏轼给在鄂州当地方官的朋友写信，介绍自己当年应对这种情况的经验，提出一方面要用司法制裁，另一方面还要由官方和民间的富户出资，针对穷得无法抚养婴儿的家庭给予经济补助。他自己虽然很穷，仍然带头捐献了十贯钱，相当于铜钱一万文。而苏轼自己在黄州的日用花销，每天也不过一百五十文钱。黄州闹起了伤寒病，苏轼的一位老乡家中有专治伤寒的祖传秘方。苏轼就把药方苦苦地求来，做药，散药，救活了很多人……

《易传》之外，苏轼还开始了《论语说》的撰写。对儒家经典《易经》《论语》《尚书》进行注解，是苏轼一生最引以为傲的学术成就："某凡百如昨，但抚视《易》《书》《论语》三书，即觉此生不虚过。"[1]这其实是他对自己的政治理念和学术思想进行的一次全面梳理和总结。"穷不忘道，老而能学。"[2]处于穷境之中的苏轼，以书为案，以笔为舌，与先圣先贤促膝而谈，拊掌而笑。智性的乐趣，对灵魂的滋养是无穷无尽的，任何世俗之乐都无法与之相比。

放下虚名与实利，放下感伤的情绪，不畏惧，不懈怠，增益心智和学养，无限拓展生命的深度和广度。胖乎乎（这时期的苏轼已经发福了）、乐悠悠、坐在雪堂上招待客人的苏轼，他鸿飞鱼跃般活泼的初心，已经化作一只雪中静卧的猛虎。

---

[1]　苏轼：《东坡全集》卷八五《答苏伯固三首》，收入《景印文渊阁四库全书》第1108册，台湾商务印书馆，1986，第369页下栏。

[2]　苏轼：《东坡全集》卷七三《黄州上文潞公书》，收入《景印文渊阁四库全书》第1108册，台湾商务印书馆，1986，第191页上栏。

这些年来他随性所至的参禅、修道，也绽放了异样的花朵。儒、佛、道三家思想融会贯通，苏轼开始形成自己的哲学体系。

他的文学创作也登上了新的高峰。他的心与眼，胸与胆，所有感官都在向着外界尽情张开。这位千古一遇的文学奇才，以最细腻又最开阔的感受力，品尝着生命的滋味，追寻着造物的神奇……他的心，在历经苦炼之后，得到了前所未有的自由。

于是，有了《记承天寺夜游》的清淡旷达：

> 何夜无月？何处无竹柏？但少闲人如吾两人者耳。

有了《赤壁赋》的出尘绝俗：

> 夫天地之间，物各有主，苟非吾之所有，虽一毫而莫取。惟江上之清风与山间之明月，耳得之而为声，目遇之而成色，取之无禁，用之不竭。是造物者之无尽藏也，而吾与子之所共适。

有了《后赤壁赋》的幽玄高远：

> 江流有声，断岸千尺；山高月小，水落石出。曾日月之几何，而江山不可复识矣。

元丰四年（1081年），苏轼从定惠院移居江边的临皋亭。这里原是招待政府公务人员的驿站，设施简陋，胜在视野开阔，背靠江堤，只需走上几十步，便到了长江边上。苏轼全家后来就一直住在这里。在这里，苏轼写下了只应属于"天上谪仙人"的文字：

书临皋亭

东坡居士酒醉饭饱，倚于几上。白云左缭，清江右洄，重门洞开，林峦坌入。当是时，若有思而无所思，以受万物之备，惭愧！惭愧！

临皋闲题

临皋亭下八十数步，便是大江，其半是峨嵋雪水，吾饮食沐浴皆取焉，何必归乡哉！江山风月，本无常主，闲者便是主人。闻范子丰新第园池，与此孰胜？所以不如君子，上无两税及助役钱尔。

天地之间，风月同调，万象为宾客。这时候的苏轼，已经摆脱"幽人"的矛盾心态，进入了高远开阔的新境界。

人的一生，就像蜉蝣寄于天地，何其渺小，何其短促。就在这须臾之间，苏轼的个人意志，他的生命主体意识，焕发出强烈的诗性光芒，如同茫茫大海中永不熄灭的灯塔。从此之后，身有寄，心得安。从此，遇到再多的苦难，他的小船儿，划过浪高风急，也只如风行水上一般了。

贬谪惠州，途经广州，面对陌生的风土人情，他脱口而出的，是归田园居的闲适："朝市日已远，此身良自如。三杯软饱后，一枕黑甜余。蒲涧疏钟外，黄湾落木初。天涯未觉远，处处各樵渔。"[1]

在荒凉的惠州度日艰难，与亲友音信隔绝，他却说："譬如

---

[1] 苏轼：《东坡全集》卷二二《发广州》，收入《景印文渊阁四库全书》第1107册，台湾商务印书馆，1986，第330页下栏。

元是惠州秀才，累举不第，有何不可？知之免忧。"[1]

被赶到海南岛，住进仓促搭起来的破烂小屋，他说："且喜天壤间，一席亦吾庐。"[2]又说："我本海南民，寄生西蜀州。忽然跨海去，譬如事远游。"[3]海角天涯，奇异的风俗民情，"未开化"的少数民族，在苏轼的眼里，亲切似家乡。

"江山故国，所至如归。"这是元祐四年（1089年），苏轼出任杭州太守，人生第二次来到杭州的时候，在上朝廷谢表中写下的句子。鸿雁起于水泽，无垠碧空就是它的国度。君子如鸿，以人间的正道为航道。从处处无家，到处处为家，再到每一次初至，都如游子归乡，这才是苏轼如鸿的一生：纷飞，而不流离。

他是眉山的苏轼，是蜀人的苏轼，他也是杭州、黄州、惠州、海南岛的苏轼。苏轼的故乡，在整个大宋的名山大川、烟雨万家里；苏轼的文字，为中国人留下了纸上的故国。

定风波·南海归赠王定国侍人寓娘

王定国歌儿曰柔奴，姓宇文氏，眉目娟丽，善应对，家世住京师。定国南迁归，余问柔："广南风土，应是不好？"柔对曰："此心安处，便是吾乡。"因为缀词云。

常羡人间琢玉郎。天应乞与点酥娘。尽道清歌传皓齿。风起。雪飞炎海变清凉。

[1] 苏轼：《东坡全集》卷八四《与程正辅提刑二十四首》，收入《景印文渊阁四库全书》第1108册，台湾商务印书馆，1986，第353页下栏。

[2] 苏轼：《东坡全集》卷三二《和刘柴桑》，收入《景印文渊阁四库全书》第1107册，台湾商务印书馆，1986，第459页下栏。

[3] 苏轼：《苏诗补注》卷四八《别海南黎民表》，查慎行补注，收入《景印文渊阁四库全书》第1111册，台湾商务印书馆，1986，第922页下栏。

万里归来颜愈少。微笑。笑时犹带岭梅香。试问岭

南应不好？却道："此心安处是吾乡。"

"乌台诗案"中，受牵连最重的，是王巩（字定国）。在他手头缴获的苏轼"讥谤文字"最多，因此，他被贬到了岭南宾州（今广西宾州）。一去三年，儿子夭折，自己也差点儿病死了。王巩是宰相王旦的孙子，锦衣玉食小衙内，朱唇玉面美书生，却遭这一番大罪。苏轼深感内疚，不好意思去见他。王巩这人脾气不好，天生直肠子，不平则鸣，鸣则一定要骂人，苏轼怕遭他埋怨。

王巩从岭南回来，寄给苏轼几百首诗。苏轼读了，大感意外，因为诗写得特别平和，一点儿牢骚都没有，跟王巩一贯的"刀子嘴"形象太不一致了。读着这些诗句，知道的，是他在岭南吃苦；不知道的，还以为他在度假呢！

苏轼不禁掩卷长叹，说："我小瞧此子了！孔子云：'君子遇到了灾难，不怨天，不尤人'，这说的不就是王定国嘛！"苏轼赶紧来到王家，一进门，又看到了一个熟人，是歌女宇文柔奴。柔奴这三年，跟着王巩在岭南，竟然也活着回来了，而且面如桃花，看着倒比从前更年轻了。苏轼就问她："岭南的日子，不好过吧？"柔奴微笑答道："此心安处，便是吾乡。"

"此心安处，便是吾乡。"这句话，也不是柔奴的原创。它出自白居易的诗句："身心安处为吾土。""我生本无乡，心安是归处。"白居易是苏轼的文学偶像，也曾被贬谪得很惨，与苏轼可以说是异代同悲。柔奴呢，身执贱役，却读了满腹的诗书，陪伴主人历经患难，这份勇毅与明慧，世间罕见。人生若逢知己，何需问他是古人今人、男子女子？有着相同灵魂特质的人，总是

能认得出彼此。苏轼又欢喜又感慨，就用这两句话，敷衍而成一阕《定风波》，赠予柔奴姑娘。

官员被贬到岭南，倒也不见得必然会死。打个不太恰当的比方，就好比得了癌症吧，到最后，拼的就是运气和心态了。铁石心肠的刘安世，在两广颠沛，身边还带着一位八十岁的老娘，是越活越精神。蔡确呢，随身带了一位侍妾，侍妾带了一只会说话的鹦鹉。侍妾先病死了，鹦鹉犹自天天喊着她的名字。蔡确一听见鹦鹉喊，就放声大哭，哭了几天也死了。他这个心态就不太行。要知道，现实中的家园是脆弱的，它会破碎，会消亡，会被夺走。人必须保有心中的家园。

安不下来怎么办？就地卧倒

人生如逆旅，我亦是行人。

——苏轼《临江仙》

小两口儿结婚之前，最好是共同出门旅游一趟。路上没有吵架、打架，回来才可以领证。"在家千日好，出门一时难。"出门旅游，最能暴露人的本性，逼出人的真火。

苏轼应该是一个很好的游伴。他见识广，体力好，胆子大，能跑能跳，爱说爱笑，晚上临睡前还能给你讲鬼故事。有他在，这一路上绝不会寂寞。他爱吃，跟着他，能尝尽天下美味。他朋友多，到处跟人打成一片，跟着他，你能蹭到许多免费的招待。他又不挑剔，洞天福地安之若素，鸡毛小店也能倒头就睡。走到哪儿，他都要吟诗作文，不会唱和没关系，你在后面捡他的草稿，一倒手就能卖钱，少说也能换几斤肥嫩的羊肉。

不过呢，苏轼毕竟是个人，他不是"元丰通宝"，更不是金银元宝，这世界上，总归还是有人不爱跟他一道出门的，比如——章子厚？

　　章惇，字子厚，比苏轼年长一岁。两人是嘉祐四年（1059年）的进士同年。两人都因为考得不理想，不服气，一个转考制科，一个废号重练。到后来，章惇任商洛令，苏轼做了凤翔签判。两地相隔不远，都在陕西境内。嘉祐七年（1062年）秋天，作为优秀的青年干部，两人都被派到长安出差，参与当年"发解试"（常科初级考试）的试务工作，一见如故。过了一年多，小章任期先满，要回京述职。临走之前，他抽出时间，去找小苏玩耍。

　　玩啥呢？爬山。爬什么山？终南山。终南山在长安之南，关中山河百二，终南最胜。自古以来，此山便盛产仙人与隐士，故而又称"仙都"。宋英宗治平元年（1064年）正月，过大年的喜气未散，章惇和两个朋友就从西安出发了。苏轼呢，自凤翔起身，一东一西，相向而行，会合于终南山脚下的清平镇。这个季节，草木凋零，要是再赶上雨雪天气，山路湿滑，游山的安全系数实在不高。四人之中，苏旦、安师孟都是陕西本地人。苏旦家在山脚下还有一个别业，这终南风景看多了也没啥稀奇，遂表示："要去你们去吧！我们在家烤火。"便只有小苏和小章，一个四川娃，一个"福建子"，第二天一大早，高高兴兴骑着马进山去了。

　　山近朔风吹积雪，天寒落日淡孤村，果然一派冬日萧条景象。山中的道观、寺庙都关着门在过年。见有人来，和尚、道士都缩头袖手的，没啥话讲。然而青年人火气旺，小苏、小章两个说说笑笑，一路走来，一个临水赋诗，一个迎风长啸，硬是把这岑寂的山色都搅得活泛了。入山三十里，来到了一处叫"仙游潭"的景点。

仙游潭"在（周至）县南三十里，阔二丈，其水黑色"[1]。这里的潭水特别深，又特别清澈。深到用绳子放石头下去，数百尺都沉不到底；清澈到你扔一块瓦片下去，能看到它飘忽下沉的路线。

深潭静卧在群山环抱之中，潭边怪石嶙峋，往上是峭立的石壁，再往上，是无尽的山林，鸟飞，云渡。这里是苏轼的私藏小众景点，他已经来玩过两次了，这次是第三次。

仙游潭边有两座寺庙，一个北寺，一个南寺。去北寺的路窄而险，尖石密布。到南寺呢，要走一座独木桥。年深日久，桥上长满青苔，滑不溜丢。苏轼走到跟前，试探再三，终是不敢下脚。他抬头远眺南寺，寺中有一座白塔，映衬苍山黑水，醒目可爱。看得苏轼这叫一个百爪挠心。

也不能怪苏轼胆小。他每次来都是冬天，本来路就不好走，古人又没有锯齿防滑的登山鞋，又没有保暖利落的冲锋衣，在这山里瞎闯，殊为不智。万一掉进潭里，这么冷的天，就算会游泳，也得丢掉半条命。更何况，据说这潭底下，还住着五条蛟龙，一个苏轼掉下去，根本不够它们塞牙缝。

怀着望而不得的遗憾，苏轼吟诗道："东去愁攀石，西来怯渡桥。碧潭如见试，白塔苦相招。"碧潭呀，你是在考验我吗？白塔呀，你在苦苦地挑逗我！谁承想呢，这一回来了个章惇，一抬腿，就把小伙伴的遗憾给跨越了。章惇踏上独木桥，"咕咚咕咚"跑过去，"吧唧吧唧"跑回来。好像一个幸运值拉满的战士，闲庭信步地穿越了密集的敌方炮火，把壕沟里的战友看得目瞪口呆。

---

[1] 宋敏求：《长安志》卷一八，辛德勇、郎洁点校，三秦出版社，第556页。

小章说："这不是很轻松嘛！来，来！"就要拉小苏上桥，小苏抵死不上。小章嘲笑了几句，自家又走过去，走到桥的尽头，拿绳子拴在树上，另一头系在腰间，踩着石壁滑下去，就吊在空中，掏出饱蘸了黑漆的毛笔，在壁上写道："章惇、苏轼来此一游"。

章惇回来，苏轼大为叹服，抚摸着章惇的后背说："你以后必能杀人！"章惇说："何以见得？"答曰："能自拼命者，能杀人也。"[1]自己的性命都能随便拼，他人的性命当然不在话下！章惇听了哈哈大笑——这一段发生在二人之间的对话，未知真假。不过呢，也确实符合章惇胆大妄为的个性。

关于章惇的胆大妄为，市面上的传说可太多了！什么寄宿在族叔家里，跟族叔的小妾私通，被发现后跳墙奔逃，踩伤了卖菜的老太太，又被老太太扭送到开封府；什么进京赶考，在大街上被美色迷了眼，被骗进权贵后宅，沦为深闺怨女们的"药渣"，险些丧命……也不知是真事，还是政敌的编派，反正在时人的眼里，同样是"狂放不羁（轻薄无行）"的青年才子，小章和小苏的路数，还是不一样的。

苏轼主要坏在一张嘴上，爱开玩笑，爱嘲讽。真把人惹火了，他也晓得收敛。章惇则是从言到行，都有一种不顾体统、不惜性命的疯劲儿。他平时最爱跟市井混混儿打闹取笑，当上宰相了，这满城的浪子闲汉，还亲亲热热地叫他一声"惇七"（章惇在族中排行第七）。跟百官见面，他披一件道袍出来，以致朝廷专门出台文件，禁止宰相乱穿衣服。对门生的学业不满意，他抄

---

[1] 曾慥：《高斋漫录》，收入《全宋笔记·第四编（五）》，大象出版社，2008，第104页。

起棍子就揍人。争论"免役法"，当着太皇太后和小皇帝的面，他咆哮道："他日安能奉陪吃剑！"[1]跟你们这帮作死的在一起，怎么能搞好政治！宋徽宗继位，他反对说："端王轻佻，不可以君天下。"[2]然后就轮到他滚去岭南了。

宋人陈鹄的《耆旧续闻》里，记载了这么一个故事。苏、章二人在长安定交之后，结伴到山中游玩。中午在一个庙里，酒足饭饱，听见外面一片叫喊声："有老虎！有老虎！"借着酒兴，二人就逆人流而动，跑去看老虎了。离老虎还有几十步的距离，胯下的马毕竟没有喝酒，坚决不肯往前走了。小苏这时也清醒了，认尿道："马犹如此，你我可算了吧！"掉转马头就走。小章呢，却抽着马屁股往前跑，说："我自有道理。"走到跟前，原来那老虎吃饱了，正趴在石头上打盹儿。小章掏出一只铜沙锣（锣形乐器，因容量大，行旅之人常拿它当洗脸盆用，跑江湖卖艺的也可以拿它来装赏钱），往石头上使劲一砸，"咣当"一声响，那老虎也没见过市面，被吓得跳起来狂奔而逃。小章得意扬扬地回来，叉着腰对小苏说："你不如我！"

是，是，不如你！从这个故事里，我们可以发现，小苏的胆子大，基本上还在我们正常人的范畴之内，而小章不是。仙游潭之游后，苏轼赶回凤翔上班。章惇告别了朋友们，一人一马，顺着终南山脉向东而行，往长安方向，一个景点一个景点地玩了过去：紫阁山、白阁峰、高观潭、百塔、南五台、太一湫，华严寺……独行空山，虽然潇洒，却也觉得寂寞，他赋诗云：

---

[1] 李焘：《续资治通鉴长编》卷三七〇，中华书局，1995，第8934页。
[2] 陈邦瞻辑《宋史纪事本末》卷四八，中华书局，1977，第467页。

紫阁山

我生山水乡，习得山中乐。

每观唐人诗，梦寐思紫阁。

欲为泰山行，常苦道路邈。

君言旧曾游，使我心踊跃。

我今既西来，而子滞天角。

云山空在眼，诗酒乖侑酢。

谁题壁间诗，岁久墨色薄。

人生定能几，当此感离索。

积霭浮青春，落日满岩壑。

骊龙俨将驾，顾我犹淹泊。

望着无限风光在险峰，他心里思念的，不是刚刚分手的苏轼，而是两位远在天边的不知名故人。

转眼到了年底，苏轼满了任期，离开凤翔。中转长安时，他到朋友家玩，看到了一幅南朝画家张僧繇的《醉道士图》。画的是一群聚众狂饮的道士，有喝得东倒西歪的，有举着酒杯捏着别人耳朵灌酒的，苏轼看了十分喜欢，便在其上题跋道："仆素不喜酒，观正父《醉道士图》，以甚畏执杯持耳翁也。"[1]画家笔下的人物太生动了，像我这样酒量不行的，看到那个给人灌酒的老头，真是感到害怕呀！

不久，章惇也看到了这幅画。章惇的酒量是非常好的，对上苏轼，恰好又是一个"你不如我！"章惇便在画上跟了一帖道：

---

[1] 苏轼：《苏轼文集》卷七〇《跋醉道士图》，孔凡礼点校，中华书局，1986，第2220—2221页。

"仆观《醉道士图》，展卷末诸君题名，至子瞻所题，发噱绝倒。"[1]苏轼再跟帖，说道："熙宁元年十二月二十九日，再过长安，会正父于毋清臣家，再观《醉道士图》，见子厚所题，知其为予噱也。持耳翁余固畏之，若子厚乃求其持而不可得者，他日再见，复当一噱。"[2]

章惇说，看了苏子瞻的发言，我想笑，哈哈哈！苏轼说，我知道章子厚在笑我啥，哼哼哼！大家都是宦游人，时间总凑不到一块儿，就这么隔空喊话，玩得也挺开心。

终结话题的人是章惇。他写道："酒中固多味，恨知之者寡耳。若持耳翁已大苟矣。子瞻性好山水，尚不肯渡仙游潭，况于此而知味乎？宜其畏也。"苏子瞻他呀，不仅酒量小，胆量也小，天天自称爱好山水，连个仙游潭都不敢过去！说着酒量，又扯到胆量，哪壶不开提哪壶。朋友之间相互取笑，也要有个度嘛！都是争强好胜的年轻人，这样大喇叭宣传人家胆子小，有点儿过分了嘛！

但章惇自己，肯定不觉得有啥子过分。举个例子，此人当了宰相之后，过生日，下属纷纷写诗贺寿。他看了还嫌弃，当众拿出来读，点评道："这马屁，都没拍到点子上，不好！"叽叽歪歪，终于把下属惹恼了，反唇相讥道："咱就好比画家给人画肖像吧，画得不像，倒也罢了，果真画得像了，成什么鬼样子！"于是举座哄笑。苏轼呢，"子瞻虽才行高世而遇人温厚，有片善可取者，辄与之倾尽城府，论辩唱酬，间以谈谑，以是尤为士大

[1] 苏轼：《苏轼文集》卷七〇《跋醉道士图》，孔凡礼点校，中华书局，1986，第2220—2221页。
[2] 苏轼：《苏轼文集》卷七〇《跋醉道士图》，孔凡礼点校，中华书局，1986，第2220—2221页。

夫所爱"。[1]终究是个厚道人。

小苏与小章，在年轻时的惺惺相惜中，又有着个性上的许多不同。他们对旅游的态度就大不一样。我们来看一下小章对这段终南山探险的总结：

悍自长安率苏君旦、安君师孟至终南谒苏君轼，因与苏游楼观、五郡、延生、大秦、仙游，旦、师孟二君留终南回，遂与二君过渼陂，渔于苏君旦之园池，晚宿草堂。明日，宿紫阁，悍独至白阁废寺，还复宿草堂。间过高观，题名潭东石上，且将宿百塔，登南五台与太一湫，道华严。趣长安，别二君，而悍独来也。甲辰正月二十三日京兆章悍题。[2]

小章大概是这样一种游客：他会事先做攻略，把行程安排得明明白白，该玩的景点一个不放过，紧凑又高效。小苏之不敢过仙游潭，对小章来说，显然是一种扫游兴、拖后腿的表现。小苏后来整理早年的诗文，把这次旅游中涉及小章的部分几乎都删改掉了。我们不知道他是出于什么样的考虑，但有一点可以肯定，这两位好朋友，即使在字面意义的"旅途"之中，也只会暂时同行，做不了长久的同道中人。

章悍的同道中人是谁呢？"新法教父"王安石，肯定算一个。王安石在投身他的改革大计之前，也曾是个兴致勃勃的户外驴友。

[1] 王辟之：《渑水燕谈录》卷四，中华书局，1981，第42页。
[2] 章悍：《游终南题名》，载曾枣庄、刘琳编《全宋文》卷一七九七，上海辞书出版社，2006。

宋仁宗至和元年（1054年），王安石带着两个弟弟、两个朋友，去游褒禅山。褒禅山又叫"花山"，在今天的安徽含山县。他们此行的主要目的，是去一个叫"华阳洞"的景点游玩。华阳洞有前洞和后洞，游人一般都去前洞。王安石他们要探险，去后洞。洞越进越深，景色越发神奇，而前路越发幽暗。有人就害怕了，说：不行，再不回去，火把要烧完了！大家只好一起出去。出来之后，王安石就后悔了。

> 盖余所至，比好游者尚不能十一，然视其左右，来而记之者已少。盖其又深，则其至又加少矣。方是时，余之力尚足以入，火尚足以明也。既其出，则或咎其欲出者，而余亦悔其随之，而不得极夫游之乐也。
>
> 于是余有叹焉。古人之观于天地、山川、草木、虫鱼、鸟兽，往往有得，以其求思之深而无不在也。夫夷以近，则游者众；险以远，则至者少。而世之奇伟、瑰怪，非常之观，常在于险远，而人之所罕至焉，故非有志者不能至也。有志矣，不随以止也，然力不足者，亦不能至也。有志与力，而又不随以怠，至于幽暗昏惑而无物以相之，亦不能至也。然力足以至焉，于人为可讥，而在己为有悔；尽吾志也而不能至者，可以无悔矣，其孰能讥之乎？此余之所得也！

王安石认为，世间"奇伟、瑰怪"的风景，总是在危险且遥远的人迹罕至之处。想要一尽游兴，就要牢记初衷，不害怕，不动摇，不被他人左右，一个劲儿地向着目的地前进。推而广之，我们做任何事情，都应该这样。一个人，首先要立志，然后要培养与这志向相匹配的能力，还要有坚强的意志，不被路途中的幽暗、危险、孤独击倒，拼尽全力，走到他所能到达的最远处。如此，今生无悔。

玩都玩得比别人严肃，显然，王安石是"死磕型"的人格。不是这样的人格，也不可能成为一往无前的改革者。他就这样以"天变不足畏，祖宗不足法，人言不足恤"的执拗，奋力往前走着。走到人生尽头，王安石的身边，果然也剩不下什么人了。"骑驴渺渺入荒陂，想见先生未病时。"[1]晚年的王安石，映在苏轼眼里、留给整个世界的，就是这样一个孤绝的背影。

章惇得罪宋徽宗，被罢了相，在外放的路上，他把这一路的里堠（记录里程数的土堆，相当于"里程碑"）全给刷上了一行大字："我是里堠，奉白子厚。山陵归后，专此奉候。"[2]——在他愤怒的眼里，所有里堠都活了过来，化作幸灾乐祸的路人，喝着倒彩，都来看章相公的笑话。天下皆指我为"奸贼"，我便堂皇地认了这个"奸贼"，又如何？嚣张到无厘头的姿态，仔细看，也是寂寞刻了骨。

寄光阴于过客，齐天地于逆旅，孤独是走到人生最后的必然。晚年的苏轼，把孤独浑然炼化。

记游松风亭

余尝寓居惠州嘉祐寺，纵步松风亭下，足力疲乏，思欲就林止息。望亭宇尚在木末，意谓是如何得到？良久忽曰："此间有甚么歇不得处！"由是如挂钩之鱼，忽

---

[1] 苏轼：《东坡全集》卷一四《次荆公韵四绝》，收入《景印文渊阁四库全书》第1107册，台湾商务印书馆，1986，第222页上栏。
[2] 陆游：《家世旧闻》卷下，孔凡礼点校，中华书局，1993，第204—205页。

得解脱。若人悟此，虽兵阵相接，鼓声如雷霆，进则死
敌，退则死法，当甚么时也不妨熟歇。[1]

实在走不动了，能休息的亭子还很远，怎么办呢？纠结、苦
恼之后，苏轼给出的解决方法是：就地一躺。这一躺，就躺出了
人生的大解脱。生而为人，入世越深，就越可能陷入这样的困
境：一颗心，像被挂在鱼钩上的鱼，怎么挣扎都无力摆脱。这钩
子，可能是功名利禄、恩仇爱恨，也可能是情义，是责任，是一
口堵在心头的不平、不甘之气，是以有涯追无涯的焦灼……这
时候，人可能确实需要一种"此间有甚么歇不得处！"的绝然放
空。管他呢，歇下来再说！这就是苏氏"摸鱼大法"。苏轼说，
假如习得此法，就算两军对阵，杀得热火朝天，谋主运筹帷幄，
猛将叱咤风云，而你一个小小士兵，往前进，被敌人杀掉，往后
退，被军法官砍头，这时候，也不妨往地下一倒，歇着再说！这
不是临阵逃避，而是在进退两难的困境中，一时觑破，打碎牢
笼，让灵魂突围。

苏轼也曾是高高在上的庙堂中人，他的心灵却始终是自在活
泼的；他的情感，总是贴近着普罗大众，不介意展现出个人的彷
徨与脆弱。在狼奔豕突的人世间，他寻求解脱之道，将纷至沓来
的苦难化为风趣一笑或轻灵的禅机——对绝大多数的普通人，或
者说，对认识到自己只是个"普通人"的绝大多数人来说，正是
这样的苏轼，才让我们发自内心地感到亲切和喜爱。

---

[1] 苏轼：《东坡志林》卷一，王松龄点校，中华书局，1981，第4—5页。

此间着力不得

"谪仙人"去哪里，在清风明月之间

峨眉天下秀，青城天下幽。蜀山的奇幽险秀，天然孕育仙侠传奇。当童年的苏轼带着弟弟在大地上嬉游，登山涉水，眺望云雾中不尽的山峦，看白云在高天变幻，如奔马，如野狗，如华屋，如宝幡，如仪仗，如鲲化，如鹏飞……书中的故事，都在他心里活了起来。他想起西王母在昆仑送别周天子，击节而歌："道里悠远，山川间之，将子无死，尚能复来！"他想起远古有人名叫丁令威，成仙千年之后，化为白鹤归来，望旧家山而徘徊……

苏轼，他是相信有神仙存在的。被世人呼为"谪仙人"的苏轼，打小儿，也有点儿仙气飘飘的。

他的出生，据说是双亲拜了一位叫"张仙"的仙人，每天焚香祷祝，才得来的福报。他的开蒙老师，是一位道士。他最初的学堂，就设在道观里。他有一位要好的同学，后来做了道士，传言在光天化日之下"尸解"登仙。少年时候，家里要给他说亲事了，闻此喜讯，苏轼的第一反应竟然是打了铺盖，准备连夜进山，寻一个仙师去修真。好在父母及时发现，把他给揪了回来。后来么，成亲的滋味是很不错的。接着他又忙于科举，投身大宋建设，这求仙问道的念头，在苏轼心中也就渐渐消停了。

道教在宋代极其盛行，甚至一度成为"国教"。士大夫对道教普遍抱有好感，苏轼尤其如此。他的道士朋友特别多，但多了，就难免会出个把幺蛾子：

比如，有一个叫姚丹元的道士，苏轼前前后后，写了几十首热情的诗歌赠予对方，说什么"雪满头，终当却与丹元子，笑指东海乘桴浮"，把对方当陆地神仙一样地夸。这位姚道长啥来头呢？据资深苏轼研究学者叶梦得的考证，此人本名王绎，因放荡无行，被家里赶了出来，才做了道士。他一门心思在达官显贵门下招摇撞骗，不止苏轼，连蔡京、梁师成这等精明人都很信服他。后来他又入了自称"玉清教主、微妙道君皇帝"宋徽宗的眼，被召进宫里。这一回翻了船，因为与"仙师"林灵素争宠，被林道友下毒给害死了。这时大家才吃了一惊，神仙也死得这么快？

再比如，当年，宋真宗封禅泰山，在路上碰到一个叫贺亢的人。此人自称是晋代的水部员外郎。晋代到现在多少年了？莫非神仙也！贺神仙露了这么一次脸后，就消失了。此事过去几十年后，京城中忽然来了一个叫乔仝的人，求见苏轼。他说自己是贺老神仙的朋友，神仙很是欣赏苏轼，特意托自己带信，不久之后，神仙就要亲自来与苏轼面谈。苏轼听了，高兴得不行，立刻把身上所有的钱掏出来送给乔仝，又赋诗数首，托乔仝转赠于贺神仙。乔仝拿了钱，便如黄鹤一去不复返，贺神仙自然也没有来找苏轼。大家不禁怀疑，这莫不是个骗子……

当然了，绝大部分的道士朋友还是靠谱的。比如，有一位吴复古道长，就在很认真地修行，很真诚地关爱着苏轼。吴道长比苏轼年长三十多岁，是积年的老官僚出身，对这世间之事早就看得透透的。两人的结识，大约是在熙宁十年（1077年）的春天，离"乌台诗案"的发生已经很近了。苏轼一无所知，正走在从密州转任徐州的路上。这些年，他因为反对新政一直被外放，牢骚满腹，一张嘴何曾消停过。刚刚，又因为与西夏的战事，上了神宗皇帝一封措辞严正（十分讨打）的反战书。吴道长一见了他，便说道："老弟呀，你若想长命百岁，现在就得跟着我，修行一个'出世'之法——人生一世，譬如幻梦，早醒早抽身！"然而苏轼不肯，他说："你那一套方法，好是极好的，我却干不了。"

是啊，世人都晓神仙好，几曾见人真做了神仙？"出世"，是那么好"出"的吗？苏轼是个一心一意要"入世、济世"的人，他不会为了一己的解脱，放弃匡扶天下的理想。去年，也就是熙宁九年（1076年）的中秋夜，苏轼在密州写了一首词：

> 明月几时有？把酒问青天。不知天上宫阙，今夕是何年。我欲乘风归去，又恐琼楼玉宇，高处不胜寒。起舞弄清影，何似在人间。
>
> 转朱阁，低绮户，照无眠。不应有恨，何事长向别时圆？人有悲欢离合，月有阴晴圆缺，此事古难全。但愿人长久，千里共婵娟。

从天上，到人间，由浪漫神奇的幻想，转为对现实世界的拥抱。视线从无尽虚空，转向大地上连绵的屋宇；从孤清的天宫，转向月光下的几家欢乐几家愁。从试图抛开一切，独享清净，到正视人世苦痛，接受别离之恨，并对未来许以美好的祝愿……这才是苏轼独有的旷达与豪放，我们甚至可以称之为英雄主义。传言，"乌台诗案"之后，宋神宗在宫里听见伶人演唱这首词，不禁欣然曰："苏轼还晓得回到人间，他心里到底还是爱着朕的。"英明的陛下这次恐怕还是想多了。不过，这一阕词，也确实让我们清楚地看到，苏轼精神世界里那一片皎洁清光。

罗帏舒卷，似有人开，明月直入，无心可猜。不肯乘风归去的苏轼，不愿与吴复古道长修习出世之道，退而求其次，学了一套养生的法门，叫作"和、安"二字诀。这个"和"字，是要体会天地日月寒暑节气细微的变化，让自己成为它们的一部分。"安"字呢，就是无论外物怎么施加到身上，都要保持心灵的安然，如一无所感。一个人，如果能做到这"和、安"二字，随遇而安、物我两忘，就不会与外物起冲突了。

这个"和、安"二字诀，与其说是养生，倒不如说是修心。苏轼对于道家（道家的哲学思想和道教的宗教文化），采取的是一种有选择性的"拿来主义"——而其中关键的一项"拿来"，就在这个"修我之心"上面。

在出世与入世之间，寻找心灵的安放之处。以"出世"的超然，来救助"入世"的困惑。"入世"是艰难的，士大夫积极入世，很有可能落个范滂那样的结局，走进死牢里去。理想主义，往往意味着有一个幻灭的未来在等待着你。越是聪明人，越是志存高远，这个幻灭就可能来得越是深重。

在黄州，苏轼经历了人生中第一次理想的幻灭。正是在这个时候，他开始对佛家与道家思想有了更专注、更深入的探索。在黄州，苏轼依旧拥有很多道士朋友。道士们爱云游，少有俗人的忌讳，都乐意跑来看望落难的苏轼。

元丰五年（1082年），农历七月十六，苏轼与道士杨世昌泛舟长江之上，游于赤壁之下，回来后，写下了《赤壁赋》：

> 壬戌之秋，七月既望，苏子与客泛舟游于赤壁之下。清风徐来，水波不兴。举酒属客，诵明月之诗，歌窈窕之章。少焉，月出于东山之上，徘徊于斗牛之间。白露横江，水光接天。纵一苇之所如，凌万顷之茫然。浩浩乎如冯虚御风，而不知其所止；飘飘乎如遗世独立，羽化而登仙。
>
> 于是饮酒乐甚，扣舷而歌之。歌曰："桂棹兮兰桨，击空明兮溯流光。渺渺兮予怀，望美人兮天一方。"客有吹洞箫者，倚歌而和之。其声呜呜然，如怨如慕，如泣如诉；余音袅袅，不绝如缕。舞幽壑之潜蛟，泣孤舟之嫠妇。
>
> 苏子愀然，正襟危坐而问客曰："何为其然也？"客曰："'月明星稀，乌鹊南飞'，此非曹孟德之诗乎？西望夏口，东望武昌，山川相缪，郁乎苍苍，此非孟德之困于周郎者乎？方其破荆州，下江陵，顺流而东也，舳舻千里，旌旗蔽空，酾酒临江，横槊赋诗，固一世之雄也，而今安在哉？况吾与子渔樵于江渚之上，侣鱼虾而友麋鹿，驾一叶之扁舟，举匏樽以相属。寄蜉蝣于天地，渺沧海之一粟。哀吾生之须臾，羡长江之无穷。挟飞仙以遨游，抱明月而长终。知不可乎骤得，托遗响于悲风。"
>
> 苏子曰："客亦知夫水与月乎？逝者如斯，而未尝

往也；盈虚者如彼，而卒莫消长也。盖将自其变者而观之，则天地曾不能以一瞬；自其不变者而观之，则物与我皆无尽也，而又何羡乎！且夫天地之间，物各有主，苟非吾之所有，虽一毫而莫取。惟江上之清风，与山间之明月，耳得之而为声，目遇之而成色，取之无禁，用之不竭。是造物者之无尽藏也，而吾与子之所共适。"

客喜而笑，洗盏更酌。肴核既尽，杯盘狼籍。相与枕藉乎舟中，不知东方之既白。

俯看长江之水浩浩荡荡，逝者如斯，仰望夜空一轮亘古的明月升起，俯仰之间，唤起人们深沉的生命意识。古来帝王将相、英雄豪杰今何在？人的短暂一生，在时间的洪流面前微不足道；人对理想的追求，却又长路漫漫，终其一生而不可得，就像遥望美人于天一方。所以关于神仙的传说总是那么迷人，谁不想获得更长久的生命呢？"挟飞仙以遨游，抱明月而长终"又岂是轻易能得到的呢？

这其实是生而为人的根本性哲学问题，苏轼将如何回答呢？在这里，他提出了一个我们姑且类比于"能量守恒"的理论。他说，宇宙之中，万物皆此消彼长，在虚盈之间不停地转换，依此来看，则所谓山川，所谓日月，所谓天地，其存在都只是一瞬间的事情。换一个角度呢，万物消而复长，缺而复盈，又可以至于无穷无尽。那么一个"我"，在宇宙之中，其实和万物一样，也是无穷无尽的。那么，我又何必羡慕日月山川所谓的"长久"！

苏轼这一番话，很自然地让人联想到了庄子。庄子说：

> 昔者庄周梦为胡蝶，栩栩然胡蝶也。自喻适志与！
> 不知周也。俄然觉，则蘧蘧然周也。不知周之梦为胡蝶
> 与，胡蝶之梦为周与？周与胡蝶，则必有分矣。此之谓
> 物化。

"天地与我并生，而万物与我为一。"[1]物与我，融合在一起又互相转化。没有"物我之别"，也就不存在永恒与速朽的矛盾。人不必为了生死而哀伤，名利、荣辱更无须挂怀。人在这个天地间，应该是自由的，这种自由不需要倚恃任何外物。按庄子的这个思路往前走，他的"大道"和儒家用仁义、礼教、尊卑有序构建而成的"正道"，显然是背道而驰的。庄子在他的论著中，就经常把孔老夫子拎出来当靶子——孔子他鼓吹"仁义"，奉行"礼"，但"仁义"和"礼"之所以被强调，不正是因为它们在现实中难以实现，存在着巨大的局限性吗？

儒家思想塑造了中国传统士大夫的基本人格，指导他们的思想与行动。但在现实政治中，儒家的理论是捉襟见肘的。现实与理想落差巨大甚至互为背反，往往导致人格的异化。要么是道德偏执狂，要么是伪君子。真正的君子，世间少有。正所谓，人生识字忧患始，平生读尽圣贤书，方知纸上读来全无用处。太难了！毕竟，孔子生前都东奔西走，惶惶如丧家之犬嘛！由此，老庄的思想，在儒家的信徒这里，就很自然也很及时地，成了一种生命元气的补充，一种从反向而来的精神支撑。

热爱庄子的西晋名士阮籍认为，真正的得道之人，应该是这样的：

---

[1]　出自《庄子·齐物论》。

> 夫大人者乃与造物同体，天地并生，逍遥浮世，与
> 道俱成；变化散聚，不常其形。天地制域于内，而浮明
> 开达于外。天地之永固，非世俗之所及也。[1]

阮籍热烈地强调着人的自由意识，把"无物我之别"提升到
了新的高度。实际上，他是在隐晦地表达对时局的不满，用庄子
的思想反抗司马氏王朝以儒家名教统治天下，以及随之而来的政
治高压。

到了苏轼，情况有相似之处，也有不一样的地方。

苏辙在给哥哥的墓志铭中写道，我哥他呀，"初好贾谊、陆
贽书，论古今治乱，不为空言。既而读《庄子》，喟然叹息曰：
'吾昔有见于中，口未能言，今见《庄子》，得吾心矣。'"[2]。庄
子瑰丽恣肆的文学想象力、精妙的哲学思辨、高蹈雄浑的精神
力，和苏轼的性情几乎天然投合。庄子思想中对人间功业的摒
弃，对生命本源与自我意识的探索，于苏轼而言也是打开了一个
新的天地。

和庄子、阮籍不同的是，苏轼并非生活在大争之世、虎狼
之世，他生活在和平的年代，一个在中国历史上称得上"太平
治世"的时期。读书人的地位空前高涨，整体的社会思潮趋向理
性、平和。不再有生命朝不保夕的忧患，也消除了"世胄蹑高
位，英俊沉下僚"[3]的门阀限制，故而士大夫群体各展才华，积极

---

[1] 阮籍：《大人先生传》，载齐云主编《古文观止（增补本）》上卷，辽宁大学
出版社，1998，第710页。

[2] 苏辙：《栾城集·栾城后集》卷二二《亡兄子瞻端明墓志铭》，收入《景印
文渊阁四库全书》第1112册，台湾商务印书馆，1986，第766页。

[3] 出自左思《咏史》。

追求人生价值的实现。

不够悲愤，不够忧惧，也就不必逃避，不至于激烈反抗。苏轼所做的，是试图解决问题。从疑惑、悲凉，到辩证、理性地探求解决之道，驱散心灵的迷雾，还一片月照华林。所以，苏轼并不像阮籍那样，去追求做一个远离人世、遨游太虚的"大人"。他生命哲学的立足点是做好一个现实生活中的"人"。

我们人类，自称万物之灵，欲望总是无限地膨胀。无道的君主，滥取天下奉为己用；小小的衙前吏，也尽其所能地利用手中的一点儿权力。更不必说人类对自然界的予取予夺了。苏轼却说，天地之间，万物皆各有其主，不是我的，我一毫都不取。只有那江上清风、山间明月，是造物主慷慨的恩赐，取之无禁，用之不竭，就让我们尽情地取用吧！这是一种平等和谦卑的态度。

> 东坡居士酒醉饭饱，倚于几上。白云左缭，清江右洄，重门洞开，林峦坌入。当是时，若有思而无所思，以受万物之备，惭愧！惭愧！[1]

> 江山风月，本无常主，闲者便是主人。[2]

一个人在天地间俯仰无愧，于是万物皆喜欢他，都来欢迎他——苏轼的豪放气象，底子是平和包容的，不带一丝侵略性。

清风明月不用一钱买。耳朵里，听到风的声音；眼睛中，看

---

[1]　苏轼：《苏轼文集》卷七一《书临皋亭》，孔凡礼点校，中华书局，1986，第2278页。

[2]　苏轼：《东坡志林》卷四《临皋闲题》，王松龄点校，中华书局，1981，第79页。

到月光的色彩，苏轼感到十分满意。他满意啥呢？首先，是感官与审美上的愉悦；其次，是这愉悦带给生命深层的充实体验；最后，是形而上的哲学领悟。千百年来，他的读者读到这样的文字也非常满意，因为，借由苏轼的一支妙笔，我们的身心也被同样的江上清风吹拂，感受到人在天地间的自由与欢乐。

苏轼是旷代奇才，他对美的感受力，以及将美轻松撷取笔下的艺术表现力，都是一般作者望尘莫及的。而这，也让他的哲学思想里饱含着诗意与美学。

诗与美，是苏氏哲学不可分离的一部分；诗与美，引领人们的灵魂升向高处。但它们不是凭空而来的，它们的根系深深扎在现实的土壤里。苏轼这位"谪仙人"，仙气飘飘，却又一步步踏实地行走在他热爱的大地上。他对人世充满眷恋，妻子死了，他不会鼓盆而歌，他要放声大哭。他还有那么活泼的好奇心，庄子追求无用之用，说宁愿做一只千年老龟，曳尾乎泥涂之中。苏轼呢，他肯定不想做一只乌龟，乌龟爬得也太慢了！如果需要选择，苏轼可能更乐意去当一只鸟，比如《后赤壁赋》中的那只白鹤。

> 于是携酒与鱼，复游于赤壁之下。江流有声，断岸千尺；山高月小，水落石出。曾日月之几何，而江山不可复识矣。予乃摄衣而上，履巉岩，披蒙茸，踞虎豹，登虬龙，攀栖鹘之危巢，俯冯夷之幽宫。盖二客不能从焉。划然长啸，草木震动，山鸣谷应，风起水涌。予亦悄然而悲，肃然而恐，凛乎其不可留也。反而登舟，放乎中流，听其所止而休焉。时夜将半，四顾寂寥。适有孤鹤，横江东来。翅如车轮，玄裳缟衣，戛然长鸣，掠予舟而西也。

须臾客去，予亦就睡。梦一道士，羽衣翩跹，过临皋之下，揖予而言曰："赤壁之游乐乎？"问其姓名，俯而不答。"呜呼！噫嘻！我知之矣。畴昔之夜，飞鸣而过我者，非子也邪？"道士顾笑，予亦惊寤。开户视之，不见其处。

神秘的孤鹤与梦中的道士，与其说是真实存在的，倒不如说，他们是苏轼心灵在彼岸的浪漫投影，是飞翔于命运未知之处的精神寄托，在言辞所不能抵达之处，往来倏忽。

有情风万里卷潮来，我的和尚朋友们

苏轼信佛，信得也热热闹闹。他拥有一大批和尚朋友，其中最广为人知的，应该是杭州的佛印禅师。

苏轼和佛印坐禅。苏轼坐了一会儿，坐不住了，没话找话，问佛印："你看我像个甚？"佛印答："像尊佛。"苏轼道："大和尚在我的眼里，却像是一坨牛粪。"佛印无语。苏轼得意扬扬回家去，向小妹夸耀今天的战绩。苏小妹叹气道："哥哥，你又输了。人家是心中有佛，所见皆佛。你所见皆牛粪，心中有的也是牛粪啊！"

又一日，苏轼对佛印说："古人诗云'鸟宿池边树，僧敲月下门'，又有'时闻啄木鸟，疑是叩门僧'。可见'鸟'与僧，正是天生一对。""鸟"，俗语的男性生殖器官也。苏轼这话，就很不怀好意。佛印淡然道："那么，老僧今日正与学士你做一对。"呜呼！苏学士乃一"鸟"也！

苏轼与佛印斗嘴的这一类故事，还有很多，基本上以苏轼吃瘪而告终。这些故事，有真有假，相当一部分，只是后来好事者的文学创作。人们创作它们，一方面，出于对苏轼的喜爱；另一方面，可能还暗含着这么一个认知：东坡居士虽然是大才子，但论起佛学的造诣，还是比不上真正的得道禅师。

佛教从汉代传入中国，发展到宋代，不仅在民间建立起广泛的信仰，也获得了上层社会的支持。以皇室为中心的贵戚豪门，成为各教宗的保护者。在士大夫阶层，佛教以其精深的哲学体系和丰富的文化内涵，受到普遍关注。这跟新儒学的兴起是同步的。儒家学者希望在现世建立起更完善的社会政治秩序，那么，就必然要进入"本体论"的哲学探索范围。他们要求证世界的本源，找寻人存在的意义，而儒家现有的经典并不能满足这个要求。所以呢，瞌睡来了送枕头，大家便积极地汲取佛教文化中的范畴、概念、文本、方法论，以取长补短，丰富儒学。本质上来说，这就是儒家发展史上一次大规模的"拿来主义"——凡对我们建立儒家社会有用的，拿来；没用的，有害的，就不要，或者改造。除了极少数人真的脚一滑，变成虔诚的佛教徒，大多数士大夫还是牢牢站在"儒学为体"这个根本立场上的。这一股思潮，也从另一方面促成了佛教的进一步本土化，或者更直接一点儿地说，促成了佛教的"儒学化"。

佛学与儒学，紧密地结合在一起，就带来了"禅宗"的兴盛。

宋代佛教，当时号为"三宗"：禅宗（又分云门、临济、曹洞等五家七宗）、教宗（天台、华严、净土等宗）、律宗[1]。殊途同归，求证大道。渐渐地，禅宗一枝花繁，发展成了本土佛教

---

[1] 杨曾文：《宋元禅宗史》，中国社会科学出版社，2006，第27页。

的主流。禅宗的兴盛，来源于佛教的"儒学化"。共同的审美爱好、道德诉求和文化修养，让禅宗的高僧们也往往有点儿士大夫化。同质相吸，于是，"老僧今日与学士做了一对"——苏轼和他的和尚朋友们，就是在这样的一个大背景下，走到一起来的。

那一年，年富力强的苏轼政坛失意，外放杭州通判。杭州当地的官员，要么拥护新政，要么俗气不堪，实在少有谈得来的。湖光山色谁与共？苏轼十分寂寞。朋友便说，杭州有某某寺，有某某大师，谈吐殊为不俗，或许可以和你交流。苏轼一去，果然。然后呢，就发生了著名的"前生"事件。

那一日，苏轼来到西湖边的寿星寺，虽是第一次来，却觉得景物十分熟悉。他甚至能够事先指出从方丈室走到忏堂共有多少级台阶。电光石火之间，封印的记忆涌现，苏轼说："我想起来了！我前世便是这里的僧人。"从唯物角度来讲，这种事情实为无稽之谈。但发生在天性好奇、文学想象力丰富、喜爱神秘主义的苏轼身上，又非常可以理解。他的自认前生，不仅是夸张地表达他与杭州人文风物的审美契合，还源自对佛家"轮回转世"这个基本观点的认同。

"前生"事件的后续，发生在十三年之后。元丰七年（1084年），苏轼终于得到宋神宗的宽恕，离开了黄州。他去江西筠州看望弟弟。与此同时，苏辙和当地的洞山克文禅师、圣寿聪禅师，在同一天晚上，做了一个同样的梦。梦中，三人出城，去迎接五十年前已然坐化的五戒禅师。这天，大家正聊着此事，苏轼的书信送到，说：我已经到城外啦！出城接到苏轼，众人又谈起此梦。苏轼说："我八九岁的时候，总梦见自己是一个和尚，往来于陕西。母亲怀我的时候，也梦见一个个子高高、瞎了一只眼的和尚来家里。"洞山克文禅师大吃一惊，说："那就是五戒禅师的模样啊！"

这不就对上了嘛！"我本修行人，三世积精练。中间一念失，受此百年谴。"[1]从此之后，苏轼就经常身着僧袍，以"五戒和尚后身"自居了。到了这个地步，我们已经不能泛泛地把此事理解为神秘主义的爱好了。《金刚经》有云："一切有为法，如梦幻泡影。如露亦如电，应作如是观。"入世五十年，历经坎坷，沉潜问道，这个时候的苏轼，已经在人生的一场大梦里，主动寻回了本我。

此时的苏轼，对于佛教的热情，已经主要转向禅宗。苏轼本人，并没有宗派的偏见。但是，与其他宗派相比，禅宗显然更亲民，更适合士大夫修行。因为它提倡的是"自修自悟，见性成佛""随处作主，立处皆真"，并不要求你出家，也不强求你去守什么清规戒律。这种自由感和自觉性，显然与苏轼的天性更投合。禅宗的大师们呢，身上又常常自带文采风流。我们就拿苏轼和佛印的日常交流举例子吧：

> 东坡一日访佛印于竹林寺，印款之，坡因诵李涉诗云："因过竹院逢僧话，又得浮生半日闲。"印曰："学士闲得半日，老僧忙了半日。"相与发一大笑。
>
> 东坡喜食烧猪，佛印住金山时，每烧猪以待其来。一日为人窃食，东坡戏作小诗云："远公沽酒饮陶潜，佛印烧猪待子瞻。采得百花成蜜后，不知辛苦为谁甜。"[2]

---

[1] 苏轼：《东坡全集》卷二二《南华寺》，收入《景印文渊阁四库全书》第1107册，台湾商务印书馆，1986，第329页下栏。
[2] 苏轼：《苏轼文集编年笺注（诗词附）》，李之亮笺注，巴蜀书社，2011，第563页。

一个大和尚，亲手烧猪肉给在家的居士吃，你俩搞啥名堂？或许，就是"酒肉穿肠过，佛祖心中留"的名堂吧！无滞无碍，浑脱自在，佛印是真的很了解苏轼，也很关爱苏轼。而苏轼来到佛印这里，不仅有心爱的红烧肉吃，还能得尘外之幽静，偷公余之清闲。赏风吟月，谈诗论道，文学梗、佛学梗满天飞……

吃肉这件事情，在苏轼这儿，俨然成了禅修的一个法门，他甚至为此写了一篇文字。

禅戏颂

> 已熟之肉，无复活理。投在东坡无碍羹釜中，有何不可。问天下禅和子，且道是肉是素，吃得是吃不得是？大奇大奇，一碗羹，勘破天下禅和子。

已经烧熟了的肉，不可能活过来了。扔到我东坡居士无所挂碍的大碗里，有什么不可呢？各位修禅小伙伴，你们说是不是呀？

以吃猪肉来和天下的禅师们打机锋，这种事情，除了苏轼，还有谁能做得出来？天下人做不出来，苏轼却能做出来的事情，还有一桩，就是带着妓女去拜访得道高僧。

这一天，苏轼就带着这么一大群俏佳人，跑来看望杭州的大通禅师。禅师脸色就很不好看了。苏轼当场创作《南歌子》一曲，叫姑娘们拍檀板，启朱唇，曼声歌道："师唱谁家曲，宗风嗣阿谁。借君拍板与门槌。我也逢场作戏、莫相疑。溪女方偷眼，山僧莫眨眉。却愁弥勒下生迟，不见老婆三五、少年时。"

一曲唱罢，大通禅师破颜而笑。苏轼也开心地说："今日参破老禅矣！"

　　女色在佛教中就是红粉骷髅。但眼底有，心底无，修禅之人，也大可不必视女色为洪水猛兽。所以苏轼说，今天是我帮大师参破一禅了！苏轼还有个和尚朋友，便是"诗僧"参寥子。参寥子最爱苏轼了，苏轼走到哪里，他就奔向哪里。参寥子千里迢迢来看苏轼，苏轼设宴招待。酒过三巡，苏轼叫来本地的名妓向参寥子求诗。只见那美娇娥，袅袅婷婷，眉眼含春，笑吟吟，捧着酒杯，递到大和尚的嘴边。参寥子眉毛都不动一下，只是张口吟出一首诗道："多谢尊前窈窕娘，好将幽梦恼襄王。禅心已作粘泥絮，不逐东风上下狂。"

　　苏轼大喜，喝彩道："我以前见柳絮落到泥水里，想着要以此为题材入诗，还未做成，想不到被你先得了意思！"

　　诗僧参寥子，擅长以诗说禅。苏轼呢，他爱参寥子的坚定禅心，也爱参寥子的飞扬诗情。在这里，我们要了解一个情况，就是禅宗最开始是"不立文字"的，并不用文字来说破禅理。进入宋代以后，"文字禅"才开始兴起，也就是用诗词、偈子、颂古等文学方式来阐明禅理。这种情况，和士大夫纷纷进入佛学领域有关。文字，咱读书人的本色当行啊！那么，论文字，整个大宋，苏轼认第二，谁敢认第一呢？苏轼对于禅宗的一大贡献，就是以其慧心与文才，丰富了"文字禅"的宝藏。他把无限美妙的诗情，带入了澄明的禅学领域。

　　其实啊，回顾二十啷当小青年时候的苏轼，他对佛法，对禅宗，是不太认同的。苏轼一度认为，学禅的人，彼此把机锋打来打去，就是在玩弄文字游戏。文字游戏，我最擅长啊！所以每次见到禅师，苏轼都故意去跟人家抬杠，唇枪舌剑，非要把人家说得无言以对才罢休。

　　人都有年少轻狂时，苏轼也不例外。后来怎么转变了呢？一方面，是阅历和知识的增长；另一方面，是和尚朋友们以身传法的影响。

当年，苏轼在徐州治理洪水，便是一位法号应言的禅僧为他出谋划策的。苏轼被贬，黄州、惠州、儋州，相识不相识的和尚朋友们，从各地赶来看望他，他们不在意苏轼身上背了多少罪名。在惠州，曹溪南华寺的重辩禅师，每个月都给苏轼送生活物资。参寥子受苏轼的牵连，被迫还了俗，他不顾年高体弱，要赶到海南陪伴苏轼。苏轼担心他圆寂在路上，坚决地拒绝了。径山惟琳长老，在苏轼最后的日子里，陪伴在他身边，为他进行往生西方的护持……

与众多方外之交的相处，让苏轼感受到了宦海生涯里少有的真情。从他们的身上，他也发现了不逊色于儒家君子的道德情操，所以，他与他们相知相惜。

八声甘州·寄参寥子

有情风万里卷潮来，无情送潮归。问钱塘江上，西兴浦口，几度斜晖？不用思量今古，俯仰昔人非。谁似东坡老，白首忘机。

记取西湖西畔，正暮山好处，空翠烟霏。算诗人相得，如我与君稀。约他年、东还海道，愿谢公雅志莫相违。西州路，不应回首，为我沾衣。

这是苏轼写给参寥子的一阕词。他说："我的老友啊，你就像那钱塘江潮水一样，被万里长风送来，又随风而去了。"可以说，佛法在苏轼生命中的出现，也有似如此，正是"有情风万里卷潮来，无情送潮归"，若问禅心何处？笑指湖山，一片空翠烟霏。

东坡老贼的文字绿林

禅宗说起来是修行简便，各人有各人的缘法，但并不意味着这条路就好走。"条条蛇都咬人"，天底下的事情，大到做学问、做事业，小到学一门手艺，何曾有捷径呢？"喝花酒，吃猪肉"——喝酒吃肉要是能修成正果，这满世界不都成佛了吗？开玩笑！所以苏轼只是拿它们和禅师打机锋，作为证悟的一种契机，这么做的前提，是已经修行到了一定的境界，一般人可不能这么干。苏轼说：

> 斋戒持律，讲诵其书，而崇饰塔庙，此佛之所以日夜教人者也。而其徒或者以为斋戒持律不如无心，讲诵其书不如无言，崇饰塔庙不如无为。其中无心，其口无言，其身无为，则饱食而嬉而已，是为大以欺佛者也。[1]

当今社会上，学禅的人中间啊，有一种风气。斋戒、持律、讲读经书、佛前礼敬、供奉、捐助香火这些日常功课都不做了，都觉得，我只要做个"无心、无言、无为"的"三无"分子，就能够得道。拜托，你们这不过是饱食终日，无所事事，拿着佛法寻开心罢了！

> 近岁学者各宗其师，务从简便，得一句一偈，自谓

---

[1] 苏轼：《东坡全集》卷三五《大悲阁记》，收入《景印文渊阁四库全书》第1107册，台湾商务印书馆，1986，第502—503页。

了证，至使妇人孺子抵掌嬉笑，争谈禅悦，高者为名，
下者为利，余波末流，无所不至，而佛法微矣。[1]

还有些人，拜了师父，入了门下，只学到了一个"简便"。
从此啥正事都不干了，就在那里望空瞎想，想出一两句偈子，便
自鸣得意，以说禅的名义互相逗乐。有的人想借此求名，有的人
想借此谋利，什么等而下之的都有，就是没有佛法——苏轼批评
的这种现象，在当时可能很普遍。苏轼的另一位朋友惠洪禅师，
也曾吐槽说道："当年，曹溪六祖自己背米、砍柴，一日不作，
一日不食。现在的出家人，每天就是吃了睡，睡了吃，四体不
勤，五谷不分，见到香客来了，就开始故弄玄虚……"

探索真理，容不得一点儿弄虚作假，使不得一点儿小聪明。
苏轼与和尚朋友们相处，轻松风趣，但他对于修行的态度，是极
严肃庄重的。他认为，学佛的人参悟禅理，就跟儒生做学问一
样，要思行合一，循序渐进。先把基本功打好，把经书上的道理
吃透了，你再来自由发挥好不好？

元丰七年（1084年）四月，从黄州出来以后，苏轼先去了
一趟江西庐山。他此行，不只是游玩，还是来"问道"的。禅宗
的发展与江西渊源最深。唐代以来，禅宗门派有"五家七宗"
之说，其中三家五宗发源于江西。庐山作为江西的名山，正是一
座禅宗之山。这里可谓道场林立，名僧云集。苏轼此来，足迹遍
布山中禅寺。最后，他在东林寺参谒了临济宗的常总禅师，请教
"无情话"的法门——

---

[1] 苏轼：《东坡全集》卷九三《书楞伽经后》，收入《景印文渊阁四库全书》
第1108册，台湾商务印书馆，1986，第504页下栏。

人类和动物都是有情之物，石头树木这些呢，是无情之物，它们不会说话，却能够向人们传达禅理，这就叫"无情话"。苏轼在寺中住下，夜里，只听到禅房外面溪水潺潺，喧哗不止。又听到万壑松涛，起起伏伏，像群山在睡梦中呼吸。当曙光刚刚从天际现出一抹鱼肚白，群山之影还浮沉在浓郁的昏暗中时，苏轼就来到了常总禅师的门前，他高兴地说："我有了！"于是念出一首偈子：

溪声便是广长舌，山色岂非清净身。夜来八万四千偈，他日如何举似人？[1]

广长舌，是长到可以覆上面部的舌头，这是佛祖开口说法时对世人现出的形象。清净身，指的是佛的法身。一片溪声都是佛在说法，四围山色皆是佛的法身。山川一夜之间讲出无量佛法，我又将如何向他人转述呢？

因为此夜的悟道，苏轼遂以居士身份，成为常总禅师的法嗣，禅宗临济宗黄龙慧南一脉的传人，被记入了禅宗的传承。不过呢，关于苏轼的这一夜，禅宗中也有人不认同。比如，有禅师就批评说，东坡居士这一偈，说明他仍是禅宗的门外汉。为什么呢？

东坡居士太饶舌，声色关中欲透身。溪若是声山是色，无山无水好愁人。[2]

---

[1] 苏轼：《东坡全集》卷一三《赠东林总长老》，收入《景印文渊阁四库全书》第1107册，台湾商务印书馆，1986，第217页上栏。
[2] 释普济：《五灯会元》卷六《天竺证悟法师》，苏渊雷点校，中华书局，1984，第360页。

　　禅宗的最高觉悟，所谓"般若"者，指的是体悟到一切事物与万物本源的智慧。这是一种全知全觉的境界，它不能通过刻意修行达到，也不能够用语言文字表述。禅宗认为，人的"心性本净，佛性本有，觉悟不假外求"，就是说人有自来的本性，有空寂的本体自我，并不需要假借外物才能得到觉悟。苏轼参了一晚上的"无情话"，终于从溪声中听见佛的说法，从山色中看到佛的法身，他这时候的证悟，肯定是有凭借的，凭借的就是溪声与山色。所以人家就质疑了，要是无山无水，把你放在闹市蜗居里，你不就悟不成了吗？这确实是个问题。外物是变幻无常、虚妄不实的，你怎么可能靠外物来印证"自性"呢？但话又说回来了，也不是说你啥都不干，啥都不想，闭目塞耳，往禅房里这么一坐，就能凭空悟了。这不就跟苏轼和慧洪批评的那些人一样，成了投机取巧吗？所以，这中间，还要有一个你去修行，去经历外物的过程。

　　苏轼是个绝顶聪明的人。但他却说："人皆养子望聪明，我被聪明误一生。惟愿孩儿愚且鲁，无灾无难到公卿。"[1]苏轼的绝顶聪明，在他和他的和尚朋友们看来，也正是他此生的一大魔障。聪明人更容易"我执"，自我意识和表现欲望太强。禅宗的修行，主张的是"于念而不念，无所得而得"。在思与不思、得与不得之间，得到证悟。聪明人呢，勤思好学，举一反三，他很容易"有所得"，而"不思、不得"呢，反而难了。

　　"溪声便是广长舌，山色岂非清净身。夜来八万四千偈，他日如何举似人？"这一夜的倾听、观望、所悟、所得，其实还是

[1]　苏轼：《东坡全集》卷二九《洗儿》，收入《景印文渊阁四库全书》第1107册，台湾商务印书馆，1986，第425页上栏。

有着"我"这一个鲜明的主体意识在。这就是为什么人家嫌他饶舌——想得太多！废话太多！后来，又有一位禅师，将这一则诗偈给改了，改为："溪声广长舌，山色清净身。八万四千偈，明明举似人。"[1]——无数的道理扑面而来，明明白白，青天白日，尽现眼前。

苏轼自己，对这一夜的证悟，大概也不是很满意。他在山中转悠，来来去去，横看竖看，一会儿觉得这山水大有深意，一会儿又觉得不对，不对，连这山中的风声，都与我不亲近……苏轼么，我们前面说过，在他的哲学体系里，诗意与美学是牢不可破的组成部分。"江山风月，本无常主，闲者便是主人。""江山风月"是上苍赠予人类的诗和美，苏轼是离不开这无穷的"江山风月"的。那么参禅，他也会很自然地拿它们来做观想。于是就有了《题西林壁》这首著名的哲理诗："横看成岭侧成峰，远近高低各不同。不识庐山真面目，只缘身在此山中。"

人的主观意识对客观世界的认识，存在着局限性、片面性。不同的人，从不同的角度体会到的道理，各有不同，但又都是那个共同"真理"的一部分。而我所想要证悟的"自性"，就包含在其中。苏轼的好友兼禅修小伙伴黄庭坚，读了这首诗后，欢喜赞叹地说道："此老人于般若，横说竖说，了无剩语，非其笔端有口，安能吐此不传之妙哉？"[2]真不愧是我苏老，把佛法说得真透彻呀！然而，横说竖说，说到一点儿余话都没有，这岂不也正成了"东坡居士太饶舌"的铁证？

---

[1] 释晓莹：《罗湖野录》卷四，收入《景印文渊阁四库全书》第1052册，台湾商务印书馆，1986，第917页上栏。

[2] 惠洪：《冷斋夜话》卷七，收入《全宋笔记·第二编（九）》，大象出版社，2006，第62页。

带着"不识庐山真面目"的复杂心情，苏轼离开了庐山，走向了他政治生涯的巅峰。在高居庙堂的日子里，为了提醒自己不要迷失本性，苏轼总是把僧袍穿在朝服底下。不过，以佛门的眼光来看，他这样，终归是半个身子掉在苦海里。

又十年过去。绍圣元年（1094年），已然老矣的苏轼贬逐惠州。在金山寺的佛印给他寄了一封信，信中，他对苏轼的"一生聪明"，提出了可以说是严厉的批评：

> 子瞻中大科，登金门，上玉堂，远放寂寞之滨。权臣忌子瞻作宰相耳，人生一世间，如白驹过隙，三二十年功名富贵，转盼成空。何不一笔勾断，寻取自家本来面目。万劫常住，永无堕落，纵未得到如来地，亦可骖鸾驾鹤，翱翔三岛，为不死人，何乃胶柱守株，待入恶趣。昔有问师，佛法在什么处？师云："在行住坐卧处，著衣吃饭处，痾屎撒尿处，没理没会死活不得处。"子瞻胸中有万卷书，笔下无一点尘，到这地位，不知性命所在，一生聪明要做甚么？三世诸佛则是一个有血性的汉子。子瞻若能脚下承当，把一二十年富贵功名，贱如泥土。努力向前，珍重珍重！[1]

苏轼一生，始终不能放下的，是经世济民的理想，是士大夫对时代的责任。在佛印禅师的眼里，这些也只是虚妄。

在明人朱时恩编纂的禅宗史著作《居士分灯录》一书中，关于东坡居士的禅学成就，给出了这样的评价：

---

[1] 丁传靖辑《宋人轶事汇编》卷一二，中华书局，1981，第628页。

> 东坡门外汉耳。夫以坡公见地犹在门外，则佛法岂
> 易言乎？虽然，千载而下读公之文，因而知有佛法。公
> 殆以文章作佛事也。意其人，亦乘愿而来，乘愿而往者
> 耶。是又恶容轻置喙矣。

> 坡公出世一番，与佛印、法泉诸老宿互相提唱，阐
> 扬佛法。紫栢云："东坡老贼，以文字为绿林，出没于
> 峰前、路口，荆棘丛中。窝弓、药箭，无处不藏，专候
> 杀人不眨眼索性汉。一触其机，刀箭齐发，尸横血溅，
> 碧流成赤。"

第一个，是说苏轼以文章弘扬佛事，让千秋万代的人通过他的文字知道了有佛法普度众生。他虽然是禅宗的"门外汉"，但他乘证道之心而来，乘证道之心而往，一片精诚，岂是一般人能够轻易批评的呢？

这里所谓的"门外"，只是相对"门内"而言，更多的人是连门在哪儿都摸不着的。拿朱熹的话来讲，就是："他甚次第见识！甚次第才智！他见得那一道明，早亦曾下工夫，是以说得那一边透。今世说佛，也不曾做得他工夫。"[1]这世界上大部分谈佛论道的人，没有苏轼的才智、悟性，又不如苏轼肯下功夫，你们拿什么跟他比啊！

第二个评价，就很好玩儿了。我们知道，苏轼喜欢找和尚朋友们谈禅。像前面说过的，什么以"吃肉"挑战全天下的禅师，请大和尚喝花酒……老实说，也挺讨人嫌的。道行差一点儿的，

---

[1] 黎靖德编《朱子语类》卷一三〇，王星贤点校，中华书局，1986，第3116页。

就要被他挖的坑给埋了。有一次，听说荆门玉泉寺的承皓禅师机锋敏捷，无人能敌，苏轼就找他去了，鬼头鬼脑，微服而至。承皓禅师问："官人高姓？"他说："我姓秤，专门称量天下长老们的一杆秤。"只听承皓禅师怒喝一声："如此，就请官人称一下这声喝有多少斤？"苏轼又答不上来了，但他心里很满意，觉得：这个禅师，我是服气的！

禅师们碰上他，很考验自己的修养和禅学功底。所以，明代的紫柏禅师说："苏轼这厮啊，就好比一个绿林中剪径的强盗，在草丛、山洞里埋伏着，又会下网，又会挖坑，什么歹毒暗器都有，任你英雄好汉，碰上了他，只有硬着头皮上，拼一个你死我活。"修行路上，有这么一个"东坡老贼"的存在，可真是——妙哉！

建中靖国元年（1101年）五月，苏轼北归，经过佛印禅师曾经住持过的镇江金山寺。寺中，藏有一幅画家李公麟给苏轼画的肖像。故地重游，再见到这幅画像，苏轼百感交集，在画上题道："心似已灰之木，身如不系之舟。问汝平生功业？黄州、惠州、儋州。"

"心似已灰之木"，出自《大方广圆觉修多罗了义经》。经中说：

> 譬如钻火，两木相因，火出木尽，灰飞烟灭。以幻修幻，亦复如是。诸幻虽尽，不入断灭。善男子，知幻即离，不作方便。离幻即觉，亦无渐次。一切菩萨及末世众生，依此修行，如是乃能永离诸幻。

修行像是以木钻火，木是空幻，火亦是妄想，火烧尽了，木头成灰，方才脱离幻妄，得证真觉。

"身如不系之舟"，是说此身随缘自适，于苦海中得到自由。苏轼的前半生，一心只求经天纬地，做一番不朽的功业。在生命的晚年，他却认为，自己一生最大的"功业"，正是在穷途失意中建立起来的。这也正是在"无所得"中的"大有所得"，苏轼这是用他自己的整个人生，参了一个"禅"。

在岭南的日子里，除了虔心向佛，苏轼也在读道藏，进行道家的修炼：打坐，炼丹，练气功。他还完成了《东坡易传》《东坡书传》《论语说》的著述。这三本解读儒家经典的著作，是苏轼毕生的学养所在。佛、道、儒三家，齐头并进，苏轼是哪一家都没落下，都做足了功夫。换了别人，这简直就是"三教家奴、水性杨花"。但在苏轼呢，他偏偏就能来个三教合一，融会贯通。

佛与道，滋养了苏轼的儒学根本。但苏轼并不认为，儒家才是世间唯一的真理。他说："孔、老异门，儒、释分宫。又于其间，禅、律相攻。我见大海，西北南东。江河虽殊，其至则同。"[1]大地上的所有河流，都将奔向大海。通往真理的路径有千万条，殊途同归。对于异端，苏轼有远比一般士大夫开明的心态。

苏轼临终前，径山惟琳长老在他耳边轻声呼唤："端明[2]勿忘西方。"苏轼道："西方不无，但个里着力不得。"言罢，溘然长逝。

西方极乐世界未必不存在，然而我们不能刻意地去追寻。回想起前不久，在海南的时候，苏轼还说过这样的话："仙山与佛国，终恐无是处。"对于道教的天堂和佛家的极乐世界，苏轼并

---

[1] 苏轼：《东坡全集》卷九一《祭龙井辩才文》，收入《景印文渊阁四库全书》第1108册，台湾商务印书馆，1986，第469页上栏。

[2] 苏轼曾任端明殿学士。

没有一种"非去不可"的执念。禅理与佛法对他的意义，主要是增长此世的智慧，获得精神世界的丰盛和自由。至于彼岸、来生……随缘吧！

当此岸的生命之火熄灭，登上不系之舟，苏轼飘然而去——苏轼去了哪里？有没有修成正果，往生佛国？这不是我们凡尘中人可以知道的事情。我们所知道的，是从今以后每一个中国人，走在现世的红尘里，遇见江上清风、山间明月，只要想起苏轼的文字，良辰美景无数，不再虚设。逆旅孤灯，对床风雨，也不必尽是孤独。

这就是苏轼的无量功德。

问汝平生功业

黄州：苏轼跑啦！马儿狂奔在春夜

苏轼他呀就是一匹马，一匹坏脾气的千里马，特别爱踢人，我们要饿着他，经常性地揍一揍他，他才肯听话呢——这个粗暴的比方，最早是王安石提出来的。当时，苏轼奋力批评新法，王安石忍无可忍，便对宋神宗说："陛下何以不黜轼？岂为其材可惜乎？譬如调恶马，须减刍秣，加棰朴，使其贴服，乃可用。如轼者，不困之使自悔，而绌其不逊之心，安肯为陛下用？"[1]

"乌台诗案"，便是宋神宗给苏轼的当头一棒，打得正在昂首长嘶的他眼前一黑。醒过来后，人已经是黄州团练副使，在长江边上喝风了。

苏轼吧，别看他口口声声地谢罪，心里面，压根儿没觉着自

---

[1] 杨仲良：《皇宋通鉴长编纪事本末》卷第六二，李之亮点校，黑龙江人民出版社，2006，第1111页。

己错了。在写给同样因为批评新法而倒了霉的前御史李常的信中，他不仅传授对方节俭持家的小窍门，还为彼此打气，说："吾侪虽老且穷，而道理贯心肝，忠义填骨髓，直须谈笑于死生之际……虽怀坎壈于时，遇事有可尊主泽民者，便忘躯为之，祸福得丧，付与造物。"[1]

他对朝廷的忠肝义胆没的说。可是呢，信而见疑，忠而被谤，这又多么令人悲愤和抑屈！所以，他的心灵在挣扎，他的灵魂要突围。

湖北黄州，隶属淮南西路。此地远离中央，经济欠发达，说起来是个"州"治，实际上就是穷乡僻壤。"苏门四学士"之一的张耒，这样描述黄州城："名为州而无城郭，西以江为固，其三隅略有垣壁，间为藩篱。"[2]连个正经的城墙都没有，就靠几根竹篱笆胡乱地围一围。这个一眼望上去就很"破落户"的黄州，在北宋，就成了中央贬黜官员的第一站。大臣们犯了错误，情节轻的，就把你"请"到黄州当个知州。比如，宋真宗时候的王禹偁，是因为编撰《太宗实录》，获罪而来的。还有一个夏竦，是因为跟老婆和小舅子打架来的。情节严重一些，像苏轼这样的，就是黄州安置。此外，一些没背景、不会钻营的官员，也只好在这里做个父母官讨生活。

黄州大概就是这么个情况。除了政治上的幽居闲退之苦，还有一个很现实的问题，苏轼他本来就是大开大阖、大跳大笑的性子，一天无事可做，一天没有朋友来往，就憋闷得不行。可黄州

---

[1] 苏轼：《东坡全集》卷八〇《与李公择二首》，收入《景印文渊阁四库全书》第1108册，台湾商务印书馆，1986，第290页下栏。

[2] 张耒：《明道杂志》，收入《全宋笔记·第二编（七）》，大象出版社，2006，第18页。

呢，这么闭塞，真是太不适应了。"黄州真在井底！"[1]在给朋友的书信里，他抱怨着。

一开始，他还有点儿罪臣的自觉性，并不敢到处跑，只在夜里出来溜达，和天上的大雁共情——"谁见幽人独往来？缥缈孤鸿影。"很快，随着一家老小的到来，东坡上的荒地种起来了，情绪也放松了，他就开始了城里城外的游逛。

黄州城小，一天够他走好几个来回。他就一边走一边吟诗："日日出东门，步寻东城游。城门抱关卒，笑我此何求。我亦无所求，驾言写我忧。"[2]这首诗传出去，给老朋友章惇看到了，忍不住又取笑他，说："苏子瞻这写的是个啥，一天上蹿下跳的，不通啊不通！"原来，"步寻"者，走路也。"驾言"者，坐车出行也。苏轼你出门是步行，怎么回来就坐上马车了？这就有点儿前后矛盾。苏轼就辩解道："我把我的屁股当车轮，把我的精神当马匹，有啥子不行吗！"

行！传出去，苏轼他认为自己是一匹马！

苏轼在黄州，长年穿一袭粗布袍子，脚下一双草鞋，头上有时是方巾，有时是斗笠，望之就是一个潦倒的教书先生。他混在本地人之间，看到谁家的小院子里花种得好，不管认不认识，都跑过去请求参观。要不呢，就是扎堆儿聊天。"得罪以来，深自闭塞，扁舟草履，放浪山水间，与樵渔杂处，往往为醉人所推骂，辄自喜渐不为人识。"[3]被醉汉推了，骂了，他都不在意，心

---

[1] 苏轼：《东坡全集》卷八一《与王元直》，收入《景印文渊阁四库全书》第1108册，台湾商务印书馆，1986，第300页下栏。

[2] 苏轼：《东坡全集》卷一三《日日出东门》，收入《景印文渊阁四库全书》第1107册，台湾商务印书馆，1986，第209页上栏。

[3] 苏轼：《东坡全集》卷七三《答李端叔书一首》，收入《景印文渊阁四库全书》第1108册，台湾商务印书馆，1986，第193页下栏。

里反而挺高兴的。

他高兴个啥呢？一可喜者，不再受别有用心之人的窥伺、算计。二可喜者，没有了偶像光环的负累，对于"本我"的认识，将更加清明。"木有瘿，石有晕，犀有通，以取妍于人，皆物之病也。谪居无事，默自观省，回视三十年以来所为，多其病者。"[1]苏轼开始有意识地反省自己，当然，并不是王安石和宋神宗想要的那种"反省"。他是要抛开一切外在的虚荣，让自己不被外物动摇和迷惑。这么说吧，在黄州之前，苏轼还是一身火花四溅的锋锐，到了黄州之后，他就进入了一个淬火的过程，从此以后，他心灵的刚性、韧性、耐磨性、抗疲劳强度，都得到了大幅度提升。

环绕着黄州的西边，长江日夜流过。苏轼住的房子就在江边的坡地上，离江岸不过几步路的距离。江上有山，山有峭壁，其色朱红，直临江面，名为"赤壁"。当地人说，这就是三国时周瑜大破曹军，"火烧赤壁"的遗址。元丰二年（1079年），将近中秋的一个傍晚，天边升起一弯小小的新月，正在房宿与心宿之间，望之玲珑可爱。秋水时至，江声浩荡，满天风露，苏轼兴之所至，便和大儿子苏迈一起，划着小船，来到赤壁之下。从这里，可以看到江对面武昌[2]的群山，山谷之间，树木苍深，云涛翻涌……景色苍茫、庄严而优美。苏轼从此爱上了夜游长江。

有了一游，就有了二游，三游……各地的朋友来了，本地的朋友也交上了，苏轼携手新朋旧侣，带着美食与酒，在很多个月

---

[1] 苏轼：《东坡全集》卷七三《答李端叔书一首》，收入《景印文渊阁四库全书》第1108册，台湾商务印书馆，1986，第193页下栏。
[2] 今鄂州，古称武昌。

白风清的晚上，泛舟于长江之上，徘徊于赤壁之下。俯仰之间，打开了一扇通往哲思与诗情王国的虚空之门。回家以后，就"咣当咣当"往我中华文化的宝库里扔宝贝，就有了《赤壁赋》《后赤壁赋》，有了《念奴娇·赤壁怀古》——

> 大江东去，浪淘尽，千古风流人物。故垒西边，人道是，三国周郎赤壁。乱石穿空，惊涛拍岸，卷起千堆雪。江山如画，一时多少豪杰。
>
> 遥想公瑾当年，小乔初嫁了，雄姿英发。羽扇纶巾，谈笑间，樯橹灰飞烟灭。故国神游，多情应笑我，早生华发。人生如梦，一尊还酹江月。

遥想当年，曹操率大军顺江而下，与吴、蜀联军会战于赤壁。曹操来势凶猛，正是："破荆州，下江陵，顺流而东也，舳舻千里，旌旗蔽空，酾酒临江，横槊赋诗，固一世之雄也。"[1]结果却被吴蜀联军来了个火烧赤壁，大败而去。"赤壁之战"是一场以弱胜强的史诗级战役，其主要指挥者，是时年三十四岁、被江东人昵称为"周郎"的周瑜。周瑜文韬武略，高大俊美，精通音律，家里还有一位国色天香、相亲相爱的妻子。此人在史书上的魅力值之高，就连苏轼也是仰慕万分的。周郎的对手曹操呢，苏轼对他的观感就很不佳了。并不是因为曹操年纪大、个子矮、相貌平常，而是因为他"人品不好"。我们看看，苏轼是怎么评价曹操的：

---

[1] 出自苏轼《赤壁赋》。

操以病亡，子孙满前而咿嘤涕泣，留连妾妇，分香卖履，区处衣物，平生奸伪，死见真性。世以成败论人物，故操得在英雄之列。[1]

管幼安怀宝遁世，就闲海表，其视曹操父子，真穿窬斗筲而已。[2]

曹孟德所用，皆为人役者也。以子房待文若，然终不免杀之，岂能用公瑾之流度外之士哉！[3]

曹操挟天子以令诸侯，嘴上说着忠君爱国，心里想着谋朝篡位。要不是世人好以成败论英雄，他算什么英雄！做作一生，死到临头，舍不得自己那么多的小妾，哭了，才流露出一点儿真性情。待人刻薄寡恩，连荀彧这样的王佐之才，尽心竭力为他谋划，一旦不合心意，也就杀了。在真正的无双国士眼里，曹家父子，不过是宵小之徒罢了！

"赤壁之战"中的主要出场人物，除了"反派"曹操已经五十多岁，吴蜀这边，孙权二十七岁，诸葛亮二十八岁，携手抗敌，各自奋发，以不世之才，创下宏图伟业。这眼前的江山如画，正是三国豪杰眼里的如画江山。往事悠悠，激起苏轼心中豪情。他仿佛看到江上的熊熊烈焰，艨艟战船在火光中灰飞烟灭。

---

[1] 苏轼：《东坡全集》卷九四《孔北海赞（并序）》，收入《景印文渊阁四库全书》第1108册，台湾商务印书馆，1986，第513页。

[2] 苏轼：《东坡全集》卷九二《管幼安贤于荀孔》，收入《景印文渊阁四库全书》第1108册，台湾商务印书馆，1986，第491页上栏。

[3] 苏轼：《东坡全集》卷九二《周瑜雅量》，收入《景印文渊阁四库全书》第1108册，台湾商务印书馆，1986，第490页下栏。

头戴青纶巾，轻挥白羽扇的俊美周郎，谈笑退敌，风采逼人……俱往矣！豪杰、枭雄，都已是历史的云烟。

苏轼本人，也是志在进入青史的。他也曾少年得志，雄姿英发，如今流落在黄州，报国无门。人生已过大半，头上生了白发，这么一对比，因故国神游而激扬起的一腔英雄志，又好像是在自作多情啊！很自然地，他就有了"人生如梦"的感叹。

"人生如梦"这个表达本身，并不意味着悲观和虚无。因为这确实是人类的普遍命运，凡人必有一死，意识消失在虚无里，生前功业身后名，都不能改变生命归向于零的本质。关键在于，勘破了这一点之后，你要怎么办？

苏轼注酒入杯，向着江水扬手一倾，祭这舷下的浩荡长江，敬这头顶的皎皎孤月。这一倾，便倾出无限从容。情志超越了局促的现实，经过短暂的低回，又昂然向上，直入云天。这才是苏轼的豪放，他有忧伤，有迷惘，有苦痛，夯实成人生厚重的底子；然后有学养，有情操，有审美，积聚成超然向上的力量。

在宋代，"词"约等于流行歌曲。歌女们手持象牙、檀木的拍板，打着节拍，在酒宴上曼声而唱，为人助兴。当时就有人说了，苏轼的这首词，可不能让娇滴滴的女娃来唱，必须找几个关西大汉，怀抱青铜的琵琶，手持黑铁的拍板，一排吼将起来，那才叫相得益彰呢！苏轼的豪放之风，放在今天，大概算摇滚一派了。人们听了，都会晓得：这个姓苏的，他精神焕发，还很能折腾呢！

最了解这个折腾劲儿的，是苏轼身边的亲友们。比如说，张怀民。

记承天寺夜游

　　元丰六年十月十二日夜，解衣欲睡，月色入户，欣然起行。念无与为乐者，遂至承天寺寻张怀民。怀民亦未寝，相与步于中庭。庭下如积水空明，水中藻荇交横，盖竹柏影也。何夜无月？何处无竹柏？但少闲人如吾两人者耳。

　　张怀民也是个谪客迁臣，不知从哪里被踢到黄州的，现住在承天寺里。苏轼在夜深人静、大家都睡觉的时候，不去找别人，却来找张怀民，看中的，可能就是他跟自己相似的境遇。都没的班上嘛！就算睡着了喊醒他，也不会挨骂的嘛！

　　苏轼说，我跟张怀民，是"两个闲人"。这个"闲"，是"赋闲"，是现实中"不得用"之闲。官场中人，最怕的就是这一个"闲"。

　　偷得浮生半日闲，人们向往"闲"，往往又不能接受真的"闲"下来。这一个客观的"闲"字，还需要有一个主观上的"适"字来配合它。"适"者，安也。"闲适"，准确地说，是人们面对世界的一种心态。比如今夜，头顶上的树影，落在月色洞明的地上，就像澄碧池潭里的水草在浮动。这样的景色，夜夜可见，处处可见。但是，只有"闲适"的人，才能够看到并体会到它的美。

　　忙处热来闲处冷。苏轼本质上是一个极"热"的人，有热烈的雄心，有热情的肚肠。而黄州之行呢，就是他人生中第一次遇到强烈的"冷"。冷，也是一种必要的生命体验。就拿这篇《记承天寺夜游》来说吧，它轻灵、澄明、旷逸的文学与心灵境界，正是苏轼在成为一个"闲人"之后，才得以到达的。

在黄州，苏轼热爱在夜晚出游。白昼是热的、忙碌的，夜晚是冷的、闲适的。夜晚的凉爽、幽暗、空寂，如江水深流，温柔地包裹着苏轼，任他像游鱼一般穿梭。

这一天，苏轼又带着朋友，夜游长江，喝得酩酊大醉。回家的路上，跌跌撞撞，放声高歌。歌唱的，就是苏轼酒后即兴作的一阕词，调为《临江仙》：

> 夜饮东坡醒复醉，归来仿佛三更。家童鼻息已雷鸣。敲门都不应，倚杖听江声。
> 长恨此身非我有，何时忘却营营。夜阑风静縠纹平。小舟从此逝，江海寄余生。

第二天一大早，满黄州城就传开了，说苏轼昨天晚上，写了这首词之后，把外衣、帽子挂在江边的歪脖子树上，一个人登上小船，长啸数声，然后就顺着江开船跑啦！黄州知州徐君猷听到消息，如五雷轰顶。徐君猷，也是个忠厚人——要不然作为宰相韩绛的女婿，也不至于到现在还窝在黄州做知州。这几年，他对苏轼十二分地照顾，力所能及地提供方便。哪儿想到一个错眼不见，就闹出了这么个大新闻。

徐知州穿上鞋子，没命地往苏轼家跑。跑到苏家门口，只见晾衣的、择菜的、舂稻谷的都嬉笑如常，心中稍定。"子瞻兄在哪里？"玩泥巴的小儿随手一指——屋里，只听得鼾声阵阵。徐知州轻手轻脚，脑袋伸进门来，定睛一看，床上四仰八叉沉睡着的那个胖子，不是苏子瞻是谁？

大家都习惯了这么一个到处乱跑的苏轼，他要不跑了，反而不对劲了。元丰六年（1083年）春天，苏轼害了红眼病，窝在家里一个月没出门。他自己憋得不行，外面的人也惊疑不定。慢慢地，就有了传言，说苏轼在黄州病死了！消息传到京城，宋神宗正在吃饭，当时就把筷子扔了，吃不下去了。消息传到许昌，已经退休的范镇放声大哭，就叫孩儿们——多多地带上抚恤金，这就去黄州吊唁！孩儿们说："爹爹，还是先问清楚，咱再去好吧……"闹得鸡飞狗跳。

当时全国禁私酒，市场上酒价高涨。苏轼穷得喝不起酒，就三天两头地跑到黄州城外的农村，喝农民的私酿。一喝就醉了，化身夜行的酒鬼。

西江月

顷在黄州，春夜行蕲水中，过酒家饮。酒醉，乘月至一溪桥上，解鞍曲肱，醉卧少休。及觉已晓，乱山攒拥，流水锵然，疑非尘世也。书此数语桥柱上。

照野弥弥浅浪，横空隐隐微霄。障泥未解玉骢骄，我欲醉眠芳草。

可惜一溪明月，莫教踏破琼瑶。解鞍敧枕绿杨桥，杜宇一声春晓。

黄州的治安还是不错的。大半夜的，苏轼连人带马睡在田野之上，啥事也没有。他心里，也是一点儿夜行的疑惧都没有。骑着马，奔跑在温暖的春夜里，马蹄踏着一地的月色，行得快意，醉得淋漓，睡得也叫一个酣畅。苏轼睡倒在一座小桥下。醒来的时候，天光已经放亮了。在远远近近的杜鹃啼声中，他睁开眼一看，天高地阔，远处群山簇拥，脚下芳草如茵，耳畔流水声不绝，其声清亮，如金玉交击。此情此景，好似不在尘世。

像每个宿醉酒醒的人一样，苏轼开始用力回想昨夜的光景。他看见自己那匹脾气骄纵的马儿，正难得安静地在边上啃草，它有一搭没一搭地嚼着嫩生生的草头，踱着碎步，垂杨的枝条拂过它的耳朵尖儿，它矜持地摆一摆脑袋。苏轼想起来了——

昨晚，马儿跑到溪水的旁边，忽然停下脚步，仰起脖子嘶鸣起来。昨晚，他看到了月光下的原野，静谧而广袤。青灰色的层云横陈在高空，被月光镶上了银亮的花边。满天的月光倾洒下来，收拢在他脚下的一湾春水里。溪流在月光下晶莹闪烁，像是流淌着无数的珍珠与美玉……这是一个只向夜行者展开的秘境：神奇、纯洁、幽美。凝望着它，苏轼发出了醉后的奇想："可惜一溪明月，莫教踏破琼瑶。"真担心这一溪的月光被不解风情的马儿踩碎啊！他决定，不往前走了，就在此铺天席地，以马鞍为枕，睡吧！

醒来后的苏轼，从褡裢里摸出笔墨，就着溪水，研墨挥毫，在桥柱上写下了这一首词。这首词，就像春天的山野一样，字字句句生机勃发，美妙得那么天然。在读者看来，就仿佛在展阅一卷出自造物之手的"春溪行旅图"。图中那个小小的人儿，如此不显眼，又如此自在，和春光浑然一体。不，他根本就是这卷画中最不可缺少的那一部分。我们注视着他，也和他一样，全身心地感受到了身在尘世却不被尘网束缚的快乐。

如此春夜，马儿飞奔。如果说，《念奴娇·赤壁怀古》歌唱的是三国豪杰的"故国"，这阕《西江月》描画的就是苏轼自己的山河岁月。金色的晨曦在大地上升起，这是属于诗人的黎明。

惠州：白鹤来归，为先生吃光了村里的鸡

告别：王朝云之去

> 此生归路愈茫然，无数青山水拍天。
>
> 犹有小船来卖饼，喜闻墟落在山前。
>
> ——《慈湖夹阻风五首（其二）》

两个月之内，朝廷连下四道旨意，苏轼由二品的中央大员一路降为（江西）建昌军司马，（广东）惠州安置，不得签书公事。政治地位之落差，比黄州之贬又惨烈多啦！从河北定州到广东惠州，横跨大宋版图南北。年近六十岁的罪臣苏轼，身体已不比从前，最近患了眼疾，视物模糊，又犯了肩周炎，双臂活动艰难。这场万里投荒之旅，于他的体力和精神而言，都是摧残。

结发之妻王弗早逝，继室王闰之前不久病逝在京城。所幸三个儿子——苏迈、苏迨、苏过都已经成亲生子。现在的苏轼，也算是儿孙满堂了，只可惜，享受不了天伦之乐。岭南的恶劣环境，非老弱妇孺所能承受，而且一大家子都过去，经济上也吃不消。苏轼不擅长营生，又慷慨轻财，这几年所谓"高官厚禄"，也并没有积下多少家资。商量再三，最终，由长子苏迈带着大部分家人回宜兴，守着那里的田庄过日子；和苏轼一起翻越大庾岭，抵达惠州的，只有小儿子苏过、侍妾王朝云，以及两名久在苏家做活儿的婢女。

王朝云是杭州人，十二岁时以歌女的身份进入苏家。宋代上层社会流行豢养"家伎"，就是私家的歌舞班子。苏轼"春风得意"的这些年，家里也有这么个小班子。苏轼戏称她们为"搽粉

虞候"，有时家里请客吃饭，就叫她们歌舞助兴。其中有几位后来成了苏轼的妾室，王朝云便是其中之一。

这里我们介绍一下历史背景：宋朝废止了"奴婢贱人，类同畜产"的"蓄奴"制度。家伎和侍妾的人身权，从理论上来讲，受到法律的保护。她们不再是主人家的私产。主人家落了难，她们没有奉陪到底的义务。男主人死了，更无所谓"守节"——当年，黄州知州徐君猷去世，他最喜爱的侍妾转头就另寻恩主。苏轼在别人家里见到她，思及故人，不禁落泪。姑娘见他如此，哈哈大笑起来。从那以后，苏轼对于士大夫"蓄妾"这种事情，就很不以为然了。这几年，他陆续将家伎和妾室遣散，唯一留下来的是王朝云。

主家落了难，作为一个侍妾，还肯跟着，可以称得上世间少有的"忠义"。所以，当年柔奴姑娘跟着王定国闯岭南，值得苏轼特意写一首词来歌颂她。蔡确那么狠辣的人，也会因为相伴歌女的死而伤心欲绝，都是因为这患难中的情义太难得。岭南之行，苏轼对于王朝云的个人情感，除了男女之爱和长年相处的亲情，更添了敬重和感激。

王朝云天资慧敏，曾经一言指出，自家主人那只大肚皮里，装的满是"不合时宜"，她追随苏轼不离不弃，源自对苏轼人格的理解和景仰。在惠州的她，俨然成了苏轼事实上的生活与精神伴侣。然而，彩云易散，到惠州未满两年，朝云感染时疾，于绍圣三年（1096年）的七月五日撒手人寰，年仅三十四岁。临终之时，她口诵《金刚经》偈子："一切有为法，如梦幻泡影，如露亦如电，应作如是观。"

苏轼悲痛难抑，亲手为其书写墓志铭：

东坡先生侍妾曰朝云，字子霞，姓王氏，钱塘人。
敏而好义，事先生二十有三年，忠敬若一。绍圣三年七
月壬辰，卒于惠州，年三十四。八月庚申，葬之丰湖之
上，栖禅山寺之东南。生子遁，未期而夭。盖常从比丘
尼义冲学佛法，亦粗识大意。且死，诵《金刚经》四句
偈以绝。铭曰：浮屠是瞻，伽蓝是依。如汝宿心，惟佛
之归。[1]

朝云去后，苏轼陆续写了很多悼念她的文字，论数量，比给
两位王夫人的加起来还要多。注意到这一点，我们并不能想当然
地认为，苏轼对两位王夫人的感情，就不及对朝云深厚。王朝云
的陪伴，对衰年窜逐南荒的苏轼来说，意义是非同一般的。她的
忠诚、她的明慧、她年轻生命的猝然逝去，正标志着世间美好事
物在现实前的易碎。而她本来不必如此，她可以像其他人一样干
脆地离开。苏轼对她的死，在悲痛之外，更添愧疚。另一方面，
我们还要知道，在中国古典文学传统中，还存在着这么一个潜
规则：

"妻者，齐也。与夫齐体。"[2]妻子担负着传宗接代、侍奉翁
姑、育子持家的任务，她是家庭的女主人，应该得到庄重的对
待。娶妻娶贤，妻子如果要出现在丈夫的笔下，她应该是贤良贞
洁的形象，而不能是充满风情、映射着男人情欲的。纳妾纳色，
男人情欲这一块儿的需求，由妾室负责。等同的，还有歌女、舞

[1] 苏轼：《东坡全集》卷八九《朝云墓志铭》，收入《景印文渊阁四库全书》
第1108册，台湾商务印书馆，1986，第441页上栏。
[2] 班固：《白虎通疏证》卷十，陈立疏证，吴则虞点校，中华书局，1994，第
490页。

伎、青楼女、酒家女……即便是相当藐视社会规范的浪子柳永，他热烈的情歌，也只可能唱给青楼中的情人，而不可能献给家中的妻子——不是对她没有感情，而是因为不合礼法。这种礼法上的"尊卑有序，贵贱有别"，也贯彻在文学创作中。

纪念王朝云，由于她的身份，苏轼并不需要礼法上的自我克制。从现代人的角度来看，这种妻妾之间的身份鸿沟，显然是不公正的。但从文学的角度来看，这反而让她在苏轼的笔下，展现出了比两位王夫人更鲜活生动的形象——既富于女性美，又具有妻子的坚贞和才女的灵性。她像梅花一样艳姿傲骨，也像梅花一样随风飘坠……

西江月

玉骨那愁瘴雾，冰姿自有仙风。海仙时遣探芳丛，倒挂绿毛幺凤。

素面翻嫌粉涴，洗妆不褪唇红。高情已逐晓云空，不与梨花同梦。

岭南春早，早到四季不分。腊月里，梅花已经开满了山坡。苏轼刚到惠州的时候，惊喜于此景，写下了很多咏梅的诗文。其中有一首是这样的：

罗浮山下梅花村，玉雪为骨冰为魂。
纷纷初疑月挂树，耿耿独与参横昏。
先生索居江海上，悄如病鹤栖荒园。
天香国艳肯相顾，知我酒熟诗清温。
蓬莱宫中花鸟使，绿衣倒挂扶桑暾。

抱丛窥我方醉卧，故遣啄木先敲门。

麻姑过君急洒扫，鸟能歌舞花能言。

酒醒人散山寂寂，惟有落蕊粘空樽。

（岭南珍禽有倒挂子，绿毛红啄，如鹦鹉而小，自海
东来，非尘埃间物也。）[1]

　　"绿毛么凤"，是岭南特有的一种小鸟，绿毛红嘴，长得像
鹦鹉，而体形更小一点儿，它们喜欢倒挂着栖息在树枝上。梅花
怒放，这些小鸟飞在花丛中，是艳丽又奇幻的景致。梅花解语，
温柔地陪伴着病中的衰翁；小鸟欢唱，像是从海外仙山飞来的精
灵，在窥探人间烟火。王朝云在苏轼暮年生命中的存在，就如这
岭外的一株梅花，不仅在生活中相伴，在精神上也互相呼应。当
朝云离去，苏轼相信，她卓尔不凡的灵魂已经回到仙界，而依旧
在梅花树上欢唱的小小凤鸟，似乎正为她传递世外的消息。

和解：程之才之来

　　王朝云的离去，标志着苏轼爱情生活的终结。在惠州，另一
个发生在苏轼情感世界里的重大事件，是程之才的到来。

　　程之才，字正辅，是苏轼的表兄、苏轼姐姐苏八娘的丈夫。
当年，八娘在程家不得公婆和夫婿的欢心，受尽情感虐待，郁愤
而死。苏程两家因此绝交，苏洵至死对程家痛恨不已。程夫人去
世之时，程家也不曾上门吊唁。苏、程两家关系的松动，是在

---

[1]　苏轼：《东坡全集》卷二二《再用前韵》，收入《景印文渊阁四库全书》第
1107册，台湾商务印书馆，1986，第332—333页。

三十四年后的元祐元年（1086年）。时在京城的苏轼，为外放楚州的六表弟程之元送行，其临别赠诗有云："我时与子皆儿童，狂走从人觅梨栗。健如黄犊不可恃，隙过白驹那暇惜。"[1]

小时候，两家的孩子天天玩在一起，哪儿有热闹就往哪儿钻，在人堆里抢果子吃，浑身使不完的劲儿，好像一群小牛犊子。那样无嫌无猜的童年啊！童年回忆里的小伙伴，现在都人到中年了。不久，苏轼又有一首《送程七表弟知泗州》的诗作。七表弟名叫程之邵，在"绝交事件"发生的时候，年纪就更小了。大人之间的恩怨，懵懂孩童能知道多少？苏轼与程六、程七恢复交往，也是人情的必然。不过，恩怨的中心人物——程家老二程之才，这时候，还没有回到两家的日常交往里。

绍圣元年（1094年）十月，苏轼到达惠州。几乎是前后脚儿，程之才也得到了广南东路提点刑狱的任命。宋朝的地方行政大致分为路、州（府、军、监）、县三级。路级机构，设有直属中央的"四监司"，分别是转运司、提点刑狱司、安抚司、提举常平司。四司分工合作，管理一路的事务。提点刑狱司主要掌管司法，兼具治安、军事、财政、监察及部分行政职能，权力相当大。程之才成了广南东路提点刑狱，苏轼正好就落在他的管辖范围内。这个巧合，让人们怀疑，新党是想要借两家的世仇迫害苏轼，置苏轼于死地。

这个猜测，不能说没有道理。不过呢，也只能说是一种猜测。大宋提刑官，哪个不精似鬼？程之才好歹是能做到一路提刑的人，如此明晃晃地被人当刀子用，他未必就乐意。上头呢，也

---

[1] 苏轼：《东坡全集》卷一六《送表弟程六知楚州》，收入《景印文渊阁四库全书》第1107册，台湾商务印书馆，1986，第244页上栏。

未必就这么幼稚——苏轼是落了难，但他何等声望，宰相都不好在法度之外对他下手，凭什么一个过路的提刑，要跳出来担这个千古骂名？论两家的旧怨，也没有严重到你死我活的地步。当年八娘之死，苏洵口口声声控诉的是八娘的公婆，并不是女婿程之才。程之才的过错主要在于对八娘冷漠，未在父母面前保护她。在父为子纲、夫为妻纲的礼教环境里，这也算不上大的罪过。

反正吧，程之才不仅没上这个套，还主动地向苏轼伸出了橄榄枝。

绍圣二年（1095年）正月，程之才到了广州，他托在广州公干的程乡县令侯晋叔向苏轼递了一个口信，表达了慰问之情，以及重修旧好的心愿。前几年，苏轼政坛得意的时候，程之才并没有趋奉他。如今，苏轼落了难，程之才却主动示好，这说明程之才的人品还是可以的。

苏轼回信说："近闻使斾少留番禺，方欲上问。侯长官来，伏承传诲，意旨甚厚，感怍深矣。比日履兹新春，起居佳胜，知车骑不久东按，倘获一见，慰幸可量。未间，伏冀以时自重。"[1]信写得比较客气、慎重，符合他现在的身份，也给对方递了个小梯子。程之才迅速地回了信，表达了对往事的愧疚，并说，一定要当面来看望苏轼。

苏轼回信道："窜逐海上，诸况可知。闻老兄来，颇有佳思，昔人以三十年为一世，今吾老兄弟不相从四十二年矣。念此令人凄断。不知兄果能为弟一来否？"[2]

---

[1] 苏轼：《东坡全集》卷八四《与程正辅提刑二十四首》，收入《景印文渊阁四库全书》第1108册，台湾商务印书馆，1986，第350页上栏。
[2] 苏轼：《东坡全集》卷八四《与程正辅提刑二十四首》，收入《景印文渊阁四库全书》第1108册，台湾商务印书馆，1986，第350页上栏。

　　四十二年了，故人在泉下化作白骨，多少青春换了雪满头，多少游子再也回不到家乡。纸上诉来终觉浅，四十二年的心结，无论如何，总需要当面一见，才能真正地解开。在程之才这一方，他走出这一步，只怕是心中早有思量。在苏轼这一方，"吾眼前见天下无一个不好人"——他从来就是一个心地宽厚的人。更何况，苏、程两家的恩怨，交缠着割不断的血脉亲情。

　　苏轼后来在《书外曾祖程公逸事》这篇应程之才所求而作的文章中，说道：

　　　　轼在惠州，读陶潜所作外祖《孟嘉传》，云："凯风寒泉之思，实钟厥心。"意凄然悲之。乃记公之逸事以遗程氏，庶几渊明之心也。

　　《诗经·邶风·凯风》有云："凯风自南，吹彼棘薪。母氏圣善，我无令人。爱有寒泉，在浚之下。有子七人，母氏劳苦。""凯风寒泉之思"，指的是子女感怀母亲的心情。苏轼这是从程之才的到来，想到了自己的母亲程夫人。

　　程夫人在娘家时，也是被父母疼爱的娇女。因为女儿的死，因为丈夫的怨恨，她断绝了和娘家的往来。父母之恩、夫妻之义、爱女之情，把她温柔的心撕成了碎片。她未能等到孩子们的回报与反哺，便郁郁而终了。苏轼爱母亲，思念母亲，他对母亲这一脉的血亲，也有着发自天然的亲近。

　　还有故乡与童年的呼唤。人到老年多健忘，对现实中的人与事，总是转头就忘掉。久远的童年，却在记忆里一日一日地纤毫毕现。年轻时所不可能知道的事情是：一个人到了生命的暮年，他会不自觉地追寻来时的路。他的记忆与情感，像回旋镖一样，呼啸而出，飘摇而回，渴望着最初的起点……

亲旧凋零，拥有共同的岁月记忆的人，在这世上还剩下几个？程之才的到来，对晚年的苏轼来说，就是一根联结着今日与往昔的纽带。纽带的这一头，是白发衰翁；纽带的那一头，是四十二年前的眉山小城，是位于纱縠行街的旧家，是无忧无虑的童年岁月……

三月六日，程之才带着他最小的儿子，带着各色礼品，其中有一坛苏轼最爱吃的蜂蜜，赶到了惠州。由苏过接到，入城来看苏轼。别时少年郎，再见白发苍苍。程之才不顾公务牵绊，与苏轼携手同游，走遍了惠州周边的景点。两人朝夕相聚，只恨时间过得太快。如此十天之后，程之才告辞。苏轼依依不舍地送出去了几十里路。

上一代的恩怨，就此了结。一直到两年之后，程之才被调走，老兄弟之间仍书信不断。苏轼几乎事无巨细，包括自己的痔疮总也好不了这种事，都会向表兄汇报一下。亲眼所见的惠州民生、百姓疾苦，他也不避嫌疑，告诉程之才，并提出自己的建议。程之才在广南东路出巡，一路上他给苏轼寄了各种生活物资、药材，以及特产美食：如柑子、酥梨、猫笋、五味煎、榴枣……看到了都打包一份，快递给馋嘴表弟，并再三叮嘱：千万不要一次吃太多！

超越：对话陶渊明

在惠州，苏轼知老之将至，进入了为人生做总结的阶段。关于生死，关于爱情，关于亲情，关于事功，关于生而为人的本质和人的价值……一切，都该对自己有个交代了。

由此，发生的第三个重大事件，就是与陶渊明的对话。

陶渊明是江西人，他隐居的地方就在庐山脚下。当时有高僧慧远，在庐山建东林寺，结白莲社，弘扬佛法，是为佛教净宗的开山始祖。慧远与陶渊明相交莫逆，思想上却有着根本性的分歧。慧远相信，此生的苦修可以让灵魂往生到佛国净土。陶渊明则并不认为人有着不灭的灵魂。针对慧远的"神不灭"理论，他写了《形影神三首》诗歌，表达了他自然、豁达的生死观。

形影神三首

贵贱贤愚，莫不营营以惜生，斯甚惑焉！故极陈形影之苦，言神辨自然以释之。好事君子，共取其心焉。

形赠影

天地长不没，山川无改时。

草木得常理，霜露荣悴之。

谓人最灵智，独复不如兹。

适见在世中，奄去靡归期。

奚觉无一人，亲识岂相思？

但余平生物，举目情凄洏。

我无腾化术，必尔不复疑。

愿君取吾言，得酒莫苟辞。

影答形

存生不可言，卫生每苦拙。

诚愿游昆华，邈然兹道绝。

与子相遇来，未尝异悲悦。

憩荫若暂乖，止日终不别。

此同既难常，黯尔俱时灭。

身没名亦尽，念之五情热。

立善有遗爱，胡为不自竭？

酒云能消忧，方此讵不劣？

神释

大钧无私力，万理自森著。

人为三才中，岂不以我故？

与君虽异物，生而相依附。

结托既喜同，安得不相语？

三皇大圣人，今复在何处？

彭祖爱永年，欲留不得住。

老少同一死，贤愚无复数。

日醉或能忘，将非促龄具？

立善常所欣，谁当为汝誉？

甚念伤吾生，正宜委运去。

纵浪大化中，不喜亦不惧。

应尽便须尽，无复独多虑。

　　"形"是肉体，"神"是灵魂，那么"影"呢？树的影，人的名，它是人们追求的不朽功业和万世流传的道德名声。佛教认为"灵魂"不灭。儒家鼓吹"名教"，追求"立德、立功、立言"的"三不朽"。陶渊明对它们都不认可。陶渊明认为，人死之后，形神俱灭，什么来世、彼岸，没有的事。来世既不可期，身后之名，也不足以为倚，我们短暂的此生，就是我们所拥有的唯一。

如此一来，人生更难过了好嘛！人活着，大抵是需要精神寄托的。没有了对来世的期待，没有了功业的激励，失去了宗教和名教的护持，你就成了天地之间独立无倚的一个人，这是何等的仓皇！你将同时面对现实政治的黑暗、生的苦痛、死的虚无……

陶渊明给出的答案是：一个人自我"存在"的本身，就是他存在的意义，就是他存在的价值。在这无常的世间，感受着，体验着，让生命的每一个微小瞬间都活得有分量，有光彩，活出属于人的"天真"本性。到了生命该结束的时候，就坦然地让它结束，纵浪大化，托体山阿，回归自然。

这并不是及时行乐，更不是"我死之后哪管洪水滔天"的利己。我们知道，陶渊明出身名门，也曾有理想，有抱负。理想破灭之后，面对整个社会的黑暗面，他的选择是"不为五斗米折腰"，一度差点儿饿死，但他宁肯在路上乞讨，也不接受权贵的施舍。他不同流合污，不和光同尘，也没有自暴自弃，像很多魏晋名士那样以酗酒佯狂来麻醉自己。他回到了实际上并不那么浪漫美好的田园生活，从每一个艰辛平凡的日子里，寻找心灵的平静。

"采菊东篱下，悠然见南山"，这"悠然"的背后，是一种非暴力不合作式的反抗，也是一种向无意义中开拓意义的勇猛。所以陶渊明真正了不起的地方，就在于他的"冲淡平和"，这是由极强的精神力支撑起来的。无论是在现实的政治层面，还是在生死事大的哲学层面，他都是一个能从深渊的注视里把自我独立出来的人——

一个人独立在人世间，率性、淳朴、真诚、孤独，而又勇猛……这样的陶渊明，才足以成为士大夫们的心灵偶像。从宋朝开始，陶渊明在士大夫阶层获得了热烈而普遍的推崇，人们从他的诗歌中汲取精神力量。苏轼的好友黄庭坚是个很倔的人，年轻时火气就大，老了也是一块老生姜。老生姜爱上了陶诗，说："血气方刚时，读此诗如嚼枯木。及绵历世事，如决定无所用智。每观此篇，如渴饮水，如欲寐得啜茗，如饥啖汤饼。"[1]

清凉似干渴时的一杯水，熨帖似饥饿时的一碗面，提神如瞌睡时的一盏茶。陶渊明的诗，就有这样补益元气的好。又过了很多年以后，一身文韬武略的辛弃疾，怀着一腔报国的壮志，却被朝廷弃置在乡间。慢慢地，他也把陶渊明当成了人生导师："老来曾识渊明，梦中一见参差是……须信此翁未死，到如今、凛然生气。"[2]这位铁血男儿看重的，是陶渊明身上深藏的不屈英雄气。

苏轼呢，他对陶渊明，也是一段从无感到接受，再到心悦诚服的心路历程。最开始，是在"乌台诗案"之后，闲居黄州的时期，他对陶渊明安贫乐道的人生态度有了共鸣。然后是元祐时期，屡受攻击，频频外放，"君子"间的朝堂争斗，也令人深感失望和厌倦。他也像陶渊明一样，心中时时涌起"归去来兮，田园将芜胡不归"的渴望。真正对陶渊明进行全面而深入的研读，是到了惠州之后。

绍圣二年（1095年）三月四日，苏轼到惠州旁边的白水山游玩。此处位于罗浮山的东麓，景色秀丽深幽，有温泉、瀑布、深

[1] 黄庭坚：《山谷集·山谷外集》卷九《书渊明诗后寄王吉老》，收入《景印文渊阁四库全书》第1113册，台湾商务印书馆，1986，第445页。
[2] 辛弃疾：《水龙吟》，载唐圭璋编纂《全宋词》，王仲闻参订，孔凡礼补辑，1999，第2491页。

潭，还有传说是巨人留在山石上的足迹。苏轼跳到温泉里洗澡，又在瀑布下面洗头发，又去正在挂果的荔枝林边探看，和看林子的老头儿约好了来喝酒的日子。就这么开开心心地玩了一天，唱着歌往家走，走到家里，小儿子苏过正在读书，读的正是陶渊明的《归田园居》诗六首。于是乘兴一一唱和，并立下了要把陶诗尽数和遍的心愿。

唱和陶渊明，是文学的致敬，更是心灵的交流。苏轼是以唱和陶渊明，来对自己这一生的经行之路、秉持之志做个总结。他说：

> 古之诗人有拟古之作矣，未有追和古人者也。追和古人，则始于东坡。吾于诗人，无所甚好，独好渊明之诗。渊明作诗不多，然其诗质而实绮，癯而实腴。自曹、刘、鲍、谢、李、杜诸人皆莫及也。吾前后和其诗凡百数十篇，至其得意，自谓不甚愧渊明。今将集而并录之，以遗后之君子。子为我志之。然吾于渊明，岂独好其诗也哉？如其为人，实有感焉。渊明临终，疏告俨等："吾少而穷苦，每以家贫，东西游走。性刚才拙，与物多忤，自量为己必贻俗患，黾勉辞世，使汝等幼而饥寒。"渊明此语，盖实录也。吾今真有此病而不蚤自知，半生出仕，以犯世患，此所以深服渊明，欲以晚节师范其万一也。[1]

[1] 苏辙：《栾城后集》卷二一《子瞻和陶渊明诗集引》，收入《景印文渊阁四库全书》第1112册，台湾商务印书馆，1986，第754页下栏。

他把陶渊明的诗歌成就放到了旷古第一人的高度，又说，自己爱的，不仅是陶渊明的诗歌，更是陶渊明的为人。陶渊明临终之前说："我一辈子性格刚强，才能笨拙，违逆世俗，为世俗不容，招来祸患，连累得孩子们也饥寒交迫。"是的，直如弦，死道边；曲如钩，反封侯。在黑暗腐败的政治社会环境下，一个人只要坚持正义和良知，他的日子就很难过得好。

苏轼佩服的是，陶渊明知道如此，仍然毫不犹豫地选择了这条与世相违的路，并且在这条路上走得从容不迫，如此返璞归真，又如此生机盎然。而自己呢？"我不如陶生，世事缠绵之。"[1]浮沉一生，到了现在，才有了点儿觉悟。所以苏轼觉得，陶渊明太厉害了，不愧是万世师表！

苏轼到现在才有觉悟，不是因为他比陶渊明的悟性差，而是因为 —— 宋代士大夫的政治生存环境，比起陶渊明那个时代的环境，实在是优越得太多了。没有了门阀的限制，没有了高压与杀戮，大家的脸上都有了奋发的神气。苏轼呢，以其年少高才，一鸣惊人，被时代寄予了厚望。即便跌入低谷，那也只是暂时蛰伏。他不会和现实决裂，也完全没有必要去和现实决裂。

所以苏轼和陶渊明最大的区别，就是他的事功之心。他要做事情。在写给表兄文与可的祭文中，苏轼说："念有生之归尽，虽百年其必至。惟有文为不朽，与有子为不死。"[2] —— 即使才华未能为世所用，也应该以文章传世，成就个人的不朽。文章者，

---

[1]　苏轼：《东坡全集》卷三一《和饮酒二十首》，收入《景印文渊阁四库全书》第1107册，台湾商务印书馆，1986，第449页上栏。
[2]　苏轼：《东坡全集》卷九〇《祭文与可文》，收入《景印文渊阁四库全书》第1108册，台湾商务印书馆，1986，第462页上栏。

千古事也，儒家讲究"文以载道"，真正的"文章"，是要铁肩担道义的。进入不朽的，不是文字，而是这个"道义"，是写作者勇于承担道义的精神。如果只是做一个风花雪月的空头文学家，那又何足为道呢？

做空头文学家，写风花雪月的文字，很安全。但苏轼不屑于这样的安全。他一生的名望来自他的文章，他一生的灾祸也来自他的文章。苏轼也曾经很迷惑：明明是读书人的盛世，为何事情会发展到这个地步？所以他读老庄，他学佛法，他一点点地调适着心态，调整自我与外物的关系。

我们也知道，苏轼的学术思想是以儒家为基底、佛道并举的一个综合体系。现在呢，对于陶渊明的追随，也是这样。他并不是全盘接受，而是通过对陶渊明的理解、继承与再阐述，来完善自己的哲学体系，表达自己对政治、社会、文学、生死、物我关系、际遇得失的看法。我们读一下他唱和陶渊明《形影神三首》的作品：

和陶《形赠影》

天地有常运，日月无闲时。

孰居无事中，作止推行之。

细察我与汝，相因以成兹。

忽然乘物化，岂与生灭期。

梦时我方寂，偃然无所思。

胡为有哀乐，辄复随涟洏。

我舞汝凌乱，相应不少疑。

还将醉时语，答我梦中辞。

和陶《影答形》

丹青写君容，常恐画师拙。

我依月灯出，相肖两奇绝。

妍媸本在君，我岂相媚悦。

君如火上烟，火尽君乃别。

我如镜中像，镜坏我不灭。

虽云附阴晴，了不受寒热。

无心但因物，万变岂有竭。

醉醒皆梦耳，未用议优劣。

和陶《神释》

二子本无我，其初因物著。

岂惟老变衰？念念不如故。

知君非金石，安得长托附。

莫从老君言，亦莫用佛语。

仙山与佛国，终恐无是处。

甚欲随陶翁，移家酒中住。

醉醒要有尽，未易逃诸数。

平生逐儿戏，处处余作具。

所至人聚观，指目生毁誉。

如今一弄火，好恶都焚去。

既无负载劳，又无寇攘惧。

仲尼晚乃觉，天下何思虑。

对于形、影、神三者之间的关系，苏轼的理解，显然和陶渊明不太一样。苏轼认为，形与影，是相辅相成的，并没有主次之分。至于灵魂是否不灭，灵魂将去向哪里，不可知。来世和彼岸，未必存在；醉乡安稳，也终有一醒。我不要考虑太多，毁誉不问，好恶两空，我只管做我今生的修行。这就有点儿"但行好事，莫问前程"的意思了。

苏轼在这里，引入了禅宗的概念和方法，于有限的篇幅中，展开与自我的反复辩难，反诘，打破，否定，再否定……像螺丝拧紧又松开，最终达到明悟。这个方法，和陶渊明也不一样。陶渊明是以一种平静、孤独而强大的自我存在，对向而去，一步跨过世俗，跨过生死。而苏轼呢，苏轼一生的心灵关键词，是"超越"——他以天才和智性为双翼，不断地超越外物，超越自我，放下沉重的肉身，让灵魂一路向上飞，飞到高远明净的天空里。

天命：白鹤居落成

苏轼在惠州待了两年零七个月。

一开始，得到坏消息，苏轼也是慌的。毕竟是传说中九死一生的地方嘛。慌乱之下，他临时抱佛脚，找朋友讨要炼丹的方子，他跟朋友说："今后就要靠这个技术保命啦，老兄如果有现成的丹药，也请赐上几粒，待我吃了，就此上路去也——"

然后呢，一到惠州，他就被当地人热烈地欢迎兼围观了。原来，这岭外的百姓，一听到传说中的东坡先生要来，都想亲眼瞧上一瞧。一传十，十传百，男女老幼捧着酒，带着点心、水果，都跑来了，热闹得跟过节似的。

十月二日初到惠州

仿佛曾游岂梦中，欣然鸡犬识新丰。

吏民惊怪坐何事，父老相携迎此翁。

苏武岂知还漠北，管宁自欲老辽东。

岭南万户皆春色，会有幽人客寓公。

虽是初相识，却如故人来。眼前的山水、人民，都让他觉得熟稔，觉得亲热。而且这岭南地界，家家户户都酿酒，都有自家祖传的酿酒方子。对既爱喝酒又爱酿酒的苏轼来说，又是意外一喜，于是宣言：终老此地也未尝不可！

终老岭南，还真不是随便说说。这一次，新党上台，一点儿翻身机会都不想给旧党。宋哲宗呢，他对高太后和元祐群臣的怨气，也不是短时间就能消散的。

"人间何者非梦幻，南来万里真良图。"[1]岭外风景优美，人情不恶，食物虽然古怪，吃着也就习惯了，而且有那么多甜美的水果！以前在京城，想吃一颗新鲜荔枝有多难？现在天天蹲在树底下吃个饱，"日啖荔支三百颗，不妨长作岭南人"[2]！

缺憾自然也是有的。气候嘛，恶劣了点儿，一不留神就会生病。生病了缺医少药，人就容易死。物资也匮乏了点儿，一不小心，粮缸就见了底。

中原的朋友们都很替苏轼担心，苏轼倒反过来安慰人家，他对参寥子说：

> 某到贬所半年，凡百粗遣，更不能细说，大略只似

---

[1]　苏轼：《东坡全集》卷二三《四月十一日初食荔支》，收入《景印文渊阁四库全书》第1107册，台湾商务印书馆，1986，第338页上栏。

[2]　苏轼：《东坡全集》卷二三《食荔支二首（并引）》，收入《景印文渊阁四库全书》第1107册，台湾商务印书馆，1986，第344页下栏。不妨，一作：不辞。

> 灵隐天竺和尚退院后，却住一个小村院子，折足铛中，
> 罨糙米饭吃，便过一生也得。其余，瘴疠病人，北方何
> 尝不病，是病皆死得人，何必瘴气。但苦无医药。京师
> 国医手里死汉尤多。[1]

人在哪儿都会生病，又不是只有瘴气会死人。靠谱儿的医生本来就不多，京城那些名医的手底下，更不知枉送了多少条人命！

转眼，在惠州迎来了新年。苏轼感受着岭外分外温暖的春意，和所有人一样，欢欢喜喜，咂摸着季节流转的滋味：

> 海国空自暖，春山无限清。
> 冰溪结瘴雨，雪菌到江城。
> 更待轻雷发，先催冻笋生。
> 丰湖有藤菜，似可敌莼羹。[2]

惠州丰湖中出产一种藤菜，茎、叶都可以食用，入嘴柔滑，跟江南的莼菜口感颇为相似。古人云："见秋风起，乃思吴中菰菜、莼羹、鲈鱼脍。"[3]莼羹，就是文化人思念家乡的隐语。苏轼说，藤菜可以和莼羹媲美，这意思，就是把惠州认作家乡了。

---

[1] 苏轼：《东坡全集》卷八四《答参寥三首（惠州）》，收入《景印文渊阁四库全书》第1108册，台湾商务印书馆，1986，第347页上栏。

[2] 苏轼：《东坡全集》卷二三《新年五首》，收入《景印文渊阁四库全书》第1107册，台湾商务印书馆，1986，第343页下栏。

[3] 房玄龄等：《晋书》卷九二《张翰传》，中华书局，1974，第2384页。

荔子几时熟，花头今已繁。

探春先拣树，买夏欲论园。

居士常催客，参军许扣门。

明年更有味，怀抱带诸孙。[1]

荔枝开花了。苏轼早已瞅准花朵最繁盛的那一棵，只等着果子成熟。常州的家人正在打点行李，将要搬到惠州来了。很快，又能抱到我那可爱的小孙儿啦！明年的日子啊，必然会比今年更有滋有味！

写在新年里的这些诗句，平淡中有甘腴，朴素中焕发着天真，像老人娓娓而谈，又像孩子好奇而热情地张望世界……睿智的头脑和赤子的心怀，得到了和谐的统一。所谓"赤子"者，并不是不懂事的孩子，而是一个人始终保持着孩子一样的清澈、坦荡、开放的心灵，付出天真、自然、饱满的情感，对世界永存好奇，对人事无差别心，散发天然的善意。苏轼的赤子之心，结合他的阅历、学养与智性，形成了苏氏独有的一种洒脱自在的"顺天应命"。

在惠州，苏轼只待了两年零七个月，却发生了很多沉重的事情：生离，死别，重逢，经济的困窘，病痛的折磨……苏轼从来没有讳言这些。他现在的状态，大概就像他给好友王巩的信中所说的"鸡猪鱼蒜，遇着便吃；生老病死，符到奉行"[2]，欣然接受生命的馈赠，也坦然接受生命的磨难。

---

[1] 苏轼：《东坡全集》卷二三《新年五首》，收入《景印文渊阁四库全书》第1107册，台湾商务印书馆，1986，第344页上栏。

[2] 苏轼：《东坡全集》卷八一《答王定国三首》，收入《景印文渊阁四库全书》第1108册，台湾商务印书馆，1986，第311页上栏。

他向朋友借了一块土地，一半种菜，一半种药材。惠州缺医少药，他就自己种。他托朋友从外地买了很多常用的药材，又把平生见识过的各种药方子整理出来，给惠州的百姓无偿使用。他现在顶着一个"建昌军司马"的头衔，实际上呢，什么公务都不许他插手。朝廷要的，就是你闭门思过。一般来讲，到了这个地步，就要自觉一点儿，不乱说不乱动，免得给自己招来不测之祸。就拿苏辙举例吧，谪居期间，他把大门紧关着，一个人都不见。有人登门拜访，他直接躲起来，那叫一个谨慎！他哥苏轼呢，门户大开地在外面跑也就罢了，还挖空心思地管闲事。

惠州的前后两任太守和苏轼的关系都很好。前太守詹范在公务之余，总会提着满满一食盒的好酒好菜过来，给苏轼打牙祭。后太守方子容资助过苏轼建房子。苏轼去海南之后，留在惠州的家人，也是方子容照应。一些地方上的官员，对苏轼怀着景仰与同情，还有表兄程之才，苏轼就把很多事情托付给他们去做。

岭南这边，农业生产技术比中原落后。苏轼把自己从前见过的一种农具"秧马"（像小板凳一样的坐具，农民可以骑坐在上面插秧或割秧）绘制出图形，请工匠制造，在惠州一带推广开来。他到博罗县香积寺游玩，见这里河水湍急，就跟博罗知县商量，请他派人在河边安装了水碓，方便附近的百姓舂米、磨面。

惠州古称"鹅城"，城中有江水横穿而过。一条叫东江，一条叫西枝江。惠州因此被分为两江四岸。城中有一湖，名叫丰湖。民众往来江、湖之间，只能划船。遇到台风天或者上游发洪水，常有翻船事件。苏轼找了詹太守和程之才，筹划要造桥、修堤，方便民众交通。苏轼面面俱到，对设计、筹资、技术、人力统筹，乃至防范贪污、查漏补缺都做了详细规划。造桥需要钱，他带头把御赐的玉带捐出来，又到弟弟、弟妹那儿拉赞助。终于，双桥落成。一座东新桥，在两江交汇处；一座西新桥，横架丰湖。竣工之日，城里城外的百姓都来桥上踏新，人山人海，歌唱欢笑，家家户户杀鸡摆酒。"父老喜云集，箪壶无空携。三日饮不散，杀尽西村鸡。"[1]村子里的鸡，因为苏轼的到来，这一回遭了大难！

广南东路粮食大丰收，米价却大跌。官府收税，要钱不要粮，农民只好低价卖米，换了一点儿钱，再来缴税。米贱伤农，一来二去，倒比荒年还要难过。苏轼看在眼里，就给程之才写了一封长信。信中，他结合朝廷禁止官府低折米价的公文，提出调平米价、减轻农民赋税负担的建议。具体执行过程中，该如何约束官吏，如何根据各地实际情况微调……他都不厌其烦地交代，只为了"若蒙采用刍荛，一路生灵受赐也"。[2]

博罗县发生火灾，惠州的军营年久失修，官兵抢占民房……苏轼都要出主意。身为罪臣，如此不安分，到处管闲事，让朝廷晓得，又是一场倒霉。所以，每次出完主意，苏轼都要叮嘱对方："请您保密，千万别让外人知道是我干的！"担这么大的风险，连个名声都图不着，何苦来？如果一定要追问苏轼做这些事，到底能有什么个人的好处，也许……就是收获一个好心情吧！

"吾生本无待，俯仰了此世。"[3]人活在世上，头顶有星空，

---

[1] 苏轼：《东坡全集》卷二三《西新桥》，收入《景印文渊阁四库全书》第1107册，台湾商务印书馆，1986，第346页上栏。

[2] 苏轼：《苏轼文集》卷五四《与程正辅七十一首》，孔凡礼点校，中华书局，1986，第1611页。

[3] 苏轼：《东坡全集》卷二三《迁居（有引）》，收入《景印文渊阁四库全书》第1107册，台湾商务印书馆，1986，第345页上栏。

心中有道义。一个人能做到俯仰无愧，那谁也夺不走他内心的幸福与安宁。

苏轼刚到惠州的时候，太守詹范把他安排到合江楼住。此处本是三司行衙，即中央财政大员出巡时居住兼办公的地方，让苏轼住在这里，不合适。苏轼也不愿给人家添麻烦，住了十几天，他就搬去城里的嘉祐寺了。不久，表哥程之才利用职权，又把苏轼接回了合江楼。程之才离任之后，苏轼又搬回嘉祐寺。这时，他的家人也快要到达惠州了。人口一多，僧舍岂是久居之地？买房子就成了刚需，这就有了发生在惠州的第四个重大事件：白鹤居建成。

在东江边上，有一座山丘，名为白鹤峰。峰顶有一小块平地，苏轼的房子，就将建在这里。

到惠州这一年多，苏轼又是施药，又是收葬无主尸骨，造桥，修堤，存款早就花得差不多了。朝廷名义上给他这个"建州军司马"的俸禄，实际上一直拖着没发。造房子的花费不是小数目，苏轼变卖家产，凑了六七百贯钱，加上朋友的资助和乡邻的出工出力，总算把房子建起来了。

绍圣四年（1097年）二月十四日，房子完工，要上梁啦！按风俗，上梁前要敬拜神明，工匠要唱"上梁歌"，向梁上扔糖果、花生、馒头、铜钱……以祈求房屋的平安牢固。苏轼欢欢喜喜，亲自撰写了《上梁歌》：

> 儿郎伟，抛梁东，乔木参天梵释宫。
> 尽道先生春睡美，道人轻打五更钟。
> 儿郎伟，抛梁西，袅袅虹桥跨碧溪。
> 时有使君来问道，夜深灯火乱长堤。

儿郎伟，抛梁南，南江古木荫回潭。

共笑先生垂白发，舍南亲种两株柑。

儿郎伟，抛梁北，北江江水摇山麓。

先生亲筑钓鱼台，终朝弄水何曾足。

儿郎伟，抛梁上，璧月珠星临蕙帐。

明年更起望仙台，缥缈空山隘云仗。

儿郎伟，抛梁下，凿井疏畦散邻社。

千年枸杞夜长号，万丈丹梯谁羽化。

这些日子，苏轼带着苏过，山前山后，跑上跑下。"白鹤居"的一阶一柱、一草一木，何处临轩赏月，何处开窗见山，何处做丹房，何处做书斋，洗墨池放在哪儿，花圃又开在哪儿，花草和药材各自种上几畦，都经过他的亲手设计。当然，也不会忘了，要在阳光最好的位置，亲手种下两棵小橘子树。

在这白鹤峰上，紧邻着还有两户人家，一位林行婆，一位翟秀才。苏轼来来去去，跟人家就混熟了。林行婆家是做酿酒生意的。苏轼经常在她家打酒，就和她开玩笑，说哎呀手头又紧了，能不能赊个账？总是被无情地拒绝。"什么时候才肯赊账呢？""明年吧！粮食大丰收的时候！"说归说，苏轼终于还是在婆婆家赊成了账。他记挂着这份邻里情谊，到了海南之后，还托人给婆婆捎去名贵的香料。

苏迈、苏迨也带着妻儿长途跋涉抵达惠州。一家团圆，白鹤峰上欢声笑语。苏轼抱着孙儿，看木棉花开似火，荔枝挂果初熟，只觉人生至此，夫复何求。然而，坏消息又来了。朝廷里，掀起了针对元祐大臣的新一轮迫害：

吕大防、刘挚、梁焘、王岩叟、刘安世、范纯仁……打包大拍卖，集体流放岭南。一时间，南行路上，络绎不绝。围观的老百姓说，他们活了几十年，都没今年一年见到的大官人、大贵人多！已经病故了的，吕公著追贬海南昌化军，司马光追贬海南朱崖军，连王珪都被追贬海南万安军。

死的活的都不放过，这是新党为了巩固胜利成果，进行的一次"痛打落水狗"行动。以苏轼的政治立场和影响力，怎么可能逃得过这一劫？四月，诏书到达，苏轼贬海南昌化军，苏辙贬广东雷州。两兄弟正好做了个隔海苦相望。白鹤峰上的新家，苏轼总共只住了两个月，便不得不离开……

有一种流言，说苏轼这一次被贬，是因为他写的《上梁歌》传到了京城。宰相章惇读到"尽道先生春睡美，道人轻打五更钟"，十分不爽，说："苏子瞻他还如此快活？"又有人说，苏轼曾经写诗讥讽章惇是私生子，所以章惇伺机报复。这些戏剧化的传说，可信度都不高。苏轼的遭遇，其实是北宋"党争"激烈化的必然结果。

"有鸟有鸟丁令威，去家千年今始归。"仙人丁令威化身白鹤，回到久别的故乡。城郭人民皆已面目全非，孩子们还用弹弓追着它打。白鹤拍翅而起，绕城头三匝，飞走了。苏轼在白鹤峰上新房子里的短暂居留，也像这白鹤的来归一样，终究只是心愿与现实交汇时的一场甜美春睡。

绍圣四年（1097年）六月十一日，苏轼在雷州递角场与送行的苏辙告别，登上了渡海的小船。望着茫茫大海，他回头，对着口燥唇干突然沉默下来的弟弟，笑着说道："我这一回，可不是当真成了'道不行，乘桴浮于海'了吗？"

儋州：一蚁渡海，从鬼门关到桃花源

阳光、沙滩、海滨浴场、夜市海鲜大烧烤……今天的度假旅游胜地海南岛，在北宋时期，在内陆人的眼里，却是个有去无回的"鬼门关"。气候湿热，台风肆虐，到处都是雨林和荒野，生存资源匮乏。岛上居民大多数是土著"黎人"。黎人散布山林，不服王化，不交赋税，就算是归化了的"熟黎"，听说也很粗野，一句话不对付，就跟你拔刀相向。官府也拿他们没办法。

苏轼要去的地方是"昌化军"（宋时海南分为琼州、朱崖军、昌化军、万安军四个军州），又名"儋州"，位于海岛的西北边。按《儋州志》上的说法，这里"地极炎热，而海风甚寒，山中多雨多雾，林木荫翳，燥湿之气郁不能达，蒸而为云，停而在水，莫不有毒"。

这也太吓人了好嘛！苏轼被赶到这里，他怕不怕呢？肯定是怕的呀！你听他得到消息之后，满嘴里说的都是啥：

> 某垂老投荒，无复生还之望。昨与长子迈诀，已处置后事矣。今到海南，首当作棺，次便作墓。乃留手疏与诸子，死即葬于海外……生不挈家，死不扶柩，此亦东坡之家风也。[1]

跟家人已经诀别过，后事也安排好了。到了地方，先给自己打口棺材，再给自己找块墓地，我就准备死在这儿啦！还叫孩子

---

[1] 苏轼：《东坡全集》卷七七《与王敏仲八首》，收入《景印文渊阁四库全书》第1108册，台湾商务印书馆，1986，第239页上栏。

们不要来奔丧，说"死哪儿埋哪儿"就是咱们老苏家的家风。其实吧，就是怕孩子们来了，也折在这"鬼门关"上。在给朝廷的《到昌化军谢表》中，他更是一个人哭出了"哀鸿遍野"的效果，说："臣孤老无托，瘴疠交攻，子孙恸哭于江边，已为死别，魑魅逢迎于海上，宁许生还！"

到了过海的时候，已是花甲之年的一只旱鸭子，年轻时仙游潭上的独木桥都不敢走的苏轼，坐上小船，在巨浪大风里摇来摆去。身后的陆地，早已是强烈阳光下的一抹幻影，四望皆空虚无依，一个大浪拍过来，小船就像一只小小的蚂蚁，在海水里团团打转。

好容易上了岸，把老胳膊老腿归整到一块儿，苏轼喘息稍定，举目四顾，噫吁兮，大开眼界！原来这海南风物，和惠州又不太一样。时值雨季，无数见所未见、闻所未闻的热带植物肆意生长，绿液饱涨的藤蔓与枝叶之间，鲜花怒放。彩蝶纷飞，猿猴跳跃，毛羽艳丽的鸟儿在林地上空飞舞，发出武士决斗般的响亮叫声……

椰子树下，桄榔林中，是一个个用黄土、竹子、茅草、蕉叶筑成的船形小屋。屋前屋后，亦有鸡犬相呼。路上往来奔走的，很多都是身材矮小的女子，她们种地、砍柴、打水，被沉重的竹篓压弯了腰身，扬起脸时，露出脸颊上细密的青黑花纹，衬着绚丽的头巾，美得诡异而张扬。

岛上，亦有山有水。一样的青山绿水，然而山中多有洞窍，洞中多有钟乳石。一旦海上起风，青山震动起舞，像蛟龙翕张鳞甲，万谷呼啸应声，如笙箫钟鼓齐鸣。难道说，这是仙人在茫茫海天之上摆开了盛宴吗？

岛上遍布泉眼。但这天然的矿泉水并不是每处都能喝的，大多滋味古怪，甚至有毒。这似乎激发了苏轼的探索精神。上岸不久，走到琼州城外某个人迹罕至的地方，苏轼就发现了两个有趣的泉眼，相邻咫尺，冒出来的水却是一个甘甜，一个苦咸。苏轼喝了那甜水，只觉着比文人雅士热爱的"惠山泉"也不差，不由得心花怒放，见人就宣传。岛民们见这位"海外"来的大人物都说好，而且大人物喝完了也没有中毒的迹象，便也纷纷跑来打水了。

对海岛的恐惧，在苏轼心中很快就消散了。不过呢，现实问题还是存在的。首先是住的问题。父子俩一开始住在桄榔林中的破船屋。不久，昌化军军使张中上任。这位新任的地方官见到苏轼，如同见了活宝贝，不顾"流放官员不许住官舍"的禁令，把旧的驿站装修出来，请他父子来住。朝廷知道后，大怒，把父子俩赶了出去。最后，还是靠苏轼新收的几位学生、附近村民和张中他们有钱出钱，有力出力，在儋州城南，就在张中家隔壁，造了几间平房。虽然地势低洼，一下雨就积水，鼻涕虫满屋爬，但总算安居下来了。

其次是吃穿用度。岛上的生产方式，基本上还处在刀耕火种的状态，大家以打猎和采摘为生。肚子实在饿了，就挖芋头吃。这地方的气候与土质适合种芋头，并不需要管理，漫山遍野都是。这玩意儿当饭吃，中原人可受不了。然而中原人习惯的大米、白面、油、盐、酱、醋、茶叶、布匹、药材等，都要靠商船从内陆运过来。要是几个月没有船来，这日子可就难过了。苏轼家里一度断炊，父子俩只得闭门打坐，试图靠"辟谷"把饿劲儿给扛过去……曾经的胖子苏轼，硬是瘦出了鹤骨松姿，走路飘飘然，好像随时都能飞升。

这里日子的困窘，更甚于惠州，精神上也越发孤独。除了苏过陪在身边，其他家人都留在大海对岸。岛上能说话的人也少。以前的朋友要么相距千里，要么也在落难，要么已经被无情的岁月埋葬。例如，他的发小巢谷，听说苏氏兄弟被贬岭南，便日夜兼程从眉山赶来，不幸路上遇到强盗，又得了急病，竟死在了广东，没能与苏轼见上最后一面。日暮岁晚，故旧凋零，苏轼如今已经活过古人的平均寿命了，算余生，还能有几？无论多么达观，他也不能不深感时间的紧迫。

"寂寂东坡一病翁，白须萧散满霜风。小儿误喜朱颜在，一笑那知是酒红。"[1]一岛孤悬，一命如丝，这就是苏轼所面对的空间与时间的双重困局。如何破局？苏轼的答案，永远是行动起来！一个垂老的罪臣，在这要啥没啥的地方，又能怎么"行动"呢？

首先，他在自己家里开了一家书院。这家书院有教无类，幼儿园、成人班开在一块儿。他亲手编写课本，给附近的孩子启蒙。不仅儋州的书生，岛上连同岛外的青年学子都赶来听他讲课。"沧海何曾断地脉，白袍端合破天荒。"[2]他以一己之力打通了海岛的文脉。海南的第一个举人姜唐佐，第一个进士符确，都是他的学生。

海南人不重视农业，他就到处跟人推介农业耕作的好处，像这样的气候条件，如果大家都把水稻种上，能减少多少饥荒！他带着学生们打井，让儋州城里的人都喝上了清甜的地下水。

当地人迷信巫术，生病了，不吃药，而是杀一头牛祭祀神灵。花重金从岛外运了耕牛回来，就这么杀掉了，甚至一杀十几

[1]　苏轼：《东坡全集》卷二四《纵笔三首》，收入《景印文渊阁四库全书》第1107册，台湾商务印书馆，1986，第355页下栏。
[2]　苏轼：《苏诗补注》卷四八《赠姜唐佐》，查慎行补注，收入《景印文渊阁四库全书》第1111册，台湾商务印书馆，1986，第926页下栏。

头。牛死了，人也没活。苏轼看到了，就跟在人家屁股后面讲道理，把自己备的药方子、药材都送给人家。当地还有个风俗，妇女在外劳动，男人却在家里闲坐，苏轼又呼吁男人们承担起养家糊口的责任……

虽然听不太懂苏轼晓谕的这些道理，但当地人早已发现，这位据说犯了滔天之罪的汉人老官，是个挺好的人，和大部分的陆上来客都不一样。他跟他们之间，一点儿距离感都没有。他会穿他们的衣服，喝他们酿的酒，喝完还要讨个酿酒的方子。他们看到他把椰子壳做成帽子，顶在脑袋上，在大雨里手舞足蹈。见到路边的野果、野花、野草，他便拉着路人问话，能吃吗？不能吃？那能治啥病吗？缠着人家要听鬼故事，人家不会讲，他自己讲一个，把小孩儿全吓哭了。从深山里出来卖柴的老黎人，语言完全不通，苏轼跑过去，二人鸡同鸭讲了一会儿，不知怎么就投了缘，黎人老樵夫就把身上披的一匹吉贝布（黎族棉布）解下来，硬塞给了汉人老书生——"化外之民"表达感情，就是这么直接。知道老先生爱吃肉，附近的黎人都来投喂他。狩猎打到了小野猪，家里招待客人杀了鸡，祭灶神剩下了肥肉，打鱼捞到了好大的生蚝，都会拎一份过来，丢下就走。

他埋头写书：《易传》《书传》《论语说》，他要用所剩不多的时光完成。写书需要大量的墨锭，岛上买不到，他就琢磨着自己制墨，跟一个渡海而来的"二把刀"制墨匠合作，烟熏火燎地鼓捣，终于在一天夜里把房子给点着了……

他还一如既往地爱管闲事，爱替底层的老百姓打抱不平。海南岛是"鬼门关"，也是一个充满诱惑的"珍宝岛"，盛产沉香、珍珠、玉石、胡椒……便有官员为了进贡，对岛民大加勒索。苏轼愤怒地写诗，指名道姓地斥责他们。

海南不禁酒。苏轼光明正大地继续他的酿酒大业。半夜里，伏案书写得疲倦了，他拿着瓶子，一个人出门打水。千门已闭，户巷寂然，他一个人在月光里行走。月亮远远地跟在他身后，随他走，陪他停，像一只黏人又害羞的小白狗。

他还真的养了一只狗。这只狗，起了个名叫"乌嘴"，是本地的獒犬，凶猛灵巧。既能看家护院，又能待客迎门。最稀罕的是，这只小狗居然热爱游泳。苏轼有时候出门散步，人在桥上走，狗在河中游，黑色的狗嘴在水面上一浮一沉，过路的人看到都笑得不行。

苏轼上岛没有带书，岛上也少有书籍。隔壁黎子云家里，有本《柳宗元文集》，被苏轼借来翻得都要烂了。后来又找到一本《汉书》，他高兴得好像乞丐在路上捡到金元宝。有一位叫郑嘉会的朋友，打算用海船送一千多卷的书籍上岛，苏轼便昂然声称：我已经富可敌国了！

陶渊明的诗，他也在继续唱和着，时间被填得很满。元符元年（1098年）九月十二日，苏轼上岛已经一年有余了。这天，苏轼喝了一点儿自酿的小酒，微醺之中，信笔写下了一篇小文章。

试笔自书

吾始至南海，环视天水无际，凄然伤之，曰："何时得出此岛耶？"已而思之，天地在积水中，九州在大瀛海中，中国在少海中，有生孰不在岛者？覆盆水于地，芥浮于水，蚁附于芥，茫然不知所济。少焉，水涸。蚁即径去，见其类，出涕曰："几不复与子相见。"岂知俯仰之间，有方轨八达之路乎！念此可以一笑。

我们生活的世界就是一个海中的岛，被困在海南岛上，和众生被困在天地之间，又有什么本质上的不同呢？对一只小蚂蚁来说，一盆水倒在地上就成了大海，趴在一粒芥子上的它，茫茫然不知道何处是岸。它不知道水从何处来，又为何而干涸，更不知道这一摊水之外，有多少四通八达的道路。它只是被这无情的"天意"折服，出乎本能地哀叹或庆幸着。苏轼看到蚂蚁，想到自己，不禁为刚上岛时的忧忡而失笑。宇宙无限，在我们的认知之外，有着无限的可能性，何必画地为牢，伤心绝望呢？

即使是海角天涯，春天也一样会到来，带来欢乐与希望。元符二年（1099年）的春天来了。因为苏轼的积极鼓吹和推动，今年岛上有很多人都试着种植水稻。今年的春社活动，也就比往年热闹了。

减字木兰花·己卯儋耳春词

春牛春杖，无限春风来海上。便与春工，染得桃红似肉红。

春幡春胜，一阵春风吹酒醒。不似天涯，卷起杨花似雪花。

立春的这一天，要"鞭春牛"，用泥巴捏了老牛，让人扮成春神"句芒"，拿鞭子打这只泥牛，表示督促春耕。用彩纸剪出各种漂亮的图案和文字，这叫"春幡"和"春胜"，把它们挂在树上、门上，插戴在头上。清新中带着咸腥味的海风，把春天从海上一股脑儿地吹来啦！吹开了人们的笑脸，染红了一树一树的桃花。桃花人面相映，不分彼此。酒碗在人群中随手传来传去……苏轼又开心地喝醉了。海南春来早，立春之日，不仅桃花开了，杨花柳絮也满天飞起来了。若是在中原，这时节可能还会倒春寒，下一两场春雪呢！"未若柳絮因风起"，雪花与杨花，谁能分得清楚？海角天涯和中原胜地，又能有多大区别？在这个春天到来的时候，苏轼已经全身心地融入了海岛生活。

被酒独行，遍至子云、威、徽、先觉四黎之舍三首

春日，尝独行遍至黎子云、黎威、黎徽、黎先觉之舍，遇符林，黎家儿童口吹葱叶迎送；又尝负大瓢行歌田间，与老妪共语：有诗。

半醒半醉问诸黎，竹刺藤梢步步迷。
但寻牛矢觅归路，家在牛栏西复西。

总角黎家三小童，口吹葱叶送迎翁。
莫作天涯万里意，溪边自有舞雩风。

符老风情奈老何，朱颜减尽鬓丝多。
投梭每因东邻女，换扇惟逢春梦婆。

这三首诗，潇洒天然，又满溢日常生活的情趣。它们就像是某一天随手记下的日记，让我们可以看到，在一个普通的春日里，苏轼在喝了一点儿小酒之后，他都干了些啥。

他先跑去找邻居聊天儿。黎人本来没姓，官府要给他们做户籍登记，他们就随便捏造一个姓，所以在岛上，姓"黎"的人家非常多。跟苏轼住得近的，一共有四家黎人，被他转眼之间跑了个遍。大人都不在家，只有几个小屁孩儿，拿葱叶在嘴里吹着哨子，迎送这位老先生。苏轼又往回走，酒意未散，有点儿迷瞪。

我们知道，苏轼有个喜欢在野外乱跑的毛病，但凡没走过的路，都要去探一探；凡是好看的景致，都要去瞅一瞅……所以呢，他就跑迷路了。好在乡间也不大，跟着地上一坨坨的牛粪，慢慢地往回找就行了。因为，我的家啊，就在那个牛栏的西边再往西边一点儿！

"家在牛栏西复西"，这一句特别地平淡、家常。然而，由一生被赶着跑了那么多路，像飞鸿一般流落四方的苏轼说出来，就让人感到了极大的震动。路上，苏轼又碰到了两位老人家。一位叫符林，是个快活的老秀才，还有点儿"老不正经"。一张乌黑的脸，一头花白的头发，还要跟隔壁的少妇风言风语，被人家骂得狗血淋头，就是不知悔改。苏轼见到他，忍不住就要笑话他。又碰到一位老婆婆，也是个熟人。老婆婆见苏轼背着酒葫芦，在田埂上高一脚低一脚地走，放声高歌，绝无一点儿传说中"贵人"的样子，便对他说："学士你昔日的富贵，就是一场春梦啊！"苏轼大笑，从此，就叫她"春梦婆"了。

黄发垂髫，并怡然自乐。如果陶渊明笔下的桃花源真的存在，桃花源中人的生活，大概也就是这个样子吧！谁能想到呢，号称"鬼门关"的海南岛，向苏轼展现了最温暖可亲的一面。

只可惜，小岛也并不是真的与世隔绝，湖海风波恶，终究会波及岛上。昌化军军使张中——这位苏轼的崇拜者和庇护者，因为给苏轼大开方便之门，被朝廷贬为雷州监司。张中本是学武之人，因为为人耿直，在官场上饱受排挤，才被送到这个"鬼门关"就业，倒成就了他和苏轼的一段生死交情。他跟苏轼本来就住隔壁，有空儿就过来聊天、喝酒、下棋。他跟苏过下棋下到深夜，还要跑去跟苏轼睡一个房间，要联床夜话。现在又因为苏轼而受到惩处。四月份下的调令，张中硬是拖到了十二月，跟苏轼告别了一次又一次，就是不肯动身上路。眼看就要算抗旨了。苏轼又是拿佛法安慰他，又是拿建功立业激励他，说得嘴干，张中只是强颜欢笑，在苏家呆呆地坐了一夜，早上终于走了。后来，张中病逝在了雷州。这一夜，果真成了他们的最后一夜。

张中不肯走，一是舍不得，二是不放心。以苏轼的高龄，这岛上的环境确实太恶劣了。苏轼上岛三年，中间病了好几次，总算有惊无险地过来了。然而从广州到京师，早已经到处都谣传说苏轼死了，说得有鼻子有眼儿的，什么有人亲眼看到，青天白日的，苏轼整个人就不见了，只剩下衣服和帽子堆在地上。还有人说，不对，是苏轼自己驾着一叶小舟，漂到海上，慢慢地漂没了……

这些叫当事人哭笑不得的谣传，除了源于对当世第一才人的热烈关注，以及多方博弈的政治愿景，也暗含着内陆人对海南的想象。海南岛，它是"鬼门关"，是"珍宝岛"，也是一个神话之岛。岛上有的是奇花异草、珍禽异兽、瑰奇风景、迥异民俗，还有和汉人文明大相径庭的神话传说。"方壶蓬莱此别宫"，这是离传说中仙界"海外三山"最近的地方。那么，"谪仙人"苏轼，在这里弃浊世而去，也不妨说是得其所哉？

岛现实存在着，岛也是一个隐喻。大海以小岛困住了人的肉身。小岛，又通过大海，向洪荒宇宙伸展出无穷想象的触角。对已经成为"传说"的苏轼本人来说，海岛生活也拓展了他对世界的认知。

海南人信奉黎母娘娘。这位女神，相传是黎人的始祖，她化身为黎母山，世世代代看护着自己的子孙。宋代的时候，黎母山是海南第一高峰，山顶长年云雾缭绕，连擅长攀爬的"生黎"也无法到达。据南宋周去非关于岭南风土人情的地理学著作《岭外代答》记载："（黎母山）秋晴清澄，或见尖翠浮空，下积鸿蒙。其上之人，寿考逸乐，不接人世。人欲穷其高，往往迷不知津，而虎豹守险，无路可攀，但见水泉甘美耳。此岂蜀之菊花潭、老人村之类耶？"景色奇绝，山民也都长寿。苏轼来到岛上，发现了很多百岁老人，这让他惊叹不已。远眺黎母峰，他写下了这样的诗句：

> 少年好远游，荡志临八荒。
> 九夷为藩篱，四海环我堂。
> 卢生与若士，何足期渺茫。
> 稍喜海南州，自古无战场。
> 奇峰望黎母，何异嵩与邙。
> 飞泉泻万仞，舞鹤双低昂。
> 分流未入海，膏泽弥此方。
> 芋魁倘可饱，无肉亦奚伤。[1]

周游四方，观览六合，打小儿胸中就怀着"远游"之志的苏轼，这一次海角天涯的远游，让他大开眼界。九夷为藩篱，四海为墙壁，这南海之上的小岛，美妙似仙境，又自有一番人间烟火的安稳。

儋州往西的海边，有一座山峰，像一个衣冠整齐的巨人坐在那里。这座山的山神，号为"峻灵王"。当地人都说，山神他老人家是在为天帝守护宝物。如果有人进山寻宝，就会连人带船被

---

[1] 苏轼：《东坡全集》卷三二《和拟古九首》，收入《景印文渊阁四库全书》第1107册，台湾商务印书馆，1986，第455页下栏。

巨浪拍翻。山崖边生长着很多荔枝、黄柑，人们都到树下摘果子吃，但要是想带走，就会被风暴阻拦。苏轼离开海南的时候，就为"峻灵王"的神庙撰写了碑文，感谢他这些年庇佑自己的平安。甚至，就连嘲讽政敌，他也就地取材，把南海龙宫里一只拍马屁、进谗言的老乌龟，比作了当今的宰相……

"万象起灭，众怪耀眩"[1]，苏轼感受着天地之间的神奇与伟力，而这一切，最终又被他纳入怀抱，滋养着他的灵魂。在终于可以离岛的时候，苏轼说道：

> 参横斗转欲三更，苦雨终风也解晴。
> 云散月明谁点缀？天容海色本澄清。
> 空余鲁叟乘桴意，粗识轩辕奏乐声。
> 九死南荒吾不恨，兹游奇绝冠平生。[2]

《庄子·天运》载，黄帝轩辕在洞庭湖奏乐，其声令人"始闻之惧，复闻之怠，卒闻之而惑，荡荡默默，乃不自得"。黄帝的乐章，让人先感到惶惶不安，以为大祸临头。然后又用舒缓的调子消除恐惧，让你放轻松。最后，乐章在听众的迷惑不解中结束。为什么要这样呢？因为迷惑，让人知道自己的无知无识；而无知无识的心态，才能够接近"大道"，由此达到人与"大道"的相通。苏轼认为，这正是海南"奇绝"之旅带给他的九死而无恨的收获。

---

[1]　苏轼：《东坡全集》卷三三《飓风赋》，收入《景印文渊阁四库全书》第1107册，台湾商务印书馆，1986，第475页上栏。
[2]　苏轼：《东坡全集》卷二五《六月二十日夜渡海》，收入《景印文渊阁四库全书》第1107册，台湾商务印书馆，1986，第360页上栏。

元符三年（1100年）正月十一日，年轻的宋哲宗驾崩。因为无子，由他的异母弟赵佶继位，是为宋徽宗。新帝登基，普天同庆，元祐群臣都受赦免。苏轼也接到了内迁的命令，朝廷叫他移居广州廉州。当年五月份，苏轼动身北归。同行者，有儿子苏过、九十多岁的老道吴复古（对，他又来了）、小狗乌嘴。临行之前，他向邻居们一一告别。三年来，吃了大家不少的酒、肉、菜，有时候一大清早就敲人家门，讨几棵园子里的青菜。这个情分，是要好好感谢的。当然，钱还是没有。人家也不要他的钱，只要他的诗，就算折合菜钱了。诗云："我本海南民，寄生西蜀州，忽然跨海去，譬如事远游。平生生死梦，三者无劣优，知君不再见，欲去且少留。"[1]这时候的苏轼，早已没有"我归何处"的迷惑，只将海南当成了自己的来处，而故乡西蜀眉州，只是他的肉身曾经寄居过的地方。

父老乡亲提着酒菜来送行，一送就送到了大海边。老人家纷纷抓着苏轼的手，流下了不舍的眼泪，都说："你走了，可什么时候才能回来啊？"这叫人怎么回答！作为"鬼门关"的居民，你们能有点儿自知之明吗？然而苏轼听得懂，听得打心窝里地温暖。当岛外的人们纷纷询问，海南可怕吗？他深情地回答说："风土极善，人情不恶。"

"余生欲老海南村，帝遣巫阳招我魂。杳杳天低鹘没处，青山一发是中原。"[2]六月二十日，苏轼在琼州"澄迈驿"登舟渡海。三年前，他踏上海南的第一站，也是这里。他极目而望，游

---

[1]　苏轼：《苏诗补注》卷四八《别海南黎民表》，查慎行补注，收入《景印文渊阁四库全书》第1111册，台湾商务印书馆，1986，第922页下栏。

[2]　苏轼：《东坡全集》卷二五《澄迈驿通潮阁二首》，收入《景印文渊阁四库全书》第1107册，台湾商务印书馆，1986，第360页上栏。

隼的翅膀在海上迅捷起落，没入波涛。这野性不驯的小生灵，总是激起人们对自由的渴望。隐隐约约，海天之际一线起伏，似乎正是对岸的连绵青山。从那边，从那一带青山脚下出发，就是中原，就是故乡，是来路，是亲朋故旧的笑容与眼泪，是曾经的光荣与梦想，是无数过往的岁月……

孤岛与中原，鬼门关与桃花源，就在这一望之间，在苏轼的精神与现实世界中，完成了最终的衔接与转化。

生活篇

跟苏东坡做朋友有多开心？

在哪里跌倒就在哪里吃饱

东坡吃肉：佛祖也不能阻止我

东坡居士信佛，喜谈禅理，认识许多古寺名刹的修行朋友。然而，东坡居士不能戒荤，尤喜食肉。

这天，东坡居士美美地吃完一顿肉，摸一摸肚子，请出佛经来，便要例行念诵。别人见了连忙制止，说："吃过大荤之物，不能念经，亵渎了佛祖！"居士遂倒了一钵子清水漱口。别人又说："造孽，这点儿水怎么洗得干净。"东坡说："惭愧，阇黎会得！"

阇黎，梵语音译，指佛门专门规范弟子行为的导师。苏东坡说这句话，相当于学生犯了校规，自觉可以被教导主任放过，就说："哎呀，反正他老人家懂得我的啦！"

苏东坡这样做，不是一回两回了。为此，他还跟天下的和尚们抬杠：

　　　　已熟之肉，无复活理。投在东坡无碍羹釜中，有何

不可。问天下禅和子，且道是肉是素，吃得是吃不得
是？大奇大奇，一碗羹，勘破天下禅和子。[1]

已经煮熟的肉，怎么也活不过来了。送到我东坡居士无妨无
碍的锅里，有什么不可以呢？

他这个态度，倒有些像"酒肉穿肠过，佛祖心中留"的济
公，又神似《水浒传》中放下屠刀立地成佛的"花和尚"鲁智
深，修的是一个"自在禅"也！

有一次，苏东坡得了红眼病，医生说不能吃肉。他遂写了篇
文章，与自己的嘴巴、眼睛展开讨论。嘴对东坡说："我给你当
嘴巴，他给你当眼睛。凭啥他的待遇就这么好？我就这么差。他
自家得了毛病，为啥要克扣我的伙食？"东坡一听，好有道理。
嘴又对眼睛说："以后我要是生了病，肯定也不禁止你看东西
啊！"眼睛无言以对。东坡亦欣欣然举起了筷子——为了这横空
而来的一张大嘴，这位大文学家，就是这样擅长说服自己。

那一年，苏东坡因"乌台诗案"被贬黄州。官职一撸到底，
俸禄剧减，家中人口又多，生活就一个字：穷。宋朝人喜欢吃羊
肉，而羊肉是很贵的，吃不起。东坡便深更半夜，从黄州城那形
同虚设的"篱笆城墙"钻出去，去吃农村里偷宰的耕牛肉。但这
种机会不常有，私宰耕牛还犯法。那可怎么办呢？

中华饮食史上的一道传统名菜——"东坡肉"，就此诞生
了。请看《猪肉颂》，作者：苏轼。

---

[1] 苏轼：《东坡全集》卷九八《禅戏颂》，收入《景印文渊阁四库全书》第
1108册，台湾商务印书馆，1986，第557页下栏。

> 净洗铛，少著水，柴头罨烟焰不起。待他自熟莫催
> 他，火候足时他自美。黄州好猪肉，价贱如泥土。贵
> 者不肯吃，贫者不解煮，早晨起来打两碗，饱得自家君
> 莫管。

猪虽然"浑身都是宝"，但当时在食谱中还不是很受欢迎。富贵之家不屑于吃，穷人又不晓得怎么烹饪才好吃，所以价格便宜。好在爱吃又见过世面的苏轼来了，告诉大家：少放水，开小火，慢慢炖，火候到了，它滋味自然美——

五花三层、炖到软烂的大肉，东坡说，早晨起来，我可以一口气吃上两大碗！那别人可能会说，如此不入流的食物，你能吃得如此快活？呵呵，反正我是吃饱了，就不劳您关心啦！

东坡甚至拿吃猪肉来比拟自己的学问。有个朋友，谈论禅理特别玄妙，每每跟东坡对谈起来，都有些瞧不上他，说："子瞻兄，你的想法实在是太浅陋了！"东坡也不生气，听他说得多了，才道："老兄，你的谈论，好像是在说天上的龙肉多么无上美味；而我的学问呢，只是猪肉而已。龙和猪不可同日而语，但你天天说着龙肉，私以为，倒不如我一大碗猪肉下肚，落了个实在。"

"公终日说龙肉，不如仆之食猪肉实美而真饱也。"[1]好吃、管饱，这就是东坡对美食的要求，也是他对学问，乃至对世间万事万物的期许。朴素的、充实的、自得其乐的。平常日子看不出有什么佳处，到了人生的逆境，就显得非同一般了。

---

[1] 苏轼:《东坡全集》卷七四《答毕仲举书》，收入《景印文渊阁四库全书》第1108册，台湾商务印书馆，1986，第201页下栏。

近花甲之年，苏东坡被朝廷贬到了广东惠州。惠州在当时是第一等的落后蛮荒之地。而且惠州当时又在闹瘟疫，城中死人无数。

惠州城中倒也有羊肉卖，只是市井荒凉，人烟寥落，全城每天不过宰杀一只羊出售，都给当地官员买去了。他一个远道而来的谪臣，又穷困，只能远远地望一眼。然后呢，就给他发现了一种"羊脊骨"（今之所谓"羊蝎子"）的绝妙吃法：

"那个羊脊骨啊，其上也微有些肉。用水煮熟之后，一定要趁热捞出来。然后用酒渍一下，撒点儿盐，重新上火，煎炙到骨头微黄，就可以吃啦。我从早到晚，细细地在筋骨里剔拣，得到一丁点儿肉，便很开心，就像剥蟹螯一样。每隔几天，我就这么吃上一回，觉得对身体很有补益。"

他弟弟苏辙这时候被贬到江西筠州，和岭南相比，是发达地区了，家畜、家禽还是能吃得上的。苏轼就写信向他炫耀道："你一天天地大块吃肉，一口咬下去，牙齿都碰不上骨头，可就体会不到我这羊脊骨的妙处了。"又道："妙虽妙，只是吃完了，街上的狗都不太高兴。"狗能高兴吗？一丝肉都没给它们留下来啊！

落魄如此的苏东坡，还是自得其乐着。乐极生悲，朝廷凌空一脚，又把他踢到了海南岛。海浪险急，舟筏摇摇，好容易渡海过来一看，更惨了："此间食无肉，病无药，居无室，出无友，冬无炭，夏无寒泉，然亦未易悉数，大率皆无尔。"[1]要啥啥没有。

[1] 苏轼：《东坡全集》卷八四《答程天侔三首》，收入《景印文渊阁四库全书》第1108册，台湾商务印书馆，1986，第360页上栏。

东坡此生最后的伴侣王朝云，已在惠州去世。他身边只有儿子苏过服侍。家中经常断粮，不得已，他把平生珍藏的、连过海都带着的珍玩酒器都贱卖了换食物。如此，还是"得米如得珠，食菜不敢留"。日常果腹，主要靠海南特产：芋头。事已至此，东坡也只得自我开解："芋魁倘可饱，无肉亦奚伤？"实在没肉吃，老夫也不在乎！

苏辙也跟着被贬到岭南来了，与哥哥隔海相望。哥哥在海那头，听说弟弟水土不服，都饿得瘦了。遂寄诗安慰，诗的名字就叫《闻子由瘦》：

> 五日一见花猪肉，十日一遇黄鸡粥。
> 土人顿顿食薯芋，荐以熏鼠烧蝙蝠。
> 旧闻蜜唧尝呕吐，稍近虾蟆缘习俗。
> 十年京国厌肥羜，日日烝花压红玉。
> 从来此腹负将军，今者固宜安脱粟。
> 人言天下无正味，蝍蛆未遽贤麋鹿。
> 海康别驾复何为，帽宽带落惊僮仆。
> 相看会作两臞仙，还乡定可骑黄鹄。

花猪，是一种山林里的花皮小野猪，狡猾得很，不好抓。当地黎族人偶尔会送几块肉来，让东坡父子尝尝。故云"五日一见"。"五日"实际上是虚指，并不是经常有这样的好事。黄鸡粥，就是鸡肉粥，比野猪肉更难得，不谈也罢。关键是这南边人的食俗稀奇，什么熏老鼠、烧蝙蝠、煮蛤蟆，还有一种叫"蜜唧"的传统美食，原料是皮肉赤红的老鼠幼仔，以蜂蜜灌之，生吃。不愧是苏东坡，他从最初的呕吐、拒绝，慢慢地也接受了一些。他也有个道理，他说弟弟啊，回想你我在京城的十年，肥羊美酒吃腻，从来是我不辜负肚子，只有肚子辜负我的。如今吃点儿糙米杂粮，也是应该的。天下食物本无正统之味，你也将就一点儿，入乡随俗吧。然后又不忘用他擅长的"精神胜利法"畅想一下：我俩都瘦成这样子了，真是仙气飘飘啊，以后啊，骑着黄鹄鸟就能飞回家了！

心酸又好笑。然而天之所以生"吃货"者，天实偏爱之。就像瘴气骇人的惠州，会以玉雪甘滋的荔枝回馈东坡；要啥没啥的海南，赠东坡以肥美的生蚝。

> 己卯冬至前二日，海蛮献蚝。剖之，得数升，肉与浆入水，与酒并煮，食之甚美，未始有也。又取其大者炙热，正尔啖嚼，又益煮者……每戒过子慎勿说，恐北方君子闻之，争欲为东坡所为，求谪海南，分我此美也！[1]

海水中现捞出来的生蚝，去壳做汤也好，连壳烤之、煮之也罢，随便怎么吃，都是此生未曾体验过的美味。此物在海边易得，却难以保鲜，所以连见多识广的苏东坡也是第一次吃到。他吃得太高兴了，不禁生出了护食之心。于是，告诫儿子苏过："这等美食，千万别对外人说啊。要是让那些'北方君子'知道，肯定会上赶着像我这样犯错误，好被贬到海南来吃生蚝，我又没的吃了！"

这真是……只有东坡先生才能发出的奇想。

---

[1] 出自苏轼书法作品《献蚝帖》，现藏于故宫博物院。

东坡食菜：一碗菜羹里的天真味

后世冠以东坡之名的美食虽多，实际上，苏东坡他真正下手做的，都是些因地制宜的家常菜肴，而且往往是在食材匮乏时的无奈之举。

在黄州，官府给了他山坡上十几亩荒地，他自号"东坡居士"，就是打这块地来的。东坡带着全家老小、仆人，在此开荒，种粮，种菜，种果树。闲下来，又在田垄上到处走，找一些野菜来丰富餐桌。

挖到的野荠菜，加上蔓菁、芦菔（萝卜），用水反复搓洗，去掉苦涩之气。然后在锅边抹上香油，把菜跟生米一起倒进去，加少许生姜，共同熬煮。其上，再放一只饭甑，可以蒸饭。在菜汤与甑饭之间，又倒扣了一只抹上油的大碗，让汤既不会沸溢到饭里，又能与米饭的香气交融。

这就是所谓的"东坡羹"了。东坡对这道自创的菜式十分得意，他说："我这道'东坡羹'的妙处，是古来帝王将相、八方名厨都体会不到的。吃了这道羹，我们将不惧生活的困窘；吃了这道羹，能抵抗一切世俗的诱惑；吃了这道羹，我们就化身上古的遗民！"

今年，"东坡"的那块地里，只收获了二十多石大麦。家里米又没了，只好把麦子春一春，蒸一锅麦饭来吃。麦粒没煮烂，咬在嘴里咯吱响，孩子们互相指着对方嘲笑："你在嚼虱子吗？"第二天，东坡又在麦粒里掺了些红小豆来煮饭。麦饭呈赭色，而小豆鲜红，夫人王闰之不禁大笑道："这倒是个新鲜样式，我们就叫它'二红饭'吧！"

不知不觉，一家人都感染上了东坡式的"苦中作乐"脾气。

苏东坡是个乐天派，但他也不是傻呵呵地乐着。人到中年，事业落到谷底，前途未卜，作为全家的顶梁柱，他也是忧惧的，他也会寂寞，想发牢骚，感觉颓唐。人生如逆旅，他也是在这没有回程的旅途中，一点点地调适着自我的。

旺健的脾胃，需要荤素搭配。如果说，肉食是发自口腹本能的欣悦，这些菜根杂粮，对苏东坡来说，则有着更多精神上的象征意义。

在岭南，东坡一生最艰苦也是最后的岁月里，每天聊以充饥的，都是芋头。芋头，又称"蹲鸱"——因其圆乎乎，长着一圈圈的黑毛，像蹲伏着的猫头鹰。惠州人吃芋头，就是用清水煮，放凉了剥皮吃。硬邦邦的，没啥滋味。老道吴复古来访，教了东坡一种在行的吃法：削去芋头的外皮，用湿纸包裹，放到牛粪火里，慢慢煨熟，趁着热乎劲儿吃，松软又香甜。

除夕前二日，吴道长亲手示范，煨熟了两枚芋头，拿给苏东坡吃。长夜腹饥，又是一年将尽，异乡客难免凄惶。苏东坡双手捧着热气腾腾的煨芋头，感激知交的盛情厚意。他大口啃完后，铺纸挥毫，记下今日之事——这张纸，被有心的人保存下来，就是今天的传世书法名帖《煨芋帖》。

后来，小儿子苏过又巧作发明，以芋头加碎米做出一碗"玉糁羹"，奉给老父。东坡吃得赞叹不已，觉得真不愧是我儿，于美食之道，青出于蓝矣！欣然吟诗一首，诗题好长，叫作《过子忽出新意，以山芋作玉糁羹，色香味皆奇绝。天上酥酡则不可知，人间决无此味也》，全诗云："香似龙涎仍酽白，味如牛乳更全清。莫将南海金齑脍，轻比东坡玉糁羹。"

海上有奇香龙涎，千金难求。当年，有人将一碟松江鲈鱼脍进贡给隋炀帝，鱼肉细切如冰雪，用新剥的橙皮拌一拌，号为"金齑玉脍"。一碗芋头糊糊，色香味岂能与这些佳肴美馔相比？一般人说这种话，岂不让人觉得是乡下人吹牛皮？但给苏东坡这么一说，人们就会觉得：是呀！对极了！

这不是因为他有极大的名气背书，也不是因为他参加过多少场豪门盛宴，有着见过大世面的底气，而是在这时候的苏东坡这里，食物之味、食物之趣，早就超越了一切俗世的价值樊篱。

我们来翻一翻他这时期的诗文作品。在《撷菜》诗序中他说："吾借王参军地种菜，不及半亩，而吾与过子终年饱菜，夜半饮醉，无以解酒，辄撷菜煮之。味含土膏，气饱风露，虽粱肉不能及也。人生须底物，而更贪耶？"

五律诗《新年五首（其三）》云："海国空自暖，春山无限清。冰溪结瘴雨，雪菌到江城。更待轻雷发，先催冻笋生。丰湖有藤菜，似可敌莼羹。"

宠辱得失皆忘。这字里行间，充满了一种举重若轻的态度。准确地说，连态度都算不上，只是人生走到此处，便有了水穷云起。肉身日渐衰朽，精神世界却可以弥新。就像春天到了，轻雷一声，冰消雪融，冻笋生林，藤菜在湖。

倒回在黄州的日子。某一天，有一个道人从远方来，向东坡讨要"东坡羹"的菜谱。东坡抄给了他，并赠诗一首道："甘苦尝从极处回，咸酸未必是盐梅。问师此个天真味，根上来么尘上来？"

"根尘"是佛家的说法。眼、耳、鼻、舌、身、意，是为六根；色、声、香、味、触、法，是为六尘。东坡羹的主料蔓菁、芦菔（萝卜），都是从尘土里出来的植物的根。"天真味"，就是得自上天的食物本性。所以他戏问道人，我这道菜的天然滋味，是从根上来呢，还是尘上来呢？

向一个道教徒询问佛家的道理，这种事，也就苏东坡能干得出来。《楞严经》说："根尘同源，缚脱无二。"对随性的东坡来说，释道二教，在他心中也没有壁垒。这首诗，只是东坡随口打的一个机锋，或许，回头他自己也就忘了。而时光流转，人生的答案，已经自行显现出来。

东坡干饭：此老夫一生之修行也

两个穷酸秀才，畅谈人生理想。一个说："我生平遗憾之事，就是吃和睡。他年我若得志，一定要敞开肚皮大吃，吃饱就睡，睡起来继续吃。"另一个说："我就跟你不一样了。我要吃了又吃，哪有什么工夫睡觉！"苏东坡讲完这个故事，大笑道："我听说庐山道士把睡觉当作修行。依我看，还是不如这二位，深得吃饭之三昧啊。"

苏东坡自己，就是一个深得吃饭之三昧的人。他有个朋友叫王巩（字定国），在"乌台诗案"时受到东坡的牵连，被贬去广西，吸了五年瘴气，侥幸回来，又因为性子直、脾气大，仕途依旧不顺。倒是与东坡成了一生的患难之交，两人经常交流些如何应付"患难"的问题。比如，怎么抵御岭南可怕的瘴气呢？东坡说："以我的经验，首先要断绝不合理的欲望。气功也顺便练练，其余的，就随他！正如当年裴晋公所言'鸡猪鱼蒜，遇着便吃；生老病死，符到奉行'！"

唐代很多士大夫相信阴阳术数，炼丹药，求长生。裴度不信，不炼，还喊出了"鸡猪鱼蒜，遇着便吃；生老病死，符到奉行"的口号。意思是：不必忌口，有啥吃啥；生死看淡，顺其自然。

生死，人生一忧也；口腹之欲不得满足，又一忧也。遇着滋味美极却有杀人之毒的河豚，二忧并作，怎么办呢？东坡的答案是：吃它！东坡吃河豚，而且吃了不止一回。旁人问他："河豚的味道到底怎么样？"东坡想了一想，肃然答道："也值得为它一死！"

"竹外桃花三两枝，春江水暖鸭先知。蒌蒿满地芦芽短，正是河豚欲上时。"东坡的这首诗，可以说是吃河豚的最佳广告词。此诗题为《惠崇春江晚景二首（其一）》，吟咏的是画僧惠崇的《早春江景图》。画上有鸭子，有桃花，有竹，有江水和岸边初生的芦苇、蒌蒿，并没有河豚。河豚是怎么入诗来的呢？

原来，河豚的习性是，每值早春便溯江逆游而上，游到仲春时候，渔人一网能捞上来几十只。正是："春洲生荻芽，春岸飞杨花。河豚当是时，贵不数鱼虾。"[1]长江下游地区的百姓饭桌上，便形成一股半欣悦半刺激的"吃河豚"风潮。搭配河豚一起上桌的，是春日时鲜：蒌蒿、芦芽、荠菜。据"苏门四学士"之一的张耒在丹阳、宣城一带做官时所见："土人户食之。其烹煮亦无法，但用蒌蒿、荻笋（即芦芽）、荠菜三物，云最相宜。用荠以渗其膏耳，而未尝见死者。"[2]他说，不仅当地土著吃河豚不死，苏轼在扬州做太守的时候，天天吃河豚，也没有死。

每天都要吃河豚并且未被毒死的苏轼，见到了陪河豚上桌的满地蒌蒿、芦芽，立刻激起了味觉上的深刻回忆，食指大动。进而想象那一江看似平静的春水中，胖嘟嘟的河豚，正在成群逆流

---

[1]　出自梅尧臣《范饶州坐中客语食河豚鱼》。
[2]　张耒：《明道杂志》，收入《全宋笔记·第二编（七）》，大象出版社，2006，第7—8页。

而上……一幅静止的画，就变成了生动又热烈的现实。早春的生机盎然，不仅体现在这花红柳绿、草芽萌动、鸭群嬉戏里，更蕴藏在江岸观景之人的心里；是全身心对生活的投入，自形而下到形而上，都感受着生命的美好。

宋代的诗歌有一个特点，就是更加密切地关注身边的事物，抒发日常生活的愉悦。但苏东坡跟其他人不一样的是：他诗中的日常，总是跃动着孩童一般不加修饰的热情。比如说，他那首著名的《食荔支》，是在瘴气浓厚的惠州写下的。被贬岭南毫无疑问是政治迫害，古来逐客迁臣到此，无不满心怨怅。苏东坡却为了区区荔枝，高喊"不妨长作岭南人"。他能做出这种令迫害者气结的讨打行为，不仅是因为他有达观的心态，还在于——他对荔枝，实在是太热爱了！

> 南村诸杨北村卢，白华青叶冬不枯。
>
> 垂黄缀紫烟雨里，特与荔子为先驱。
>
> 海山仙人绛罗襦，红纱中单白玉肤。
>
> 不须更待妃子笑，风骨自是倾城姝。

在这首题为《四月十一日初食荔支》的诗中，他自注道："予尝谓荔支厚味高格两绝，果中无比，惟江鳐柱[1]、河豚鱼近之耳。"在东坡庞杂的食谱中，荔枝论滋味与格调，是与江珧柱、河豚并称"三绝"的。他为荔枝写了多少诗篇啊，如"荔子几时熟，花头今已繁。""留师笋蕨不足道，怅望荔子何时丹。""愿同荔支社，长作鸡黍局。"念念在兹，其盛情已经不能叫苦中作

---

[1]　现在一般写作"江珧柱"。——编者注

乐了，无以名状，姑且叫作——"我们爱吃的人到哪里都有精神"吧！

苏东坡这个人的妙处，就在于这种无可名状、见到美食便抖擞起来的精神。如果你跟他一起吃饭，味道么，倒不一定能合乎预期，但收获到的快乐肯定是超额的。

在黄州的时候，东坡经常下厨做鱼汤。就是普通的鲫鱼或鲤鱼，用他的方法做出来，一点儿腥气都没有，鱼肉鲜嫩，乳白色的鱼汤中，煮着新鲜的菘菜与萝卜。这也是他请客的拿手菜。客人们吃了，都赞美说："此羹，超然而有高韵，不是世俗厨子所能做出来的呀！"

东坡享受吃，更享受吃的氛围：在哪儿吃，跟谁吃，在什么时候吃。饭食的滋味，因为浸润其中的人情而更加深厚。

> 是岁十月之望，步自雪堂，将归于临皋。二客从予过黄泥之坂。霜露既降，木叶尽脱，人影在地，仰见明月，顾而乐之，行歌相答。已而叹曰："有客无酒，有酒无肴，月白风清，如此良夜何！"客曰："今者薄暮，举网得鱼，巨口细鳞，状如松江之鲈。顾安所得酒乎？"归而谋诸妇。妇曰："我有斗酒，藏之久矣，以待子不时之需。"于是携酒与鱼，复游于赤壁之下。[1]

良夜逢良朋，岂可无美酒助兴？美酒又岂可无佳肴佐之？妙在客人正好有鱼，而妻子又相知，早就备下了酒。于是东坡先生乐而醉之，醉而游之，游而记之。这段情景对话里，包含着中国

---

[1] 出自苏轼《后赤壁赋》。

饮食文化的精髓：美食既是人情的纽带，也是人与自然融合的媒介，甚至还是文学的催化剂 —— 感谢傍晚时分落网的那条大鱼，因为它的牺牲，今天的我们才能读到《后赤壁赋》这样的旷代名篇。

花样百出的"养生达人"

苏东坡长年为痔疮所苦。晚年谪居岭南，或许因为南方湿热，病况更加严重。在写给亲友的信中，他频频提到困扰自己的这个隐疾："某旧苦痔疾，盖二十一年矣。近日忽大作，百药不效，虽知不能为甚害，然痛楚无聊两月余，颇亦难当。"[1] "某近苦痔，殊无聊，杜门谢客，兀坐尔。"[2] 不仅闭门枯坐，连诗文都不写了，因为"苦痔无情思耳"[3]，旷达如东坡，也不禁苦恼万分。

惠州穷乡僻壤，医疗水平不容乐观。好在他自己想出了治疗方案：

> 出于无计，遂欲休粮以清净胜之，则又未能遽尔。
> 但择其近似者，断酒断肉，断盐酢酱菜，凡有味物，皆

---

[1] 苏轼：《苏轼文集》卷七一《与程正辅七十一首》，孔凡礼点校，中华书局，1986，第1612页。

[2] 苏轼：《苏轼文集》卷七一《与程正辅七十一首》，孔凡礼点校，中华书局，1986，第1593页。

[3] 苏轼：《东坡全集》卷八四《与程正辅提刑二十四首》，收入《景印文渊阁四库全书》第1108册，台湾商务印书馆，1986，第353页下栏。

断，又断粳米饭，惟食淡面一味。其间更食胡麻、伏苓
鯵少许取饱。胡麻，黑脂麻是也。去皮，九蒸曝白。伏
苓去皮，捣罗入少白蜜，为鯵，杂胡麻食之，甚美。如
此服食已多日，气力不衰，而痔渐退。[1]

东坡戒了酒，断了肉，隔绝一切刺激之味，连粳米饭都不吃
了，只吃不加盐的面饼子；又拿茯苓粉与芝麻混合，拌上蜂蜜，
做成茯苓饼，这样有营养，能扛饿，味道还香甜。每天这么吃
着，痔疮居然慢慢地好转了。

芝麻、蜂蜜，润肠通便。茯苓性平，健脾利湿，药性都挺对
症的。饮食清淡，也避免了对痔疮的刺激诱发。不过呢，东坡这
一回自我治疗的成功，也未必就因为他精通医理，更有可能是误
打误撞。

芝麻，古称胡麻，胡麻饭自古传说是仙人的食物。

茯苓，东晋葛洪《抱朴子》云："任季子服茯苓一十八年，
仙人玉女往从之，能隐能彰，不复食谷，炙瘢皆灭，面体生光。"

蜂蜜，名医兼炼丹师陶弘景说："道家丸饵，莫不须之。仙
方亦单炼服食，云致长生不老也。"[2]

东坡苦痔久矣，这一回百般无计之下，试图绝食，"以清净
胜之"，又怕饿死，只好拿了这三味传统的"仙药"充饥，居然
起到了很好的疗效。

东坡很相信这些道家秘术仙方。他小时候的开蒙老师就是一

---

[1] 苏轼：《苏轼文集》卷七一《与程正辅七十一首》，孔凡礼点校，中华书
局，1986，第1612—1613页。
[2] 李时珍：《本草纲目：图文珍藏本》，中国医药科技出版社，2016，第
1779页。

位道士。他少年时，一度沉迷于修道，甚至想跑到山里找仙人。出仕以后，半生漂泊，没有一个好身体，是撑不下去的，不得不进行自我保健。以当时的科技与医学水平，就算是东坡这样的知识精英，想要寻求关于健康的学问，也只能向集医学、化学、玄学、巫术于一体的道家文化去取经。

东坡有一篇名为《养生说》的文章，总结了自己的养生之道："已饥方食，未饱先止。散步逍遥，务令腹空。当腹空时，即便入室。不拘昼夜，坐卧自便。惟在摄身，使如木偶……又用佛语及老聃语，视鼻端白，数出入息，绵绵若存……"

不饿不吃饭，吃饭别吃饱，饭后多散步，无事常静坐。听起来都挺有道理的。但是东坡太好动了，总是坐不住，他就在每次打坐之前起一个誓，吓唬自己："不能动，动一下就会堕入地狱，就会被商鞅、孙武以军法从事！"

东坡养生，养着养着，给他养出了许多奇怪的花样。

他曾经向朋友推荐一套气功的功法：先调息，导引，运气；然后叩齿，咽津，不仅口水，连鼻涕也要一起咽下；最后按摩脚心，揉脸，按鼻梁，梳头。整个流程做完，浑身舒畅，一觉睡到大天亮。东坡自信地宣称："我自试行一二十日以来，精神面貌大为不同，腿脚轻快，面目发光，离成仙不远矣！至于为什么要传给您呢？因为您人品好，修养高，是最适合修炼仙家法术的人！您学会之后，可要严加保密，不要让一般人偷学了啊！"

可惜，东坡有个和我们普通人一样的毛病：意志不坚。虽然向奇人异士学了各种了不起的功法，发愿也发过百十来回，却一回也没坚持下来。六十岁时，东坡远窜南荒，亲人隔绝，北归无望，于是痛下决心，要练习一种"决为可信"[1]的"胎息"之法——

"譬如古人避难穷山，或使绝域，啮草啖雪，彼何人哉！"[2]在做了一番类似"苦不苦，想想长征二万五"的自勉后，东坡拿出了惊人的方案：不读书，不写字，不游山，不接客（道士除外），蒸一百张面饼，把自己和大饼一起锁在小屋里修炼。如此百日，必有所成！

进小黑屋之前，东坡还特意写信告知同在贬谪中的弟弟，希望他能一起打卡，互相监督。那么，这一次他坚持下来了吗？天晓得。后来在海南，缺衣少食，家中经常断粮，他又把这个"胎息功"给搬了出来，教给儿子一起练习，企图神功大成，达到辟谷的神效，就再也不怕挨饿了。

东坡的养生之法还有"食补"，除了胡麻、茯苓、黄精、何首乌、松脂等传统药食，东坡还擅长开拓与发现。他言之凿凿地声称：把雨水收集起来，烹茶煮药，饮之不辍，可以长生。他还说，丝绢也可以用来制作补药。好端端的一匹绢，不拿去做衣服，却以水熬煮之，以石头研磨之，百般摧残之后，制成一粒粒的丸子吞服。他还一本正经地在小本子上抄录着这条秘方，转念一想自己却不禁笑了起来："以后我天冷了没衣服穿，只好盖稻草御寒了，这不变成'吃衣穿饭'了吗？"

可恨古之养生与现代饮食健康之道倒有一处相通：有益健康的大都不好吃，好吃的往往不健康。以上种种食疗之法，东坡也

---

[1]　苏轼：《东坡全集》卷四四《龙虎铅汞论》，收入《景印文渊阁四库全书》第1107册，台湾商务印书馆，1986，第615页下栏。
[2]　苏轼：《东坡全集》卷四四《龙虎铅汞论》，收入《景印文渊阁四库全书》第1107册，台湾商务印书馆，1986，第616页上栏。

是坚持不下去的。连在惠州痔疮发作那一次，芝麻茯苓饼也不过吃了一个月，就开荤吃肉了。罗浮山上的荔枝又熟了，于是他开门，狂奔山林而去："近苦痔疾逾旬，牢落可知，今渐安矣，不烦深念。荔枝正熟，就林恣食，亦一快也。"[1]——等一下，荔枝吃多了会上火吧！

柑橘吃多了也会上火。表兄远道送来了柑橘，东坡十分爱吃，专门写信表示感谢，并委屈地说道："谨听您的嘱咐，只略尝了几个，没有多吃。"

管不住嘴的话，怎么都没有用啊！东坡一生，爱吃肉，爱喝酒，迷恋甜食，加上心宽，故而体胖。这都很让人担心他的健康问题，高血压、高血脂、高血糖估计是跑不了。

东坡的养生之法还有"炼丹"。炼丹求长生，不仅是"秦皇汉武"的终极目标，也是很多士大夫的向往。白居易迷恋烧丹，因为技术不精，未能炼成九转金丹而服食之，活到了七十多岁。蓦然回首，他那些烧丹成功的朋友，都已早早地去世了——"退之服硫黄，一病讫不痊。微之炼秋石，未老身溘然。杜子得丹诀，终日断腥膻。崔君夸药力，经冬不衣绵。或疾或暴夭，悉不过中年。"[2]

退之就是韩愈。关于他服食硫黄而死的经历，五代人陶谷的笔记《清异录》里，是这么说的：韩公晚年，房中多置姬妾，实在力不从心，就用硫黄喂养小公鸡，该小公鸡绝不许它交配母鸡。养到千日，送进厨房宰了，每隔一天，吃上一只……很快，毒聚内脏，性命不可救矣。

---

[1]　苏轼：《苏轼文集》卷七一《与程正辅七十一首》，孔凡礼点校，中华书局，1986，第1603页。
[2]　出自白居易《思旧》。

硫黄在人体内会形成对胃肠道、呼吸道有严重损害的硫化氢。朱砂、雄黄、云母、砒霜等炼丹材料也各具毒性。所以，炼丹的书里都会强调，如果炼制不当，吃下去了，轻则发狂，重则立毙，但这也拦不住无数的爱好者。

在与痔疮做艰苦斗争的日子里，苏东坡也在坚持着炼丹。他托人在外地买了上好的丹砂、硫黄、松脂、火炉子。担心火候不到，难免中毒，他便尝试了一个"服生丹砂"的法子：丹砂加上覆盆子、羊乳等熬炼，每天五更时分，用井水吞服三丸。这个法子，他也传给了弟弟。弟弟性格沉稳，想必会比自己更快地成仙得道。东坡殷切地说："那时节，可千万别忘了来度化老哥哥我呀！"

还有什么寻找头胎生男孩的妇女，每天取其乳汁；储存自己的小便，三十日之后，取其凝结物。东坡说，用这些东西炼丹，效果非同凡响……听得人心里直打鼓，跟在他后面学"养生"，真的不会把人给"养死"吗？

东坡还相信炼金术，相信通过炼丹炉的再造，铜和锡可以变成真金白银。

东坡年轻的时候，在陕西凤翔遇到一个老和尚。老和尚说："我有炼金之术，今老矣，想寻个传人，小施主你正合适。"东坡说："我不要，就算传给我，我也不肯为之！"老和尚一听，大喜，说道："正因为你不肯为，我才要传你啊！"

原来，学炼金术的人，不能有私心。如果是为了自己的私利，花销那些炼出来的金银，就会遭到天谴。所以，老和尚不敢轻易传授于人。

东坡无奈，只得把方子拿了回来。他的顶头上司陈希亮是个痴迷炼丹的人，听说有这等好事，硬缠着他将方子要走了。不久，陈希亮便因为把公家招待客人的酒拿回自家喝这点儿小过错被罢了官。再后来，东坡遇到了陈希亮的儿子陈季常。陈季常说，他爸回到老家，没钱盖房子，就动用了那"炼金术"，没几天就突然中风去世了。

苏东坡的小本子上，甚至还记录着咒术，叫作"天心正法咒"，咒辞是："汝是已死我，我是未死汝。汝若不吾祟，吾亦不汝苦。"据说治病、驱邪都很灵验。

最后，他还热衷于收集治病的药方。其中，不少都是经过名人验证的，如治王安石偏头痛之方，治欧阳修腹泻不止之方……甚至由人及畜，治牛治马，不一而足。因此，还惹出了中医史上一个著名的事件——

东坡在黄州的时候，伤寒病流行。东坡有一个叫巢谷的朋友，就拿出祖传的秘方，治好了很多人。东坡求来了这个方子，又传给了名医庞安常。这本是一件造福世人的好事。没想到，被命名为"圣散子方"的这个药方流传开以后，并没有达到预期的良好效果，反而害死了人。叶梦得《避暑录话》记载："宣和后，此药盛行于京师，太学诸生，信之尤笃，杀人无数。"名医陈无择在《三因极一病证方论》中也说道："辛未年永嘉瘟疫，被害者不可胜数。"

怎么回事呢？陈无择是这样解释的：这个方子，用的都是药性燥热的药材，用来治东坡在黄州遇到的伤寒之疫，是对症的。但是，疾病有阴阳、寒温的区别，后来很多使用此方的人，没有细加察辨，就这么套用了，碰到属于热证的伤寒病，不就坏事了吗！

叶梦得更指出，这就是名人效应的副作用。他说："士大夫于天下事，苟聪明自信，无不可为，惟医不可强。"苏东坡以文学而誉满天下，人们都景仰他，医生不敢辩驳他，许多患者忽视了文学与医学之间的壁垒，枉送了自家的性命。

讲究养生的苏东坡，活了六十六周岁。他热心实行的各种养生之术，对他的健康到底起过什么作用呢？是好还是坏？天知道。这些方法，无论靠不靠谱吧，反正他也都没能坚持下去。比如说吧，在黄州，因为穷，东坡写了一篇誓文，道：

> 东坡居士自今日以往，不过一爵一肉。有尊客，盛馔则三之，可损不可增。有召我者，预以此先之，主人不从而过是者，乃止。一曰安分以养福，二曰宽胃以养气，三曰省费以养财。[1]

严格地控制酒肉摄入量，这对身体、精神、钱包都大有好处。然而，熟悉他的朋友，不禁要窃笑了：是谁，一听说乡下有私宰的牛肉，就连夜出城了呢？是谁，肥烂的五花肉，一吃就要两大碗呢？东坡先生，你这一套，跟我们今天的朋友圈立志，好像也没什么区别吧！

而且，从根本上来讲，苏东坡也并非一个对"养生"怀有执念的人。

东坡有一位老友吴复古。吴复古年长东坡三十余岁，仕途颇顺，晚年却辞了官，跑出去做了道士。此人最擅长养生，九十多岁的时候，他还腿脚灵便，一个人跋山涉水，来到海角天涯，看望落难的苏东坡。吴道长的养生之道，既不追求长生不死，也不

---

[1] 苏轼：《东坡志林》卷一《记三养》，王松龄点校，中华书局，1981，第12页。

炼气服药，其核心理念只有两个字：出世。

吴道长自打和东坡认识，便想把这一套法门传授给他。谁料东坡听了，却少有地打起了退堂鼓，说："我自知行不得。"为什么行不得？因为东坡深知，自己无法真的做到像吴复古那样，一身飘然，"出入人间，若有求者，而不见其所求。不喜不忧，不刚不柔，不惰不修……"[1]

苏轼是有所求的，是有喜有忧的。无论对仙人的世界多么向往，他心灵的基石，永远是儒家的"入世"——

古人说，士有"立德、立功、立言"之三不朽。前辈名臣范仲淹说："居庙堂之高则忧其民，处江湖之远则忧其君。"父亲苏洵教导，务必要让才华为世所用，"不幸不用，犹当以其所知，著之翰墨，使人有闻焉"[2]。苏辙在《亡兄子瞻端明墓志铭》中说，兄长的一生，"奋厉有当世志"……所有这一切，强调的都是一个意思，就是作为一名儒家的士大夫，他一定怀有对家国天下的责任感。

苏东坡爱好广泛，对世间的万事万物都满怀热情与好奇。这股热情与好奇里头，又总是带着一种"不拘泥，不执着"的气质。因为他的本心已经系于磐石，所以，他玩物不丧志，养生，也只是热闹一番即罢。

绍圣三年（1096年），吴复古道长穿越岭南的瘴烟蛮雨，见到了坐在破屋里面啃冷芋头的苏东坡。想起初相识的时候，对方正当盛年，英姿勃发。弹指间，鬓发已如霜矣。吴道长遂再次棒

---

[1] 苏轼：《东坡全集》卷九七《远游庵铭（并叙）》，收入《景印文渊阁四库全书》第1108册，台湾商务印书馆，1986，第547页上栏。

[2] 苏辙：《栾城集·栾城后集》卷七《历代论一（并引）》，收入《景印文渊阁四库全书》第1112册，台湾商务印书馆，1986，第641页上栏。

喝道："居士到如今，也亲身体验过一场邯郸大梦了，可知道醒悟了？"东坡报以爽朗的大笑。

西江月

世事一场大梦，人生几度秋凉。夜来风叶已鸣廊。
看取眉头鬓上。

酒贱常愁客少，月明多被云妨。中秋谁与共孤光。
把盏凄然北望。

他自笑人生只是一场大梦，然而，他给中国人留下的精神财富，是真实不朽的。

大宋第一毒舌

苏东坡真是太爱开玩笑了！

有一个舞女，在宴席上表演。她是这家主人最得意的红牌，舞艺既佳，长得又美，只是个头儿高了点儿，身材丰满了点儿。舞罢，主人叫她向东坡求诗。东坡挥笔写道："舞袖翩跹，影摇千尺龙蛇动；歌喉宛转，声撼半天风雨寒。"说人家是顶天立地的女巨人，姑娘当时就气红了脸。

有一个同事，名叫顾子敦，因为生得肥胖，被苏东坡送一外号叫"顾屠"。屠者，杀猪匠是也。夏日炎炎，顾同事怕热，便脱了衣服，趴在办公桌上小憩。东坡走过来，在他桌上写了四个大字："顾屠肉案"。众人窃笑。东坡走过去，哗啦啦扔了几十个铜板在肉案上，把人家吓醒了。就听见东坡高声道："要四两好猪肉，都给我薄薄地切成片子！"

有一个朋友，东坡去拜访他。朋友午睡未醒，东坡等了又等，朋友终于醒了。东坡指着朋友养着玩的乌龟说："此龟倒也寻常。唐庄宗时有人进贡一种'六目龟'者，极是稀罕，它六只眼睛睡一觉，能抵别人睡三觉。"朋友听了想打东坡一顿。

有一次宴会。酒足饭饱，主人上茶，又让歌女演唱咏茶的诗词助兴。其中有一句唱道："惟有一杯春草，解留连佳客。"东坡突然板起脸道："为什么要留我吃草？"吃草者，马也，牛也，驴也。东坡这是开起玩笑来，连自己都不放过。大家都笑起来，他身后一个歌女笑得一头撞到椅子上，把椅子撞折了，东坡滚到了地上。屋子里充满了快活的空气。

苏东坡去"小宋学士"宋祁的家中拜访。宋祁也是文采风流的一代才人，他当翰林学士时，因为写嫔妃册封诏书的事情得罪了宋仁宗心爱的张贵妃，被贬，诏书也没用上。东坡这次来，是听说他这份未发表的手稿文字特别好，想观摩一二。宋祁已经过世了，宋家的儿孙听清东坡的来意后，坚决地拒绝了。为什么呢？"谓东坡滑稽，万一摘数语作诨话，天下传为口实矣。"[1]怕他乱开玩笑，传出去影响先人形象。

没办法，苏东坡太聪明了。聪明人总是能发现生活中的荒谬与荒诞。苏东坡又太有才了，他轻轻松松就能将荒谬与荒诞提炼为幽默，像魔术师随手变出鸽子、鲜花、活人……他还那么有名气，一旦被他编派上，恭喜，你的糗事将传遍大宋国土乃至番邦，甚至能够名垂千古。没错，对怀揣着小本本，上至宫廷秘闻，下至闾巷闲谈，都要写成笔记传诸后世的宋代文人来说，苏东坡开的每一个玩笑，都是不可错失的素材。

朋友们总是原谅他。谁能不原谅一个才思敏捷的开心果呢？有他在的地方，总是充满欢声笑语与奇思妙想……但是，需要明白的是："开玩笑"这件事，或曰"幽默感"这个东西，它并非一种收发自如的技能，也不是活跃气氛的社交工具，它本质上是

[1]　陈鹄:《西塘集耆旧续闻》卷三，孔凡礼点校，中华书局，2002，第319页。

一种天赋、一种本能。一个爱开玩笑的人，就算上了食人族的烤架，也忍不住要说两句俏皮话。

熙宁年间，王安石出版了他独门的说文解字方法，名为《字说》。《字说》与《三经新义》一样，都属于王氏"新学"。当时读书人都要攻读"新学"，否则考不上进士。王安石这是想用国家的威权来统一士大夫的意识形态，以方便朝廷改革大计。这理所当然地引起了士大夫们的警觉——重新解读儒家经义本就是时代风潮，大家都在搞这个，凭什么让你一家独大呢？

这个《字说》，王安石用的是以意解形之法。比如："极之字，从木从亟，木之亟者，屋极是也。""夫之字，与天皆从一从大，夫者，妻之天，故也。"他是以偏旁部首拆解字形，再用拆解下来的形意解释这个字的成因，揣摩老祖宗造字时的用意。这种思路，很多人都不以为然。只是有人不敢说，有人趋奉他不肯说。东坡就不一样了。

他明嘲。东坡拿了"坡"字去问王安石如何解。王安石说："'坡'者，土之皮也。"东坡道："那么'滑'字，就是水的骨头吗？"

他暗讽。有一天，王安石问苏东坡："'鸠'字何以从'九'？"东坡答道："诗云：'鸤鸠在桑，其子七兮'，连娘带爷，恰是九个。"这不瞎扯吗？然而王安石沉浸在自家的思路里不可自拔，听了大点其头。

他插科打诨。西汉的文学家扬雄，史载此人在王莽篡汉时，曾因为害怕被牵连，纵身从天禄阁上跳下，险些摔死。后来他又作《剧秦美新》之文，拍王莽新朝的马屁。王安石考证一番，说："我怀疑这些都不是史实。"东坡说："我也很怀疑一件事情。""何事？""我怀疑，西汉根本没有扬雄这个人！"

他嬉笑怒骂。有一次跟朋友行酒令，酒令的规矩是，用《周易》中的两个卦名，对应一个历史典故。一人说："孟尝门下三千客，'大有''同人'。"一人说："光武兵渡滹沱河，'既济''未济'。"轮到东坡，他说："牛僧孺父子犯罪，先斩'小畜'，后斩'大畜'。"大家都狂笑起来。

原来，王安石正带着他儿子王雱大力推广"新学"，王雱年轻气盛，比他参更招人嫌。所以东坡这里一暗示牛僧孺父子——"大牛（大畜）"和"小牛（小畜）"，大伙儿就都联想到王家父子了。

以上段子，都出自宋人笔记。真实性不太好说，托名附会恐怕是有的。但真真假假，都被安到了苏东坡的头上，这也正说明，在人们心目中，这些毒辣、风雅、俏皮的怪话，就很符合东坡的一贯风格。

元祐年间，司马光当了宰相。有一天，他与东坡商谈政事。司马光固执己见，东坡实在说不动他，只好说："相公您这番言论，叫作'鳖厮踢'。"厮踢者，用脚互相踢打。老鳖腿短，踢不着也。司马光奇道："鳖怎么能厮踢？"东坡道："所以我才说是'鳖厮踢'呢！"

世人皆道："子瞻虽才行高世而遇人温厚，有片善可取者，辄与之倾尽城府，论辩唱酬，间以谈谑，以是尤为士大夫所爱。"苏东坡是个厚道的人，他对世间人事，都抱有极大的善意。然而，他也有不可触碰的底线。他曾经说过："我生性不能忍事，就好比饭里有苍蝇，一定要吐出来。"有哪些事，好比"饭里有苍蝇"，令东坡不吐不快呢？

其一，个性上的偏执、极端、教条主义、自以为是。所以司马光的牛性，王安石的拗劲儿，都让东坡很受不了。

其二，士大夫道德良知的沦丧。苏东坡在徐州做地方官。御史李定的儿子经过，东坡设宴招待他。李定是王安石的学生，因积极推行"新法"而受到破格提拔。很多人都认为，这是一个投机的小人。

李定他爸，娶了一位大美人仇氏做小妾，生下李定后，仇氏被赶出家门。李定就被养在正室名下。他不知道自己还有个生母。仇氏去世，他爸也没跟儿子说这回事，所以李定未曾服丧。为此，李定受到了"大不孝"的弹劾。东坡也因此更加憎恶他。招待李定的儿子，不过官场惯例，敷衍一下罢了。然而这孩子傻呵呵的，以为东坡喜欢自己呢，一坐下来，又吃又喝，开心得很，还请求东坡为自己写推荐信。

聊了一会儿，东坡忍不住说："我听看面相的人说，这脸上的人中啊，每长一寸，人就能多活一百年的寿命，不知可有这种说法？"这孩子答："未曾听说过。"东坡道："果真如此，那彭祖可真是个呆长汉子！"彭祖活了八百岁，一寸人中一百岁，八寸长的人中，你想想那脸，得长成啥样啊！东坡的意思是，你这人，咋就这么呆，脸就这么大呢？傻孩子总算听明白了，捂着脸跑走了。

其三，东坡捍卫他文学上的良心。当时，有一位诗人杜默，好写歌行体古诗。他的朋友赞美他是当世的"歌豪"，与"诗豪"石延年、"文豪"欧阳修并称文坛"三豪"。欧阳修也表示，能与杜默相提并论，很荣幸。花花轿子人抬人嘛。谁料东坡当了真，特地买了杜默的诗集来读。一读，尽是些"学海波中老龙，圣人门前大虫"之类的句子，不禁大笑，说："吾观杜默豪气，

正是京东学究饮私酒，食瘴死牛肉，饱后所发者也。"[1]喝了劣质
私酒可能会中毒，吃了瘟死之牛的肉可能会发疯，何况吃饱喝
足乎？

有个朋友，爱作诗，写好了拿给苏东坡看。东坡看了说：
"不好。"朋友惭愧，道："喝醉了写的。"过了几天，又拿了新
诗给东坡看，东坡说："你又喝醉了吗？"又一个朋友，写了一
首咏竹子的诗，其中有两句，他自认为绝妙，便来向东坡朗诵：
"叶垂千口剑，干耸万条枪。"东坡说："好是好，只是十条竹
竿，才共用一片叶子。"他还跟别人说，世间万事我都能忍，就
是读某某人的大作，我实在忍不住要笑——在文学创作上，东坡
还真是铁骨铮铮的"铮友"啊！

其四，东坡也自认为是朝廷的"铮友"。当年他应制科考
试，考的是"贤良方正能直言极谏科"。此科对人才的要求是才
学出众，品性端方，能够直言不讳地向皇帝进谏。东坡一生就真
的这样要求自己：

> 轼少年时，读书作文，专为应举而已。既及进士
> 第，贪得不已，又举制策，其实何所有？而其科号为直
> 言极谏，故每纷然诵说古今，考论是非，以应其名耳。
> 人苦不自知，既以此得，因以为实能之。故谠谠至今，
> 坐此得罪几死。[2]

---

[1]　苏轼：《苏轼文集》卷六八《评杜默诗》，孔凡礼点校，中华书局，1986，
第2131页。

[2]　苏轼：《东坡全集》卷七三《答李端叔书一首》，收入《景印文渊阁四库全
书》第1108册，台湾商务印书馆，1986，第193页下栏。

他的朋友们都劝他，道理是这个道理，但做臣子的，也要懂形势，识大体，该闭嘴的时候闭嘴。东坡不听。

宋朝不禁言路，要求臣子们敢说话。太祖朝，画家郭忠恕当着皇帝的面撕毁奏章。仁宗朝，范仲淹带着御史们堵大殿的门。包拯更是一激动，口水就喷到皇帝的脸上。神宗朝，激烈反对新法的大臣一大批，为什么最后"因言获罪"的，却只有苏东坡呢？我们来看看，他到底"言"了些啥。

"乌台诗案"，朝廷给苏东坡定的罪名，是以诗文攻击新法——"谤讪朝政及中外臣僚"[1]。他有吗？他真的有啊！

因为抗拒新法，东坡被调职湖州。你看看他给朝廷写的谢表，上面说："知其愚不适时，难以追陪新进；察其老不生事，或能牧养小民。"不是，就这酸溜溜、气不忿儿的口气，能叫作"不喜生事"吗？

朋友送他一块好茶饼，他回信表示感谢，赋诗云："草茶无赖空有名，高者妖邪次顽懭。体轻虽复强浮泛，性滞偏工呕酸冷。其间绝品岂不佳，张禹纵贤非骨鲠。"[2]稍有文学素养的人都能看得出来，他这是用劣茶比喻朝堂上的"小人"。这些人谄媚、狠毒、轻浮，难得个把有才能的吧，又没骨气。他也知道，这种话传将出去，肯定会得罪人，便又写道："收藏爱惜待佳客，不敢包裹钻权幸。此诗有味君勿传，空使时人怒生瘿。"[3]得，不加这几句，还有的辩白，加了彻底玩儿完。

[1] 朋九万：《东坡乌台诗案·御史台检会送到册子》，收入王云五主编《丛书集成初编》第785册，商务印书馆，1939，第4页。

[2] 苏轼：《东坡全集》卷五《和钱安道寄惠建茶》，收入《景印文渊阁四库全书》第1107册，台湾商务印书馆，1986，第110页下栏。

[3] 苏轼：《东坡全集》卷五《和钱安道寄惠建茶》，收入《景印文渊阁四库全书》第1107册，台湾商务印书馆，1986，第110—111页。

再看这一组《山村五绝》：

> 老翁七十自腰镰，惭愧春山笋蕨甜。
> 岂是闻韶解忘味，迩来三月食无盐。

新行的"盐法"峻刻，害得山区百姓买不到盐，七十岁的老头子还要出来挖笋子、蕨菜，这不是文化人喜爱的什么返璞归真，就是好几个月都没尝到盐味了！

> 杖藜裹饭去匆匆，过眼青钱转手空，
> 赢得儿童语音好，一年强半在城中。

老百姓向官府借贷了青苗钱，却用不到农事上，转眼就在城中交了各种税。税本来就多，现在又添了要还青苗钱，农民仅仅忙着排队向官府交钱，就要在城里待上半年，连小孩子都学会城里口音了！

清新、生动、风趣，略带夸张的诗笔，将"新法"的荒唐和扰民，讲得明明白白。对踌躇满志的神宗皇帝与"变法"领袖们来说，简直就是迎头一盆冷水。

东坡临去杭州之前，表兄文与可赠诗曰："北客若来休问事，西湖虽好莫吟诗。"叫他少谈论时政，更别在诗里乱发议论。但对苏东坡来说，议论时政有啥问题吗？写诗有啥问题吗？孔圣人说过，"诗可以兴，可以观，可以群，可以怨，迩之事父，远之事君"，诗歌本来就是士大夫议政的工具，用来传达对君主的讽谏。

问题是，你自以为是赤胆忠心的"讽谏"，人家会觉得你是别有用心的"诽谤"啊！

> 昔先帝召臣上殿，访问古今，敕臣今后遇事即言。
> 其后臣屡论事，未蒙施行，乃复作为诗文，寓物托讽，
> 庶几流传上达，感悟圣意。而李定、舒亶、何正臣三
> 人，因此言臣诽谤，遂得罪。然犹有近似者，以讽谏为
> 诽谤也。[1]

这是东坡在宋哲宗朝，被人再次罗织文祸时，对朝廷的自辩。这时候，他总算明白过来是怎么回事了。

讽谏与诽谤，区分标准是什么呢？答案是：没有标准。这是一道主观题。苏东坡天生的幽默风趣、高明的语言艺术，为他铸造出一条举世无双的"毒舌"。至于"毒舌"是可爱，还是可恨，只在受众的一念之间。

东坡晚年在海南，饭都吃不饱，还有心情跟人讲故事。他说，他有一天喝醉酒，梦见南海海神有请，于是他来到了海底的水晶宫，与海神和各路神仙会面。宾主其乐融融，海神拿出鲛人制作的轻绡，请东坡题诗。东坡便写道："位尊河伯拜，祝融为异号。""祝融"是南海海神的名字，典出韩愈《南海海神碑》。写毕，众神齐赞："妙哉！"这时，有一只老鳖，打扮得人模人样，上前发言。原来它便是龙宫的宰相，号为"鳖相公（宋人呼宰相为相公）"。鳖相公道："大王，这苏轼不知避讳，竟敢在诗中直呼您的名号！"海神听了，转喜为怒。东坡长叹："唉，到处都被'相公'败坏！"这大宋的天下啊，到处都被鳖宰相们搞坏了！

---

[1] 苏轼：《东坡全集》卷五五《乞郡札子》，收入《景印文渊阁四库全书》第1107册，台湾商务印书馆，1986，第772页上栏。

"好奇宝宝"和爱拆台的亲友

现存史上首次描写女人缠足的诗歌，是苏东坡创作的。

菩萨蛮·咏足

涂香莫惜莲承步。长愁罗袜凌波去。只见舞回风，
都无行处踪。

偷穿宫样稳，并立双趺困。纤妙说应难，须从掌
上看。

在苏轼的时代，社会上已经有了女性缠足的现象。两宋之交
的文人张邦基在《墨庄漫录》中说："妇人之缠足，起于近世，
前世书传皆无所自。"

稍晚一点儿的宗室子弟赵令畤有词云："稳小弓鞋三寸罗。
歌唇清韵一樱多。灯前秀艳总横波。指下鸣泉清杳渺。掌中回旋
小婆娑。明朝归路奈情何。"[1]这是他到大将刘光世家做客，欣赏

---

[1] 赵令畤：《浣溪沙》，载唐圭璋编纂《全宋词》，王仲闻参订，孔凡礼补辑，
1999，第638页。

了刘家"四绝"家伎之后写的。所谓四绝者,乃脚绝、歌绝、琴绝、舞绝。脚小能以"绝"出名,说明在当时还是件稀罕事。

东坡这首词,综合时代背景和他的活动路径看,应该创作于宋哲宗元祐年间,是在京城的某一场豪门夜宴上,看了个热闹。看了之后,还要吟之咏之。作为一位有望进位"宰执"的热门政治人物,这么干,其实很不合适。假想一下,换了其他人,别说写这种词了,就是你邀请他去看——

王安石,不食人间烟火,没人会想到请他去看。

司马光,憎恨一切奢华无用之物,没人敢告诉他世上有这种事情。

章惇:"此人把心思花在这种玩意儿上,是不是脑子进了水?"

程颐:"礼乐沦丧,国将不国!"理学二程家里,女孩儿连耳洞都不许穿的。一直到元代,妇女缠足大兴,他们家仍严禁缠小脚。[1]他们家的道理是,身体发肤受之父母,女儿家的职责是做好贤妻良母,不是自残身体,向男人献媚。

东坡就想不到这么多。他只觉得新奇、有趣,舞女缠了这么小的脚,跳起舞来翩翩如仙,完全复刻了当年赵飞燕的"掌上舞",了不起!

东坡打小儿就是个活泼好奇的性子。据苏辙的回忆:"昔余少年从子瞻游,有山可登,有水可浮,子瞻未始不褰裳先之。有不得至,为之怅然移日。至其翩然独往,逍遥泉石之上,撷林

---

[1] 白珽《湛渊静语》:"伊川先生六代孙淮,咸淳间为安庆倅。明道年五十四卒,二子相继早世,无后。淮之族尚蕃居池阳,妇人不缠足,不贯耳,至今守之。"

卉，拾涧实，酌水而饮之，见者以为仙也。"[1]

"见者以为仙也"，这是加了亲情滤镜。在旁观者眼里，大概就是不知谁家的皮猴儿，在山野间撒欢儿。蜀山奇秀，蜀水深幽，植被茂密，多奇花、野果、异鸟。于少年的苏轼而言，真是天地间一大游乐场。凡没去过的地方，他都要去一下。凡有趣物事、好看的景致，他都要走到跟前观摩一番。过河入林，能吃不能吃的野果子他都要咬一口。他还带着弟弟逃学，到市集上看热闹，看东西南北的货物，看熙熙攘攘的人群，看到城里的奸商哄骗乡下人，他在旁边气得不行。然后他爸把他抓回来，摁在书桌前叫他背书。

长大了还是这样。天黑了，鸡栖于埘，羊牛下来，东坡不下来。他就喜欢往外跑，要赏月亮，看夜景。夜路走多终有奇遇，于是东坡留下了史上罕有的"UFO"现场目击记录。

游金山寺

我家江水初发源，宦游直送江入海。
闻道潮头一丈高，天寒尚有沙痕在。
中泠南畔石盘陀，古来出没随涛波。
试登绝顶望乡国，江南江北青山多。
羁愁畏晚寻归楫，山僧苦留看落日。
微风万顷靴文细，断霞半空鱼尾赤。
是时江月初生魄，二更月落天深黑。
江心似有炬火明，飞焰照山栖鸟惊。

---

[1] 苏辙：《栾城集》卷二四《武昌九曲亭记》，收入《景印文渊阁四库全书》第1112册，台湾商务印书馆，1986，第255页下栏。

怅然归卧心莫识，非鬼非人竟何物。

江山如此不归山，江神见怪惊我顽。

我谢江神岂得已，有田不归如江水。

（是夜所见如此。）[1]

熙宁四年（1071年）十一月初，苏东坡去杭州，经过镇江，留宿金山寺。二更天（夜里九点到十一点）的时候，月牙儿西隐，星河寥落，天地间一片漆黑，只听见江水拍岸之声。东坡正准备走回僧舍睡觉，忽然，远处的江心上，有一团明亮的火光升起来，盘旋在半空，照出了朦胧的山影，照得山林里宿鸟惊飞——这是什么东西呢？东坡想不明白。也许，是长江水神显灵吧！

在黄州，东坡已经四十多岁的人了，深更半夜的，他要往江边的崖壁上爬。同行的人都不敢上，就他胆子大，骑到松树的枝干上，下瞰长江之水：

江流有声，断岸千尺；山高月小，水落石出。曾日月之几何，而江山不可复识矣。予乃摄衣而上，履巉岩，披蒙茸，踞虎豹，登虬龙，攀栖鹘之危巢，俯冯夷之幽宫。盖二客不能从焉。划然长啸，草木震动，山鸣谷应，风起水涌。[2]

[1]　苏轼：《东坡全集》卷三，收入《景印文渊阁四库全书》第1107册，台湾商务印书馆，1986，第77页下栏。

[2]　出自苏轼《后赤壁赋》。

黄州江畔，东坡以为这里是赤壁古战场（其实在今湖北咸宁），经常坐着小船过去，在峭壁深崖间徘徊。景物荒凉，但东坡喜欢，觉得大有可观。其可观者有：老树一棵，树上小鹊子两只，树下花蛇两条，沙滩上好看的小石头不计其数。东坡忙着捡小石头，又用零食、点心和小朋友们交换，最终得到"美石"二百九十八枚，其质如玉，色彩斑斓，有图案如指纹，大概就是我们现在所说的"雨花石"。

东坡把这些可爱的小石头送给了他的和尚朋友们，聊充一个信众对高僧的供养。他说得还挺有道理："在佛家看来，世间万物都是一样的。玉石与瓦砾一样，美人与枯骨一样。我现在太穷了，无力置办衣食，大师您就凑合享用些石头吧！"大师们能说啥呢？当然是笑纳了。

东坡的酒量很小。到底有多小？据东坡自己说："吾少年望见酒盏而醉，今亦能三蕉叶矣。"[1]又道："予饮酒终日，不过五合。"[2]

蕉叶杯是最小号的酒器。至于"合"这个度量单位，如果装的是酒，在宋代一合大约能折合成六十毫升；五合，就是三百毫升。也就是说，东坡喝一天，不过才能喝六两酒。

但他的好友黄庭坚，无情地拆了他的台。黄庭坚说："东坡自云饮三蕉叶，亦是醉中语。余往与东坡饮一人家，不能一大觥，醉眠矣。"[3]又云："性喜酒，然不能四五龠已烂醉。不辞谢

[1] 苏轼：《苏轼文集》卷六八《题子明诗后（并鲁直跋）》，孔凡礼点校，中华书局，1986，第2132页。
[2] 苏轼：《东坡全集》卷九三《书东皋子传后》，收入《景印文渊阁四库全书》第1108册，台湾商务印书馆，1986，第506页上栏。
[3] 苏轼：《苏轼文集》卷六八《题子明诗后（并鲁直跋）》，孔凡礼点校，中华书局，1986，第2132页。

而就卧，鼻鼾如雷。"[1]

在宋代，二龠为一合，一龠大概能有三十毫升。照黄庭坚的说法，东坡一顿酒，根本喝不到一百五十毫升，就会烂醉。

酒徒总是高估自己的酒量，这是一条举世公认的真理。黄庭坚的说法，应该比东坡的夫子自道更可信。东坡那个时代，还没有掌握高纯度白酒的蒸馏工艺。大家平时喝的，都是未经提纯的发酵酒：黄酒、果酒、米酒，酒精含量高不过二十度，低则只有几度。这么低的度数，二三两就倒，这酒量实在让人无法恭维。

然而东坡是虽"菜"敢战。"酒无多少醉为期"[2]，不问多少，不问精粗，能醉就好。"予饮酒终日，不过五合，天下之不能饮，无在予下者。然喜人饮酒，见客举杯徐引，则予胸中为之浩浩焉，落落焉，酣适之味，乃过于客。闲居未尝一日无客，客至，未尝不置酒。天下之好饮，亦无在予上者。"[3]他看重的，是喝酒这件事给生活带来的无穷情味。

东坡还热衷于酿酒。他的酿酒生涯，是从黄州开始的。

大概说一下背景。宋代实行"榷酒制"，即酒类专卖。其模式又分这么几种：第一，纯国有，纯国营。第二，特许经营，各大酒坊向官方竞标，订承包合同，叫作"买扑"。第三，特许酒户，从官方购买酒曲，自行酿酒出售。城市中很多大酒楼就是这样，叫作"正店"。更多的小酒店，是从"正店"批发了酒来零

[1] 黄庭坚：《山谷集》卷二九《题东坡字后》，收入《景印文渊阁四库全书》第1113册，台湾商务印书馆，1986，第301页下栏。

[2] 苏轼：《东坡全集》卷一五《渔父四首》，收入《景印文渊阁四库全书》第1107册，台湾商务印书馆，1986，第232页上栏。

[3] 苏轼：《东坡全集》卷九三《书东皋子传后》，收入《景印文渊阁四库全书》第1108册，台湾商务印书馆，1986，第506页上栏。

售，叫"脚店"。而在乡村呢，就相对自由一点儿，你只要交税钱，就可以获得酿卖权了。

酒类专卖，是一笔非常重要的国家财政收入，所以法律禁止民间私自酿酒和出售。东坡在黄州的这几年，正赶上朝廷禁酒特别严厉，城中禁酒如禁盗，又全面地推广"买扑"制。"买扑"制，比纯粹的国营先进一些。但是，参与竞标的人多了，你不仅要把其他竞争者刷下去，还要照顾酒务官们水涨船高的灰色收入，竞标的成本，也就远远高出预计了。最后拿到标书的民间酒坊，就只能到消费者头上去摊低成本。于是，酒价涨了，很多人都喝不起了！

一日不可无酒而又贫穷的苏东坡，动起了脑筋。按宋朝法律，凡州城之中及近郊，属于只允许出售官卖酒的禁区。东坡便发挥其走夜路的特长，夜里溜出城，到农村里找便宜的酒喝。毕竟还是挂名的朝廷命官，总这么鬼鬼祟祟出去，歪歪倒倒回来，不像样子。有一次他没能及时回城，被人谣传说已经逃跑了，把黄州郡守吓得几乎心梗。此事不可常为。

那我自己酿酒呢？在宋代，社会上有两种人可以私自酿酒而不受惩罚。一种，是最上层人士，宗室、外戚和符合品级的大臣，多有私家佳酿，自用、送礼皆宜，只是不许拿到市场上卖。另一种，最底层人士，就是乡下的村夫农妇，关起门来，自产自喝，国家也懒得去管。苏东坡两种人都不是，他酿酒是违法的。正如其诗中所言：

> 酸酒如齑汤，甜酒如蜜汁。
> 三年黄州城，饮酒但饮湿。
> 我如更拣择，一醉岂易得。

几思压茅柴，禁网日夜急。

西邻椎瓮盎，醉倒猪与鸭。[1]

隔壁人家酿酒，被官府查获，当场砸碎酒瓮，家里的猪和鸭
子都跑过来吃地上的酒浆，都吃醉了。东坡看着，捶胸顿足，恨
不得扑过去也吃几口。

邻居之惨痛，也没拦住东坡顶风作案。不过，因为没有好的
酒曲，技法也不熟练，他第一次酿出来的酒酸涩不堪，大家都不
肯喝。朋友杨道士远道而来，喝了他捧出的家酿，倒吸一口凉
气，立刻传给他一个蜂蜜酿酒的方子。东坡把这种蜜酒酿出来，
一尝，大喜，作《蜜酒歌》唱颂曰：

真珠为浆玉为醴，六月田夫汗流泚。

不如春瓮自生香，蜂为耕耘花作米。

一日小沸鱼吐沫，二日眩转清光活。

三日开瓮香满城，快泻银瓶不须拨。

百钱一斗浓无声，甘露微浊醍醐清。

君不见南园采花蜂似雨，天教酿酒醉先生。

先生年来穷到骨，向人乞米何曾得。

世间万事真悠悠，蜜蜂大胜监河侯。

他说自己穷得向人讨米都讨不到，这蜂蜜，估计也不是买
的，而是不知从哪儿搞来的野蜂之蜜。也不知有没有毒，思之令

---

[1] 苏轼：《东坡全集》卷一四《岐亭五首（并叙）》，收入《景印文渊阁四库全书》第1107册，台湾商务印书馆，1986，第220页上栏。

人心忧。

后来东坡又到了岭南、海南，荒蛮地带倒是不禁酒，但东坡也更穷了。酿酒大业还得搞起来。什么"桂酒""松酒""天门冬酒""万家春""真一酒"……酿成出瓮，东坡喝了是赞不绝口，一会儿夸这个滋味绝非人间所有，一会儿又说那个我加了灵药，喝了就能延年益寿。

听上去很美，但拆台的人也出现了，谁呢？东坡之子。

叶梦得《避暑录话》记载："苏子瞻在黄州作蜜酒，不甚佳，饮者辄暴下。蜜水腐败者尔。尝一试之，后不复作。在惠州作桂酒，尝问其二子迈、过，云：'亦一试之而止，大抵气味似屠苏酒。'二子语及，亦自拊掌大笑。"

苏迈和苏过两兄弟说，我爸酿的蜜酒，喝过的人都拉肚子。"桂酒"滋味也一般，搞了一次就没再搞了。戳穿了老爸的自吹自擂，还笑得那么开心，是亲生儿子无疑了。

叶梦得的外祖父晁端友，是苏轼的好朋友。他舅舅晁补之，是"苏门四学士"之一。苏东坡仙逝后，葬在河南许昌。他的儿孙们，就在此依坟而居。叶梦得就在这儿当地方官，和苏氏后人交往密切，因此获得了很多关于苏轼的第一手资料。对于东坡酿酒的成绩，他仔细地研究了一番，最终确定："方子可能是好方子，但坡公是个急性子，大概有些技术细节嘛，没能做到位。"

酿酒需要很多经验与技巧。美酒佳酿，虽专业酒坊亦难为也，何况东坡这样的业余选手。宋代流行的发酵酒，酒精含量低，容易被杂菌污染，喝了拉肚子，很正常啦！

东坡如此吹嘘，因为他是诗人。诗意，来自生活，但并不是生活本身，它是生活的提炼、变形、夸张，是"白发三千丈，缘愁似个长"。你能跟诗人抬杠，说头发长不了这么长吗？何况，这还是一个醉酒的诗人。

据黄庭坚报道：世人都爱东坡书法，平时你要找他求一幅字，他是不给的，还挺不高兴，说："我是卖字的吗？"但你只要给他几口酒喝，他就兴高采烈，抓来眼前一切看得到的纸张绢帛，下笔如飞，文思泉涌。

有一次在海南，东坡喝了酒，去邻居家玩。邻居出门了，家里只有个不识字的老婆婆在。他硬是在婆婆包灯心草的粗纸头上面题满了诗——虽不善饮，但善醉。醉后的东坡，是世间最善于说醉话的人，美妙的、可爱的、神奇的醉话……可不可信无所谓，只希望他能够多说一点儿。

东坡在海南，还尝试了制墨。制墨要用松烟。东坡带着儿子苏过，在山上收集松枝，收了满满一屋子。吭哧吭哧，埋头苦干。然后工坊就失火了。不愧是苏东坡，满面灰尘烟火色，捧着抢救出来的一点儿成果，还在啧啧地赞叹："不错！其佳者，可与徽墨名家李廷珪所制相比了！"

真的吗？我不信。当时还有个叫潘衡的匠人，在帮他鼓捣这个事。潘衡北归后，在杭州卖墨，打出的广告就是"苏东坡亲授秘法"，销量很好。

苏过这熊孩子又来拆老爸的台了。他说："先人安有法？在儋耳无聊，衡适来见，因使之别室为煤。中夜遗火，几焚庐。翌日，煨烬中得煤数两而无胶和，取牛皮胶以意自和之，不能为挺。磊块仅如指者数十。公亦绝倒，衡因是谢去。"[1]

这一回，我觉得他有可能冤枉他爸了。关于这件事，东坡自

---

[1] 叶梦得：《避暑录话》，收入《全宋笔记·第二编（十）》，大象出版社，2008，第236页。

已是这么说的：

> 金华潘衡初来儋耳，起灶作墨，得烟甚丰，而墨不甚精。予教其作远突宽灶，得烟几减半，而墨乃尔。其印文曰"海南松煤东坡法墨"，皆精者也。常当防墨工盗用印，使得墨者疑耳。此墨出灰池中，未五日而色已如此，日久胶定，当不减李廷圭、张遇也。[1]

制造松烟墨，要在大灶中闷烧松枝，然后刮取其不完全燃烧产生的黑色烟粒。靠近火源的烟粒粗糙，远离火源的烟粒细腻，叫作"清烟"，更适合用来制墨。东坡因此想出了一个办法：把灶做大些，把烟囱开远一点儿。然后，只取远端的烟粒，出品虽然少，质量却提高了不少。东坡说，只要再把"和胶"的工序完成，我们做出来的，绝对是精品！这个潘衡，大概就是个"二把刀"的手艺。东坡呢，也没啥制墨的经验，但他聪明啊，两个臭皮匠凑一块儿，还是能折腾出一点儿名堂的。

东坡还会种树，小时候跟家里学会了播种松树；会种药材，有个小药圃自给自足。行走户外，野生植物能吃否？有何药用价值？他都要弄个清楚……东坡这种旺盛的好奇心，出自天性，也带有鲜明的时代印记。

北宋的士大夫们，不屑于白首穷经，他们追求博览群书、博学多闻；他们试图探寻这人世间的事理、天地间的至理，以及宇宙万物运行的法则。正如苏东坡所说：

---

[1] 苏轼：《苏轼文集》卷七〇《书潘衡墨》，孔凡礼点校，中华书局，1986，第2229页。

> 凡学之难者，难于无私。无私之难者，难于通万物
> 之理。故不通乎万物之理，虽欲无私，不可得也；己好
> 则好之，己恶则恶之，以是自信则惑也。是故幽居默处
> 而观万物之变，尽其自然之理而断之于中。[1]

观万物之变，求自然之理。这种格物致知的积极追求，在宋代士大夫们的身上普遍存在，又根据各人的个性、气质、天赋，结出了不同的果实。

比如说吧，宋代文人普遍喜欢撰著笔记，其价值多在于史学、文学、民俗学。只有沈括的《梦溪笔谈》具有深厚的科学价值，被誉为"中国科学史上的里程碑"。史书上说，沈括博学，天文、方志、律历、音乐、医药、卜算无所不通。爱好广泛，这在宋代士大夫中并不稀奇，沈括的特别之处，是他的实证精神特别强烈：对未知的事物，他从来不会人云亦云，而是尽量取得第一手的材料，辨析、考证、实验，去伪存真。

为了确定祖暅发现的北极星与北天极偏离一度多的现象，他每夜观测三次，历时三个月，画图二百余张。他用小纸人做共振试验；用凹面镜向日取火解释其成像规律；他发现了地磁偏角，确定日月是球体；他还记录活字印刷术，肯定技术对社会发展的意义。沈括的文采也不错，但碰到好山好水，他的第一反应不是写诗，而是考察地貌，研究地质成因；他不仅发现了"石油"的经济价值，还触类旁通，用石油燃烧后的烟尘制作墨锭，墨质极佳，号为"延川石液"。

---

[1] 苏轼:《东坡全集》卷七二《上曾丞相书》，收入《景印文渊阁四库全书》第1108册，台湾商务印书馆，1986，第175页。

同出于好奇之心，同为时代中最卓越的大脑，沈括走上了科研的道路。周敦颐、张载、邵雍、二程等人，去研究天理与人性。苏东坡呢？他给人间带来了美与趣。东坡的好奇心，是艺术性和文学性的，引领着人们的心灵，飞向浪漫自由的天空……

他们的选择没有高下优劣之分。但对大部分读者来说，苏东坡无疑是更让人感到亲切的。在现实中，人们也更乐于和他交朋友。和苏东坡做朋友，多开怀，多美妙！只有一点需要记住 —— 别对这家伙每一句话都相信，否则，你可能会跟他一起拉肚子。

附录

别瞎传了，沈括根本没坑过苏轼！

造谣一张嘴，辟谣跑断腿。关于沈括举报过苏轼的论调，自二十世纪九十年代以来，随着某位散文大师文章的广泛传播，人云亦云，深入人心。在很多当代读者甚至小部分专业人士的心目中，沈括就此成为"无耻小人"。

　　事实果真如此吗？

孤证不立，传统史学家大都不采信这件事

关于此事的记载，目前我们所能找到最早的，也是唯一的来源，是南宋史学家李焘的《续资治通鉴长编》第三百零一卷，引王铚《元祐补录》，原文如下：

> 沈括集云："括素与苏轼同在馆阁，轼论事与时异，补外。括察访两浙，陛辞，神宗语括曰：'苏轼通判杭州，卿其善遇之。'括至杭，与轼论旧，求手录近诗一通，归则签帖以进，云词皆讪怼。轼闻之，复寄诗。刘恕戏曰：'不忧进了也？'其后，李定、舒亶论轼诗置狱，实本于括云。元祐中，轼知杭州，括闲废在润，往来迎谒恭甚。轼益薄其为人。"（此事附注，当考详，恐年月先后差池不合。）

这段话的内容，我们先放在一边。首先要说明的是：史学研究，有一个基本的原则，叫"孤证不立"。

什么意思呢？就是说，一个结论，如果只有一条证据能证明

它，那这个结论就不能被采信。不仅历史学，考古、科研、法院审判都必须遵循这个基本原则。

要证明一个结论，只有一条证据是没有意义的，我们必须找到不同来源的相关证据，才能支撑起这个结论。

"沈括告密"这条记录呢，它就是一个"孤证"。我们翻遍正史、野史，所有现存的文献中都找不到能够和这一条记录互相印证的文字。

那么，从实证角度，我们就不能说"沈括告密"这事是可以采信的。

这就是为什么苏轼身后，关于他的史学著作那么多，一代又一代的学者，都不把"沈括告密"这事写进著作的原因。就连《宋史》的列传，对变法派不怀好感的元代史家，也没理这茬儿。

李焘的《续资治通鉴长编》，是任何研究宋史的学者都绕不开的史料库，这样一条重磅消息，白纸黑字，大家会看不见吗？它要是能用，谁会舍得不用吗？

然后，我们看该条记录的文字，请注意，李焘的附注：

此事附注，当考详，恐年月先后差池不合。

李焘说，这个事情，和他收集的其他史料在时间上对不上号，放在这儿，只是姑妄言之，等有空了再详细查考。

不仅孤证不立，此证还存疑，这就是一条无效的史料。学术态度端正的历史学者绝不敢贸然采用的史料，被一位文学家看到，才从此传扬开来。

文学家想象力丰富，他不需要顾及史学的严谨。读者更没有必要也不可能去求证。专业领域内的研究者呢，远在大众视线之外。个别的当代学者，可能也是受名人效应的影响，对此未作甄别，随口附和，推波助澜，这就未免让人感到遗憾，要为沈括抱不平了。

没听说过！当时的人都不知道有这回事

不以言语罪人，是宋代士大夫政治的普遍共识，这是我们必须了解的一个历史背景。

打成一团没关系，相逢一笑泯恩仇也可以，但是！谁要是干出举报、告密、搞"文字狱"的事情，他的名声就臭了大街。大家都是玩文字的，纵容了这股风气，到最后，还有谁能落个好？

先不提苏轼"乌台诗案"的轩然大波，就拿所谓的"大反派"蔡确来说吧，当时，有一个官员吴处厚，因私怨，以诗文构陷蔡确，酿成"车盖亭诗案"。此案一出，蔡确的政敌"元祐君子"们又纷纷为蔡确求情。

宰相范纯仁说："圣朝宜务宽厚，不可以语言文字之间暧昧不明之过，诛窜大臣。今举动宜与将来为法，此事甚不可开端也。"[1]

侍御史盛陶说："注释诗语，近于捃摭，不可以长告讦

之风。"[1]

御史中丞李常说："以诗罪确，非所以厚风俗。"[2]

中书舍人彭汝砺说："恐启罗织之渐。"[3]

苏轼说："若薄确之罪，则于皇帝孝治为不足；若深罪确，则于太皇太后仁政为小累。谓宜皇帝敕置狱逮治，太皇太后出手诏赦之，则于仁孝两得矣。"[4]

苏轼的好友晁端彦说："计较平生事，杀却理亦宜。但不以言语罪人，况昔为大臣乎？今日长此风者，他日虽悔无及也。"[5]

千言万语，总结起来一句话：文字狱不能搞，太缺德了！

吴处厚从此在士大夫中名声扫地。我们再来看"乌台诗案"的发起者：李定、舒亶、何正臣，这三位，讲道理，是御史啊！御史风闻言事，就算咬错人了，你也不好跟他计较。可是呢，这三位，还是被钉在了历史的耻辱柱上。为什么？因为他们"因言罪人"惹了众怒，更何况，获罪的还是苏轼这个国民偶像！

沈括，如果他真的干了这件事（这件事，只要他干了就瞒不住。按该条记录的说法，苏轼当时就知道了。"大嘴猴"苏轼都知道了，天下还有谁会不知道？）他的名声必定在当时就坏了。他的政敌，更不可能放过这个攻击他的理由。但是呢，并没有——

没错，沈括因为指出新法执行中的问题，曾被王安石骂过"小人"，被当时还是御史的蔡确狠狠咬过，同时被保守派攻

---

[1] 脱脱等：《宋史》卷三四七《盛陶传》，中华书局，1977，第11006页。

[2] 脱脱等：《宋史》卷三四四《李常传》，中华书局，1977，第10931页。

[3] 赵翼：《廿二史劄记校证》卷二六，王树民校证，中华书局，1984，第564页。

[4] 脱脱等：《宋史》卷三三八《苏轼传》，中华书局，1977，第10812页。

[5] 丁传靖编《宋人轶事汇编》卷一一，中华书局，1981，第538页。

击。在这所有罪行与德行指控之中，没有任何一条涉及他"打苏轼小报告"的。就连"受害者"苏轼本人，在其生平著作里，也不见对沈括有一个字的指控。（苏轼的文字保存得相当完整，如果没有，那基本上就是没有了。）

苏轼的文字里，倒有这么一条：

书沈存中石墨

陆士衡与士龙书云："登铜雀台，得曹公所藏石墨数瓮，今分寄一螺。"《大业拾遗记》："宫人以蛾绿画眉。"亦石黑之类也。近世无复此物。沈存中帅鄜延，以石烛烟作墨，坚重而黑，在松烟之上，曹公所藏，岂此物也耶？

考察其写作时间，应该在元祐年间。沈括贬谪在润州（镇江）养老。苏轼春风得意，正在从杭州回京城的路上。途经润州，沈括送了他一块自己当年用石油做的墨。双方的关系谈不上亲密吧，也还算得上友好。

苏轼是个忠厚人。确实，他挺容易原谅别人。但是！他不是没有原则的"滥好人"。苏轼一生，坚持两条原则：其一，不能容忍小人。其二，大义不容私情。

不能容忍"小人"——"乌台诗案"的发起者李定，从新法推行以来，他在苏轼眼里，就是一个上蹿下跳的"小人"。旧党上台后，李定明明公私罪过一概未犯，苏轼硬是亲自出马，用一个"不孝"的理由，把人家赶出朝堂了。

义不容情——为了"君子们"能重新掌握中央的决策权，苏轼连曾经夸上天的好友章惇都痛加打击。想想看，如果沈括确实干过这种无耻之事，于大义，于私情，他怎么可能对沈括毫无芥蒂，不仅绝口不提，还保持友好往来？

"乌台诗案"牵连广泛，名公巨儒、高官显贵，被处罚者遍布新旧两党。这么多人，以及他们的门生故旧、子子孙孙，难道就没有一个记仇的？没有一个人想到要拿这事找沈括算旧账？

还真的一个都没有。

元祐年间，旧党上台，开修《神宗实录》。《神宗实录》就是宋神宗的编年史，它的每一页、每一行，都是新旧两党意识形态交锋的阵地。当时，"苏门四学士"中的黄庭坚、晁补之、秦观都参与了编修。而黄庭坚仅仅根据苏辙的一封弹章，就要把"吕惠卿揭发王安石私信"这件事（实际上是子虚乌有）写进国史。如果沈括确实干了"举报苏轼"的事情，会不被记录在案吗？这不是苏轼和沈括两个人的私事，这是新党小集团"道德败坏"的又一条如山铁证啊！

然而，《神宗实录》中并没有关于此事的记载。

沈括与苏轼，倒是有很多共同的好友。亲友团之中，有一个人我们必须提到，他就是苏轼晚年最器重的学生李之仪。李之仪平生又最佩服两个人，一个是苏轼，一个是沈括。

李之仪像一棵葵花，但凡有机会，他的脚步就跟着这二位走。熙宁六年（1073年），沈括访查两浙期间（也就是所谓"小报告"事件发生的时间段），李之仪追陪左右。元祐八年（1093年），苏轼外放河北定州，李之仪千里跟随。如果苏、沈之间确实发生过不愉快的事情，很难相信李之仪竟不知情。

分别的日子里，李之仪随身带着苏、沈二位的画像。画像上，是他亲手题写的赞词。

东坡先生赞

　　东坡仙人，岷峨异禀，道日而升，弗类斯摈。有继皇皇，期之奠枕，谁其止之，成是贝锦。天作人远，言何从谂？闻已耸然，见孰不凛。

沈存中画像赞

　　先天弗违，圣时以乘，人谋鬼谋，其谁与能？彼虽渊密，我则捋叙，万目交张，维纲之举。展也吾人，一世绝拟，执友多文，宛在中沚，用此以通，亦以是穷，自崖反矣，凛然孤风。

　　一个是仰慕已久，一个是相交莫逆；一个是光华万丈谪仙人，一个是孤勇一往真学者。

　　李之仪的妻子叫胡文柔，此女博学多才，被苏轼和沈括同时尊为闺阁中的"良师益友"——苏轼跟她请教佛学，沈括呢，跟她讨论算术。礼教大防，苏轼让儿媳妇给胡文柔传小纸条，沈括的小纸条则由李之仪转交。

　　胡文柔爱重苏轼，不是因为他的文才，而是因为他的气节。她对李之仪说："子瞻名重一时，读其书使人有杀身成仁之志，君其善事之。"[1]苏轼被贬，胡文柔为他缝制棉衣，说："我一女子，得是等人知，我复何憾！"[2]

　　人以群分，要了解一个人的品行，看他交往的朋友便可以知

[1]　李之仪：《姑溪居士前集》卷五〇《姑溪居士妻胡氏文柔墓志铭》，收入《景印文渊阁四库全书》第1120册，台湾商务印书馆，1986，第625页上栏。
[2]　李之仪：《姑溪居士前集》卷五〇《姑溪居士妻胡氏文柔墓志铭》，收入《景印文渊阁四库全书》第1120册，台湾商务印书馆，1986，第625页下栏。

晓大概。如果沈括是一个小人，这对热情耿直的夫妇，是不可能和沈括保持深厚情谊的。

综上所述，如果沈括确实干过构陷举报的事，那么，同时代的人们，毫无道理对此事集体失明。如果他们对此事集体失明，缄口不提，这只能说明一个事实 —— 所谓"沈括举报苏轼"这件事，在当时压根儿就没人知道，没人听说过！

“乌台诗案”跟沈括从来就没有关系

关于“乌台诗案”，现存宋人朋九万整理的完整卷宗，包括：御史弹劾的札子、审问记录、苏轼供词、大理寺判决文书。

以御史台罗织罪名、四处查抄的疯狂劲儿，如果沈括曾经提交过什么黑材料，它就不可能被遗漏，必定会作为呈堂证供之一，至少也应该有所转引。然而呢，翻遍卷宗，统统没有。

卷宗显示：苏轼的呈堂罪证，就是他本人在市场上刻印出售的文集——《元丰续添苏子瞻学士钱塘集》，以及苏轼自己招供的寄给亲朋好友的“不良诗文”若干。

元祐三年（1088年），苏轼回忆：

> 其后臣屡论事，未蒙施行，乃复作为诗文，寓物托讽，庶几流传上达，感悟圣意。而李定、舒亶、何正臣三人，因此言臣诽谤，遂得罪。[1]

---

[1] 苏轼：《东坡全集》卷五五《乞郡札子》，收入《景印文渊阁四库全书》第1107册，台湾商务印书馆，1986，第772页上栏。

苏轼明明白白地说了："之所以写这些诗文，是因为我在中央劝谏陛下，他不听；现在我外放了，远离主上了，也不能放弃。我就天天讲，大声讲，想借助这些诗文广泛流传的力量，把我的想法传到圣上的耳朵里。只可恨，李、舒、何这三个言官，把我的良苦用心歪曲成狼心狗肺，告我诽谤，我才倒了这么个大霉！"

这些年，苏轼前脚写的诗文，后脚就会被传抄、传刻。新兴的图书雕版技术，丰厚了书商们的腰包，也几何级数地扩大了苏轼文章的影响力。举国上下，皇宫内外，每一个粉丝都能迅速地读到苏轼的新作。而这种影响力，也正是苏轼心知肚明并有意识加以利用的。

显然，苏轼写了什么，根本不需要沈括鬼鬼祟祟塞进袖子，千里迢迢带回去举报。这就好比：人家都举着大喇叭到处喊了，你还当什么惊天爆料——这是想请圣上他老人家欣赏你脑袋里的火星大坑吗？

沈括，能够把官做到号称"计相"的三司使，能够在"宋夏之战"中担任一路主帅，亲手指挥几场大战并取得了胜利（虽然后来在"永定城"栽了大跟头，但永定城之败，主要责任也不在沈括），深受宋神宗信重，被王安石评价为个性"谨密"[1]，我们可以肯定地说，他不仅脑子里没有大坑，而且远比一般人机敏。也就是说——他可能有这么坏，但他绝不可能有这么蠢。

有人又问了，那么，就不能是李定这几位，因为沈括提交黑材料的事情受到了启发，想到了"以文罪人"？

---

[1] 李焘《续资治通鉴长编》卷二四六："检正中书刑房公事沈括辟官相度两浙水利，上曰：'此事必可行否？'王安石等曰：'括乃土人，习知其利害，性亦谨密，宜不敢轻举。'"

首先，如果御史台真的是由沈括启发思路的，那就说明，沈括提交黑材料一事已经广为人知。这就和前面我们论证过的"当时根本没人知道这事"矛盾了。

其次，每天都在翻墙打洞、挖空心思监督臣僚的言官们，如果真的需要五年前的一次臣子告密才能启发思路，就这业务水平，大家一起"自挂东南枝"好吧！

时间、地点、人物都对不上的事，你敢信？

李焘对这件事的评价是："此事附注，当考详，恐年月先后差池不合。"那现在，我们就来看看是怎么个"差池不合"法。

我们对照一下苏轼和沈括的年谱。

参考书目有：孔凡礼《苏轼年谱》（中华书局1998年版）、胡道静《梦溪笔谈校证》（上海人民出版社2016年版）、祖慧《沈括评传》（南京大学出版社2004年版）。

首先确定的一点："乌台诗案"发生的时候，沈括并不在场。

元丰二年（1079年）三月二十七日，监察御史里行何正臣，带着刊有《湖州谢表》的市售《苏轼文集》，向皇帝提交弹劾。经过四个月的朝堂博弈，七月二十八日，苏轼在湖州任上被捕。

这就是"乌台诗案"的发生过程。那么，这段时间，沈括在哪里呢？

他在宣州。熙宁十年（1077年）七月，因蔡确攻击，沈括被罢三司使，贬知宣州。一直待到元丰三年（1080年）的六月，才接到"转知延州，兼鄜延路经略安抚使"的调令，动身离开宣州，前往西夏战场。

时间上根本没有任何空隙，让他能够参与"乌台诗案"。

然后，我们逐一分析记录中的其他时间点：

> 括素与苏轼同在馆阁，轼论事与时异，补外。括察访两浙，陛辞，神宗语括曰："苏轼通判杭州，卿其善遇之。"括至杭，与轼论旧，求手录近诗一通，归则签帖以进，云词皆讪怼。轼闻之，复寄诗。刘恕戏曰："不忧进了也？"其后，李定、舒亶论轼诗置狱，实本于括云。元祐中，轼知杭州，括闲废在润，往来迎谒恭甚。轼益薄其为人。

（1）"括素与苏轼同在馆阁。"沈括和苏轼同在"馆阁"，应该是治平二年（1065年）。沈括卸任扬州司理参军，被荐入京，入昭文馆。苏轼也结束了在陕西凤翔的工作，回京，入馆。

（2）"括察访两浙……括至杭，与轼论旧。"熙宁六年（1073年）六月，沈括奉命相度两浙路农田水利、差役等事，兼察访。次年（1074年）三月，沈括受诏回京，同修起居注。

这段时间，苏轼在杭州通判任上。两人是有可能碰面的。

（3）"归则签帖以进。"沈括回京就上交了材料，对应前文，应在熙宁七年（1074年）三月回京之后。同年八月，沈括又受命河北西路察访，那么，这件事情的发生，必定是在三月和八月之间。

（4）"轼闻之，复寄诗。刘恕戏曰……"苏轼听说了沈括上交黑材料的事情，又主动寄诗给他。刘恕就跟他开玩笑说……注意，出场人物多了一位刘恕。人物越多，线索越多，谎言就越容易出现破绽。

刘恕，字道原，史学家，司马光编撰《资治通鉴》的主要助手。自熙宁四年（1071年）开始，一直到元丰元年（1078年）去世，刘恕都住在南康军（今江西九江庐山市），一边当着监酒的小官，一边进行《资治通鉴》的写作。

这期间，刘恕有两次离开南康。

一次，是熙宁七年（1074年）的正月十五日前后，到润州探望正在当地赈灾的苏轼。

另一次，是在熙宁九年（1076年），赴洛阳与司马光进行修书的工作交流。

苏轼的作品中，有三首诗涉及与刘恕的这次会面：

其一，《送刘道原归觐南康》。

其二，《和苏州太守王规父侍太夫人观灯之什，余时以刘道原见访，滞留京口不及赴此会二首》。

苏轼于熙宁七年（1074年）四月，离开润州回杭州。当年的十一月，苏轼到任山东密州。从此以后，天南地北，直到刘恕去世，两人再也没有见过面。

"轼闻之，复寄诗，刘恕戏曰……"这个生动鲜活的场景，显然是一场即时对话。然而古人并没有手机，也不用微信，那这场即时对话，就只可能发生在苏、刘二人润州相聚的熙宁七年（1074年）正月。

这时候，沈括还在两浙，并没有回到京城，根本就无从"签帖以进"，又怎么可能有后面的"轼闻之，复寄诗"，以及"刘恕戏曰"呢？

修撰《续资治通鉴长编》的李焘，也是国史编修官，他手头拥有各种官私文献史料。他稍作检索，自然就会发现《元祐补录》中这条记录的疑点。

（5）"元祐中，轼知杭州，括闲废在润，往来迎谒恭甚。轼益薄其为人。"润州，今镇江，在京城到杭州的必经之路上。

元祐四年（1089年），苏轼受命"知杭州军州事"，七月份到达杭州。

而沈括呢，是在当年的九月份之后，才接到朝廷的诏许[1]，得以动身迁居润州。

那么，苏轼第一次赴杭州，经过润州，两人无从会面。直到元祐六年，苏轼又奉诏回京，经过润州，才可能遇得上。这，就谈不上什么"往来迎谒"。这时候的苏轼，深得垂帘的高太后信重，此次回京，朝野预测他可能要当宰相；而沈括不过是个迁客逐臣，二人地位已有云泥之别。然而，沈括对苏轼的招待，也不过是送了一块亲手制作的墨而已。"寒酸"如此，实在看不出什么态度上的"恭甚"。从苏轼的《书沈存中石墨》一文来看，苏轼也完全没有流露出任何"薄其为人"的态度。

可见，这些充满感情色彩的形容，基本上是创作者的脑补。

---

[1] 李焘《续资治通鉴长编》卷四三三："诏责授秀州团练使、黄州安置沈括叙朝散郎、光禄少卿……仍并许于外州军任便居住。括等并以该明堂赦恩，有司检举故也。权给事中、左谏议大夫梁焘，左司谏刘安世封驳前诏……诏沈括、吴居厚前命勿行，内沈括更后一期取旨。"

王铚的《元祐补录》为何记载失实？

《元祐补录》成书于宋高宗绍兴九年（1139年），离"乌台诗案"的发生，已经过去六十年了。苏轼、沈括也早已谢世。

《元祐补录》的作者王铚，字性之，生卒年不详，为两宋间人；论年纪，算得上苏、沈的孙子辈了。王铚名下的著作，除了《元祐补录》，还有《默记》《补侍儿小名录》《雪溪集》《四六话》等。

宋人喜欢著作笔记野史，王铚是其中一位多产的作者。关于他的笔记创作，清人《四库全书总目提要》卷一百四十一，有如下评价：

> 此编（指笔记体野史《默记》）多载汴都朝野遗闻，末一条乃考正陈思王《感甄赋》事。周辉《清波杂志》尝疑其记尹洙扼吭之妄。又其中所引《江南野史》李后主、小周后事，参校马、陆二家《南唐书》，无此文，则亦不能无误。然铚熟於掌故，所言可据者居多。

虽然难免谬误，但王铚大部分关于两宋朝野旧闻的文字，还是有史学参考价值的！

王铚笔记创作的另一个特点呢，就有点儿不正经了。他喜欢炮制伪书，换一个笔名，放飞自我。《四库全书总目提要》卷一百四十：

> 《云仙杂记》十卷（两淮马裕家藏本）——旧本题唐金城冯贽撰。贽履贯无可考。其书杂载古人逸事。如所称戴逵双柑斗酒往听黄鹂之类，诗家往往习用之，然实伪书也。无论所引书目皆历代史志所未载。即其自序称天复元年所作，而序中乃云天祐元年退归故里。书成于四年之秋，又数岁始得终篇，年号先后，皆复颠倒，其为后人依托，未及详考明矣。
>
> 案陈振孙《书录解题》有冯贽《云仙散录》一卷，亦有天复元年序。振孙称其记事造语如出一手，疑贽为子虚乌有之人。洪迈《容斋随笔》、赵与峕《宾退录》所说亦皆相类，然不能指为何人作。张邦基《墨庄漫录》云："近时传一书，曰《龙城录》，乃王性之伪为之。又作《云仙散录》，尤为怪诞。又有李歜注杜甫诗，注东坡诗，皆性之一手，殊可骇笑。"然则为王铚所作无疑矣。

《朱熹集》卷七十一：

> 会稽官书版本有子华子者……或云王铚性之、姚宽令威多作赝书，二人皆居越中，恐出其手。

至少在南宋的时候，王铚在文坛上就已经有了喜欢炮制伪书的名头。

不过，《元祐补录》这本书，还是很正经的写作，因为它是作为官方修史的补充而创作的。

南宋李心传撰《建炎以来系年要录》卷一百二十五：

> 丙申，右承事郎、主管台州崇道观王铚，特迁一官。铚以国朝建隆至元符信史屡更，书多重复，乃以《七朝国史》自帝纪、志、传外，益以宰执、宗室世表，公卿、百官年表。常同为中执法，言于朝。诏铚奉祠中，视史官之秩，尚方给劄奏御。至是，铚以《元祐八年补录》及《七朝史》上之，故有是命。然铚所修未及半也，其后为秦桧所沮不克成。

绍兴九年（1139年）的正月，王铚向朝廷进献两本史学著作，因此得到晋升，并受命参与国史的编修。后来，秦桧把他这个工作给搅黄了。

王铚献上的两本书，都收藏于皇家史馆。一本《七朝国史》，就此失踪；家藏的版本，也被家人主动烧毁。另一本《元祐补录》，遭遇没这么凄惨，但也失传了。我们现在所能读到的，只有他人著作中转引的一鳞半爪。

南宋大臣、绍兴五年状元汪应辰，和王铚是同时代人。在汪应辰的文集中，有关于《元祐补录》的引录。

书元祐八年补录

此王铚所论次，桐庐方雅川录以见寄。余顷在秘馆,见铚所进本与此不同,疑铚复有所增损以示人也。如蔡确传言,确之治狱于法外求情,如王安石之解经于意外求理,今此语皆删之矣。所记刘莘老云:"诸公为蔡氏计,太皇太后独不为高氏计乎?"其语甚鄙,且意有所谓。又记莘老规台臣,言文潞公之失,以讽动之议者,不以王彦霖为直。审如此,何独彦霖尔,盖莘老、张芸叟、傅钦之、梁况之、王朋叟、韩原伯皆不直也。不知皆何所据。[1]

汪应辰说,他在皇家秘阁中读到过王铚进献朝廷的这本《元祐八年补录》,后来,又收到了朋友从王家抄录的一本,他发现这两个版本的内容,有相当多的地方不一致。他怀疑,王铚对自己的家藏版本进行了一些内容上的增删。

那么,王铚为什么要这么干呢?这里涉及两个问题:

第一,政治风向。

第二,宋代官修史(简称"官史")和私人著史(简称"私史")之间的冲突。

先讲第一个,政治风向的问题。众所周知,历史的书写,必然会牵扯到政治意识形态与话语权的斗争。虽然"秉笔直书"是中国优秀的史学传统,头可断,笔不可曲的史官,向来不乏其人。但是,官史的撰修,总归会受到统治者权力意志的影响。当代史、历代史,都会在撰写的过程中,反映出一时的政治风向,传达着最高统治者的政治目的。最典型的例子,就是《神

---

[1] 汪应辰:《文定集》卷十,收入《景印文渊阁四库全书》第1138册,台湾商务印书馆,1986,第685—686页。

宗实录》的编修。从宋哲宗元祐时期开始，到宋高宗上台，数十年间，随着新旧党争的发展和最高统治者的更替，至少就修了四次。

那么，宋高宗绍兴年间，政坛上又吹着什么样的风呢？

当是时，北宋倾覆，南渡君臣痛定思痛，认为亡国的根源，在于当年的"王安石变法"："天下之乱，实兆于安石。"[1]所以宋高宗赵构明确表示了他的态度，要崇"元祐"（旧党），而贬"绍圣"（新党）。

为此，不仅要重修《神宗实录》，还要重修《哲宗实录》《徽宗实录》。其要旨，是从国史与现实中，都削弱自王安石以来新党的政治影响，对两党的功过重做论定。

其中，《哲宗实录》在宋徽宗朝由蔡京等主持编修，关于元祐八年（高太后驾崩，宋哲宗亲政的这一年，1093年）的史事缺载。所以，重修的任务之一，就是要补完这一年的记录。

由于大批原始史料文献被战火焚毁，朝廷便又下诏，要到臣僚家中去寻访相关的史料文献以及个人撰述的私史。这就是王铚进献《元祐八年补录》的背景。

再讲第二个，官史与私史。

宋代史学，有两个特点。其一，朝廷极其看重当代史料的即时记录、汇集、整理，官方修史制度的完善，收集当代原始史料的丰富程度，都达到了冠绝古今的程度；其二，民间私人著史风气盛行，可以说也达到了一个空前绝后的水平。

这就形成了官史与私史在社会层面上并行的局面。

《宋史·勾涛传》中有这样一段记载：

---

[1] 李心传：《建炎以来系年要录》卷七九，中华书局，1956，第1289页。

> 六月,《(哲宗)实录》成,进一秩,就馆赐宴。复修《徽宗实录》,以中书舍人吕本中为荐。丞相赵鼎谕旨宜婉辞纪载。涛曰:"崇宁、大观大臣误国,以稔今祸,藉有隐讳,如天下野史何?"

靖康之变,一国君臣,说不尽的丧权辱国,丢人现眼。编写《徽宗实录》的时候,宰相赵鼎就对史官们吹风:"大家注意措辞啊,委婉一点儿!"当时就被勾涛顶了回去:"咱们修官史的遮遮掩掩,当天下的野史不存在吗?"

这个对话,就反映了在宋代,官史与私史(野史)之间既冲突又相辅相成的复杂关系。

私史的写作,往往透露被官史掩埋的信息,这就让修官史的人有所忌讳。同时,官方的修史,也经常从私史中甄选史料。而私史,本来就是官史信息来源的一部分。

那么,私史,就会比官史更可信吗?也未必。

首先,官史在文献资料上的丰富,就是私史万不能及的。私人著史,没有丰富的史料来源可供参考、对比、甄别,局限于个人经历、故旧追忆、道听途说,往往只是一家之言。

其次,私史也不能保证绝对独立性。私史同样受到政治风向的影响,最高统治者的权力意志不容违抗。私史的写作,也要经过作者不同程度的自我审察。

最后,作者本人的政治立场、私人恩怨、道德品行,也影响着他的写作。私史写作,也难免会有党同伐异、意气之争、曲笔掩恶、编排杜撰。

相应地,官史也没我们想象的那么胡来。

看一下《神宗实录》的编修——作为北宋中晚期政治斗争

的焦点，它先后修撰了至少四个版本。其中，"元祐本""绍圣本""绍兴本"分别被称为："朱本""墨本""新本"。

绍兴六年，"新本"修成，主持该项工作的宰相赵鼎上书道："朱书新录，墨本旧文，凡去取之不同，皆存留于考异，详原私意，灼见奸言……所有《神宗实录》二百卷，并《考异》二百卷，谨缮写成册……"[1]

赵鼎和"新本"的主要修撰人范冲，政治态度倾向于旧党。"新本"虽然删改了很多不利于旧党的内容，但原来的"朱本、墨本"的文字也保留了下来，并详细附上了每一条删修内容的考异资料。

为什么不一把火焚尽旧史，一了百了呢？其实，这和勾涛的"藉有隐讳，如天下野史何？"一样，反映出已经渗透于士大夫下意识中的"秉笔直书"的史学传统，以及宋代相对完善的修史制度对权力意志的抗衡。总之，宋代官史的修成，是政治因素与史家传统、修史制度等多方力量博弈的结果，这使得它相对私史，还是保留了更多权威性。

当然也有例外，如李焘的《续资治通鉴长编》。这部中国古代私家著史中卷帙最丰的断代编年史书，花了他四十年的时间。

　　　　焘作此书，经四十载乃成。自实录、正史、官府文书以逮家录、野纪，无不递相稽审，质验异同……焘《进状》自称，"宁失之繁，毋失之略"，盖广搜博录以

---

[1]　赵鼎：《忠正德文集》卷四《重修神宗皇帝实录缴进表》，收入《景印文渊阁四库全书》第1128册，台湾商务印书馆，1986，第687页下栏。

待后之作者。其淹贯详赡，固读史者考证之林也。[1]

李焘著《续资治通鉴长编》，不仅是他个人的宏愿，也得到了朝廷的支持。他不仅取材于《实录》《国史》《会要》等官方史书，也广泛地从私家传记中采择史料。而他择取史料的基本原则呢，是"宁失之繁，毋失之略"。一段史事，如果有多个来源的不同记载，他都会保留下来，并附注上自己的考证意见。

在拥有官史丰富资料库的同时，又以相对较高的独立性和个人优秀的史学素养，兼容并蓄，探疑求真，李焘的《续资治通鉴长编》因此为后代的宋史研究提供了极高的参考价值。

回到王铚的《元祐八年补录》上来。

绍兴八年，秦桧主持史院工作，对修史进行了管控。他禁止史官采用私史的内容，对史官的文字也加强审察，史院的工作，因避讳太多而进展迟滞。王铚的《七朝国史》和《元祐补录》在这种情况下开展，其命运可想而知。

二书一焚毁，一失传，好在汪应辰的记录留下了关于其内容的一点儿线索。汪氏列举了《元祐补录》家藏本和他在秘阁所见"进上本"内容上的一些差异。

"进上本"有，而"家藏本"删掉的内容：

> 如蔡确传言，确之治狱于法外求情，如王安石之解经于意外求理，今此语皆删之矣。

---

[1] 纪昀、陆锡熊、孙士毅等：《钦定四库全书总目（整理本）》卷四七，四库全书研究所整理，中华书局，1997，第655页。

"进上本"无，而"家藏本"增加的内容：

> 所记刘莘老云："诸公为蔡氏计，太皇太后独不为高氏计乎？"其语甚鄙，且意有所谓。又记莘老规台臣，言文潞公之失，以讽动之议者，不以王彦霖为直。审如此，何独彦霖尔，盖莘老、张芸叟、傅钦之、梁况之、王朋叟、韩原伯，皆不直也。不知皆何所据。

其中删掉的部分，是对新党党魁王安石、蔡确政绩与学术思想的评论，汪氏笔录过于简略，无从探其究竟。而增加的部分呢，信息量就很大了，它涉及两个很敏感的政治事件。

其一，策立疑云。

当年，蔡确因为自称对宋哲宗继位有策立之功，触怒高太后，遂酿成"车盖亭诗案"，蔡确被放逐岭南而死。

大家都知道蔡确罪不至于流放岭南，出于兔死狐悲，他的政敌们又纷纷进言，想要挽救蔡确的性命。"诸公为蔡氏计，太皇太后独不为高氏计乎？"刘挚（莘老）的这句话，就是针对这个局面说的，点出了高太后在"车盖亭诗案"中的私心。这句话呢，说得也实在是露骨，不适宜拿到台面上。所以，汪应辰点评道："其语甚鄙，且意有所谓。"

其二，台谏的朋党化。

随着党争的日渐激烈，本来应该中立的"台谏"角色，早已经转变为权力的私器。刘挚本人，以及该条记录中的王岩叟、张舜民、傅尧俞、梁焘、韩川等人作为旧党的中坚力量，都曾担任过台谏官的职务，在围剿新党的行动中，都颇出过力气。现在，刘挚掉过头来批评王岩叟有失台谏官的职业道德，这就有点儿打自己的脸，相当于间接承认了"党同伐异"的事实，有损"元祐君子"的正面形象。

以上两条，大大违背了宋高宗力挺"元祐"的指导思想，"进上本"中不收录，理所当然。

那么，"家藏本"咋又给放进来了呢？也很正常。宋代私史作者的"自我审查"往往如此阳奉阴违，逮到机会就自我放飞。就像《国王长着驴耳朵》这则寓言所说的，某些人啊，知道了不为人知的秘密，就算在地上挖一个洞，他也得喊出来，不然睡不着觉。

在没有更多史料互相印证的情况下，以上汪氏所引《元祐补录》中的记录，是否确有其事，其实也还不好说。它们的存在，至少让我们明白了，王铚在其进献给朝廷的《元祐补录》中所表现出来的政治倾向，和他私底下的真实想法，是颇有差距的。

在这个基础上，我们再来讨论这一条"沈括打苏轼小报告"的记录。

李焘《续资治通鉴长编》从《元祐补录》中注引了这一条。我们现在知道《元祐补录》有两个版本。那么，李焘所见，是哪个版本呢？大胆推测一下，就是李焘做国史编修官的时候，在史馆中得以翻阅的"进上本"。理由如下：

其一，汪氏所引"家藏本"中刘挚的话语，事涉重大，极具史料参考价值，却不见于李焘的《续资治通鉴长编》，推测李焘可能并没有看过这个版本；

其二，《元祐补录》的家藏本，能经友人抄录而被汪氏读到，它的读者，就不大可能只有这一两个人。而"沈括打苏轼小报告"的记录又颇为劲爆，没有道理不被读到的人传播，从而在其他笔记著作中留下痕迹。那么，这一条记录，就很可能并不存在于"家藏本"，而只在"进上本"中出现。但"进上本"的《元祐补录》，又碰上了秦桧对史馆的严管，很快就湮没于书海了。

那么，王铚为什么这样干呢？继续大胆猜想——

出于自我审查和迎合上意，王铚在"进上本"中删去了对新党有利的条目。出于同样的目的，他又顺手给沈括编排了这么一条（也有可能是他听别人编排的），以证明新党众人道德败坏。而在保留了更多史家良心的"家藏本"中呢，他又删去了这条记录。

以上，只是笔者建立在文本、常识、逻辑与经验上的个人分析。王铚为何如此，真相到底如何，可能我们永远无从知晓了。尽管如此，面对历史，我们还是应该努力地寻求真相，至少，不要轻易地被谎话、流言迷惑。

有时候，历史是个任人打扮的小姑娘，读历史的人，就要尽力洗去她脸上的脂粉；有时候，历史是密室杀人案，需要人们从真真假假、故布疑阵的纷乱线索中找出真凶。无论如何，历史不是故事会，不是抒情与想象，更不是诡辩和虚无。它拒绝夸大、渲染、煽情、臆测、以己度人。它要求客观公正，要求研究者对史料付出无限的耐心，用证据讲话，用逻辑推演，要钩沉、甄别、求证、去伪存真。

尊重历史，就是尊重事实，尊重和直面我们自己的内心——这是作为一个历史爱好者、研究者的自勉，也是本书创作过程中，一再浮现于作者内心的感慨。因此，这一篇与正文似乎并无太大关联又略显枯燥的附录，我愿意将它作为另类的后记，呈献给读者。既是为古人洗无端之诉，还前贤以清白，也是一种"寄意寒星"。

诚挚地感谢您对本书的阅读。